典籍如烟海，翰墨映丹心

赵安民

古籍是中华传统文化的重要载体，是中华民族宝贵的文化遗产。2022年4月，中共中央办公厅、国务院办公厅印发《关于推进新时代古籍工作的意见》，对古籍出版工作提出全新要求。2023年6月1日，习近平总书记考察中国国家版本馆中央总馆时强调："盛世修文，我们这个时代，国家繁荣、社会平安稳定，有传承民族文化的意愿和能力，要把这件大事办好"，要"把自古以来能收集到的典籍资料收集全、保护好，把世界上唯一没有中断的文明继续传承下去"。

推进新时代古籍出版工作高质量发展，是建设中华民族现代文明的重要举措，是促进世界文明互鉴与人类命运共同体建设的有力保障。我们要加强古籍抢救保护、整理研究和出版利用，促进古籍事业发展，为实现中华民族伟大复兴提供精神力量。

为此，笔者认为可以从多个方面借鉴古籍出版百年经验，多措并举推进古籍出版工作的科学规范与突破创新。

统筹全国古籍出版力量，完善全国古籍出版品种。将二十多家古籍专业出版社、有关大学出版社等具有古籍出版能力的出版机构和古籍出版专业人才，按照新时代古籍出版高质量发展的形势要求予以重新调整，使其能分工合作，让组织布局跃上新台阶。在专业分工基础上，根据多次古籍普查数据和历来出版经验，慎重研究、总结古今图书分类方法，针对当前实际需要，统筹出版品种。

统筹全国古籍出版层次，推动古籍发行传播。有序安排影印版、重排版、数字版、网络版等各层次古籍出版，统筹推进善本再造工程、精品点校工程、普及注译工程、古籍数字化体系建设。有效利用纸媒宣传、网络营销、书展市集、电商直销等多种发行传播方式，让国内的馆配渠道直接对接古籍生产单位，让有价值的古籍产品更顺利地进入馆配市场。

统筹古籍外译，统筹古籍馆藏。设立古籍外译工程，加强中国优秀传统文化对外传播，统筹安排历代版本古籍和新版古籍的馆藏工作。

提升古籍编辑出版能力，加强古籍题材音视频节目制作推介。深化古籍出版基础理论研究，总结在长期实践中形成的古籍出版理论和方法，完善我国古籍编辑出版范式，构建古籍编辑出版理论研究体系。开展古籍专题展览展示，进行古籍文创产品开发推广。加强古籍工作对外交流合作，推动古籍图书对外版权输出，做好中华优秀典籍翻译出版工作。

藏用古籍，赓续文脉。统筹古籍出版工作，是实现文化强国的具体任务，是古籍出版的准确路径。新时代古籍出版工作者应在总结以往实践经验教训的基础上，以出版史料传递民族力量，以传世精品回馈伟大时代。✣

出版史料 丛刊

Publication Archives

2023 年

(新总第 63 期)

目

录

图书在版编目(CIP)数据
出版史料. 2023年/陈滨滨主编
.--北京：开明出版社，2023.12
ISBN 978-7-5131-8087-0
Ⅰ.①出… Ⅱ.①陈… Ⅲ.①出版事业-文化史-中国 Ⅳ.①G239.29
中国国家版本馆CIP数据核字(2023)第213539号

编辑：《出版史料》编辑部
出版：开明出版社
开本：787mm×1092mm　1/16
印张：13
字数：300千字
地址：北京市海淀区西三环北路25号青政大厦6层
邮编：100089
电话：(010)　88818060
E-mail：cbsl@263. net
版次：2023年12月第1版
印次：2023年12月第1次印刷
印刷：保定市中画美凯印刷有限公司
定价：36.00元

顺应市场　开拓前进

——北京图书订货会创办与发展历程

黄国荣

我国图书发行体制改革真正改变发行体制是1985年，全国第一次发行工作会议把产、供、销三方召集一起，做出历史转折性变革决定，即全国出版社的图书总发行，由新华书店代理，改变为出版社自办，流行的所谓“自办发行”或“社办发行”，实际含义是出版社自办本版图书的总发行。这一改革是面对全国新华书店库存爆满、流动资金短缺、周转完全失灵的“死机”状态做出的抉择。图书销售模式也随之由新华书店独家包销，改变为出版社出让三个折扣（供货折扣由70%降为67%）经销（零库存的无风险经营），出版社承担起总发行应承担的发行总策划、总宣传、总储备、总供给、总流通的责任。面临无机构人员（相当多的出版社没有发行部）、无库房、无设备、无渠道、无经验等现实困境，几个社科出版社的发行部主任（世界知识出版社的马高基、中国青年出版社的王久安、对外翻译出版公司的沈炳麟、人民出版社的施茂仙、新华出版社的常广厚等十几个人）在一起叫苦，叫出了北京劳动人民文化宫的社科书市，组织在京社科出版社到文化宫东西树林设摊位销售图书，打开一个市场的窗口。到第二年，即1987年的社科书市发现有书店来书市找出版社订货，于是就要下文化宫东配殿做会场，挂上第一届社科图书交易会的会标，临时起名为社科图书交易会，让出版社自带桌椅书架，摆摊征订图书，书店自发前往。参加的出版社有44家，订货码洋676万元。尽管带有自发性，很不规范，规模与效果很小，但它的重要意义是开端。第二届冠名全国图书交易会，94家出版社参加，订货码洋2000万元。

我是1986年9月从济南军区调解放军文艺出版社创建发行部，参加了第二届订货会，会后被邀请到社科书市办公室兼副主任，我对订货会有些想法，于是分工我专管订货会。

我的人生主张是人在其位必谋其政。让我管订货会，我想的不是只办好这一届，而是订货会如何长期办下去？订货会应该是个什么样的模式？怎么样办才能获得最佳的效果？怎么样办才能长久地发展下去？

1988年，社科图书交易会改名为第二届全国图书交易会，会场设在劳动人民文化宫东配殿

一、赋予订货会有生命力的灵魂

订货会是新生事物，看样订货的形式是对原书目征订方式的改革，它最大的功能是减少“隔山买牛”的盲目性，提高订货的准确性；出版社联合起来办订货会，是产销直接见面，减少中间环节，缩短流通周期，提高周转速度，完全符合国家新闻出版署“一主三多一少”的改革方针，方向绝对正确。

1988年全国图书交易会现场（劳动人民文化宫东配殿）

任何事物的生命力取决于事物内在的确定性，也可以说是事物本身的基因，订货会也是如此。那么订货会的性质是什么呢？应该赋予它一个什么样的灵魂？如何给它健康而充满生机的基因？筹备第三届订货会时，劳动人民文化宫因故不能举办大型活动，这样就有了更充分的策划与准备时间，我专门探讨了订货会应具备的模式。

（一）要有一个叫得响的会名，确定为首都图书交易会

一方面考虑北京是我国的政治、经济、文化中心，也是我国的出版中心，用首都做会名，既具有权威性，又具有吸引力；另一方面，当时参会的仅限在京的社科出版社，考虑要扩大到科技出版社，以至京外的出版社。

（二）确立订货会的宗旨，摆正主办者的位置

社科书市办公室，既不是政府机构，也不是协会组织，纯粹是一些有志于出版事业的志愿者、志同道合的同人临时凑在一起，想为行业，同时也是为本社、为自己的本职工作做点有意思的事。一项活动、一个平台，必须有一个明确的宗旨，没有宗旨就没有灵魂。我为北京图书订货会确定的灵魂只两个字：服务。为行业服务，为出版社与书店合作服务。

图谋利用订货会挣钱，不可以这么想，这么做行业也不会答应，订货会也办不长久；办订货会是行业困境与现状的需求，是共同愿望迫使大家自愿走到一起；是行业和自办发行现实需要图书交易的平台，是为行业、为本社，也是为自己的工作创建一个平台。参与这项工作的人，完全是出于自愿与事业责任，甘愿为行业服务，为出版社与书店的合作交易服务，这些人把这项工作当作自己对行业的奉献和应尽的义务。

（三）确定订货会的主人与客人

任何商业性会议，光有办会者的积极性，而无参会者的积极性，都办不好，勉强办成也注定不会长久。订货会是为谁而办？这个订货会就是为出版社自办发行开拓市场，创路子，建渠道，那么出版社就是这个会的主人。发行体制改革以来，图书市场一直是供大于求的买方市场，也就是说出版社的备货远远大于书店的订货，市场的主动权掌握在书店手里，这一现实便确定，书店是订货会的客户，主人要热情欢迎和接待被邀请来的客人。办会者则是为主客双方合作服务。

三者之间的关系一分清，办会方式方法就好确定。出版社是订货会的主人，出版社

参展是招商，参会就必须承担订货会场地、展具、宣传、接待所需的会务经费；书店是客人，他们参会需要邀请，身份虽是客人，但他们来参会是来订货，是来做生意，他们也需要负担自身的交通吃住费用，但不能承担额外的展场会务费用；办会者是服务机构，是用出版社的钱来办会，那就必须尽心尽责为社店合作做好会议的服务工作。

（四）确定订货会的方式规格、服务质量和收费标准

办会者既然是为出版社和书店服务，那就需要讲究服务的方式，讲究服务的规格与质量，根据服务的规格与质量，确定收费的标准。

我设想，要提高交易会的订货效果，必须把交易会与书市分开举办；看样订货，必须要有专用的展厅展场，要为参展出版社设置展示样书，便于书店看样订货的展台；要有相当规模的宾馆，统一接待安排出版社与书店代表的食宿，让社店在一起吃住，便于利用可利用的时间进行交流和业务洽谈；会前要做好宣传，会中要搞好活动，等等。

交易会时间定在 1990 年 5 月，这样上半年订货可以给书店较长的销售时间，让他们消除库存积压的顾虑，放开量订货。

收费的基本原则是保证收支平衡，不能亏损，略有节余即可。

收费的依据是：出版社除了自己的食宿费外，还应该负担展场、展台、宣传、接待等会务工作经费；书店代表只负担个人的基本食宿费用。

（五）确定订货会的办会方针与会风

我提出了“顺应市场　务实求新”的办会“八字方针”。主张交易会不搞开幕式、闭幕式，不送纪念品，不搞变相旅游，开门搞订货，关门送客人；订货会结束时，搞一个简短的新闻发布会，如实向媒体通报订货会的实况；订货会只给主管部门的领导发请柬来现场参观指导，不举行会议，坚持勤俭务实办会的会风。

书市办公室成员讨论后，一致同意我的设想。我负责起草了首都图书交易会招展实施方案。计划 120 家社科出版社参会设摊，邀请 200 家书店参会订货，找一家具备放置 120 个展台（四张会议桌一个展台）的订货会场，800 个床位的宾馆；考虑不给参会出版社和书店过重的费用负担，选三星级宾馆，选择时考虑北京站到宾馆的交通是否便利。

当时在职人员工作分不开身，委托已退休的沈炳麟老先生找宾馆，他每天背着小挎包满北京到处找，最终找到了玉泉饭店。三星级，有大会议室，可放 130 个展台，有 800 多个床位，尤为方便

1993—1997 年第六届至第十届首都图书交易会在中央党校举行，户外宣传广告铺天盖地

的是北京站出站地铁可直达玉泉宾馆，接站人员只需买好地铁票，在北京站出站口举牌接站发地铁票就可以。

首都图书交易会如期举行，我带着人美出版社的廖大健和两社四个工作人员搞接待，不到三个小时，800个床位告罄，还有许多书店的代表没到，怎么办？近距离已没有合适的宾馆。我找饭店经理商量，能不能住会议室。饭店经理很配合，当即决定买200张行军床。我当即向出版社的同志们说明情况，让他们把房间全部腾出来先让书店的同志住，出版社的同志一呼百应，半个小时就把房间全部腾出，都毫无怨言地住会议室行军床，一个会议室住二三十人。

1997年，第十届首都图书交易会改由中国版协和中国发协共同主办，更名为北京图书订货会，这是在北京饭店举行与会代表聚餐，刘杲代表主办方致辞

参会出版社达到128家，书店代表有800多人，当场成交码洋3200万元。会议期间，亚运村刚竣工，我们打算让全体代表参观，得到了北京市公安局的支持。租了十几辆大客车，全体代表参观了亚运村的运动场馆与设施，与会代表大开眼界。交易会闭幕那天晚上，举行了一次集体聚餐，出版社与来自全国各地的书店同志欢聚庆贺，大家非常高兴满意。会议接待、会风和成效，一下把首都图书交易会打响，为图书交易会确定了办会模式，闯出了路子，为下一届规模扩大打好了基础。

第四届首都图书交易会移到工人体育场举行，时间提前到当年的3月，准备了体育场宾馆、总参第一招待所、中国青年报记者接待处、京东宾馆等四家相挨的住宿单位接待书店代表，参加的出版社达到156家，书店达到350家，订货码洋8000万元。

二、把矛盾当作前进的动力

做事总会产生矛盾。事物的矛盾不外乎来自外部客观和内部主观两个方面，举办北京图书订货会也是如此。天底下再好的事情，也有人反对；再坏的事情，也会有同伙。北京图书订货会所走过的历程充满着矛盾，是在矛盾中前进，在矛盾中发展。

北京图书订货会一改书目征订的盲目性，本身是进步，是创新，得到出版社和基层销货店一片称赞，一致拥护支持。但原来搞目录征订的发货店中盘，却因自己原来的工作遭否定而不那么光彩，订货会一红火，书目征订更没效果，订数直线下降，中盘就不那么舒服，对订货会便不那么支持，甚至反对。

这倒并不是某个个人为一己利益，或个人成见，反对、抵触订货会，纯粹是单位利益与名誉的驱使：我做代理总发行，做得库存巨大，周转失灵，图书市场成一潭死水；出版社自办发行，却红火起来，有点丢面子；产销直接见面，这么搞下去，中盘如何生存；你们产销直接见面，把大中城市店都拉走了，把征订难、发运难、订数小、分布散的农村基层店扔给我管，你们吃肥肉，让我啃骨头？为此，发货店对首都图书交易会心有排斥，有意无意地对订货会横挑鼻子竖挑眼。

（一）制造舆论批评

以“舒新”为笔名的文章《看样订货会亟待改进》发表在《新闻出版报》。文章直接点了中国出版工作者协会举办的首都图书交易会，以及大百科上海分社、上海辞书出版社、中央 36 家科技出版社、全国地方科技出版社等单位分别在 2 月至 4 月举办的 6 个看样订货会的名。说这些订货会时间密集、次数频繁，使基层书店疲于奔命，满天飞，在体力、财力上怎么受得了？同时指出了这些订货会有四个问题：一是这些订货会邀请的都是城市新华书店，县新华书店和边远地区书店的货源供应如何解决？二是出版社以优惠折扣把城市店订数收走了，造成新华书店发货店征订数萎缩。三是这类订货会表面给销货店优惠折扣，实际比给发货店供货还多赚五个折扣。四是有些订货会搞专程旅游不正之风。最后结论是，看样订货会应该由发货店与出版社共同组织。

我即以“欣荣”的署名发表文章《看样订货会需要改进，更需要支持》在《新闻出版报》上，明确与“舒新”商榷。我在文章中重申，订货会是新生事物，广受欢迎是因为一是对书目征订的改进与创新；二是体现了国家实行“多渠道”“减少中间环节”“直接让利给基层店”“加强出版社横向联系”等改革方针。但并非完美无缺，有四方面需要改进：一是举办看样订货会的资格需要明确规定，有资格的首先应该是拥有总发行权和货源的出版社，其次才是一级发货店，其他单位没资格办订货会；二是加强宏观控制，严格申报审批手续，全国性的订货会须经新闻出版署批准；三是端正看样订货会的会风，首都图书交易会就不搞开幕式、闭幕式等形式主义，不请客，不送礼，不旅游。第四，明确订货会宗旨，提高订货会实效。文章同时指出，舒新的文章标题是“改进”，文章除了质疑批评没有任何改进意见，只要求看样订货会应该由发货店与出版社合办。我的回应是，出版社主办和社店合办，仅是发货店参与不参与之差，而无本质区别，合办不合办解决不了时间密集、邀请对象局限和会风等问题。合办需要双方的诚意，把两种同类订货会人为地对立起来，既不利于社店团结，也不利于发行改革。

（二）直接下发通知抵制

1992 年举办第五届首都图书交易会时，会议规模扩大，移到亚运村，利用国际会议中心做订货会场，公寓楼一个楼就可以容纳 1500 人住宿。筹备之中，90 余家大中城市和地区新华书店来电报与电话，说接上级主管书店通知，不允许他们参会，已报名交钱的要求退款。

中国出版工作者协会经营管理研究委员会作为主办单位，当即召集 60 余家中央出版社的社长开会，通报情况，研究对策。中国版协秘书长王业康在会上介绍情况后，参会出版社社长除了气愤之外，建议版协立即如实向新闻出版署领导汇报，请新闻出版署领导重视解决。新闻出版署发行司过问了这件事后，事态才有所缓解。但还是有 30 多家城市店没能前来参会。这届交易会如期举行，成交码洋达到 1.1 亿元，比第四届增加了 3000 万元，“干扰”对交易会的成果没有造成更大的影响。

（三）公开对垒竞争

行业改革只能向前发展，不能开倒车。存有抵触意识的人也被裹挟进入市场经济，意识到垄断经营时代已一去不复返，出路只有走进市场，参与竞争。体制改革后，发货店已是二传手，不再直接拥有货源，供货率和供货时间无法保证，因而无论分区域的六大片订货会，还是之后办在首都图书交易会之前的全国订货会，实际效果都很不理想，办了两届只能停办。

出版与发行本就是同业一家，同样的出版社，同样的销货店，而且时间紧挨在一起，同时举行两个订货会，让出版社和书店很为难。他们只能根据实际效果做选择，六届首都图书交易会的历史、形式、内容、规模与成效在全国已成品牌，广受欢迎支持。为了行业的发展，为真正贯彻协会为会员单位服务的宗旨，我们主动降低姿态，委派中国少年儿童出版社的杨永源社长、新华出版社甘纯根副社长和沈炳麟老先生一行三人，主动赶到郑州与对方协商两会合并联合办会的事，居然遭到拒绝。

竞争实际是一种动力，一种促进。首都图书交易会移址中央党校后，已固定场所、固定时间，不仅办会条件得到改善，又赋予交易会新的功能。一是增加了户外宣传广告。交易会期间，中央党校院子里图书宣传广告，企业形象广告、招贴、横标铺天盖地。二是增加了研讨会。交易会期间同时举办研讨会，探索出版发行体制改革，创新开拓市场的理念与理论，交流经验。三是举办各种活动，扩大出版社的形象和产品宣传。赵忠祥、姜昆等文化名人都到交易会上向书店代表介绍他们的书。还举行文艺演出，参会代表都观赏到马玉涛、梅葆玖等著名演员的表演。

首都图书交易会这样的交易平台，不是谁都能轻而易举打造的，也不是谁都能保证它持久地发展壮大的。我们从来没有做过针对别人的宣传，也没有挑过别的订货会的一点毛病，完全靠自身的功能，规模一届比一届大，成效一届比一届好。其根本原因是货源在出版社手里，让产销直接交易，没有中间中转环节，不另收取费用，谁不欢迎？常言道，不怕不识货，只怕货比货。

第九届首都图书交易会参会出版社达到356家，书店代表保持在5000人左右，成交码洋过亿元。媒体上再度出现了由谁主办全国性图书订货会的纷争，中国版协宋木文主席找我们了解情况，我们如实反映曾主动找对方谈过两家一起合作办会的事，但他们拒绝了。宋主席强调办订货会，就是为出版社与书店的合作架桥铺路，平台建好了，功能发挥作用了，谁来办不是问题，只要坚持服务宗旨，一家办两家办都可以。

宋木文主席主动找了发行协会会长刘杲同志，指出两个协会没有必要为争办图书订货会引发纷争，影响不好，提出两个协会一起合办，一起为会员单位服务，刘杲同志完全赞同。

在新闻出版署分管发行工作的杨牧之副署长亲自协调下，自1997年开始，首都图书交易会更名为北京图书订货会，冠以年号，第十届叫“97北京图书订货会”，由中国出版工作者协会与中国书刊发行业协会联合主办。从矛盾对立到竞争，再到联手合办之后的相互默契配合，北京图书订货会开始了新的征程。

三、只要与时俱进，想火多久就火多久

北京图书订货会办到2005年的第十八届，随着书业改革的不断深入，市场化程度不断强化，图书销售实行全面寄销，订货会的订货功能失去意义。业界发出北京图书订货会还要不要办，还能办多久的疑问。我给媒体的回答是，出版社与书店都已是企业，图书经营已完全市场化，商家做生意离不开信息交流与洽谈沟通，订货会有它生存的客观需求与行业现实需要，关键在主办者能不

能与时俱进，假如能顺应市场规律，依据市场需求，随时调整功能，满足社店企业发展的需要，想办多久办多久，想火多久火多久。

（一）取决于主办者的目的

办会的目的多种多样，假如办会者出于事业心和责任感，忧企业所忧，想企业所想，急企业所急，帮企业所需，把图书订货当作业内的一项事业，当作个人的人生价值追求来做，他们就会不停地考量，不断地努力，不断地创新，会时时刻刻想在走在行业的前面，考虑企业究竟需要什么？企业急需解决什么问题？展会可以帮助解决什么问题？这样订货会自然会顺势发展，不断更新，越办越好。

（二）取决于展会准确的服务对象

就当时的情况而言，国家新闻出版总署批准，每年办三大盛会，即北京图书订货会，全国书博会（原叫全国书市），北京国际图书博览会。三大盛会的原始功能非常清晰，互不交叉。北京图书订货会的服务对象是出版社和书店，项目是社店的业务合作；全国书博会的服务对象是销货店与读者，服务项目是展销图书；国际图书博览会的服务对象是中外出版社，服务项目是中外版权的输入和输出。假如把三个会的功能都扩展延伸，势必造成混淆、交叉、重叠，那三个会等于办成了一种会，就会出现需不需要的问题。要想独立存在，必须有独立的服务对象和独特的服务功能，这样才能持久地办下去。

（三）取决于展会的服务质量

北京图书订货会由开始的“骡马大市”，发展成可与国际书展媲美的全球最大的华文图书交易盛会，与它的服务宗旨和服务质量是分不开的。它的服务宗旨、务实的会风、低价位收费、周到的接待服务、丰富的信息交流、多功能效益，是独特的。办会者只有坚持、改进、完善、提高，方能立于不败之地。

北京图书订货会的发展历程，也是我从事出版工作的经历，它是一项事业，是一件作品。自1987年由出版社发行界几位有识之士自发创办，到第三届正式规范定型，定名首都图书交易会，到1992年第五届由中国版协经营管理委员会主办，再到1997年第十届由中国版协和中国发协共同主办，名称改为北京图书订货会，直至2012年举办完第二十五届，我陪着订货会整整走过了26个年头，见证了它的发展全貌。

北京图书订货会创建于民间，没有拨款补贴，没有常设办会机构，没有政府行为，成为中国书业界地地道道的一年一度业务交易盛会，它成功的奥妙何在？要说秘诀，就是八个字：顺应市场，务实求新。所谓顺应市场，就是顺应市场的规律；务实是北京图书订货会不搞形式主义，办实事、求实效、给参展单位以实惠的会风；求新是不断创新，逐步完善，不断开拓，满足需求的追求。后来我把它改为“遵循规律，顺应市场，满足需求，开拓创新”十六字方针，这是北京图书订货会常办常新，长盛不衰的根本原因。

回顾北京图书订货会的发展历程，它经历了四个阶段：

1. 初创阶段（第一届至第三届）。北京图书订货的前身叫首都图书交易会，它以“看样订货”“产销直接见面”“减少中间环节”先进于“看目录订货”“产、供、销层层中转”等陈旧形式，受到出版社和销货店的广泛欢迎。这个新形式，符合商品流通规律，也满足社店需求，因此它具有强大的生命力。第一届与第二届随北京劳动人民文化宫的首都社科书市同时举行，第三届正式以订货会的模式举办，明确以服务为办会宗旨、务实求新清廉为会风，出版社由第一届的44

家增加到 128 家，参会人员由 290 人增加到 1000 余人，订货码洋由 676 万多元激增到 3200 万码洋，当时的书只有一两元钱一本，订出图书达 2000 多万册。

2. 定型阶段（第四届至第九届）。从第四届开始，订货会在总结经验和不足的基础上，根据书业发展的形势和社店需求，进行了重大改革。一是主办单位升级，由原来自发的社科书市办公室，变为正式由中国版协经营管理研究委员会主办，中国版协主管。二是改变举办时间，定在最适合订货的年初春季举行。三是场地扩大，第四届到了工人体育场，第五届移到亚运村，第六届进入中央党校。四是邀请全国出版社参加，第四届有京外出版社主动前来参加，第五届正式向全国出版社发邀请招展。其间规模不断扩大，出版社由 156 家逐步增加到 356 家；接待住宿人数由 1000 多人增加到 3200 人，加住会外的代表达 5000 人左右；订货码洋到第五届过了亿元，第九届突破 10 亿大关。这个订货会的组织者有一批热心人，还有几个有心人。热心人和有心人在不断研究、思考和发现市场的客观规律，不断摸索，不断调整，不断更新，开拓前进。

2002 年第十五届北京图书订货会在国展中心举行，笔者在接受河北电视台采访。

3. 发展阶段（第十届至第十八届）。从第十届开始，这个订货会又发生了重大变化：一是主办单位，改由中国版协和中国发行协会两个协会共同主办；二是订货会名称改为北京图书订货会；三是展馆提升档次。走出中央党校，第十一届到了丰台体育馆，第十二届进了国家级展馆农展馆，仍不能满足需求，第十三届进入了国际展览中心；四是拓展功能，由单纯的看样订货会逐步发展成为集看样订货、展示品牌、交流信息、联络感情于一体的业务交流大会，地地道道地成为中国书业界一年一度的业务交易会。

到第十一届，参展出版社已有 489 家，算上副牌就突破了 500 家，全国的图书出版社基本都参加了这个订货会。成交码洋继续一路飙升，第十一届过了 15 亿，第十五届破 20 亿大关，第十八届突破 30 亿码洋。

4. 提升阶段（第十九届至第二十五届）。随着社店业务合作方式的改变，图书销售由原来的书店订货经销，改变为出版社主发寄销，这一变化致使订货会的订货功能失去现实意义。因此第十九届订货码洋掉了近 7 个亿。订货会出现参会热情下降、展位减少的趋势。十九届比十八届减少 39 个展位，第二十届比十九届又减少近一百个展位。订货码洋报数也含水分，一直在 23 亿至 25 亿之间徘徊，订货会连续两年处于低迷状态。怎么办？它迫使主办者总结探究，找到不断更新展会内容，丰富订货会的多元功能的办法。

2004 年，我带领一个小组，用专门的时间研究北京图书订货会的规划，按国际化、规范化、现代化、市场化要求，做出了北京图书订货会新的发展规划，同时完善建立北京图书订货会的《总体构思》《组织机构职能》《财务管理规定》等七项规章制度。

订货会改革的具体措施是：扩大招展，邀请港澳台地区出版单位参展，享受大陆出版社同等待遇，同时邀请海外华文书店参会订货，每届都有100多个港澳台出版机构和海外华文书店前来参会。2007年（第二十届）更是北京图书订货会重大改革、突破创新的一年。这一届增设了三项新的活动内容，一是举办高峰论坛。中国书业正处在体制改革的攻关阶段，书业改革的论坛虽频繁举行，但订货会的论坛备受业内关注。北京图书订货会的论坛，有其独到的思考，力争办出应有的特色，每次都请新闻出版署的署长、副署长演讲，同时请全国书业界各路领军人物“论剑”，每届论坛均取得良好效果。二是增设书稿版权交易会，建立版权交易市场。围绕“版权保护”“中国出版走出去”“数字出版”等专题举行业务讲座。336部原创作品参加了交易活动，当场达成了100多个合作意向。第二次书稿版权交易当场签订意向合同320多项。三是增设全国图书馆现货看样采购会。随着全民阅读活动的开展，图书馆的建设摆上了议事日程，全国图书馆每年的采购量近50个亿。我国每年出书数十万种之多，而一般城市书店的中心门市陈列销售品种仅三至五万种，大型书城也不过八至十万种，而且新旧品种混杂，难以适应图书馆采购的需求。北京图书订货会给图书馆采购提供了机会，馆配供应商也应运而生。第一次举办图采会当场成交4900万元，第二次图书馆现场采购6500万元，第三次图书馆现场采购达8100万元。

2008年第21届北京图书订货会在新闻出版总署举行招展大会，笔者在介绍实施方案。

除了增设新项目外，在新项目的组织实施方式上也进行改革，按国际化、专业化、规范化的要求，首先是加大对订货会宣传的力度，与《中国新闻出版报》合作，出版《北京图书订货会快报》，每届出三期，每期八个版，随《中国新闻出版报》一起向全国发行。不仅让参会的代表都能看到订货会的信息，而且可以让没来参加订货会的全行业的人员通过报纸看到订货会的全部信息，而且便于做资料留存。

其次与专业业务机构合作，让他们直接参与订货会项目的组织实施，增设项目，提高专业水准，增强效果。一是请中国图书进出口公司承办港澳台出版机构和海外华文书店参展的业务，由他们统一组织港澳台地区出版机构和海外华文书店订货供货；二是请《中国图书商报》参与合作，与组委会一起策划筹办论坛；三是请中华版权代理公司承办书稿版权交易项目；四是分别请新华书店总店、四川新华文轩连锁公司承办全国图书馆现货看样采购会。这些专业企业机构的参与，对提升北京图书订货会的国际化、专业化、规范化程度起到了积极的作用。

设置数字出版专馆，并举办发展峰会。数字出版既是未来的一个方向，同时自身又存在很多不确定的因素。数字出版处于起步阶段，思路还需理清，商业模式有待探讨，产业链尚不完整。为此，我在2011年北京图书订货会开幕前十天，在《中国新闻出版报》发表了《突破电子书出版发展的瓶颈》专文，从确立产业思路，明确投资方向；理清商业模式，建立统一标准；合理分配利益，加强版权保护三个方面谈了我的思考和意见。抛砖引玉，以期引起业内对电子书出版发展的思考，做出正确的决策。

再是写好订货会的总结。为了给行业提供更多信息，留作资料供业内工作参考，从第三届订货会开始，每一届我都用心写好订货会总结，总结实际是一份交给出版社这个订货会主人的一份答卷，我是这么想这么做的。我负责到第二十五届，除第一、二届外，我写了23篇总结，交了23份答卷。这些总结除了发简报，总结会上宣讲，会后都以文章在《新闻出版报》《中国出版》等报纸杂志上发表，其中不少文章被人民大学报刊资料中心、新华社、新闻出版署编的书籍收录。能不能发挥风向标的效用，作为订货会的策划者与服务人员，我是尽了心、尽了力、尽了责的。

通过多方努力，从第二十一届开始，参展出版社和订货码洋又有回升，再一次呈增长趋势。2009年的第二十二届竟逆市而上，展位达2011个，比上届增加100个，图书馆采购展示架增加230个，订货码洋25.1亿元，比上届增加两亿多。图书馆采购8100万元，增加了1600万元。

诚然，不断变化发展的市场，将对所有展会不断提出新的要求，这对主办者来说，无疑是永远解决不完的难题，任何事物都无法一劳永逸，只有不知疲倦，不断开拓，永不止步，才会跟上时代的步伐，不断前进，永葆青春。

2007年北京图书订货会举办第二十届之际，组委会与《中华读书报》联合邀请20人畅谈北京图书订货会。其中有宋木文、于友先两位老署长、中国版协老主席，两位发行管理司领导，四位订货会创始人，三位出版社领导，两位新华书店总经理，两位民营书店经理，四位报道订货会的资深记者，一位书评人，他们都以自己的亲历见证了北京图书订货所经历的艰难历程。《中华读书报》总编庄建以两个通栏整版，将这些具有原创历史意味的思考、经验与史实，奉献给了出版人与读书人。编者按有一段耐人寻味的概述：

20年，在一个国家的历史中，是短暂的一瞬，在一个人的一生中是漫长的岁月。对于北京图书订货会而言，1987—2007年的20年又意味着什么？

20年前，十几个在共和国历史上名不见经传的小人物，含辛茹苦办起了第一届首都社科图书交易会，背负起创业者的艰辛。从此，他们风雨兼程，一路走来。他们汇入中国改革开放洪流中的步伐，蹒跚中表达着坚定。他们在探索中倾心完成的构建，稚嫩中充满创新。

20年间，偏居北京劳动人民文化宫一隅的小书市，出落成世界规模最大的华文图书订货会，每年十万人参与的展会，影响着几亿国人乃至世界华人范围的阅读生活，牵动着世界的版权贸易进程。人们说，北京图书订货会，是中国出版业改革的试验场，是中国乃至世界出版物最新流行趋势的风向标。投向这里的目光，早已不再仅仅是北京，而是全国乃至世界。她的脉动所及，早已由纸介深入网络，进入更加广阔的时空……

二十五届之后，北京图书订货会仍在举办，它已成为业界每年期待的年会，出版社和书店都离不开这个平台。但我坚信，主办者能不能坚守这个会的初衷，继续创新，开拓前进，仍是决定它生命力与成效的根本因素。✣

两岸出版界情深谊长

——我的两岸出版交流生涯

陈为江

当前，两岸的民间交流和各领域合作持续热络。我作为一名两岸出版交流和合作的见证人、参与者和组织者，一路走来，感触颇深。

1984年我任中国图书进出口总公司总经理，并于2000~2006年任中国出版工作者协会常务副主席，在这22年间我共访问台湾八次，结识了数以百计的台湾出版界人士，与台湾出版界有着深厚的情谊。

一、从书博会开始交流

1987年5月国家主席杨尚昆在纽约访问期间，发表了愿意开展两岸文化交流的讲话。台湾出版界对此感到欢欣鼓舞，他们借用探亲名义或通过绕道日本到北京参观1988年9月召开的第二届北京国际图书博览会。我作为博览会的主办方，热心接待台湾客人，亲自陪同参观，介绍他们与国内出版主管领导和国际著名出版界人士认识。双方相谈颇欢，让台湾客人感到祖国大陆的温暖。经请示主管部门同意，我邀请台湾出版界参加1990年第三届北京国际图书博览会。

从第三届北京图书博览会开始，台湾出版界组团派出庞大队伍参展。我对台湾出版界参加博览会十分重视，广泛介绍大陆出版社领导与他们相识，商谈合作。每当我陪同国务委员宋健和各部委领导参观时，一定会到台湾展台，以便领导与台湾业者进行交谈，照相留念，让台湾出版人士倍感温暖。

1990年国务委员宋健（左三）在北京国际图书博览会上参观台湾展台（左一为邱志贤）

1993年初，我应台湾出版界朋友邱志贤的邀请访问台湾。这是大陆出版界人士首次访台。当时台湾对大陆人员入境审查非常严格，要由海基会、陆委会、新闻局以及入境管理部门等五个单位会审同意。邱志贤总经理在政审期间，不能离开台北，作为担保人要时刻接受问询。

1993年，台湾书展主席台合影

（右起：王绍祺、许力以、刘杲、唐树备、黄肇珩、宋木文、武奎煜）

1993年初，我十分荣幸得到了两岸管理部门核准，实现了大陆出版界人士首次访问台湾。刚出台北桃园机场，我们就受到台湾出版界的热烈欢迎。新闻媒体立即前来采访。到台北后第一天就得到台湾海基会副秘书长李庆平先生的热情接见。在远流出版公司参加柏杨先生的著作《资治通鉴》白话文版首发式，与莅会的蒋纬国先生相识，在会场坐在一起亲切交谈。《联合报》董事长王惕吾老先生对我的访问特别重视，在联合报社总部大楼顶层设宴招待，并请其子女和《联合报》所属八大报纸的领导出席作陪，嘱咐一定要加强与大陆出版界的友好合作。在访问《中国时报》时，报社多名领导出席与我见面交谈。在台北出版商业同业公会领导曾繁潜的陪同下，参观访问了多家著名出版公司，并与光复书局董事长林春辉父子、新学友董事长廖俊荣和廖苏西姿夫妇，远流出版公司董事长王荣文，以及华一书局总经理邱志贤等众多出版单位领导亲切会见。在20世纪90年代，台湾出版业比较繁荣，各出版公司的办公大楼比较壮观，有不少价格昂贵的大套精装书，直销业绩可观。在台北重庆南路书店一条街，各书店均具有相当规模，经营情况良好。台湾出版业所取得的成就，给我留下了极其深刻的印象。

邱志贤总经理对我的访问予以热情接待，精心安排，介绍他的夫人和子女与我相识，陪我参观台湾的旅游胜地，共同品尝了华西街的民间小吃和美味佳肴，真是亲如一家。

台湾的初次访问，让我深切感受到台湾同胞对大陆人民情同手足，一直铭记在心。

二、互办展会深入交流

1993年5月，以中宣部出版局局长许力以为首的大陆出版代表团访问了台湾，双方达成“五点共识”，其中包括两岸各为对方举办书展。台湾图书出版事业协会已申请到1993年在北京举办台湾书展的出访经费，建议这项展览在年内举办。大陆方面因办展只有费用支出而没有任何收入，所以承办单位很难落实。经中宣部出版局和新闻出版署研究，建议1993年台湾书展由中国图书进出口总公司无偿出资承办。当许力以局长到中图公司商谈此事时，我认为这是主管部门对中图公司的信任，同时认识到两岸交流的重要性，当即欣然接受。

1993年台湾书展由中国书刊发行业协会和台湾图书出版事业协会联合主办，中图公司承办。公司投入了100多万元资金和大量人力，书展于11月在中国国际贸易中心举办。国台办主任唐树备对台湾代表团来访十分重视，抵京当晚即在北京饭店亲自设宴招待台湾出版界领导。书展的开幕式由我主持，唐树备主任在开幕式上致辞，新闻出版署署长宋木文、副署长刘杲，中宣部出版局局长许力以，国家科委国际合作司司长王绍祺等领导与台湾图书出版事业协会理事长黄肇珩、武奎煜、陈恩泉等人士出席。书展共设了 100 个展位，展出了两万余种台湾图书。这是台湾出版界第一次赴大陆举办的最大规模的图书展览。书展结束后所有展书由台方赠送给北京大学图书馆。台湾书展取得了很大的成功。

根据双方的协议，由中国书刊发行业协会主办、中图公司承办的大陆书展于 1994 年 3 月在台北举行。中图公司在招展时得到大陆出版界的热烈响应，报名人数超过 100 人，其中有 20 多位是各省市的新闻出版局的领导。根据当时台湾的管理规定，大陆的政府管理部门人员是不能入境的。尽管台湾出版事业协会对我们出访人员的身份了若指掌，但当我们以省市出版协会领导名义报备，经过各方面协商，除一人没有通过外，其余人员都得到台湾当局的核准。鉴于台湾审批入台证耗时较长，我们收到 99 位参展人员入台证（副本）时距预订航班出访只剩一周时间。国务院台湾事务办公室为此加班加点，在两天时间就办完代表团全体人员访台证件。

首届大陆书展在台北中央图书馆举办。大陆参展代表团共有 99 人。根据新闻出版署的批示，代表团由新闻出版署刘杲副署长任顾问，我任团长。中图公司派出杨继先、薄国华、蔚莉、刘丽霞、兰静五位同事为代表团提供服务。代表团先到香港驻台湾的派出机构领取入台证（正本），然后再乘机赴台北。当时在香港海关办理入境手续非常繁杂，代表团全体成员在拥挤的接待室花了三小时才办理完毕。代表团在香港得到了香港联合出版集团热情款待。代表团到台北桃园机场，由于接待单位精心安排，海关开设了多条快速通道，使入境手续办理非常简便，仅用了 10 分钟就办完了 99 人入境手续。大厅里台湾出版界众多同业拉着横幅迎接，并亲切地为大陆代表团领导戴上了花环，欢迎场面十分热烈。

大陆书展在台湾图书馆大楼举办隆重开幕式，台湾行政主管部门黄部长，台湾海基会副董事长焦仁和，大陆代表团顾问刘杲、团长陈为江，台湾图书出版事业协会理事长黄肇珩、武奎煜等为开幕式剪彩。这次书展展出了 21 个省市 181 家出版社的 1.7 万余种图书。在开幕典礼上，我作为团长向台湾图书馆馆长曾济群赠送全部展出的两万多册图书。

大陆代表团在台湾图书出版事业协会理事长黄肇珩、武奎煜的陪同下访问海基会，海基会副董事长焦仁和会见大陆代表团领导。代表团访问台湾中华文化复兴运动总会和各著名出版公司。代表团所到之处，均受到台湾出版界同人的热烈欢迎。大陆代表团

1994 年，台湾海基会副董事长焦仁和接见大陆出版代表团
（左起：刘杲、笔者、焦仁和、李庆平、黄肇珩）

1994 年，在台湾举办的出版之夜联欢会上张明泓、笔者、武奎煜同台合唱

也在圆山大饭店举行答谢宴会。台湾图书出版事业协会专门举办了出版之夜联欢会。两岸同业同台合唱，互送纪念品，气氛十分热烈，立即拉近了隔阂四十多年的感情距离。短短几天，两岸出版界频繁沟通、约见会谈、商讨合作，取得了丰硕的成果。这次在台湾举办大陆书展，首次实现了两岸出版界的双向交流，为今后大规模合作拉开了序幕。

1995 年，我率中图公司代表团在台北中山纪念馆举办大陆名家画展，展出了中国多位著名画家的作品，受到了台湾各界的热烈欢迎。中国画家董寿平先生对画展十分重视，亲自书写了许多书法作品，赠送给海基会副董事长焦仁和和台湾出版界领导，得到了他们的喜爱。

为了加强中图公司与台湾出版界的交流，让公司全体领导班子重视和参与对台各项活动，1998 年我率中图公司代表团访问台湾。代表团成员有中图公司总经理严文江、副总经理宋晓红、秘书长齐心智和出口部主任何小滨。代表团受到了海基会的接待，在台湾出版事业协会理事长武奎煜和陈恩泉秘书长陪同下，访问了光复书局、锦绣文化企业、新学友、世界书局等著名出版公司，得到了董事长们的热情接待，加强了中图公司与台湾出版界的联系。

我在中图公司任职期间，四次访问台湾，并在每届北京国际图书博览会期间，与台湾出版界进行合作与交流，从而结成了深厚的友情。

中图公司从事与世界各国的书刊进出口贸易，其中对台业务占公司销售总值的份额是微不足道的。我之所以热心于开展两岸交流，主要原因是清楚认识到两岸同胞皆为华夏子孙，作为一个公司的领导，应该为两岸交流做些实事。为此，中图公司除积极发展两岸书刊的进出口贸易外，还要作为一座桥梁，为两岸出版合作交流提供优质服务。

自 1988 年到 20 世纪末，中国版协国际出版合作促进会在许力以会长的领导下，积极开展两岸出版合作交流。1988 年，在上海举行海峡两岸图书展，这是两岸出版界最初的交流。在那个年代，台湾图书不能从台北运到上海。在上海展出的图书是台湾图书出版事业协会秘书长陈恩泉通过香港朋友经营的书店借调的。时任上海市市长的汪道涵先生出席了开幕式并剪彩。

自 1989 年起，许力以会长每年在全国各地举办海外出版洽谈会，邀请台湾出版界参加。台湾对洽谈会非常积极，随着时间的推移，会场几乎成为台湾朋友的包场，两岸在版权贸易方面取得了丰硕成果。

三、出版领域广泛合作

1994 年 9 月，在第五届北京国际图书博览会举办期间，和平饭店举办的研讨会上，陈恩泉创议建立“华文出版联谊会议”，得到了中国版协主席宋木文、台湾版协理事长武奎煜和香港出版总会陈万雄先生的赞同，决定每年举办一次，会议地点分别在大陆（内地）、香港地区和台湾地区轮流举行。1995年5月在香港地区举行首届“华文出版联谊会议”，以联谊会议的形式，加强大陆（内地）港台相互间的合作，沟通情况，交换意见，协调有关著作权事宜，共同努力让华文图书走向世界。

在两岸出版界共同努力下，通过北京国际图书博览会、两岸书展、洽谈会、研讨会和联谊会议，两岸人员来往十分密切。除大力开展图书贸易外，版权贸易也取得了丰硕成果。如人民美术出版社和台湾锦绣文化企业合作在台湾出版发行《中国美术全集》《中国美术分类全集》，大百科出版社与锦绣文化企业在台湾出版发行“中国大百科全书”，大陆建工出版社与台湾光复书局合作出版发行“中国古代建筑”等大套丛书。

大陆引进台湾图书版权也日益增多。外文出版社与台湾光复书局合作，在大陆出版发行《法国大百科全书》共30卷，把光复书局翻译的繁体字本，在大陆修订为简体字本。台湾锦绣文化企业与大象出版社、河北教育出版社合作，在大陆出版发行法国拉鲁斯出版社的《现代万有百科》的简体版。

两岸出版合作内容十分广泛，双方参与出版社遍地开花，每年的两岸版权贸易各自输出都数以千计，是双方对外出版贸易的重要组成部分。这对繁荣两岸出版业，加深两岸同胞之间相互了解和弘扬中华文化做出重要贡献。

2000年1月，我在中图公司任名誉董事长期间，经中国出版工作者协会宋木文主席和新闻出版署于友先署长的推荐，在中国出版工作者协会第四届会员代表大会上，当选任常务副主席。

在中国版协新任主席于友先领导下，中国版协决定把两岸出版交流纳入重要议事日程。

自20世纪80年代末开展两岸出版交流以来，除北京国际图书博览会外，所有两岸的合作项目都是在中国版协下属国际出版合作促进会会长许力以领导下进行的。许力以会长曾担任过中宣部出版局局长，德高望重，亲力亲为，热心于两岸交流，取得了卓越成果，是两岸开展出版合作的创始人，并立下了丰功伟绩。

随着两岸出版合作交流规模日益扩大，新一届的中国版协考虑到许力以会长年事已高，以及国际出版合作促进会专职工作人员很少，财力也有限，经许力以老先生同意，此后两岸出版合作交流项目由中国版协直接组织，聘请促进会的秘书长常振国社长任中国版协副秘书长，分管这项工作，并请许老先生今后继续指导和出席重要活动。中国版协的对外合作交流工作由版协沈建林处长负责组织。

在新闻出版总署大力支持下，中国版协

1998年，中图代表团访问台湾世界书局

（左起：陈恩泉、武奎煜、阎初、笔者、严文江、齐心智）

商台湾出版事业协会同意，于2000年12月在台北举办第三届大陆书展，会务工作由总经理吴江江领导的中国对外出版贸易总公司承办。我和总经理吴江江多次率团赴台举办大陆书展。台湾版协对大陆书展十分重视，会场布置讲究，台湾的出版界也积极响应，双方合作交流十分频繁。

2003年，中国版协和台湾图书出版事业协会共同在北京召开两岸图书出版贸易座谈会，确定今后每年在台北举行一次大陆书展，会上商讨了大陆图书进入台湾公开销售的办法，两岸出版界近百名代表参加了会议。

2000年，第三届大陆书展代表团合影
（左起：沈建林、王大路、武奎煜、笔者、吴江江）

由中国版协主办、中国出版对外贸易总公司承办的2003年祖国大陆书展在台北举办，大陆参展的有19个省市共91个出版单位，展出图书4800余种，代表团共有114人，是以往大陆书展参加人数最多的一次。

此后，在台湾每年都会举办一次大陆书展，台湾也开放对大陆图书的公开销售，扩大了大陆图书在台湾的销售市场。

2002年1月，我陪同于友先主席访问台湾，随团访问的有中图公司副总经理袁水仙、新闻出版总署郑全来处长。于主席访问了锦绣文化企业、新学友、世界书局等多家台湾出版公司，与台湾版协商定请台湾杰出青年出版专业人才于年内访问大陆，同时明确大陆的《出版参考》作为两岸共享的资讯平台。

2002年5月，“首届两岸杰出青年出版专业人才研讨会”在北京举办。两岸出版界共有50多位代表出席了会议，会后出版了《两岸出版文化交流》一书。

2003年4月，台湾举办大陆书展期间，在时任台湾图书出版事业协会新理事长宋定西主持下，“第二届两岸杰出青年出版专业人才研讨会”在台北举行。我陪同于友先主席率18人的代表团参加研讨会，九位大陆优秀中青年代表在会上作了发言。他们的理论功底、语言表达、学术水平赢得了台湾同人的认可和赞叹，加深了两岸年轻一代出版界人士的友谊。2005年又邀请台湾青年出版代表团访问大陆。

为扩大海峡两岸民间出版交流，2005年厦门市委宣传部部长洪碧玲、出版局局长于浩和厦门对外文化交流中心总经理张叔言到中国版协，提出希望在厦门举办“海峡两岸图书交易会”。我认为厦门是国际著名的花园城市，地处两岸相对的特殊位置，与台湾联系十分广泛，是两岸开展图书交易的最理想场所。经中国版协报新闻出版总署批准，2005年7月由厦门市政府和台湾图书发行协进会联合在厦门举办首届“海峡两岸图书交易会”，台湾图书首次被容许在现场公开销售。中国版协组织在京出版社设立120多个摊位、200多名首都出版界人士参展。这是两岸图书交易的新的平台和桥梁，富有很强的生命力。在厦门市党政机关和对外文化交易中心张叔言总经理不懈努力下，“海峡两岸图书交易会”成为两岸出版交流的重要渠道，18年以来持之以恒，从未中断。2023年9月在厦门举办“第19届海峡两岸图书交易会”。

自1995年起举办的“华文出版联谊会议”一直轮流在香港、大陆（内地）和台湾地区举行，2003年起，澳门也与会，共同商讨拓展华文出版市场。

2005年，在北京第十届华文出版联谊会议上，大陆（内地）、台湾、香港、澳门的版协共同决定对长期推动大陆和港澳台出版交流做出重要贡献的24位出版资深人士予以表彰，其中大陆9人、台湾7人、香港6人、澳门2人。国务院台湾事务办公室副主任王在希、新闻出版总署副署长于永湛与会颁奖。大陆出版界获奖者有：许力以、宋木文、于友先、陈为江、周谊、杨德炎、潘国彦、吴江江、常振国。台湾获此奖项的有：黄肇珩、武奎煜、宋定西、杨荣川、陈恩泉、王国安、陈信元。会后，国台办副主任王在希接见两岸出版协会领导。

四、两岸出版携手共进

2008年是两岸出版交流二十周年，同年4月8日中国版协先在北京召开“海峡两岸出版交流二十周年座谈会”，不久又于第十八届全国书市期间，在郑州举行两岸交流二十周年庆典。时任新闻出版总署署长的柳斌杰到会并作了重要讲话，人大常委会原副委员长许嘉璐、中国版协主席于友先，台湾版协理事长陈恩泉出席讲话。

2008年9月19日，柳斌杰署长率大陆出版代表团500多人赴台参加二十周年庆典活动，举办大陆书展，召开研讨会和第十三届华文出版联谊会议，这是两岸合作交流的最高潮。

在2018年两岸交流三十周年时，两岸也都分别举办相当规模的庆典活动。出版界人士都相互参加对岸的纪念集会，大家畅所欲言，回忆过去，展望未来，照相留念，出版纪念册。我十分高兴能同时参加2008年的二十周年和2018年的三十周年庆典，我十分高兴。

回顾我开展两岸出版交流三十年的历程，共八次率团访问台湾，是两岸出版合作交流光辉历史的参与者和见证人。我之所以能组织如此众多的两岸交流活动，与政府管理部门的信任和支持是分不开的。在此对新闻出版总署宋木文、于友先、刘杲、于永湛等老领导，中宣部出版局局长许力以，以及署对外合作司杨德炎、孟传良、王化鹏、王海如、吴军、王华等同事表示衷心的感谢！王华现为中宣部进出口管理局一级巡视员，从事两岸出版交流工作达三十年，2022年荣获国务院台湾事务办公室颁发的荣誉纪念章。

历任台湾出版事业协会理事长的黄肇珩、武奎煜、杨荣川、宋定西、陈恩泉，都一如既往地积极推动两岸交流，特别是陈恩泉先生，长期担任协会秘书长主持日常工作，后任理事长，近三十年来，不辞辛苦，参与了两岸交流全过程。他办事认真负责，敢

2005年，国台办和新闻出版总署为对两岸出版交流做出贡献的人员颁奖

2005 年，两岸出版交流的功臣陈恩泉先生访问上海时合影
（左起：刘丽霞、笔者、陈恩泉、许建刚）

于担当，通情达理，待人接物亲切周到，是大陆出版界的好朋友，是一位两岸出版交流的功臣。

让我最为感动的是曾任过台湾出版事业协会理事长的宋定西先生。他在任理事长期间，于 2003 年负责接待大陆杰出中青年出版人才访问团，从此与我结成了深情厚谊。在他卸任理事长和退出出版业务后，每年都要专程到北京设宴与访问团成员相聚，直至 2020 年疫情前十多年来从不间断。我非常高兴地看到大陆随团访问的杰出中青年出版人才，经过二十年的不懈努力，现都成为我国出版界的栋梁：如全国政协委员、人民文学出版社社长臧永清，全国政协委员、上海译文出版社总编辑史领空，曾任人民出版社副总编辑的于青、乔还田，现任东北财经大学副校长的方红星，曾任上海辞书出版社总编辑、现任金城出版社总编辑的潘涛以及担任行政领导职务的吴军、张国岚等。由于宋理事长每年来访，让 2003 年赴台的杰出中青年出版代表团成员和新闻出版署对外合作司同事有机会每年相聚，友情深厚。

以上是我在两岸交流活动的主要历程，这仅仅是两岸合作交流中的一个片段。两岸出版交流内容十分广泛，开展两岸交流的除两岸的出版、发行协会外，众多的如中国期刊协会、印刷协会等出版领域的各协会也都在积极开展交流；大陆著名出版家，全国政协委员、人民出版社总编辑的辛广伟，早在 2000 年就编写了有关台湾的学术专著《台湾出版史》，震惊了两岸出版界。大陆的各省市出版协会以及中央和地方各出版社也热心与台湾开展合作，每年双方人员来往数以千计，充分凝聚了两岸出版人的心血和汗水。

在三十多年的两岸出版交流生涯中，我深刻体会到，出版贸易在两岸总贸易中所占比例非常小，双方在合作中也很难取得丰厚的经济效益。台湾出版业自 21 世纪初就开始萧条，一批早期积极从事两岸出版交流的大公司如光复书局、锦绣文化企业、新学友等著名出版公司由于各种原因都关停了出版业务。台湾出版业至今还没有恢复元气。但是两岸出版交流三十多年来，合作交流从不中断，新涌现出的出版单位，也一如既往积极开展两岸交流，后继有人。他们深刻认识到两岸同胞是血脉相连的命运共同体，同宗同祖，是一家人。对隔阂半世纪骨肉兄弟亲情的重逢感到十分珍惜，认识到文化交流是心灵的交流，是最能凝聚两岸人民的力量。两岸出版交流之频繁，感情之融洽，友谊之深厚，在各行各业交流中是少有的。

我现在已经达 90 岁高龄，台湾出版界的挚友经常浮现在脑海，在台湾的挚友也都进入耄耋之年，现难得相聚，但是身远心近，经常有微信联系。大家一致认为，不管两岸政治关系如何变化，民间的合作是牢不可破的。我衷心希望两岸早日和平统一，为实现中华民族的伟大复兴做出更大的贡献。✣

东西内外之间：1943年

夏丏尊章锡琛被捕事件的台前幕后

邱雪松

1943年底夏丏尊与章锡琛被捕入狱，此事与上海和大后方两地开明人因经济问题互生龃龉同时发生。大敌当前，东西之间开明人消除彼此隔阂，一致对外，1944年6月，上述两事圆满解决。本文铺陈夏丏尊、章锡琛被捕之事，剖析公司增资矛盾的来龙去脉，立体化对照之下，讨论战争作为根本的结构性因素渗透知识分子日常生活的过程，解读他们因应变局的行动与文字，显映其间隐伏的文化抗战内在脉络，为抗战史研究提供新的讨论途径。

一

1943年12月15日凌晨，日本宪兵赴霞飞坊3号逮捕夏丏尊，随后至霞飞坊35号1楼逮捕章锡琛。三楼的王伯祥对章氏被捕经过有详细记录：

未明四时剥啄声喧日，宪兵多人闯然入逮雪村去，留一宪兵于楼下守之，禁出入（惟儿童入学则放行）。余与红蕉（江红蕉，住二楼，叶圣陶妹夫——引者注）俱被阻不得出，至十一时半始让余二人行。均正来访，则被留。（至下午二时，亦使令行。）盖先至丏尊所指逮，临行，丏尊属其家人通知老板（平日戏以此称呼雪村），遂因而连逮也。（来时即由丏尊长媳秋云领捉，可见牵连。）余既出，亟至公司，则颂久、高谊、叔同及小川等俱在，始悉正在营救中，至其出于何因，竟未详耳。小川言人羁虹口宪兵队本部，必无大事，不日当可出，属先送果点少许去。及派人送去，不纳，罢归。至四时夏、章二家留守之宪兵撤去，五时半余候信无望，乃归，走二家慰安之。①

在此次日本宪兵的行动中，除夏章二人外，中华书局营业部主任潘公望、世界书局编辑赵侣青、北新书局李希同，以及上海部分中小学若干人员被捕。事发后上海伪教育局呈伪市府的《本市私立中小学校职教员被捕情形调查表》，②内中有被捕教职员所属学校、姓名、经过等详细信息，并在“其他”栏目中提及夏丏尊以作代表：

校名	被捕者	被捕情形	被捕原因
国强中学	校长 奚颂良	十五日晨四时，有便衣宪兵十余人排挞而入，当即捕去，同时在寝室中搜查，并派兵看守一天，据陈押至北四川路总部。	未详
	教员 钱天起		
	教员 钱旭沧		
	教员 顾仲超		
	教员 胡佐文		

（续表）

校名	被捕者	被捕情形	被捕原因
乐群中学	校长 周绍文	同上 下午又将教职员表抄去	未详
	前校长 陶广川		
	教员 周仲铨		
	教员 陶星三		
大江中学	教员 王烈	同上，在家被捕	未详
养正小学	校长 钱选青	同上，在家被捕	未详
	校长之弟 钱景绿		
旦华小学	校长 徐子华	同上	未详
通惠小学	要捕教员 赵庸耕	因不在校，未捕	未详
务本小学	校长 姚季琅	同上，在家被捕	未详
	教员 胡怀天		
阜春（三）（一）小学	校长 顾楚材	同上	未详
	教员 胡滁庵		
	教员 陆匀绡		
	教员 秦思伟		
	教员 喻正潮		
	教员 龚宝祺		
	教员 顾汇川		
	教员 顾养川		
	教员 许观光		
	教员 黄壮涛		
	教员 杨公怀		
南洋模范中学	教员 蒋平阶	同上	未详
	黄铁崖		
其他	开明书店 夏丏尊	同上	未详

自15日开始，出版同业就联合出面联系在沪日本文化人，积极奔走营救。据中华书局舒新城16日日记：

昨晨四时夏丏尊、章锡琛由日本宪兵队捕去，昨午潘公望亦由该队带去。又谓阜春小学之教职被捕者多人，其他小学亦有被捕者。未几，高谊、索非、息岑等来，据谓教育界被捕者达三十余人，南洋模范中学六十余岁之国文教员亦被捕。昨日经彼等与各方接洽，不得要领。今日由叔同及高谊访日人大川亦未遇，下午由杨子游带同章、夏、潘之家属送物至虹口日本宪兵本部与章等，亦不许送入。晚由江上达宴大川、木村、小川等于其家探听情形后再商办法。[③]

王伯祥日记亦记载“终日无息，惟知叔同等奔走甚力云。”[④]

17日，虽然保释无望，但在日本友人的协助下，日本宪兵队应允关押期间予以优待：

午前出店，叔同谓大川等对章、夏等虽允尽力，但案情如何，终未明悉，惟知此次之事为前年十二月八日以后之惟一大事耳。彼等要求其转达宪兵队，谓此次所扣者均为教育界及文化人，在礼貌与待遇上尤其对于身体上请予优待，彼等允照办。

下午小川曾亲去宪兵队，拟将章、夏、潘三人保出，据云关系重大，不能办，惟对于彼等之身体及待遇则负责保障。[⑤]

文中“前年十二月八日以后之惟一大事耳”，对比的是1941年12月8日日本偷袭珍珠港，日军进入公共租界，次日日本宪兵搜查商务、中华、世界、大东、开明等出版社，28日查封了商务、中华、开明、兄弟、光明、良友、世界、大东等八家出版社及17处印刷厂，此后上海出版业进入萧条，两年后日本宪兵逮捕出版界中人，因此引发舒新城的感叹。

19日，夏、章等三人由宪兵队移至兴亚旅馆，待遇得到改善。晚间，又有日本宪兵送来夏丏尊手写并由章锡琛签名的便条，告知不日即可出狱，众人心中稍感宽慰。[⑥]

22日，私立国强学校向上海伪市政府呈文，详呈学校老师被捕情形，希望市府出面保释被捕教师：

窃属校所有住校教职员于十二月十五日上午四时半，尚在睡眠之际，突被友邦驻沪宪兵身御便服者十余人进校逐一呼唤起床，排列查询，并搜检办公室及教职员宿舍三处，至六时后，将属校总务主任钱旭沧、训育主任钱天起、生物教员顾仲超带去，声言随同前去谈话，并留驻六七友邦宪兵在校视察，又令学生上课、散课来往外，其他一律不准出校。属校教务主任胡佐文原住校外新闸邨五号，同日上午八时后尚未到校办公，旋据其家人来告，胡佐文亦被友邦宪兵往其住所传去。属校校长奚颂良，原住静安寺路延年坊十九号，同日上午九时许，见由友邦宪兵二人伴同奚校长坐车到校，在校长室查询片刻，仍由友邦宪兵二人伴同奚颂良坐车出校，并检去属校案卷及前国光中学校旧案卷各一束。是时在校各教职员经此意外，不知所措，各惟兢兢照常上课，静候消息。至是日下午四时后，驻校友邦宪兵各皆离去，始得如常出入，方以为被传诸人经谈话毕，即可放回，距今已逾七日，未见一人回校。窃思属校全校训教事务，悉赖校长指导，各主任、各教员分别负责进行，当此岁暮行将举办学期考试，一旦主持乏人，影响校务至深且巨，迫不获已除另呈上海特别市教育委员会外，合亟具呈将经过情形据实上陈钧府，伏乞钧长鉴察，俯念教育事业之神圣，训教职务之重要，迅即赐予救援，俾早放回，免误校务，无任迫切待命之至。谨呈

上海特别市市长陈

属校私立国强初级中学校谨呈（印）

中华民国三十二年十二月二十二日[⑦]

经过多番奔走，章夏二人于25日获保释出狱。据王伯祥日记“（1943年12月25日）十一时确息下午二时丏、村可出，至一时三刻小川亲往宪兵部接出，径诣中华书局。余得讯即往迎之，荏苒十日，竟如三秋矣。抵晚归饮，共谈至十时乃各就寝，心上大石始移去，且暂安之”[⑧]。

三日后上海市伪教育局长林炯庵呈文伪

市府，说明“所有被捕教职员均已由府保释”，可证在12月28日所有教职员已出狱。[9]

对于缘何被捕，一直未有定论。据1945年赵景深的文章回忆：“夏丏尊被捕的消息曾传到大后方去，与他同时被捕的有四个小学、四个中学和圣约翰大学里面的校长和教员。书店方面有中华书局的营业部主任潘公望、开明书店的经理章锡琛、世界书局的赵侣青、还有我的内人李希同。从被捕到释放，始终不知道为了什么原故，大约是犯了思想罪，一共关了十天。外传二百多人，其实只有三十九人。”[10]

囚系狱中时，章锡琛作有三首古体诗。第一首是谈饮食：

日食三餐不费钱，七时早起十时眠。
一瓯香饭抟云子，半钵新茶泼雨前。
汤泛琼波红滟滟，盐霏玉屑碧芊芊。
煤荒米歉何须急，如入桃源别有天。

第二首谈起居：

一日几回频点呼，噎凄尼散哈栖枯。
低眉敷座菩提相，伸手抢羹饿鬼图。
运动憧憧灯走马，睡眠簇簇罐藏鱼。
剑光落处山君震，虎子兼差摄唾壶。

前两首以旷达之情描述了囚徒生活，第三首则深有感怀，内蕴抗敌之慨：

执戈无力效前驱，报国空文触网罟。
要为乾坤扶正气，枉将口舌折侏儒。
囚龙簸凤只常事，屠狗卖浆有丈夫。
惭愧平生沟壑志，南冠亏上白头颅。[11]

在战时背景下，写作旧体诗委婉寄情抒怀是彼时新文化知识分子的群体行为。时在开明书店任编辑的作家王统照就此事同样写有一首古体诗，“托物寄怀以慰雪、尊二君”：

橘柚怀贞历岁时，充庭丹实耀寒枝。
繁霜鸿雁空飞唳，南国芳馨寄梦思。
密语敷阴成碧树，冬喧噀雾佐清卮。
枳荆遍植争前路，受命灵根未可移。[12]

章锡琛生性豁达以文字排遣入狱之苦，夏丏尊则较为沉默，以致王伯祥以为“丏、村同遭羁縶，心境迥殊，丏不免催沮，而村却赋诗遣志，此其优劣所由判乎？”[13]不过夏丏尊有着自己特别的方式。

夏丏尊被捕的消息在上海传开后，曾有不少人捐款。他出狱后，悉数捐出，指定半数资助佛教刊物《觉有情》，半数做放生经费：

法香、海量二居士慧鉴。启者。鄙人比以宿障，遭逢厄运，幸佛力冥加，得逢凶化吉，恢复故常。在困厄时，备蒙各方道友关念，如法藏寺兴慈老法师、亦幻法师、静安寺德悟法师、密迦法师，及陶希泉居士、李圣悦居士。且存问舍下，各以资财惠施，总数为六千元，盛情高谊，真足感激涕零。唯是鄙人此次遭厄，除身体暂失自由，精神曾受刺激外，资财则无耗损，自不应受此巨大之补助。欲分别璧还，又觉却之不恭，再四思维，唯有以此净财移充善举，代为造福之一法。今将斯款送达尊处，愿以半数三千元为《觉有情》月刊经费，以半数三千元为放生会放生之用，伏希接受，并盼将此信登入下期《觉有情》中为荷。专布敬叩道安！

弟夏丏尊合十一月廿一日[14]

夏丏尊还曾将自己受审情形告知交好的亦幻法师，1946年他病逝后，亦幻法师借由报纸告知了公众：

夏先生被捕，拘押在北四川路的敌宪兵队。三四天以后，东京方面适有日本文化专使到上海，他听到在日本文坛颇负声望的中国文学家夏丏尊被捕，立刻至大使馆要求无条件释放，否则对全中国的文化界和青年群，印象是很恶劣的。于是再过了二天，敌方的军法官一面请夏先生吃大菜，一面跟他谈天，这样就算是审讯了。

敌方的军法官问他：

“夏先生，您对于中日战争的观感如何？”

夏丏尊先生斩钉截铁地答道：

“无疑地，最后胜利，必属中国”。

那军法官低头不响，于是夏先生反问道：

“你为什么到中国来?”

那军法官说：

“我原是开木器店的，此次被强征来华的。”⑮

对狱中情形，章、夏未再留下任何详细文字，不过正如郑振铎的转述“他们出狱后，告诉我们说，经过这十多天的‘非人生活’后，简直什么苦都可以吃得消。粗茶淡饭的生涯，不啻是人间天堂”⑯。因此，章锡琛的古体诗，以及夏丏尊依照居士身份所选择的行与言，俱可视作对狱中“非人生活”的别样记录。

二

夏、章被捕一事牵挂了沦陷区与国统区两地文化人，它发生在两地开明书店因增资相互对立之际，两事的缠绕纠葛值得细加辨析。

1937年“八一三”事件过后，为应对新的抗战局势，开明书店历经艰辛于1941年在桂林设立驻外总办事处，次年又在成都设立编译所办事处，1943年4月在沪董事会正式通过公司划分为以桂林为中心与以上海为中心的两部并存议案。⑰

不过相较而言，上海方面日益艰难，内地尚能勉强维持。

5月1日，叶圣陶致信上海，提议招股增资，以利发展。⑱翌月2日，王伯祥收到来信，23日上海召开第廿六次董事会，决定增资，7月11日，股东会正式召开。⑲股东会详细决议报载如下：

开明书店股份有限公司，前于七月十一日召开股东临时会，由董事孙道始主席，报告营业状况，略谓：本公司自民国二十七年以迄于今，因环境之关系，致每年应举行之股东会，延宕，至今日始能召集，至五年中之营业，可谓一年不如一年，而以上海总店为尤甚。在此期间，总店营业，仅有一百五十八万七千元，各地分店营业计有一千四百七十四万五千元，两计共为一千六百三十三万二千元，至股东应得之股息红利，经通过先行垫发股息五角，红利三元。继又讨论增资事宜。经议决增资三百万元，分作十五万股，每股票面二十元，其办法除将原资本国币三十万元，依二做一折合中储券十五万元，另在公司资产增值项下提出十五万元补足之。再每一老股，赠新股二股，计六十万元，并认购四股，计一百二十万元，又发行溢价股六十万元，每股溢价二十元，及公司同人认购新股三十万元，合成资本总额中储券三百万元。其溢价收入之六十万元，收入公积金项下。新股缴款日期本月底止。最后改选董监，结果何五良、周予同、王伯祥、朱达君、孙道始、夏丏尊、马荫良、章锡琛、傅莘耕等九人为董事，耿济之、章育文、濮文彬等三人为监察。⑳

可以看到，增资方案没有考虑两地实际营业差异及币值不同，全然为上海方面服务，改选的董监更从在沪股东中选出。7月16日，上海董监选出朱达君为董事长，章锡琛为总经理，范洗人为经理，章雪山、夏丏尊、叶圣陶当选为协理，范寿康、索非、周予同、王伯祥当选为襄理。在新一届管理层中，上海方面仍占据主导，内地仅范洗人、章雪山、叶圣陶、范寿康四人。增资方案的不妥之处甚至让王伯祥感叹“（1943年7月30日）一般逐利者竞出此途，所闻所涉无非股者，亦一奇也”。虽然存在诸多不妥之处，不过依旧持续进行，10月6日，获得增资登记执照，上海增资基本完成。㉑

虽然早在6月26日、7月3日、7月17日、7月31日，王伯祥就屡次致信桂林范洗人告知增资缘由及进展情况，成都叶圣陶从徐调孚来信中亦获知了此事，不过内地诸人对上海牺牲内地股东利益的增资做法极为不满。叶圣陶于 8 月 28 日分别致信上海与桂林，讨论上海此事。他于 9 月 2 日收到范洗人来信，后者态度尤为激烈:“读洗公来信。公于上海增资办法亦以为不妥，将登报声明，不承认上海之行动。此在维护我店在内地之立场，固宜如此，而设想不周，或且多生枝节。因发一电，并写一信，请其再慎重考虑。公谓已在航空机关登记，拟于十日左右来蓉，再细商而出之，自当周妥也。”[22]从 9 月 16 日范洗人到达成都，到 10 月 2 日转赴重庆为止，他与叶圣陶、章雪舟等多次聚谈店事，商议对策。范洗人在与成都、重庆两地同人协商后，于 11 月 9 日回到桂林，为避免内地股权被无形稀释，决定同样增资。

11 月 23 日，上海方面召开董事会，对于意料之外的内地增资，“佥主听其发展，俟后再图补救”。[23]12 月 21 日王伯祥接到叶圣陶写于 11 月 1 日的信函，告知内地增资本意，27 日又收到了章士敭自桂林所寄告知内地增资详情的信件。

1944 年 1 月 4 日，叶圣陶“写信复伯、村、调三人（百二十三号），伯、村皆以为洗公与彼等有误会，嘱为解释。余言一店而分立，全缘彼此处境不同之故，实亦无所谓误会。书在二千字以上，犹觉言之未畅。作书致洗公（七十号），即告以此意。亦写千余言”[24]。虽然叶圣陶居间调停，不过内地增资依旧进行。1 月 9 日，在桂林召开的开明书店大后方股东会议上，决定增资六百万元，随后的董监会选举范洗人为经理，章雪山和叶圣陶为协理。[25]开明书店终因增资纠纷分立为上海与内地两部。

由于战争导致的信息阻断，夏、章被捕的消息时隔一月后才传到大后方，夏、章的安危成为了众人关心的头等大事。1944 年 1 月 7 日，重庆《中央日报》在国统区报道了此事：“敌在沪大捕教育文化界人士，特称彼等仍潜伏有抗日意识，旬日内被捕者，达三百余人。”[26]20 日，《中央日报》报道夏丏尊、章锡琛等在被捕之列：

> ［中央社屯溪十九日电讯］沪讯：据悉：续在沪文化教育界被捕去者，尚有交大教职员若干人，及名作家夏丏尊、开明书局编辑章锡琛等，并有阜春小学（即万竹小学）教员某君被虐死狱中。现陷狱中者，尚有二百人。[27]

时在成都的叶圣陶读报方获悉此事：“今日《中央日报》载屯溪电讯，沪敌捕文化人至二百人，唯举丏尊、雪村二人之名字，他皆不详，览之至深远念。作书致调孚询之（第百二十四号），并复他事。”[28]在重庆的范寿康为此特意致电询问详情，叶圣陶只表示“余亦仅见报纸记载”。2 月 9 日，晚报登载夏丏尊、章锡琛获释消息，叶圣陶为之稍感心安。

3 月 3 日，他收到桂林开明书店总经理范洗人来信，对此事略有谈及：“洗公来书中，言上海来内地者所述丏、村二人被捕情形。大约敌方令丏翁出任某种文字工作，丏不愿，遂加拘捕。临出门时，丏嘱女佣往告雪村，敌宪兵遂并拘雪村。二人所居之霞飞坊曾封锁三日，不许通行。至如何释出，来人未之知。余思保释之际，或不免表示虚与委蛇，然违志而行，其情益苦。最好自当乘间转来内地。唯一经离沪，必将有人代受厥累。如何计出万全，实为难处。”[29]可以看到，夏章二人被捕之事递经层层转述，部分消息已有不确，但叶圣陶希望上海诸人能够离开上海来到内地，可见他对上海夏、章的关切之情。

3 月 4 日，自沪来内地尚在西安的朱达君托人转告了叶圣陶大致情形，8 日，叶圣陶又收到上海来信，徐调孚在信中详细讲述了被捕事宜，并抄寄了章锡琛的前两首旧体诗，叶圣陶评价两诗“虽不甚佳，亦见旷怀”，并抄录于日记中。

3月9日，上海召开董事会，通过了内地增资经过，11日，王伯祥致信叶圣陶，“详陈此间近况，对内地增资无间言”[30]。巧合的是，同日朱达君辗转到达成都：

下午三时许，朱达君先生到，久未晤面，颜色已苍。渠本在商界，在沪可无虑，唯恒有亲友相牵，拉之任不相干事，为免麻烦计，遂不惮跋涉，间关内来。途中经历两月，尝坠车伤臂，又尝击撞伤胸，旅费已花五万。言上海店中情形，云各人从事编辑甚紧张，营业不多，而囤有连史纸，卖纸为食，可维持同人之生计。

村、丏二人被拘事，朱所述与调孚信中同，唯带来雪村手书诗三首，其一为调孚所未抄，盖不便抄也。（即第三首感怀诗。——引者注）[31]

至此，叶圣陶获悉夏章被捕全部经过。

4月，叶圣陶写作完成《关于夏章两先生被捕》，文章随后发表于6月《中学生》复刊号第76期的“通讯问答”栏目。叶圣陶根据徐调孚信件内容所详细铺陈的内容，可与前述章锡琛旧体诗对照，其中关于监狱情形如下：

拘系时的生活情形：每天吃冷饭两餐（晨间吃他物），没有饭菜，只有一撮盐，或者一碗酱汤。夜间睡在地板上，每两个人合用三条毯子。许多人挤得紧紧的睡满一屋子，像白铁罐头里的沙丁鱼。大小便以及痰唾都在一个木桶里，木桶放在屋角，其味可想。朝晨送来一桶水，大家就桶内洗脸，洗手，漱口。每天要运动一次，所谓运动，就是走马灯式的绕室而行。

狱中受审情形如下：

审问的时间很多，两人在内十天，几乎五天是受审。审问极随便，语言毫无范围，想到什么就问什么。“八一三”前某次文艺家协会开会，夏先生是主席团里的一个，敌人那里有详细记录，出席者的名单，他们也留着，一一指着询问夏先生。他们知道夏先生能说日本话，要他用日本话回答。夏先生说，“我是中国人，我说中国话，你们有翻译人员，翻译就是了。”他们问章先生是不是主张抗日，章先生说，“这先得问你们的行动是不是侵略，不是侵略，谁也不会抗你们，若是侵略，谁都主张抗你们。”

叶圣陶说此文是“以告怀念者”，可见即使已逾一年，但就此事来问讯的友朋和读者仍旧不少，“本刊读者也有来信问起的，言辞之间，私情的成分少，公义的成分多，我们虽不是身处其境的他们两位，也深深地感动……我们想，关心他们两位的既然不少，应该在这儿报告一下”[32]。此文作为对夏章被捕事件的文字总结，因刊布于《中学生》，对内地青少年的意义自然非同一般。同月，叶圣陶收到王伯祥来信，两地分别增资事最终达成统一意见，开明书店内部矛盾得以化解。

结　语

夏丏尊、章锡琛二人的被捕，由沦陷区诸人日记的私密记录，再到沦陷区与国统区之间的信函转述，始终在狭窄的圈子传递，国统区的报纸因新闻的体裁限制无法呈现详情，最后是由《关于夏章两先生的被捕》在《中学生》的刊载，实现了平台升级与信息扩容，内地青年才得以了解两人被捕的前后经过。虽然由于信息缺少，无从详论读者对此更多的回馈反应，但由读者频繁询问促成了叶圣陶文章的刊发可知他们对此事的关切程度。本尼迪克特·安德森曾提出不同地域的人在共识性地阅读同一报纸杂志，会形成并加强民族认同感，可以说夏章被捕的报道是对此最好的个案论证。[33]同时，借由对开明书店两地增资事件的复盘，可以从侧面探知在遽然而至的事态面前，两地开明人的协调与行动。增资事件与夏章被捕，前者代表了日常生活，后者是非常事件。两者的交汇，实现了叶圣陶所谓“私情”与“公义”的彼此转换，抗战胜利的因子闪烁其中。

【本文系国家社科基金项目“开明书店《中学生》杂志研究（1930—1953）”(项目编号：19BZW132）的阶段性成果】

---

①王伯祥：《王伯祥日记》(第8册)，北京：中华书局2020年版，第3488页。

②《市教育局为私立中小学校教职员被捕事致市府呈》，载于上海市档案馆编《日本侵略上海史料汇编》(中)，上海：上海人民出版社2015年版，第569—571页。

③舒新城：《舒新城日记》(第19册)，上海：上海辞书出版社2013年版，第579页。

④王伯祥：《王伯祥日记》(第8册)，第3489页。

⑤舒新城：《舒新城日记》(第19册)，第579—580页。

⑥参见《舒新城日记》(第19册）第581页与《王伯祥日记》(第8册）第3489页。

⑦《私立国强中学关于校长等被日宪兵拘捕事致市府呈》，载于上海市档案馆编《日本侵略上海史料汇编》(中)，第568—569页。

⑧参见《王伯祥日记》(第8册)，第3491页。

⑨《市教育局为私立中小学校教职员被捕事致市府呈》，载于上海市档案馆编《日本侵略上海史料汇编》(中)，第571页。

⑩赵景深：《文坛忆旧》，上海：北新书局1948年版，第135—136页。

⑪章锡琛诗转引自叶圣陶：《关于夏章两先生被捕》，《中学生》第76期，1944年6月。

⑫王统照诗转引自陈福康：《郑振铎年谱》(上册)，太原：三晋出版社2008版，第462页。

⑬参见《王伯祥日记》(第8册)，第3491页。

⑭《夏丏尊居士来函》，《觉有情》第109—110期，1944年3月1日。

⑮《亦幻法师谈夏丏尊》，《世界晨报》1946年5月9日。沈寂《风云人生》(上海书店出版社1998年版）里的《魔窟四十天》叙述他被捕入狱上海日本宪兵部经历，内中曾记与世界书局赵侣青同在一室，后者向他谈及夏丏尊狱中情形。此文被夏弘宁《夏丏尊传》(中国青年出版社2002年版)，葛晓燕、何佳炜《夏丏尊年谱》(中国文史出版社2012年版)，薛玉琴、陈才《夏丏尊年谱》(浙江大学出版社2021年版）等广泛采信。但沈寂回忆，多与史实不负，如沈寂文中说自己1943年12月20日入狱，狱友告知夏丏尊于前一日已出狱，但据王伯祥日记夏丏尊实为12月25日方出狱。此外，沈寂文章夸饰之处颇多，几近文学创作，因此不可作为信史征引。

⑯郑振铎：《记几个遭难的朋友们》，《周报》第17期，1945年12月29日。

⑰王伯祥：《王伯祥日记》(第8册)，第3414页。

⑱叶圣陶：《叶圣陶集》(第20卷)，南京：江苏教育出版社2004年版，第131页。

⑲王伯祥：《王伯祥日记》(第8册)，第3430页、3437页、3442页。

⑳《各公司股东会纪录》，《华股研究周报》第4卷第10期，1943年7月26日。

㉑王伯祥：《王伯祥日记》(第8册)，第3444页、3448页、3468页。

㉒叶圣陶：《叶圣陶集》(第20卷)，南京：江苏教育出版社，第161页。

㉓王伯祥：《王伯祥日记》(第8册)，第3482页。

㉔叶圣陶：《叶圣陶集》(第20卷)，第189页。

㉕叶圣陶：《叶圣陶集》(第20卷)，第194页、199页。

㉖《三百余人被敌捕去》，《中央日报》1944年1月7日。

㉗《夏丏尊等在沪遭敌捕去》，《中央日报》1944年1月20日。

㉘叶圣陶：《叶圣陶集》(第20卷)，第194页。

㉙叶圣陶：《叶圣陶集》(第20卷)，第210页。

㉚王伯祥：《王伯祥日记》(第8册)，第3516页。

㉛叶圣陶：《叶圣陶集》(第20卷)，第213页。

㉜叶圣陶：《关于夏章两先生被捕》，《中学生》第76期，1944年6月。

㉝（美）本尼迪克特·安德森著，吴叡人译：《想象的共同体：民族主义的起源与散布》，上海：上海人民出版社2005年版，第9—38页。✣

胡适与“商务”

王建辉

胡适在大陆期间，与两家出版机构的关系最为特殊和密切。一是由他的安徽老乡汪孟邹创办的亚东图书馆，一是老牌的商务印书馆（以下简称商务）。胡适在未接触亚东图书馆与商务印书馆前，对包括商务印书馆在内的中国出版都提出过批评，1917年在《归国杂感》一文里曾抱怨：“总而言之，上海的出版界——中国的出版界——这七年来没有两三部以上可看的书！”认为没有书可读，意思也就是中国的出版界没有为读者提供好的出版物。这样一种状况，在胡适这一代人崛起后有了很大的改观。胡适等也就与中国的出版界结下了不解之缘。本文试图理理胡适与商务印书馆的特殊而密切的关系。

胡适在商务出版的著作

蔡元培任北大校长期间，北京大学与商务印书馆进行了卓有成效的合作，一批重要的出版物在商务出版，其中就有胡适的《中国古代哲学史大纲》。此书由蔡元培作序，1919年2月出版。此书后又以《中国哲学史大纲》之书名，在30年代列入商务的“大学丛书”，成为丛书里影响和销售都最出众的一种。这是胡适早期，也是他一生最重要的著作之一。已经退休的张元济应该审读过这部书稿，因为张元济在给胡适的几封书信里都提到这部书稿。“《中古哲学史》第三、四章何时可脱稿，以先睹为快。”（1930年4月11日）又说：“昨天下午收到先生的《中古哲学史》第三、四章的大稿，随即订成本子，一口气读完。晚上临睡前又重读了一半。……谢谢你的书稿。”（1930年4月16日）

查商务印书馆编的《商务印书馆图书目录（1897—1949）》等资料，胡适在商务出版的著作还有《淮南王书》、《戴东原的哲学》(高级中学国语文科用)、《白话文学史》(上卷)、《庐山游记》、《章实斋先生年谱》(与姚名达合著，1922年）等。胡适1947年2月14日致张元济书信中，提到有一部《论学近著》在商务出版，但在商务的这本书目中未能查得。《商务印书馆百年大事记》1935年条下，记有出版《胡适论学近著》(第一集)。

胡适还在商务印书馆办的杂志发表过文章。胡适在商务发表的第一篇文章是《惠施公孙龙的哲学》，1918年刊登于《东方杂志》的第15卷第5、6号。胡适后来又在《东方杂志》发表过不少文章：《研究国故的方法》(第18卷第16期，1921年8月)、《哲学与人生》(第20卷第23期，1923年12月)、《书院制度史》(第21卷第3期，1924年2月)。1932年为《东方杂志·新年的梦想》栏目写了应征答案。胡适的重要作品《逼上梁山》作为回忆录《四十自述》的一部分，最早首刊于《东方杂志》第3卷第1期（1934年1月1号）。

支持商务编辑出版活动

胡适对于商务印书馆的编辑出版活动是

关注的，也给予相当的支持。

胡适经常向商务印书馆提供出版选题，比较集中的时期是胡适在商务考察的那一个半月，可见胡适1921年暑期的日记。如在编译所的会议上对商务的《国文读本》，“略贡献一点意见。我劝他们多设法编一些《中学国文参考丛书》……我说，中学学生决不能从《中学国文读本》里学得国文，我们不能不设法引他们多看书，而现在实无中学生可看的中文书。”（1921年7月20日）胡适的这个意见得到部分的落实。其他的如张元济日记所说：“命编《四部丛刊总目》，本在必办。”张元济也向胡适提出请他多提供选题：“先生研求有素，且多与青年学子相接，知之必审，望开示为幸。”（1923年9月8日）另一封信中写道：“命印《东壁遗书》，当即转告梦、云两公。惟尚欲请先生多开数种，不妨随时想得，随时开示，敝处出版，本无限制也。”（1924年9月8日）

向商务印书馆推荐书稿是经常的事项，其中最重要的是1934年的马克思《资本论》（第1卷）。1933年11月8日，胡适在致陈独秀的信中写道：“《资本论》，此间已托社会调查所吴半农、千家驹两君合译，已脱稿的第一册有三分之二了。第一分册已在四月前付商务排印。此二人极可靠，皆能用英德两国本子对勘。其第二册中Rent的一部分也已译成。”（汪原放《回忆亚东图书馆》第70页，学林出版社1983年版）甚至战后也有这样的推荐。胡适日记有：“读汤锡予《汉魏两晋南北朝佛教史》稿本第一册，全日为他校阅。此书极好。……为他写一信介绍给云五先生。”（1937年1月17日）张元济书札中写过：“张君稿件一包，遵转送敝馆编译所。”（某年4月4日）

购买商务出版的书应是常事。1921年6月6日胡适日记提到：“买得商务影印的宋本《庄子》。此书前六卷为南宋本，有陆明德《音义》。后四卷为北宋本，无《音义》。”买这本书后，还有一个多月他就要南下商务考察了。1932年11月30日的日记中特别写明：“九点半过江，到商务印书馆买了一部《中国哲学史》。”这一年胡适的日记只记有二三个月。这是从武昌过江到汉口，大约是在武汉大学演讲需要，特到商务的汉口分馆买了这本书。

评说商务出版的书：“知此，方知商务所印行的《四部丛刊》真是寒士的一大利益。”（1921年6月14日）句中“知此”的意思是，知道一些古籍的价昂，两相对比，胡适认为商务影印之书给学林很大实惠。

还有其他形式的支持。1922年12月，胡适向商务的涵芬楼捐赠《全椒县志》，商务印书馆所建涵芬楼及后来的东方图书馆，在地方志的收集上为全国一时之冠，就是与得到像胡适这样的各方人士的慷慨捐赠分不开的。张元济曾专函：“因弟一言，竟将所用之书慨然移赠，谨代表公司多多拜谢。”（1922年12月20日）

与商务印书馆的集体合作。北京大学与商务印书馆发起编辑出版《常识丛书》，胡适也作为发起人之一列名。他对丛书提出过有关选题和编译方法的详细建议，并在日记中写下25个暂定书名，连同方案一起提交给商务。张元济与胡适都在这个方案上用文字批注。这套常识丛书，被认为是王云五推出的商务著名的“万有文库”的初胚。胡适还与蔡元培等一起为商务主编过《世界丛书》。胡适主持的中华教育文化基金会编译委员会，聘请各大学知名教授翻译西方名著，全部交由商务出版。1922年，胡适与丁文江等创办《努力周报》得到过商务在经济上的资助，并由王云五与胡适签署了出版合同。1923年，这份刊物改为月刊时，与胡适关系很深的亚东图书馆还想争得出版发行权，胡适最后还是给了商务。显然商务更具实力。胡适在日记里记载了这件事（1923 年 10 月 16 日）。20 世纪 30 年代傅斯年向张元济建议，由商务影印《国藏善本丛书》，这是一个很庞大的古籍出版工程，发起人阵容十分强大，胡适自然也列名其中，惜乎由于战争到来此事遇厄。

胡适与商务合作也有不如意的地方。20 年代中，商务《万有文库》列入潘祖荀译《科学发达史》，请胡适校订，胡适在交了第一章之后几年里不见动静。而《万有文库》的最后一批书将要开排，胡适的校对仍然未到。早自 1930 年起，时任商务编译所长何炳松书信甚至当面催过多次仍无回音。不得已他请胡适，“万一公忙无暇，拟请暂将稿本缴还，俾另设法。”（《胡适遗稿与秘藏书信》第 29 册，第 49 页）从这一段旧事看，名人胡适太忙，而商务本想借重胡适，不得已之下，为了事业，还得拉下脸来催还稿件。

新文化运动兴起后，商务要紧跟形势，1920 年 3 月，商务印书馆经理张元济与编译所长高梦旦两人商议，“拟设第二编译所，专办新事。以重薪聘请胡适之，请其在京主持，每年约费三万元，试办一年。”（《张元济日记》1920 年 3 月 8 日）不过此事似未果。但在此前后，商务印书馆聘请了一些文化名流为馆外名誉编辑，给予较为优厚的聘金，其中有蔡元培、陈独秀、胡适等，这些人多在北方。设第二编译所一事虽未成，却是后来邀请胡适到上海来任编译所长的序曲。这个过程差不多两年。

推荐王云五到商务

胡适对商务最有影响的一件事，是给商务推荐了他的老师王云五。王云五后来任商务编译所的所长，后任总经理（1930 年）。

在新文化运动起来后，商务主持编译所的高梦旦以及他的前任与上司张元济，均感到自己不能适应新文化的发展。为了商务跟上时代潮流，两人均主张另请新文化人士来主持商务的编译所。他们把目标瞄定在新文化的领袖之一胡适身上。张元济于 1921 年 5 月 15 日致信胡适，对胡适表达了“极思借重长才”的愿望。五十岁的高梦旦也受派专程去京，邀约三十岁不到的胡适。盛情邀约之下，胡适答应利用暑假南来在商务印书馆做一番考察再说。

1921 年的暑假，胡适果然南来。当时上海有一家《商报》登了一篇《胡老板登台记》的文章，极写胡适到上海的热闹，渲染商务高层亲自迎接的场面。胡适日记剪存有这篇文章。胡适在商务印书馆做了一个多月的考察（七月十五日至九月七日），和包括傅伟平、李石岑、郑振铎、沈雁冰、叶圣陶、杨端六、胡愈之等在内的许多商务人做了直接的交谈。有许多人还给胡适提供了编译所改革意见与文字方案。这些文字方案在胡适的日记里多有附留或摘要。胡适还参加了编译所的工作会议，顺便看了商务所属涵芬楼的藏书。这样一次考察，让胡适满意的地方在于，商务毕竟是全国最大的出版机构，从全国最高学府来到全国最大的出版机构，“使我知道商务的内容，增长一点见识”。（日记，1921 年 9 月 3 日）胡适肯定了商务是全国最重要的文化教育机关，“一个支配几千万儿童的知识思想的机关，当然比北京大学重要多了”。（胡适《高梦旦先生小传》）感到能去商务印书馆这样一个全国性的文化机关自然是一件好事，但他觉得自己的兴致还在于做自己的学问，而不是为他人去操心学问。1921 年 8 月 13 日的日记写道：“我是三十岁的人，不应该放弃自己的事，去办那完全为人的事。”一个半月考察的结果是先推荐了一个人来自代，后又提交了一份考察报告。商务为胡适的南来致送胡适3000元的报酬，但胡适只取了1000元。胡适当时在北大的月薪大约是300元。胡适推荐的这个人就是他在中国公学的英文老师王云五。当时的王云五其实并没有太大的名声，但胡适推荐的人，商务自然不能马虎。胡适在日记里说："云五的学问道德比我好，他的办事能力更是我全没有的。我举他代我，很可以对商务诸君的好意了。"（1921年9月1日）胡适很有点自信。王云五应约来馆，商务高层对他进行实际的考察，很快商务印书馆高层便让王云五接任了编译所所长。胡适的那份考察报告于9月30日完成，此时胡适已经回到北京。他撰写《对于商务编译所的意见》，并且在日记中写道："补作商务的报告，完。拟明天交菊生，以完一事。此报告分四部分：(一)设备；(二)待遇；(三)政策；(四)组织。稿有四十多页，约万余字。"意见的一些内容，王云五吸收进了在商务的部分实践。几年后王云五担任了总经理。

王云五掌商务编译所（以及1930年出任总经理）后，胡适与商务的联系更为紧密，也给予了全方位的支持，以至那个时候在商务工作的沈雁冰（茅盾）说胡适把商务当作了自己的出版机构。（《我走过的道路》上册，人民文学出版社1984年版，第188页）有学者也因此认为胡适对商务的第二次大发展做出了贡献。胡适本人后来对这一历史性事件有这样的说法："最难能的是高梦旦先生和馆中几位老辈，他们看中了一个少年书生，就要把他们毕生经营的事业托付给他；后来又听信这个少年人的几句话，就把这件重要的事业托付给了一个他们平素不相识的人。这是老成人为一件大事业求托付的人的苦心，是大政治家谋国的风度。这是值得大书深刻，留给世人思念的。"（《高梦旦先生小传》）

在王云五的引进问题上，商务内部也有人推荐过。胡适日记有这样两句话，一句是"我曾荐云五自代，仙华又荐云五入总务处为机要科长。"（1921年8月19日）另一句是："后来王仙华也荐他做商务总务处的机要科长，他的推荐与我不约而差不多同时，他们更诧异了。"（1921年9月6日）后一句的日记写完，第二天胡适即离开上海回北平。王仙华，也作王显华，读音接近而异，他是商务重臣，时任发行所所长，后任经理。这一个细节，注意的人不多。而这一来自商务内部的推荐，正好起到了相辅相成的作用。胡适实事求是地记载了这一情况。

商务印书馆与"一·二八事件"

这一事件是商务印书馆历史上最重要的一次变故。1932年1月28日深夜，日军对上海闸北发动进攻，商务印书馆在闸北的所有建筑毁于一旦，东方图书馆也片纸无存。这是近代中国的一大文化浩劫。全中国人民包括文化界学术界都对商务的被毁表示了愤慨与忧心。胡适也向商务表达了自己的关心。事变发生后一周，王云五就给胡适写了一封信。在信里王云五一方面表明了商务善后困难，他个人的善后尤难，并希望胡适给他介绍一点翻译的工作，以便日后"于办公之余略筹家人生计"。从这封里可以了解当时王云五的心态。一方面是公，一方面是私。胡适主动给商务及张元济来信问起有关情形。不知何因，这一年胡适的日记缺许多，书信也不多，他给张元济的书信未见。但张元济致胡适的那封著名的信写得很明白："商务印书馆诚如来书，未必不可恢复。平地尚可为山，况所复者犹不止于一篑乎？设竟从此澌灭，未免太为日本人所轻。兄作乐观，亦弟亦不敢作悲观也。所最望者，主持国事皈依三民主义之人，真能致民于生，而不再致民于死，则吾辈或尚有可措手之处；否则，摧灭者岂仅一商务印书馆耶。”（1932 年 3 月 12 日）胡适来书中表达了对于商务复兴的信心。商务人在全国人民的支持下，以“为国难而牺牲，为文化而奋斗”的精神，在半年后即恢复了商务的营业，让日本帝国主义灭我文化的企图失败。为了恢复东方图书馆，商务与学界共同组成了东方图书馆复兴委员会，张元济为主任，蔡元培、胡适、陈光甫、王云五为执行委员，向社会各界募捐。复兴东方图书馆成为全社会乃至全球的一件重要事业。

和商务人的交往

胡适和商务人有许多的交往。有如下三人可以作为典型一说。

关系最久的自然是王云五。1906 年，胡适入中国公学求学起，王云五就是他的英文老师，此不详述。王云五进入商务后两人的关系自然更进一步。到战时胡适出任驻美大使，张元济早已退休，王云五还充当胡适与张元济之间的转信人。如果说张元济时代，蔡元培是商务的精神导师，在王云五时代，胡适替代了蔡元培的角色。胡适与王云五关系的考察，本人的王云五专题研究《文化的商务》，有专节《王云五与胡适的精神关联》可资参考，此不赘述。

商务的老一辈中，商务的两位长者高梦旦与张元济，胡适是十分敬重的。从年龄上算起来，胡适与高、张二人其实是两代人，但近于忘年之交。胡适与这两位长者的交往在新文化兴起之后。胡适很早就认定商务的这几位长者是很有学问的，胡适存留在自己日记里的王云五的信里就说“菊生等对于旧学研究较深”。（《胡适的日记》下册，中华书局 1985 年版，第 459 页）胡适因为在中国公学任教任职，在上海居住过几年，和两位老长者的过从更多。胡适在日记中写过，在上海住了三年半（1927 年 5 月 17 日回国住此），到 1930 年 11 月 28 日离开上海北行，回北平前后这几天的日记里记载了到车站送行的几位朋友，高梦旦列在第一位。张元济因病“且医生禁起床”未能参与送行，有专函一件表示“不克走送，无任歉疚”。胡适的日记还说他最舍不得上海的一批朋友，最不能忘者是高梦旦，其次是徐志摩、徐新六还有张元济，而且认为“能常亲近梦旦、菊生两公，是我一生的大幸事”。在致张元济的书信中也有同样的话：“每念及在上海三年之寄居，得亲近先生与梦旦先生，为平生最大幸事，将来不知何时得继享此乐事，念之抚然。”（1930 年 12 月 10 日）为什么说是幸事，除了高、张两人的人格之外，还有在十多年里，尤其在居沪的这三年多时间里，商务这两位长者给胡适提供了许多实质性的帮助，和张元济差不多是比邻而居的街坊。

胡适因为高梦旦代表商务对他的求才之访而结缘，对于高梦旦他是极为尊重的。胡适 1921 年 11 月 11 日的日记，特别将王云五到商务后的“原信附后”，信中有高梦旦给他的印象：“梦旦的为人，我初次见面时，只知道他是个至诚待人的忠厚长者。等到和他共事后，我更发见他许多不可及之处：第一件就系思想细密，第二件能知大体，第三件富有革新的志向，第四件度量宽宏——这几件事都是主体者最可贵的资格。”这样的评价自然呼应了胡适的好感。胡适敬重高梦旦，而高梦旦也很关心胡适，最为关心的是“吾兄性好发表意见，处此时势，甚易招忌”，因此他劝胡适说：

“吾兄对于当局或有意见，可以尽言，且甚有效力。但平时言论能稍谨慎，对于不相干之人尤宜注意，想兄必谓然也。”（《胡适往来书信选》）高梦旦去世后，胡适特写《高梦旦先生墓志铭》《高梦旦先生小传》两文。这两篇文章，胡适写得很用心，传比铭要长许多，铭是根据传改作的，主要意思是一样的。在这篇于太平洋的船上写成的小传文中，胡适回忆了高梦旦在北平请他出来担任商务重任的情形，并对高梦旦的表字“梦旦”做了自己的解说：“‘梦旦’是在梦梦长夜里想望晨光的到来，最足以表现他一生追求光明的理想。”并且评说了高梦旦一生的业绩，三十年梦寐以求地做几件事情，有着“没有名心，没有利心，没有胜心”的圣人般的情操。这篇小传写得极为真切，深情厚谊很自然地流露出来。

重点说说胡适与张元济的交往。胡适在做学问上多得张元济之助，晚年张元济自由主义思想占据主流，影响与来源之一是胡适，这是两人关系的基本面。胡适在商务发表的第一篇文章是《惠施公孙龙的哲学》，是由张元济安排刊登于《东方杂志》的第15卷第5、6号。1918年2月2日张元济日记载，胡适寄来此稿，发表后张元济对年仅27岁的胡适“允以与林纾相同稿酬”。他在上海居住的三年多更向张元济多有借书。胡适《白话文学史》是在上海居住时写成的，序言中有一段话：“我开始写作此书时，北京的藏书都不曾搬来，全靠朋友借书给我参考。张菊生先生借书最多，他家中没有的，便往东方图书馆转借来给我用，这是我最感激的。”在上海的这段时间，是胡适向张元济借书最多的一段日子。胡适曾记述：“那时我在张菊生先生的对门，时常向他借书，有时候还借到他自己用朱笔细校的史书。”1927年12月的一封信里写得更明白：“承赐借《旧唐书》，先生的校注极有用处，如李白一传，殿本脱二十六字，正是极重要之文，少此二十六字，此传遂不可读。今人论李白，多据新本，其实《新唐书》远不如旧本之可行。倘非先生用宋本校补之本，我竟不知此传的本来面目了。”张元济将自己正在校补的“衲史”，借给了胡适参读。胡适后半生用力最多的是做《水经注》研究，缘起大约是在20世纪30年代中。其时，张元济欲将永乐大典本《水经注》，纳入商务的“续古逸丛书”序列加以影印。张曾建议傅增湘来做这一个悬案，不料胡适知道后全揽了过去，并请张元济多方为他借调各种《水经注》版本。学界众所周知，《水经注》研究成了胡适后半生最重要的一件工作。张元济更时常询问胡适这一工作的进展，提供各种便利。胡适也有长信向张元济报告他治《水经注》的结论的主要之点（1946年1月14日），以及在南京和北平所见之《水经注》的几种版本。（1946年11月22日）

为表达对于张元济的敬重，张元济70周年诞辰时，由蔡元培、胡适、王云五三人具名编辑《张菊生先生七十生日纪念论文集》。张元济致胡适信中说：“去岁贱辰深自晦匿，乃蒙先生与隺、岫二兄为之征文纪念，弟未获闻知，无从阻止，致劳朋辈执笔，不胜惭悚。谨呈上近印先人遗著二种，匪云素报，聊申芹献，伏乞察存。”（1937年2月12日）

胡适对于张元济的古籍整理给予了高度评价。尤其是二十四史的校勘整理，胡适高度认同：“整理全史，今日已不容缓。”（致张元济，1927年12月4日）1938年张元济72岁时，整理古史的《校史随笔》出版，这是汇集为百衲本所做校勘记的《衲史校勘记》中的小部分文字。胡适当年曾说：“惟先生的校勘记，功力最勤，功用最大，千万不可不早日发刊。若能以每种校勘记附刊于每一史之后，则此书之功用可以增不止百倍。”（1930 年 3 月 27 日致张元济）战前张元济有感于当时的形势，写了唯一的白话文著作《中华民族的人格》，得到不少的好评，胡适却指出此书范围过窄，不曾顾到中华民族积极建设的一方面，还为修订提出了一个初步的名单。（1947 年 2 月 14 日致张元济）张元济虚心接受，表示“诚是诚是”。（1947 年 2 月 28 日）

1948 年中央研究院院士选举，胡适是对提名和评选最有影响力的人之一，他提出了张元济作为人文组的人选。张元济得在 1948 年当选中央研究院院士，是年龄最长者，列名人文组中国文学学科，同组的还有胡适、余嘉锡、杨树达。这是中国历史上唯一的一次有出版界人士当选为院士。

胡适与张元济的交往是公谊私交多方面的，《胡适书信集》收有致张元济书札 23 通，《张元济书札》收有致胡适信函 71 通，从中可见两者交往涉及的内容很广泛。比如其一，赠书借书自属常事。除前文写到之外，这里再作补充。胡适的信中有这样一段：“前借《曹子建集》及《晋书》，敬奉还。《晋书》中夹签之处皆未敢移动。公校书如此之勤，使我敬服惭愧。”（1927 年 10 月 27 日）这一段话有很多的信息，借的什么书，借书后不改变原来记号，对原有者劳作的高度肯定，借出之人的高风亮节等。胡适的《白话文学史》上卷在新月出版后，送书给张元济，年老之张元济收到后写信告知胡适，“尽两小时于灯下读完。今日读第二遍”。（1928 年 7 月 10 日）又一封信中写道：“承赐庐山游记两本，多谢多谢。梦旦告诉我先生这本书是在轿子里做的，我预备在轿子里读，必更有趣。”（1929 年 7 月 8 日）信写得很有朋友间的风趣，非老夫子言。写信时张元济大约也准备去庐山。其二，胡、张两人还时常互有请托，如胡适在上海任中国公学校长时，张元济曾请胡适安排“年家子”王蘧常到校兼任国文讲习，又请胡适帮助为儿子在国外毕业论文写作绍介线索代借资料。侄孙女大学毕业，张元济请胡适帮助在北大为助教，“务乞视为子侄，勿吝教诲”。（1946 年 11 月 16 日）其三，双方身体有恙都有相互关心或专函慰问或看望，生活小事或人生大事也有关照。胡适有一信是专为慰问的：“前得手示，知方有不适，尚不知为不轻的病。昨晤梦旦先生，始知先生病状，甚为挂念。今日得梦翁手书，知先生已见好一点，快慰之至！先生太劳，万望少停校书之事；用全力调息尊体，即是为学术界造福了。杨君购书事，乃重劳先生两次病中赐书，十分不安。此书千万请勿赐答。敬问痊安。”（1930 年 11 月 21 日夜）胡适在得悉张元济被绑票平安归来后，作诗一首表示安慰：“盗窟归来一述奇，塞翁失马未应悲。已看六夜绳床味，换得清新十首诗。”张元济翌日即和诗一首：“世事遭逢未足奇，本来无喜亦无悲。为言六日清闲甚，此是闲中学赋诗。”（见胡适日记，1927 年 11 月 9 日）张元济有一封信的全部内容如下：“顷家乡寄到槜李，谨呈上十二枚。乞完纳。食时揭去皮少许，启小孔，吮其汁，可一吸而尽。请尝试之。”甚至子女的婚姻也有请对方帮助提供信息，如张元济曾为女儿的婚姻向胡适打听罗家伦的家庭与个人情况，“家世若何”“是否出身清白”“其人之品行、性情、身体，兄如有所知，务求详细见告。此非深交不敢奉渎”。（1924 年 12 月 8 日）又为侄孙女婚姻向胡适打听男方情况，胡适在信中详细作答（1947 年 11 月 30 日）。其四，坦露心迹，互为声援。这是真正的朋友间的对话。如胡适在一封信中说：“我的那篇文章，承先生赞许，又蒙恳切警告使我十分感激。我也很想缄默，但有时终觉忍不住，终觉得社会给了我一个说话的地位，若不说点公道话未免对不住社会。……老虎乱扑人，不可怕；所苦者，十年来为烂纸堆的生活所诱，已深入迷阵，不易摆脱，心挂两头，既想争自由，又舍不得钻故纸，真是憾事。”（1929 年 6 月 2 日）张元济在给胡适的信中有这样一句话，平时我们很少听得到：“近来好以党国并称，弟窃恐二字不能并存，且恐并亡。未知卓见以为何如?”（1933 年 2 月 13 日）1937 年的“七君子事件”，引起远离政治很久的张元济的强烈关注。他去看守所探望，去参加庭审旁听，致信“七君子”以示声援，还借机在报端揭发官僚操纵上海纱布投机。胡适在《对沪纱布风潮操纵案响应张菊生先生之主张》信中说：“如果人人都能像张菊生先生那样爱打抱不平，爱说正话，国家的政事就有望了。”

在商务印书馆的股票

商务曾长期给予胡适月资，可能是馆外编辑的名义。胡适还是商务的股东之一。他曾经想要向商务预支稿酬。张元济有一封信给他：“查现时版税尚无余款，已为预支，即拨付股款，兹呈上第四五五号收据一纸，敬祈察收。股票尚未缮成，需一、二月后将所增新股同时发给，届时当另有通告也。”（1923 年 9 月 8 日）胡适的股票为多少，何时配置，尚待考查。当时知识界文化界有许多人都是商务的股东，严复、蔡元培等都是商务的股东。严复是在 1919 年取得商务股票的，一度是商务最大的股东。1921 年为 500 股，乃是将翻译著作的稿酬作为在商务的存款，后又转成了商务的股票。这是商务增加资本的途径，更是拉拢与联络并借力文化界的有效方法之一，因为旧时商务股票红利较大。胡适大致是 20 世纪 20 年代获得商务股票，他在商务的股票是长期的。1932 年 5 月 2 日他在致徐新六的信中谈到用商务的股票做质押：“我在贵行有两批押款，一批是用商务股票二十股做保证……其余用商务股票做保证之款，乞代展限一期何如?”商务的股票既然能够作为质押，说明它有一定的价值。商务每股的比例是有过变化的，手头没有其时一股的比价，选三个时间点来说。其一，若以商务创业之初 1 股为 500 元算，这 20 股值 10 000 元。其二，若以 1905 年商务改制为股份公司时“每股 100 元”的规定论，则为 2000 元。由于商务的股票收益好，如转让可溢价 30% 左右，倘若胡适转让这 20 股，可增值 600 元。其三，若以 1932 年商务因为“一・二八”事件蒙受劫难造成大损失，临时股东会做过一次调整，为每股银元 60 元，胡适的股票可能就缩水了。当然这股票，胡适不会转让，从这封信看，胡适对商务的股票是看好的，因为它既有经济利益，也有文化关联。不过胡适的这些股票在 1949 年前后最后的去向不详。

我们钩沉胡适与商务的旧事，不是要猎奇，是要了解文化名家与出版的关联。胡适作为时代的文化领袖，借助中国最大的出版机构作为自己的学术基地，可以登高望远引领时代。出版机构利用名人效应来跟进潮流壮大出版的力量，从这样的历史中我们可以寻求不一样的启示。

参考文献：

[1] 耿云志，欧阳哲生.《胡适书信集》(上中下)［M］. 北京：北京大学出版社，1996.

[2] 张树年，张人凤.《张元济书札》(增订本中册)［M］. 北京：商务印书馆，1997.

[3] 叶辛，周伟俊.《高梦旦：著述与追忆》［M］. 北京：西苑出版社，2022. ✣

鲁迅致陶亢德书信内外

马国兴

1980年代初，现代编辑家、出版家陶亢德在回忆录里写道："1931年是对我一生极有关系的一年，1941年也是对我一生最有影响的一年。前者的影响，可以说是大有利的，使我进了生活周刊社，也就是从此进了文化界，实现了我想做文人的幻梦的一半。十年中名利兼有，所以30年代可以说是我的黄金时代，不过更确切些说，这十年是我的'得马'时代。"

在那十年，陶亢德与邹韬奋共事两年后，其编辑出版生涯便与林语堂密不可分，先后接编《论语》、代编《人间世》、协办《宇宙风》，直至1941年与林分手，退出宇宙风社。数十年后，他写道："我到现在还常常和朋友说，我所看过的杂志，只有两种是成功的，就是《生活》周刊和《论语》半月刊，这也就是说，中国办杂志办得成功的有两个人，一个邹韬奋，一个林语堂。这两个人办杂志是胸有丘壑的，是要办成一个怎样怎样的杂志的。"

由于种种原因，时隔四十年，陶亢德的回忆录《陶庵回想录》才由中华书局于2022年6月出版。此书记述他一生的遭遇，仅就他的"黄金时代"而言，其相关章节与相应文字对照阅读，拼块成图，别有意味——比如鲁迅致他的书信。

建　议

鲁迅致陶亢德书信，现存十九封，起于1933年10月18日，迄于1934年7月31日，集中于陶亢德编辑《论语》与《人间世》时期。

在《陶庵回想录》里，陶亢德写道：

"他（邹韬奋）劝我读日文，说他自己除英文外，可以阅读法文报刊，社里如有一个懂日文的人，在这日本帝国主义咄咄逼人横行霸道的时刻，肯定是有用处的。《生活》周刊同人已结婚而又有家在上海的，不过三二人，绝大多数都是单身汉，年少的不必说了，年较长而且已婚的如徐伯昕、艾寒松家也不在上海，所以社里供给宿舍，就在中华职业教育社楼上。而正在这个时候，有位蒋君辉先生在职教社开日语补习夜校，我报名学习。课本是蒋先生自编自印的《日语现代读本》或《现代日语读本》。蒋先生教书时欢喜讲过去留日学生的一件丑事：仰卧在床上朝天吐痰。学日语一般都以为容易，因为日本人的文章夹杂着不少汉字，不过也正由于此，我的日文就没有学好，看了汉文，不管它读什么，一旦这汉文改写也就是改印了日本字，就不知道它是什么了，至于书刊上本来印着日文的，我也不去记住它。但读日文到底比读别国文字有用处，就是可以囫囵吞枣地阅览一下，这也使我不管三七二十一地大买日文书，成了内山书店的常主顾。这期间也曾购读过日文的马列主义书籍，记得有一本叫《资本论入门》。其实诚如鲁迅先生所指教，读通日文不比读通欧洲国家的文字容易，用处却不如欧洲国家的文字（这是我有一次写信向他请教读日文之道的复信中语）。”

陶亢德此处所述的复信，写于1934年6月8日，鲁迅回答他有关学习日语的询问，建议如下：

“长期的日语学校，我不知道。我的意见，是以为日文只要能看论文就好了，因为他们绍介得快。至于读文艺，却实在有些得不偿失。他们的新语、方言，常见于小说中，而没有完备的字典，只能问日本人，这可就费事了，然而又没有伟大的创作，补偿我们外国读者的劳力。学日本文要到能够看小说，且非一知半解，所需的时间和力气，我觉得并不亚于学一种欧洲文字，然而欧洲有大作品。先生何不将豫备学日文的力气，学一种西文呢？”

那时，他已离开生活周刊社，身兼《论语》的“保姆”与《人间世》的“乳母”。

此前，1934年6月6日，鲁迅还在致陶书信中写道：

“我和日本留学生之流，没有认识的，也不知道对于日本文，谁算较好，所以无从绍介。但我想，与其个人教授，不如进学校好。这是我年青时候的经验，个人教授不但化费多，教师为博学习者的欢心计，往往迁就，结果是没有好处。学校却按部就班，没有这弊病。四川路有夜校，今附上章程；这样的学校，大约别处还不少。”

荐　稿

在《陶庵回想录》里，陶亢德写道：

“鲁迅给《人间世》介绍过闲斋的《泥沙杂拾》。我接到稿子时看字迹似鲁迅，笔调思想也有几分像，但想绝不是鲁迅之作，因其没有鲁迅的爽利。他为什么要介绍这篇稿子呢？这和寄《论语》以‘古香斋’材料意义不同，也不同于介绍稿子给《论语》，想来想去，恐怕闲斋的文章如给《太白》之类未免太那个了些，给《人间世》比较‘人地相宜’。”

《论语》为半月刊，由林语堂等人创办于1932年9月16日，自第4期起，增辟“古香斋”栏目，列于末页，辑录当时各地荒谬事件。鲁迅在《“滑稽”例解》一文中写道，“《论语》一年中，我最爱看‘古香斋’这一栏”，并在文中引用1933年6月1日出版的第18期此栏两则短文。

1934年5月16日，鲁迅在致陶书信中写道：

“奉上剪报一片，是五月十四的《大美晚报》。‘三个怪人’之中，两个明明是畸形，即绍兴之所谓‘胎里疾’；‘大头汉’则是病人，其病是脑水肿，而乃置之动物园，且谓是‘动物中之特别者’，真是十分特别，令人惨然。随手剪寄，不知可入‘古香斋’否？”

1934年5月18日，鲁迅又去信指出：

“惠示谨悉，蒙设法询嘉业堂书买法，甚感。以敝‘指谬’拖为‘古香斋’尾巴，自无不可，但署名希改为‘中头’，倘嫌太俳，则‘準’亦可。《论语》虽先生所编，但究属盛家赘婿商品，故殊不愿与之太有瓜葛也。”

鲁迅此信中所说的“盛家赘婿”，指论

语社成员、盛宣怀的孙女婿邵洵美。《论语》当时系由邵开办的时代图书印刷公司发行。1934年6月16日，《玄武湖怪人》刊于《论语》第43期“古香斋”栏目，文后括注“中头剪自五月十四日《大美晚报》”，并配发“中头按”，内容节选自1934年5月16日鲁迅致陶书信。

1933年12月28日，鲁迅致信陶亢德，向《论语》荐稿：

“附上稿子两种，是一个青年托我卖钱的，横览九州，觉得于《论语》或尚可用，故不揣冒昧，寄上一试。犯忌之处，改亦不妨。但如不要，则务希费神寄还，因为倘一失去，则文章之价值即增，而我亦将赔不起也。”

鲁迅此信中所说的“一个青年”，指王志之，笔名楚囚等，四川眉山人。当时是北京第一师范学院国文系学生，北平“左联”成员，《文学杂志》编辑之一。“稿子两种”指《幽默年大事记》与《刷浆糊与拍马屁》。

得到陶亢德回信后，也许与陶尚不熟。1934年1月6日，鲁迅又转而致信林语堂：

“顷得亢德先生函，谓楚囚之稿，仅有少许可登，并以余稿见返。此公远在北平，难与接洽，但窃计所留字数，不过千余，稿费自属无几，而不佞则颇有擅卖他人蝽首之嫌疑，他日史氏笔伐，将云罪浮于桀，诚不如全躯以还之之为得计也。以是希于便中掷还所留之三纸为幸。”

1934年4月16日，鲁迅致信陶亢德，向《人间世》荐稿：

“有一个相识者持一卷文稿来，要我寻一发表之地，我觉得《人间世》或者相宜，顷已托书店直接寄去。究竟可用与否，自然是说不定的。倘可用，那就没有什么。如不合用，则对于先生，有一件特别的请托，就是从速寄还我，以便交代。费神之处，至感。那文稿名《泥沙杂拾》，作者署‘闲斋’。”

鲁迅此信中所说的“相识者”亦即“闲斋”，指徐梵澄，时名徐诗荃。其后，《泥沙杂拾》系列陆续刊于《人间世》第3期至第6期、第18期和第19期。

此后，鲁迅又数次在信中提及闲斋及其稿件。1934年5月5日：

“惠示谨悉。《泥沙杂拾》之作者，实即以种种笔名，在《自由谈》上投稿，为一部分人疑是拙作之人，然文稿则确皆由我转寄。作者自言兴到辄书，然不常见访，故无从嘱托，亦不能嘱托。今手头但有杂感三篇，皆《自由谈》不敢登而退还者，文实无大碍，然亦平平。今姑寄奉，可用则用，太触目处删少许亦不妨，不则仍希掷还为荷。”

1934年6月6日：

“某君之稿，如《论语》要，亦可分用，因他寄来时，原不指定登载之处的。”

1934年6月8日：

“用种种笔名的投稿，倘由我再寄时，请先生看情形分用就是，稿费他是不计较的。”

现存鲁迅致陶亢德书信最后一封，写于1934年7月31日，依然事关闲斋：

“来信谨悉。闲斋久无稿来，但我不知其住址，无从催起，只得待之而已。”

谢　绝

1934年5月25日，鲁迅在致陶亢德书信中写道：

“顷蒙惠函，谨悉种种，前函亦早收到，甚感。作家之名颇美，昔不自量，曾以为不妨滥竽其列，近有稍稍醒悟，已羞言之。况脑里并无思想，寓中亦无书斋；‘夫人及公子’，更与文坛无涉，雅命三种，皆不敢承。倘先生他日另作‘伪作家小传’时，当罗列图书，摆起架子，扫门欢迎也。”

陶亢德曾经作文，刊于《新民晚报》，细叙其中因缘：

“我与某君当时编一刊物，‘挖空心思’求内容之出色，决定辟一栏作家访问记，第一个想到的当然是鲁迅先生。于是先写信和他商量，征求同意；至于哪三种‘雅命’现在再也记不清楚，有一种大概是要照一个相或请先生给一张相片，与夫人公子同照。……于是硬着头皮写了一封信去……”

“某君”指作家徐訏，其时与陶共编《人间世》。鲁迅在此信末亦写道：“徐訏先生均此不另。”

被鲁迅婉拒，陶后来反思说：“这在当时是一盆兜头冷水，实在感觉没趣。但是这个没趣究竟是于我有益的，就是此后无论作什么事，不禁要记起鲁迅先生这封信来，把事情做得朴实一些，少带江湖气即噱头。”

《陶庵回想录》里对此事的记录，则更为私人化：

“鲁迅对《人间世》是讨厌的，但我偏不识相。出于生意眼，我和徐訏商量，来一个作家访问摄影，给作家在书房里和他的妻儿共摄一影。徐訏对我的提议不表示反对，我就写一信给鲁迅，请求访问摄影，他是中国作家第一名啊。谁知道他大为冒火，回信狠狠说了一顿。这在我当然很不愉快，迄今还觉得鲁迅欠讲文明礼貌。人家有此请求，尽管出于生意眼，到底无损他的毫发，你不高兴自己被利用，拒绝好了，何必大动肝火？何况说到利用，他的文章也是被利用被当作商品的。”

其实，在此之前，鲁迅已复信拒绝在刊物上登载个人肖像。《人间世》为小品文半月刊，由林语堂创办于 1934 年 4 月 5 日。此刊每期首页整版刊发一位作家肖像，并在次页刊发其一篇作品。如 1934 年 11 月 20 日出版的第 16 期，首页刊发郁达夫肖像，并刊发其《所谓自传也者》一文。创刊之前，陶亢德给鲁迅写信，表达设想并约稿。

1934 年 3 月 29 日，鲁迅在复信中写道：

“惠示诵悉。向来本不能文，亦不喜作文，前此一切胡诌，俱因万不得已，今幸逢昭代，赐缄口舌，正可假公济私，辍笔而念经，撰述中无名，刊物上无文，皆夙愿也，没齿无怨。以肖像示青年，却滋笑柄，乞免之，幸甚幸甚。”

不过，1934 年 4 月 1 日，他在信中写道：

“照相仅有去年所摄者，倘为先生个人所需，而不用于刊物，当奉呈也。”

1934 年 4 月 4 日，他又在信中写道：

“惠示收到。照相若由我觅便人带上，恐需时日。今附上一函，一面将照相放在内山书店，社中想有送信人，请嘱其持函往取为幸。”

1934 年 4 月 15 日，鲁迅又复信林语堂，解释此事：

“顷收到十三日信，谨悉种种。弟向来厚于私而薄于公，前之不欲以照片奉呈，正因并‘非私人请托’，而有公诸读者之虑故。近来思想倒退，闻‘作家’之名，颇觉头痛。又久不弄笔，实亦不符；而且示众以后，识者骤增，于逛马路，进饭馆之类，殊多不便。《自选集》中像未必竟不能得，但甚愿以私谊吁请勿转灾楮墨，一以利己，一以避贤。此等事本不必絮絮，惟既屡承下问，慨然知感，遂辄略布鄙怀，万乞曲予谅察为幸。”

在此前后，鲁迅多次复信，婉拒林语堂与陶亢德的约稿。

自此，鲁迅与“论语派”人物及刊物，渐行渐远。✣

王仿子手札十封

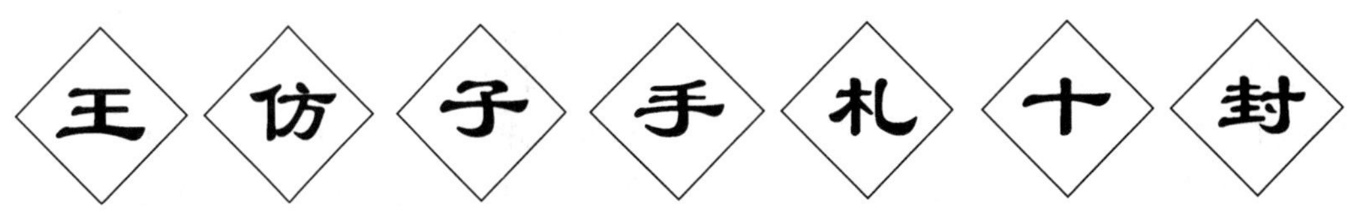

王久安整理

一

王久安同志：

喜读《开明书店的成功之路》，获益颇多。

过去，我也注意开明的成功经验，然而看到的大都是编辑工作方面的，如《我与开明》中的文章，很少讲经营艺术的。有您这一篇，比较全面的介绍，使我如获至宝。我希望今后还能再读到这一类文章，如唐锡光同志，如因年纪大了，写起来困难，可以录音整理。宝贵的经验，宝贵的材料，尽可能多留一点。

专此即请

王仿子

1994年4月26日

二

久安同志：

一年一度的盛会又将来临，我因年迈，体质下降，又是冬季，恐怕不能前往了，很是惋惜。

有一件事想拜托，请你劳神代为收集一些书目（附名单）。为什么要收集书目，要说明如下：

近日看到《人民日报》批评送礼风，在提到礼品时又讲到有“金书银书”的。（估计不会是真的用金银做书，是指特别的高价）。事有凑巧，一家个体书店到方庄来摆书摊，几十种书，全是大部头，每部几百元以上。看到他们的一份书目，几千元一部书的也不少，还有万元以上的。更令我惊奇的是有随书赠送24K金卡，赠送手表、派克笔、鸡血石的。这是一种歪风。我要找几份出版社的书目，用以验证这家个体书店的书目上的书价，与出版社书目上的是否符合。

我的请求，不知有否不便，如有不当之处，请原谅，敬祝

安康

王仿子

2000年1月3日

三

久安老友：

信悉，照片收到，可惜缺少一张我两人的照片。因为我已不大出行，今后见面的机会不多了。希望下次见面时，抓住。

听说你在写过去的事，我很高兴，请抓紧，时光不等人。用我的经验说，因为抓晚了，有许多事来不及写出来。书名七十年，其实写了的都是“文革”前的事。“文革”后在文物出版社的十年，在两个协会各十年，有不少事可写。就是“文革”前的事也没有写完。衰老了，力不从心了。如能得到老天爷的关照，多给我一点时间，还可再写一点。可惜，精力、思维大不如前了，现在效率很低。

不要以为自己“水平太低”，能写出来就好，我是小学水平，一直自认“不是摇笔杆子的材料”。挣扎着也写了不少。我们这

一代人，如能把过去的事记录下来，就好，好在存真。我看到一些现在的人写他不知道的历史，往往不“真”。要想纠正，没有精力，由它流传下去了。呜呼！

请保重，祝安康

王仿子

2000 年 7 月 10 日

附言：此信写了一半，因事搁下，今天翻出来，续完。

四

久安老友：

首先感谢寄给我有关开明的材料。我一直以为，开明与生活、商务一样，是今天出版人学习的榜样，但是，对开明事迹的宣传太少了。现在正在工作的出版人，绝大多数是解放后的这一代了，对于开明、生活这样在解放前受到广大读者拥护的出版机构，没有印象。只有商务，因为至今还在出版辞典，对商务的功绩不断有人谈到，令人对它的印象比较深刻。

说起来好笑，近日因看到《开架售书劫难重重》这样的文章，一时心血来潮写了一篇小文，投寄《新闻出版报》。承蒙很看得起，加了小标题，有意拔高，但是这位编者不知道生活书店，把文中“解放前的著名书店如商务印书馆，开明书店、生活书店”中的“生活书店”删除了，大概他或她认为可以断定，生活书店不属于“著名书店”。

从《开明书店老板章锡琛》文中，发现有章老的语录：“我是为发展文化事业，不为牟利。”说得多么好，多么精彩。解放前许多文化人办的出版机构，的确是在这个宗旨下苦心经营，五十年代以革命的名义办出版，当然不容许为发财而动心。现在可不一样了，我虽然不接触实际工作，许多事情不知道，但是，隐隐约约感觉到为私利而在出

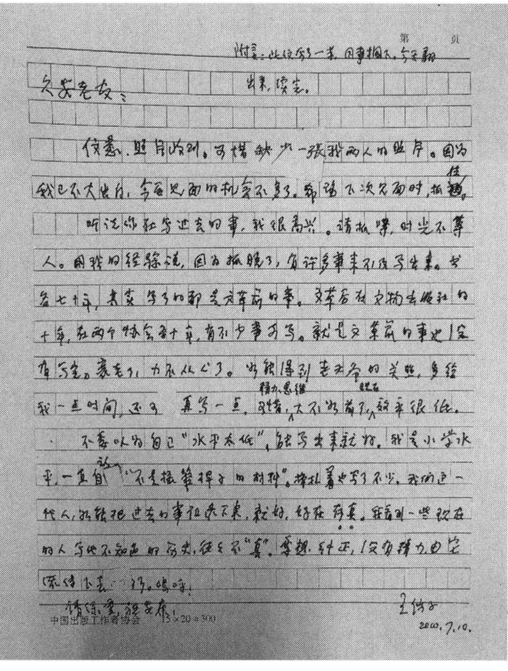
附言：此信写了一半，因事搁下，今天翻出来，续完。

久安老友：

信悉，照片收到。可惜缺少一张我两人的照片。因为我已不大出门，今后见面的机会不多了。希望下次见面时，拍摄。

听说你在写过去的事，我很高兴。请抓紧，时光不等人。用我的经验说，因为抓晚了，有许多事来不及写出来。我今七十余，未免写了的都是文革前的事。文革后在文物出版社的十年，在两个协会十年，有不少事可写。就是文革前的事也没有写完。衰老了，力不从心了。如能得到老天爷的关照，多给我一点时间，还可再写一点。可惜精力、思维太不如前了，效率很低。

不要以为自己“水平太低”，能写出来就好。我是小学水平，一直自谓“不是摇笔杆子的材料”。拙作倒也写了不少。我们这一代人，如能把过去的事记录下来，就好，好在存真。我看到一些现在的人写他不知道的历史，往往不“真”。要想纠正，没有精力，由它流传下去了。呜呼！

请保重，祝安康！

王仿子

2000.7.10.

中国出版工作者协会 15×20=300

王仿子致王久安函手迹（2000 年 7 月 10 日）

版工作中要花招的太多了。

我在书店里买一本《伶人往事》38 元，有人在地摊上七元一本买到。差距之大，可见出版社的心有多么黑，可见盗版为何禁不绝。

“老师”这顶帽子是万万不能给我的，下次来信，务请更正，至要！至要！

祝安康

王仿子

2007 年 5 月 20 日

又：干菜是好味道，当然欢喜。但从浙江寄来，不可能很多，不要割爱了，我心领。谢谢。

五

久安老友：

尊稿看过了，很抱歉，我不能对您有什么帮助。原因是那个时候我已不在出版局，在文物（出版社），后在版协。整个发行体制的改革，我只参加几次会议，没有参加全

过程，而今又年老，记忆力衰退。

我读了两遍，觉得整个发行体制改革脉络是清楚的，当时的情形也谈了。我勉勉强强提两个意见。

——此文题目落在“图书订货会”，先用很多篇幅介绍订货会产生的前奏，这样写法很好。既然如此写，我觉得当时的“一主三多一少”要介绍一下（此文未提及“一主三多一少”）。虽然后来变了，但在当时是一个改革方案，起了作用的，打破了独家经销，促进了各出版社的自办发行，又肯定了二渠道（民营书店），是图书发行体制改革的一个里程碑。

我在庆贺王益从事出版工作60年的会上讲过几句话，会后写下来收入出版文集的续编。当时找到了那个文件的副本，回忆了会前王益同志召开的许多次会议。现在再找那个文件困难了，在《王益出版发行文集》中收着他在会上一个讲话，可供参考。

——订货会开头好像是叫书市，这种形式的出现，将写入出版发行史册。这篇文章不是介绍订货会的诞生与发展的。因此，对订货会的诞生应可多花一点笔墨，写得更生动活泼一点。例如第一次提出这个问题，如何办起来，有哪些阻力，如何克服，等等，择要写一点儿当时的情况。

我只能说这么一点儿，很抱歉。祝
夏安

王仿子
2007年8月8日

六

久安老友：

8月15日信悉。“老师”的称谓是不敢当，以后千万别这样说了。

1982年的文件现在不想要。我的记忆力衰退，有了的东西，用时找不到，白费力气。等我需要的时候再请帮我吧。

因为是老朋友，多说一句：“我国出版界是从发行开始改革的”这一句可以商讨，这样的说法过去也见过。我认为应该从1980年初长沙会议推翻地方出版的“三化”，改为面向全国，是解放思想，改革的第一步。如何？

暑安

王仿子
2007年8月18日

七

久安老友：

去冬向王益同志祝寿，在我的相机里有你两张照片，特此寄奉。在老陆的相机里大概还有，尚未见到。(昨日已送来)

这次发现你身体很灵活，是健康的特征。然而，毕竟一年又一年，谁也逃不过自然法则，骑车可要小心，尽量少骑。祝
新春快乐

王仿子
2008年1月8日

又：收到后给一电话，让我放心。

八

久安老友：

信、稿均悉。我已老朽，提意见云云恐难如你想的那样了。但将勉力提些看法。

自办发行，开办书市、订货会，是发行改革的大事，前后有数十年的历史。要写好这段历史，有发展过程，又有经验教训，非数千字不可。二千字只能评功摆好。如着眼点只在记一功，二千字可以。我等经历了这段历史的人，希望把这段历史记入史册，非原原本本不可。所以，要我说，非三五千字不可，应该写多少就是多少，不能先划框子。

我的意见是你放开手，写充分，应该把话说完，不留遗憾。因为，不可能再有人另写一份作为史料保留给后人了!! 如因字多，版协不收，或删时，可投《出版史料》，这是对历史，对后人负责的态度。

对这篇稿，提两点意见：

（一）脉络是写清楚了，血肉似乎不够，对这几十年特别是初办时的波折、成功、教训等等都没有触到。发行改革中，民办书业的发展是一大事，办书市对民办书业是否起了推动作用，只字未提，也可能只能如此。我说不具体，只是有一点不满足。

（二）文中“老前辈”去掉，“教导”去掉，从经历、从年龄，我你是同一辈的人，只是工作岗位不同。改成“老朋友”或“老出版”即可，合乎事实。“教导”两字，可用于邹韬奋、胡愈之、叶圣陶，我哪有资格，用“得到帮助”，足矣！务请注意，这是我的真情，不是客气话。千万！千万!!!

祝安康

王仿子

2009年1月30日

九

久安老友：

接奉贺卡，敬读佳作《迎新年》，十分高兴。

敝人因年龄关系，从去年开始一年不如一年，现在已到了连写信都比较困难的地步。自然法则是无法抗拒的了。

近来常读到您的忆旧之作，很高兴，千万抓紧时间，我因抓得不紧，现在有几篇想写也写不出来了，十分遗憾。

祝

多产！

王仿子

2012年2月9日

玉英大嫂均此

徐砚华附笔问候

十

久安老友：

大作收到，内容丰富，你把我国图书发行改革的历史都写下来了。今后有人写出版改革史，就得谢谢你。

还要谢谢你，把我也美言了一通。

关于发行体制改革，近来我想到这项工作没有做彻底，很遗憾。当年只解决了一个发行权问题，从“独家”手里拿回来归各出版社所有，没有顾及提高经营水平是一大遗憾。

全国一解放就学苏联，“一边倒”。把发行交出去，把出版社变成只是编辑出书的机构，社长由总编辑兼，开会只讨论出书。人民出版社成立时，社长胡绳，副社长华应申兼总经理，设经理室，还有一个宣传科，专职为书与刊做广告。不久，华应申走了，经理室、宣传科没有了，因为不需要。新华的门市最讨厌书广告，读者拿着广告来买书，书店没有，岂不恼人，以此，出版社不为出版社的经营管理越做越好而奋斗。

以后，出版社只有抓出书的领导人，没有为改善经营负责的领导人，拿回发行权后，各社都安排了一人管发行，可惜，此时已不再有善于经营发行工作的人了（中青例外）。

我到文物（出版社）以后，发现新华的订货很少，有些书在全中国只有十来家书店订货，于是不得不在上海等地建立特约经销，在本市开门市部。可惜，年龄到了，接着去了版协。

在版协这几年我虽然想到要加强发行，但没有采取措施推动这项工作。访问北欧四国时，对此有所触动，写了《北欧图书发行工作见闻录》。为了加强出版社的经营工作，

师友手札珍赏

岳洪治

卞之琳

卞之琳先生居住的中国社科院宿舍，就在人民文学出版社南面不远的一条胡同里。因此，工作中遇有需要请教的问题，我常会去他家请教，也好看望一下他老人家。1982年，我们编辑室决定出版邵华强编的《徐志摩选集》时，想到卞先生不但是著名诗人和翻译家，还是徐志摩的学生，因此，决定请他写一篇序，同时，也帮我们审核一下书稿选目。下面这封信，说的就是这件事：

洪治同志：

即选《西伯利亚》一诗，还是留下吧，现寄回请插入选留部分。这样，诗选共有八十一首。这还是初步定下。

序稿打字后请送“五四组”同志（包括牛汀同志）、屠岸同志并寄邵和我［最好(是)两份］都看一看。请大家提意见，以便修改。

我去大连的车票已送来，是明天半夜后出发（125次车，没有买到101次车）。我去一个月，住处是：大连棒棰岛宾馆九号楼三层309号房。

祝好

卞之琳

（1982）3月5日晚

又：“文学系年”我带去大连看。

顺便告诉小沁同志，我重看邵选徐诗中，发现初版《志摩的诗》有一首（好像是《石虎胡同七号》）分行显然排错，她可能也已发觉，希望她多用新月版核对为好。

为使读者能更好地理解这封信的内容，有必要对其“背景材料”做一点介绍。《徐志摩选集》1983年9月初版，平装印了39 001册，精装印了3 900册，共计印了42 901册。扉页有作者半身像，照片背面是作者手迹（《一个行乞的诗人》首页）。内文先是卞之琳的《序》，序文后面的一篇《徐志摩诗重读志感》，是卞先生用在别处的文章，附在此处，作为序文的补充。全书内容共三辑：第一辑——“诗选”，选诗84首（初选如信中所言，为81首，后又补入3首）。第二辑——“散文选”，选文16篇。这个选目，基本包括了徐志摩的诗和散文中，最被读者称道的篇章。第三辑——“附录”，共两篇，一篇是编者邵华强的《徐志摩文学系年》，还有一篇是邵华强和应国靖

又邀请讲谈社两次来华讲他们如何从事出书与贩卖的。几年之后，又把这两次讲座的纪录稿再一次整理，经王益与我分别加注释后由版协印发各出版社。可是得不到反响。大概各出版社不觉得这方面有什么问题。我想：这样的事，光有我一个人的见识，没有出版行政机关的推动，大概是不可能有大的改变的。

现在，我想写一篇加强出版社的经营性（把这个问题提到出版体制的地位）的文章已没有精力了。奈何！奈何！

这封信写了两天，不能多写了。年龄不饶人!!!

敬祝安康，并祝

多写！

王仿子

2012年10月27日

徐砚华嘱笔问候

共同撰写的《编后记》。该书上市后，很快销售一空。为满足读者需要，1987 年 2 月又加印了一次，平装本初版与再版加在一起，总共印了 47 900 册。在当时，这个印数是比较高的了。

信中提到的“牛汀同志”，即著名的“七月派”诗人牛汉先生。当时，他担任现代文学编辑室主任和《新文学史料》杂志主编还不太久，所以卞先生信中会这样说。屠岸，时任人民文学出版社现代部主任，与卞先生是相熟的，二位都是著名诗人和翻译家。至于“去大连的车票已送来”等语，是由于那个年月，出行购买火车票并非易事。为了不耽误编辑人员出差和作者往来的方便，人文社总务处设有专人负责购买车票这件事。卞先生这次去大连的车票，应该就是我请本社总务处帮助办理的。

然而，信尾关于初版《志摩的诗》中，有一首诗的分行“显然排错”的话，又是怎么回事呢？也是在那时候，现编室编辑出版了一套“中国现代文学作品原本选印”丛书，《志摩的诗》即是其中一种。卞先生信上说的“小沁同志”，即负责“原本选印”丛书编辑工作的编辑刘小沁同志。卞先生对于学术的认真细致，和对后生晚辈的热情与真诚，着实可亲可敬。

给卞先生寄出《徐志摩选集》样书后，过了些日子，才收到他的回信：

洪治同志：

寄来《徐志摩选集》收到，谢谢。

目前还有一件事想再提一下。原说序文稿费，迄今并无下文。是因为序文曾单独发表过，不再付稿费了，是因为全书稿费都由特约编辑交付徐家亲属了，我都赞同。只是还请费神问明一个究竟为感。

祝好。

卞之琳

1984 年 1 月 16 日

卞先生信中问及，何以没有收到稿费，并有种种猜测。这是因为他不了解，人民文学出版社的稿费，都是在图书出版半年以后，才会邮寄给作者的。（这是当年情形，不知现在有无变化）这也怪我，没有提前向卞先生说明。

两年后，我负责编辑的“中国现代文学流派创作选”丛书，进入出版程序。其中，由我责编的《现代派诗选》的首位入选诗人，即是卞之琳。卞先生作品，选入 17 首，是入选的 31 位诗人中，选入作品数量仅低于戴望舒的一位（戴诗选入 22 首）。校样出来后，我就近送到卞先生家，请他审阅。下面这封信，就是他审阅后，退校样给我时写来的：

洪治同志：

《现代派诗选》是谁编的？可能编者向我打过招呼，可是肯定没有向我提说要选入《鱼化石》，尤其是《后记》。《后记》我在《雕虫纪历》增订版里压缩成几条小注。现在既然付排了，也就算了。你说看不清的一字是“拿”字。法国纪德在他的《地上［或：人间］的食粮》一书中，作为说话对象常提的一个女性名字本来的音译为“娜达纳哀”，朋友陈占元把它译为“拿挞拿哀”，有点狰狞，我胡诌一串名字（后来在《成长》一文重发表和收入《沧桑集》的时候，感到不严肃，删去了“列宁”），本来有点并非出于恶意的开玩笑，就引了陈译的这个怪名字。校样玛拉美《冬天的颜料》这首散文诗里这一段，在新版《西窗集》里也有了文字上的校改，出入不大（初译文只是简化了一点），引在这里，也就照原样排，不动了。现在把校样填改了（同时改了几处标点符号）寄还。

祝好。

卞之琳

（1986 年）1 月 15 日

人民文学出版社 1986 年 5 月出版的

《现代派诗选》，由北京师范大学中文系蓝棣之教授选编。该书第11页至13页，选入了卞之琳1936年作品：《鱼化石（一条鱼或一个女子说：)》，及《鱼化石后记》。《雕虫纪历》是香港三联书店1982年出版的图书，收入卞之琳1930—1958年诗作百余首。《雕虫纪历》共六辑，《鱼化石（一条鱼或一个女子说）》排在最后一辑［《另外一辑（1930—1937)》］的倒数第九首，诗后有四条小注，作品与注释，仅占袖珍小32开本一页。

［卞之琳（1910—2000)，江苏海门人。新文化运动中重要的诗歌流派新月派和现代派的代表诗人，著名翻译家。著有诗集和散文集《三秋草》《鱼目集》《慰劳信集》《十年诗草》《布莱希特戏剧印象记》《山山水水》《雕虫纪历》《人与诗：忆旧说新》等，翻译文集《西窗集》，代表译著《莎士比亚悲剧四种》，研究著作《莎士比亚悲剧论痕》，译著《英国诗选》《纪德：浪子回归集》等。］

舒 芜

1984年年初，现编室让我担任《沈祖棻创作选集》的责任编辑。这部书稿，是程千帆先生为亡妻、著名词家沈祖棻而编纂，弥足珍贵。程老与我室主任陈早春有师生之谊，与古典部舒芜是老朋友。因此，我的编辑工作，亦得到他们的关心与帮助。舒芜不但为书稿撰写了序文，还常写信来与陈早春沟通情况，写信给我，给予指导和帮助：

洪治兄：

《涉江词本事》，不知已写出否？十月廿日我要去南京大学，最好在那以前能写出，我可以当面请千帆先生定稿。

又，序言已编入《读书》十一月号，并以奉闻。

耑此布达，顺颂

编祺！

舒芜上

1984年9月25日

《涉江词》是沈祖棻的诗词集。她去世的第二年（1978年)，家属自费出版了一个油印本，1982年由湖南人民出版社正式出版。《涉江词本事》是程千帆对《涉江词》的笺注。最初，我们有将《涉江词本事》附于书后的想法，舒芜故有此问。后来，程千帆来信说，这本诗词集“已印一万四千册，看来没有因为‘比兴’而影响读者。《本事》也可发，但以放在另外的地方似更妥些”。并说，《本事》“以不附在选集后为好”。“序言”，即舒芜为《沈祖棻创作选集》撰写的序文。

不久，舒芜为参加程老研究生的答辩会，去了南京。返回北京后，他给早春和我写来一信：

早春、洪治兄：

昨天从南京回来，今天上午打电话不通，就写这封信。

千帆先生也认为“本事”最好能附录，于理解有助。但是，如果写成笺注，单注这十几首，未免不伦不类，要写就得写成一篇文章，一篇回忆录性质的文章，文中解释那些词。而这又为他目前健康情况所不容许，他正住医院，仅在他的研究生举行答辩那个上午，医院才准他半天假回校参加，我也只在答辩会上同他一见。我们商量的意见是，选集只好先发稿了。那文章以后再说。

特此奉告。即致

敬礼！

舒芜

1984年10月26日

信中叙说了程老的身体状况，以及他与程老商量的结果：《选集》先发稿，文章以后再说。我们尊重程老意见，最终没有把《涉江词本事》附在《沈祖棻创作选集》书后。

没想到，六年后，当我和舒芜再次通信的时候，他已经调到中国社科院的《中国社会科学》杂志社工作了。

1990年前后，台湾锦绣出版事业股份有限公司与北京生活·读书·新知三联书店，拟合作出版一套选题范围广泛，具有相当规模的《中华文库》(以下简称《文库》)。这是海峡两岸出版界最大和最有影响的合作项目之一，是一项以弘扬普及中华民族优秀文化为宗旨，以现代观点诠释传统文化，赋予新义及价值的文化建设工作。编辑部委托我找相熟的专家学者，替他们组组稿。

舒芜是人文社的老人。1978年，社里为年轻人举办“文学进修班”的时候，曾请他主持中国古典文学方面的课程。在中国古典文学和现代文学方面，他都有很深的学术造诣。我就写了封信给他，请他为《文库》考虑一部十五万字左右的书稿选题。很快，他就拟出一个关于周作人的选题。我上报《文库》编辑部后，被告知：《文库》出版工作刚开始，周作人的选题暂不考虑。我把编辑部的意见，如实转告了舒芜，对他说：您的研究领域宽广，重新拟一个选题不是难事，请再考虑一个新的选题。不数日，就收到了他的回信：

洪治兄：

二月七日示悉。

主编既然说“周作人暂不考虑”，我也只好暂不考虑。但为了您的殷殷之意，我退一步，再提出一个选题：《鲁迅与周作人》。如果这个仍然“暂不考虑”，我也只好真的暂不考虑了。我实在毫无专长，只这几年读周作人的书熟悉一点，除此之外，毫无系统的知识，无可如何。但您的殷殷之意，我是十分感谢的。

您既然研究新诗，何不写《白话诗运动》或《初期白话诗》，如何？

我想推荐朱成甲先生，我社副编审，文艺编辑室主任，著有《李大钊早期思想和近代中国》，皇皇大著，甚有新意，学术界很重视，他可以担任《五四运动》或《启蒙运动》。请代向有关方面问一问，为恳。

耑此布复，顺颂

文祺。

舒芜

1990年2月13日

在这封信里，舒芜又提出了《鲁迅与周作人》的选题。而且，还关心地问我“您既然研究新诗，何不写《白话诗运动》或《初期白话诗》如何?”我所在的现代文学编辑室，是以编辑出版“五四”以来的作家作品为主要业务的部门。或许舒芜先生知道，我写过一点关于新诗（白话诗）的小文，所以会这样说。其实，我对于新诗，并没有什么研究，哪里敢为《文库》这样的皇皇巨著撰槁呢。

信中推荐的朱成甲先生，是他在《中国社会科学》杂志社的同事，一位从事中国近代思想史、中国现代文学史、中共党史等研究的著名学者。

[舒芜（1922—2009)，原名方管，学名方硅德，字重禹。安徽桐城人，著名学者。著有《挂剑集》《串味读书》《哀妇人》《周作人的是非功过》《回归五四》《舒芜口述自传》《我思，谁在?》《红楼说梦》《舒芜晚年随想录》，另有八卷本《舒芜集》刊行。]

萧　乾

1984年春夏间，人民文学出版社现编室拟出版《杨振声选集》(以下简称《选集》)，让我担任该书责编。审稿过程中，由于对杨振声在山东大学当校长期间的某问题，与该书编选者存在不同看法，编辑工作进行得并不顺利。从问题的提出，到问题的解决，直至最后《选集》出版问世，前后折腾了两年多。其间，编辑室和出版社领导，都很关心这部书稿。1929年，萧乾在燕京大学国文专修班学习的时候，曾师从杨振声学习“现代文学”课程，他虽然已离开人文社多年，此次受杨振声之子杨起委托，对《选集》的出版，也帮忙不少。下面的信，是《选集》发稿前，我向他请教问题时他给我的回信：

洪治同志：

谢谢你的来信。承询及“杨振声”选集及拙文事，现奉复如下。

我认为选集的序或代序，还是以采用孙昌熙同志在山大学报上所发表的一文为宜。因他那篇全面评介了今甫先生的生平及文章。我那篇小文宜作为附录，是以放在其家人（如杨起同志的回忆）后面为妥。我也不是作为序或代序写的。

至于我那篇小文内容，很可能有不准确处。

1. 杨离开山大的原因，其说不一。如有的说是由于学潮。当时我并不在山东，相处时也从未谈过此事。关于为何离开，我大概是根据其（子）杨起同志或孙昌熙先生文章写成那样的。请与杨起（或孙昌熙）连（联）系一下。总之，一、不可改动事实。（宁可把原因略去）二、请注意不要与孙文或起文矛盾。既然有的同志（可能比我了解情况）看法不同，我建议改为“因故辞去校长职务”。

2. 汪静之可能是汪静（敬）熙之误。我查不到后者的资料。

当时确有一位与杨先生同在牛津，是五四时代诗人，个子矮矮的。当时他是国民党中央研究院的院士，是搞自然科学的。倘无把握，可以删去，或改为“一位五四时期曾写过诗的自然科学家”。这一点不重要，所以可以删掉。

3. 京丰宾馆正是在丰台区。当时我正在开全国政协，集中住在那里。

你工作仔细，使我避免出错。十分感谢。即颂

春好

萧乾

1986年9月3日

再有问题，请打电话××××××。

希望你同此书最直接的关系者物（地）质学院杨起教授保持连（联）系。他住址：×××××××××。

我给萧乾信中曾提到，他记述杨振声的文章，写得很有感情，可以用作《选集》的序言或代序。而该书编者孙昌熙、张华的文章系学术性论文，若用作序文，不很合适，倒可以与年谱等一起作为附录置于卷末。萧信中所说“那篇小文”，即他的文章：《我的启蒙老师杨振声》。该书出版时，此文作为“代序”收入了《选集》。萧信中所说“孙文或起文”，即孙昌熙、张华的文章《杨振声和他的创作》和杨起的文章《怀念我们的父亲》，均已收入《选集》。汪静之（1902—1996），安徽绩溪人，著名的“湖畔诗人”，曾任人民文学出版社编辑，著有诗合集《湖畔》，个人诗集《蕙的风》《寂寞的国》等。汪敬熙（1898—1968），生于山东历城，现代作家，生理心理学家。发稿时对他的介绍，改定为“一位五四时期曾写过诗的自然科学家”。

[萧乾（1910—1999），原名萧秉乾、萧炳乾。中国现代记者、文学家、翻译家。历任人民文学出版社编辑，中国作家协会理事、顾问，全国政协委员，中央文史馆馆长等。1939年任伦敦大学东方学院讲师，兼任《大公报》驻英记者，是第二次世界大战时期欧洲战场上的中国战地记者之一。曾采访报道第一届联合国大会、审判纳粹战犯事件。1995年出版《一个中国记者看二次大战》，译作《尤利西斯》获第二届外国文学图书三等奖。]

罗念生

在《新文学史料》杂志做编辑，使我有机会接触到不少前辈作家，和罗念生先生的相识，就是因为我编发过他的文稿。这位曾在雅典美国古典学院研究古希腊悲剧和艺术的著名古希腊文学专家，就住在人文社后身不远处的一间小平房里。我曾去过他家里一次，和他面对面坐在一张小桌前交谈过。然而，他写信给我却是为了1931年在纽约的时候，曾与他和柳无忌等人合办《文艺杂志》的亡友罗皑岚的一部书稿：

岳洪治同志：您好！

叶雪芬同志已否把罗皑岚的小说集交给您？对描写情爱的部分要不要修改？现在有人在谈论弗洛伊德的影响。如有事，请赐我电话（551498）。

沉樱的小传，希望关克伦同志写，他如太忙，我的意思，请他把材料交给您。请代我探听他的意见。

致

敬礼

罗念生

1987年2月21日晚

罗皑岚的《诱惑》，是湖南师范大学叶雪芬教授编选的一部短篇小说集，人民文学出版社1989年出版。收入《招姐》《谁知道》《诱惑》《中山装》《别筵》《红灯笼》《金丝笼子》《小迷姐》《人间天上》等20篇作者最有代表性的作品。该书责任编辑即信中提到的关某。罗念生先生知道，这部书稿的责编不是我。信中的意思，一目了然，不用多作解释。可是，罗先生为什么要这样说呢？其中的原委，我当时应该是知道的，现在却是一点也回忆不起来了。

［罗念生（1904—1990），原名懋德。四川威远县连界场庙坝人。著名学者、教授、翻译家。一生译著和论文有1000多万字，50余种。1987年12月，希腊最高文化机关雅典科学院授予他“最高文学艺术奖”（国际上仅四人获此奖）。1988年11月，希腊帕恩特奥斯政治和科技大学授予他“荣誉博士”称号（国际上仅五人获此殊荣），以表彰他近60年来为研究和传播古希腊文化所做出的巨大贡献。］

牛　汉

牛汉先生是我在人文社遇见的第一位老师，是和我在同一间办公室工作了整十年的老师，也是真心关怀我、爱护我，希望我能够做出成绩的那个人。从1978年夏天我与先生相识，到1988年他离休，我们多次一起拜访老作家，为《新文学史料》组稿，多次参加与现代作家作品相关的会议和活动。由于工作中很少分开的时候，也就不存在需要书信沟通的机会。下面这封信，是牛汉先生写给我的唯一的一封信，是他离休后与我的一次亲切的笔谈，和给予我的一份父辈的关爱。

小岳：

送上小文《眼神》，只七百多字，两年前曾刊于济南《齐鲁晚报》。有一些年轻诗人说这篇小文境界好。请转给胡守文同志，他如觉得不适用，原稿退给我。近来我写的少，有的散文篇幅过长。平日多翻阅杂书消闲，活得尚自在。

希望你能在专业领域沉潜下去，取得切实的成果。

祝

冬安

牛汉

1991年11月14日

先生写这封信给我的起因是，时任中国青年出版社社长的胡守文，要编一部具有鲜明特色的散文集（具体名目记不起来了），让我帮他组一些名家稿件。我立刻想到牛汉先生创作的多篇散文佳作，就约请他选一两篇短文，为中青社要出版的集子增光添彩。于是，先生便挑选了这篇短文给我，同时写来这封信。虽然只是一封百余字的短信，先生仍没有忘记告诉我，他“平日多翻阅杂书消闲，活得尚自在”。——他知道，我心里是惦念他的。同时，在这封信的最后，他也没忘记嘱咐我：“希望你能在专业领域沉潜下去，取得切实的成果。”

其实，在与先生长年相处当中，他曾不止一次，很认真、很严肃地对我说过“你就搞业务”这句话。他是多么希望我能够在专业上做出成绩，有所突破啊！先生俨如父兄的拳拳之心，殷殷之情，令我每一念及，耳畔就会响起这句话来。这句看似平常的话语，实则充满了先生对我的关爱与信任，就像是一泓温暖的泉水，至今仍潺潺流淌在我的血液里，滋润着我，让我的肌体始终充满着蓬勃的活力，让我在前进的路上能够一往直前，永不懈怠。

2012 年春天，我和妻子前去拜望牛汉先生。他虽然已是 90 高龄，因腿脚不便而坐在轮椅上，却仍然精神矍铄，头脑清晰。临别之际，我请先生写几个字，留作纪念。他接过本子，稍作思索，便以膝为案，给我题写了下面一段话：

人与诗两个字是我写了一辈子写不好的汉字。我一直写不出这（两）个字的庄严而纯正的气势与境界。但愿你写好这（两）个伟大的汉字！

洪治挚友存念。

牛汉

2012 年 4 月 15 日

写毕，他抬起头，以慈祥的目光望着我，似乎还有许多话想对我说。当我从他手中接过题词的时候，那个本子仿佛沉重了许多。我知道，先生写给我的这篇肺腑之言，每个字都有金石般的分量。我难以言表万般激动的心情，一面向他道谢，一面给他老人家深深地鞠了一躬。我听说过他富于传奇色彩的人生经历和所遭遇的坎坷。他对于人生的坚忍和对于诗的执著、不懈地追求与奋斗精神，以及刚正不阿的品格，让所有正直的人，都对他充满了尊敬。这篇关于人与诗的教言，寄予了先生对年轻一辈的厚爱和期望。他希望我们能用一生的努力写好“人”与“诗”这两个伟大的汉字，写出它们“庄严而纯正的气势与境界”来。

［牛汉（1923—2013）原名史承汉，后改为“史成汉”，又名“牛汉”，曾用笔名“谷风”，山西定襄县人，蒙古族。现代著名诗人、文学家和作家，“七月派”代表诗人之一。曾任《新文学史料》主编、《中国》执行副主编，中国作家协会全国名誉委员、中国诗歌学会副会长。他创作的《悼念一棵枫树》《华南虎》《半棵树》等诗广为传诵，著有《牛汉诗文集》（五卷）等。］

西　戎

20 世纪 70 年代初，我在山西运城地区报社工作的时候，就认识了西戎先生和他的夫人与女儿。他们一家是从插队落户的运城县西膏腴大队，住进报社来的。

多年后，我在人民文学出版社主持编辑“中国现代文学流派创作选”丛书的时候，看到《山药蛋派作品选》里收入了西戎的《喜事》《谁害的》《盖马棚》《宋老大进城》等几篇小说，就又想起当年在报社时，常与先生见面聊天的情景。于是，1993 年春节，我便写了封信，约请他为《新文学史料》杂志写点文章。他的回信如下：

岳洪治同志：

您好。您给我的信，因地址有误，压在

省文联，前两天才转至我手，迟复歉甚。

原来拟写的回忆录，因种种原因，开了个头再未动笔，以后也不计划写它了。我最近视力很不好，读书看报，均有些吃力，写作困难更大，也许这就是老的征兆吧！

孙谦同志身体亦不甚好，住了一段时间的医院，目前恢复得还可以。我问过他，最近也没有写什么东西。

请向牛汉同志问好！

小荣，在省曲协，小宋在省外贸公司，他们均好，并向您问好！

祝

编安

西戎

（1993年）三月廿六日

当年和西戎一家同时住进报社的，还有孙谦先生。所以我给西戎的信中，请他代我问候孙谦，并向孙先生约稿。信中提到的“小荣”是西戎的女儿席小荣，“小宋”是和我同时分配到报社工作的知青宋兴基。当年，我在排字车间当排字工，兼任校对和接收新华社通稿的工作。小宋与小荣同在印刷车间，没想到他俩后来会成为佳偶。

［西戎（1922—2001），原名席诚正，山西蒲县人。1938年参加革命，1944年毕业于延安鲁迅艺术学院。是中国作协第三、四届理事，第五届名誉委员，作协山西分会主席、名誉主席。1992年中共山西省委、省政府授予他“人民作家”荣誉称号。著有《吕梁英雄传》(合作)，《宋老大进城》、《寄语文学青年》、《叔伯兄弟》、《扑不灭的火焰》(合作)、《黄土坡的婆姨们》等。］

杨德豫

1995年年末，应朋友之邀，我主编了一套《名家抒情诗精品大系》丛书。该丛书共五种，分别是：《如画：林下的轻歌》《如痴：恋人的心声》《如醉：窗前的独语》《如歌：瞬间的永恒》《如禅：哲人的冥想》。正如我在丛书《总序》中所说，这是一部“搜求甚广、类型完备、特色鲜明的世界抒情名诗分类丛书”，收入中国和世界各国现当代著名诗人的抒情名诗上千首。杨德豫先生的来信，就是在收到约稿信与合同书后，给我的回复。

岳洪治先生：

11月29日和12月28日两信都收到。我因患病，未能及时作答，请原谅。

您11月29日信中说，拟选用拙译华兹华斯《水仙》和《露西抒情诗》，现遵嘱寄上（《露西抒情诗》共五首，这次我只选出其中两首）。您又嘱我“再惠赐一些”其他译作，因此又寄了柯勒律治一首和拜伦两首。总共六首，请您选用。

公函随此信寄还。我的意见已写在公函上，请您看看。

此致

敬礼

杨德豫

1996年1月3日

信中提到的几首译作，悉数收入了中国华侨出版社1996年9月出版的“名家抒情诗精品大系”丛书。

［杨德豫（1928—2013），笔名江声、张四等。湖南长沙人，国学大师杨树达之子。曾任湖南人民出版社和湖南文艺出版社编审。译著有《华兹华斯诗选》《柯勒律治诗选》《拜伦诗选》《朗费罗诗选》等。其中英汉对照本《华兹华斯抒情诗选》，获首届鲁迅文学奖——全国优秀文学翻译彩虹奖，《拜伦诗选》被老诗人、翻译家卞之琳誉为“标志着我国译诗艺术的成熟”。另出版有五卷本《杨德豫译诗集》。］

丁景唐

丁景唐先生是我国著名的编辑和出版家。《新文学史料》创刊初期，我和牛汉主编到上海组稿时，就到先生家里拜访过。20世纪90年代初他来北京，我们又在人文社见过一面。2001年，人民文学出版社建社50周年前夕，准备出版一本纪念文集，我写信向他约稿，很快就收到了他的回信：

洪治学弟：

十五信悉。能为贵社五十周年纪念撰文，十分高兴。我与“人文”关系密切，认识的人多，得到你们的帮助也多。

我要好好回忆一番。

接你信后写的信，就一并也把给罗君策同志的信放在一起。不知他在社办公，还是在家办公？

问候许力以同志和你夫人。

节日愉快！

丁景唐

2000年9月22日

信尾署名是竖行写出的，落款日期是用印章盖上去的，颇为别致。果然，丁老很快就寄来了题为《良师益友与忠实读者》的文章。2001年3月，人文社建社五十周年纪念文集：《我与人民文学出版社》出版时，排在首位的，就是丁老这篇文章。新中国成立初期，丁老在上海市委宣传部工作时，许力以是在中宣部工作，都在宣传口，应是老相识。可能丁老知道我是许老女婿，所以有问候许力以的话。

信中提到的罗某，是当年现编室新调入的领导。

2014年的一天，我从外省报纸上看到一篇关于丁景唐先生近况的报道。这才得知，由于丁老年事已高，已经住在上海华东医院几年了。我打电话给他女儿丁言昭老师，请她向丁老转达我的关心和问候。我一边埋怨自己没有经常给丁老写信，一边就回想起此前几次见到丁老的往事。于是，就写了篇短文，发表在当年《出版史料》杂志的第3辑上。此后不久，意外地收到一封丁老来信：

岳洪治小友：

看了你在《出版史料》2014年第3期《丁景唐先生与人文社的友情》，很高兴，也很感动。《新文学史料》初创时，牛汉同志带你来上海约我写稿事，我记不清楚了，难得你写得那么详细、亲切。连我的老友王观泉先生也为之感动，即写信告诉我，“写得有情、有义”。观泉是陈独秀、鲁迅、瞿秋白研究的著名人士，他可不轻易赞赏的。

我不知你是否仍在人文社，还是退休了。所以我仍写信给郭娟，让她转交此信。并请她将你地址、电话（手机）告诉，与你联系。我还将送书给你，以留纪念。我的地址仍为200031上海市永嘉路××弄××号，我三女丁言昭每天来医院带给我。她的电话（021）643……，我医院手机139……，但常不通。

握手！下次详谈。

丁景唐

2014年10月24日于华东医院

丁老写这封信来的时候，我已经退休。待我得到同事电话，去单位拿到信和丁老的赠书时，距丁老写信给我已有半个月光景。第二天早上，我就写了封回信：

丁老：

您好！

当我从报纸上看到您在华东医院的照片时，又想起当年两次见到您的情形和向您约稿，与您通信的事情。于是，在对您的思念中，写下了那篇《丁景唐先生与人文社的友情》。2009年退休后，我就住到了北京郊区。我既不会开车，也不用手机，很少回单位。那天与言昭大姐通话后，去住了一个多星期医院。昨日才进城，从郭娟那里取回了您的亲笔信与赠书。谢谢您！

捧读来信，一如面聆教诲，甚感亲切。当年情景重现于脑海，仿佛又见到了您慈祥亲切的面容。从来信知道，您身体硬朗，头脑清楚，精气神很足。甚是欣喜！这是我们晚辈的福气。有言模、言昭几位大姐悉心照顾，百岁寿星的位子您坐定了。——让我们相期以茶。

此上，恭祝

幸福愉快，健康长寿！

晚岳洪治顿首

2014 年 11 月 7 日

发信的时候，我按照丁老的嘱咐，附了张退休前使用的旧名片，重新写明了住宅地址、电话、邮箱等，以方便丁老与我联系。果然，信寄出 20 多天后，丁老就又写了一封信来：

岳洪治学棣：

联系中断几十年，终于由你的那篇有情有义的《丁景唐先生与人文社的友情》的文章把我们又联系上了。这中间，自然还要加力于郭娟的驿站作用。从来信得悉你 2009 年已退休住在郊区昌平区，那里一定空气清新，不受林立的高楼大厦遮蔽远眺。

你从郭娟取回的赠书，不知是否为《瞿秋白与书籍报刊——丁景唐藏书研究》《瞿秋白和杨之华》？你没有说明，我很记挂。希来信说明白。

我在上海华东医院住了五年半多。依靠党的领导，使我得到二次解放，享受国家的优待参加革命老同志的优厚待遇。

我现在病情平稳，身体较好，宇宙广阔，快乐为怀。有时还能握笔成文，只是眼光不好，写字是凭着感觉走，不一定写在格子里。头脑比较清醒，思维能力较强。

为了让你更多地了解我，我将几天后让言昭在邮局快递赠你两部主要著作，一本是 2000 年出版的《丁景唐六十年文集》收入我 1945 出版诗集《星底梦》、论文集和回忆录（部分），还有著作目录等。另一本是 2013 年友人为我出版的《景玉常用印选》(只精印 100 部) 希望几月半年后，读得你的读后感。

祝健康愉快！问候你夫人、孩子！

丁景唐

2014 年 11 月 20 日于华东医院

信中提到的《瞿秋白与书籍报刊——丁景唐藏书研究》《瞿秋白和杨之华》两本赠书，是丁老的公子丁言模的研究成果和心血之作。《丁景唐六十年文集》和《景玉常用印选》两本书，一者汇集了丁老一生最主要的著作，一者则展示了他常用的一些印章。丁老给我的邮件，大半都是经单位同事中转的，这几种赠书，也不例外。原因是，我退休后居住的小区属于城乡接合部，当年，不知为什么，邮递员只管送报纸，其他邮件需要自己到邮局去取。

丁老这封信，展现了他对一生事业的执著和热爱，也表现出他对年轻一代的关爱和殷切期望。他赠书给我时，写在扉页的题词，也体现出这一点。在我获赠的《给日本的遗书》扉页上，起首有丁老亲笔写下的“岳洪治同志存念”字样，下面还有这样一段话：

一九九五年，我应已故陶晶孙先生的亲属之邀，由郭娟责编，在人民文学出版社出版建国后第一本《陶晶孙选集》。但陶用日文写作，在日本知识界影响较大的《给日本的遗书》未能如愿出版。今由友人高建国多年策划、奔走设法，约人翻译交上海文艺出版社出版。其经过情况，见本书 P189—205 高的《奇人与奇书》。

老丁景唐

二〇〇八年国庆佳节

在这封信的落款下面，还钤了一方圆形篆体的“景唐赠书”之印。

丁老是出版界的前辈，也是我们《新文学史料》的老作者。《史料》创刊初期，和人文社建社 50 周年，编选“纪念文集”的时候，我两次编发过他的文稿。当丁老编选了《陶晶孙选集》之后，又将该书稿交给我们人文社出版。他最初给我的信中曾说："我与'人文'关系密切，认识的人多……"还有一句，他没写出，那句话应该是"感情也深"，——丁老是个重情重义的人。

除了《给日本的遗书》之外，丁老赠送我的书籍还有一些。而且，赠书扉页上，大多会有一段他题写的赠言。譬如，在《丁景唐六十年文集：犹恋风流纸墨香》一书扉页上，他以清晰优美的字迹写道：

岳洪治学棣留念：

此书印成于2004年1月，距今倏有十年矣。我于2009年8月住入华东医院亦已五年三四个（月）了。《丁景唐六十年文集》实为我一生的主要著作，文艺出版社编印此书，责编张有煌同志所尽精力，甚为勤劳，惜已辞世多年。我的自述和著述目录留下一生铭印。这里要慎重说明的，1999年2月，文艺社拟为我举行八十岁诞辰，我给孙颙同志写信婉谢举行任何仪式，即使在九十岁和百年之后也辞谢任何纪念仪式。

2014年11月22日九四老人 丁景唐
书于上海华东医院十九楼十床

丁老给我写的这一页题词，可谓情深意永、语重心长。虽然全篇不过200余字，却包含着丰富的内容，体现了前辈学人的高风亮节与豁达心胸，值得我很好地学习和思考。同时，这篇扉页赠言，也是我们阅读《丁景唐六十年文集》的一把钥匙。可以帮助我们打开这位著名文史学者思想和学问的宝库，可以让我们循着前辈的心灵之光，在问学的路上走得更远、更长。

[丁景唐(1920—2017)，浙江镇海（今宁波）人。中国文史学者、出版家。主编《中国新文学大系（1927—1937）》(20卷本)，著有《学习鲁迅和瞿秋白作品的札记》《犹恋风流纸墨香——六十年文集》《星底梦》《妇女与文学》《瞿秋白著译系年目录》《左联五烈士研究资料编目》《诗人殷夫的生平及其作品》《瞿秋白的研究文选》《鲁迅和瞿秋白合作的杂文及其他》《中国现代著名编辑家编辑生涯》等。]

范伯群

20世纪80年代初，人文社现编室陆续推出"新文学史料"丛书、"中国现代文学作品原本选印"丛书、"中国现代作家选集"丛书和"中国现代文学作品流派创作选"等几套丛书。其中，"中国现代文学作品流派创作选"丛书的编辑工作，由我具体负责，范伯群教授选编的《鸳鸯蝴蝶——〈礼拜六〉派作品选》，是这套丛书中的一种。这套丛书出版后，很受大专院校文科师生的欢迎。数年后，其中一些品种，在市场上已难觅踪影。为满足读者需求，我选择了其中六种，请编选者修订后，于2009年推出了修订版，《鸳鸯蝴蝶——〈礼拜六〉派作品选》也在其中。范先生对修订工作非常积极、热情，不但很快就交来了修订稿，还认真撰写了一篇题为《论中国现代文学中的"继承改良派"》的"再版序"。图书出版后，在应给编选者的样书之外，他又购买了一些。下面是他收到购书发票后，给我写来的一封热情洋溢的长信：

岳先生：

发票收到，非常感谢。想不到您也退休了。现在60岁的人身体很健康，还能干许多事业。我70退休，十年来还是觉得可以写些东西的，也经常出外开会，行动也还自如。因此，您的退休，实在是太早了。您是能写东西的人，以后可多写作品。退休后"心态"这一关一定要过好，否则人的老化就很快。我在这方面很有体会。心态好了，觉得退休之后自由得多了。过去老要受单位组织的"管辖"，现在我高兴怎样就怎样。现在单位里来叫我干啥，高兴就干，不高兴

三联前辈在上海

雷群明

一、上海的三联前辈

1984年，是邹韬奋逝世40周年，上海和北京都举行了隆重的纪念大会，缅怀韬奋和他领导的生活书店的丰功伟绩。社会上也掀起了一股学习韬奋的热潮。上海的《青年报》打算学习韬奋办《生活》周刊的精神，也创办一份《生活周刊》。于是于1984年9月22日下午，在韬奋纪念馆召开了一个《生活》周刊办刊人员与生活书店老同志的座谈会。应邀出席的有韬奋夫人沈粹缜和女儿邹嘉骊，生活书店老职工方学武（上海译文出版社副社长）、毕青（上海书店负责人）、袁信之（韬奋纪念馆前副馆长）、严长衍，新知书店经理吉少甫（上海市出版局副局长）。另外，还请了上海市委宣传部的林宏和时任韬奋纪念馆副馆长的韩罗以等。我大概是因为1983年出版了一本与钱小柏合作的《韬奋与出版》，也荣幸地被邀请参加了。会上，《青年报》负责人李智平介绍了他们的打算，嘉宾们称赞之余，也提出了一些意见和建议，在热烈友好的气氛中结束了座谈后，还一起在韬奋纪念馆门口合影留念。

1994年，笔者在医院看望沈粹缜时合影

就不干，一天到晚，读自己想读的书，写自己想写的东西。季羡林说过，他许多书与文章都是70岁以后看或写的。我们苏州的钱仲联先生健在时也说，他70以后干的活最多。你60，精力更充沛，应该干出一番大事业来。做编辑固然有大贡献，但天天看的是别人的稿子，现在可以写自己的稿子了，这会有一种新的感受。您还没有到过苏州，下次我校有什么会议时，我设法请他们发通知给您，邀您赴会。明天就是2009年的除夕，向您拜年，祝您在2010年有大成就！

范伯群上

2009年12月30日

来信写于2009年年末，其时，我已经办理了退休手续。只因为还有许多书稿和作者的事情未能了结，所以，仍然每天无偿到单位上班，又工作了整一年。

［范伯群（1931—2017），浙江湖州市人，中国现代文学研究专家，苏州大学中文系教授，博士生导师。主编《中国近现代通俗文学史》《中国近现代通俗作家评传丛书》等。与曾华鹏合撰《鲁迅小说新论》《郁达夫评传》《冰心评传》等专著。著有插图本《中国现代通俗文学史》等。2014年，荣获首届“姑苏文化名家”称号。］

这张照片(见封二上图)至今40年了，我在编《韬奋纪念馆50年》时尚未发现，因此弥足珍贵。照片前排，除林宏情况不明，其他几位都已先后谢世。这里逐一作个简单介绍。

其中，大家熟知的韬奋夫人沈粹缜于1997年1月12日去世，享年97岁。她与韬奋于1926年结婚，育有邹家华（嘉骅)、竞蒙（嘉骝)、嘉骊二子一女。解放后，沈粹缜追随宋庆龄，为儿童福利事业做出了重要贡献。在韬奋颠沛流离的一生中，做好贤内助，成为家庭的保护神。

1977年，我爱人王龙娣从北京调回上海，分配在上海文艺出版社工作，与韬奋女儿邹嘉骊是同事，因为这个关系，认识了沈粹缜。当时，我们因为与她家住得比较近，来往比较多些。她待我们如同亲人，我们对她，也如自己的长辈。那时，电视机是个稀罕物，我们家没有，遇到有好的节目，有时会带着孩子上她家去“揩油”。她不仅不嫌烦，还会拿出糖果点心之类招待。有时，她家里有事，也会请我们去“帮忙”解决。她有几次生病住院，我只要知道了，就会去医院看望。1994年11月4日那次，我去华东医院看望她时，还很荣幸地与她合了影。

1981年，我接受了编写《韬奋与出版》的任务，沈粹缜更是给了我极大的支持和帮助。那时，有关韬奋的公开资料不多，她除了签名赠送给我《韬奋文集》三卷本《经历》，还尽量提供她亲身经历的韬奋事迹。在我们去北京拜访三联的老同志时，她又给胡愈之、徐伯昕等写条子，打招呼，为我们提供方便。《韬奋与出版》于1983年初版，印了1.4万册，1989年还获得了首届全国编辑出版理论优秀图书奖。她功不可没。

也许由于有了比较多的接触和了解，沈粹缜对我也给予了极大的信任，有时报刊或出版社约她写一点有关韬奋或生活书店老同志的文章，她会口述大意而让我代笔。如她怀念宋庆龄、徐伯昕和纪念她姑母沈寿等文章以及她在上海市纪念韬奋逝世50周年大会上的发言稿等均是这样产生的。有一次，她还曾对我说，要口述她的历史，让我帮她整理成文。只是后来由于她忙，加之身体不太好，这个计划没能实现。可贵的是，这类文章发表以后，如果有稿费，她都很客气地一定要给我。我保留的一封她的短信，就是她要我去她家拿纪念宋庆龄一文的稿费的。

韬奋和沈粹缜的女儿邹嘉骊，由于从小处在流动之中，没有机会上大学，靠自己努力，由校对而成为上海文艺出版社的编辑。韬奋纪念馆1984年在香港出版的《韬奋手迹》，原来是学林出版社准备与香港合作而

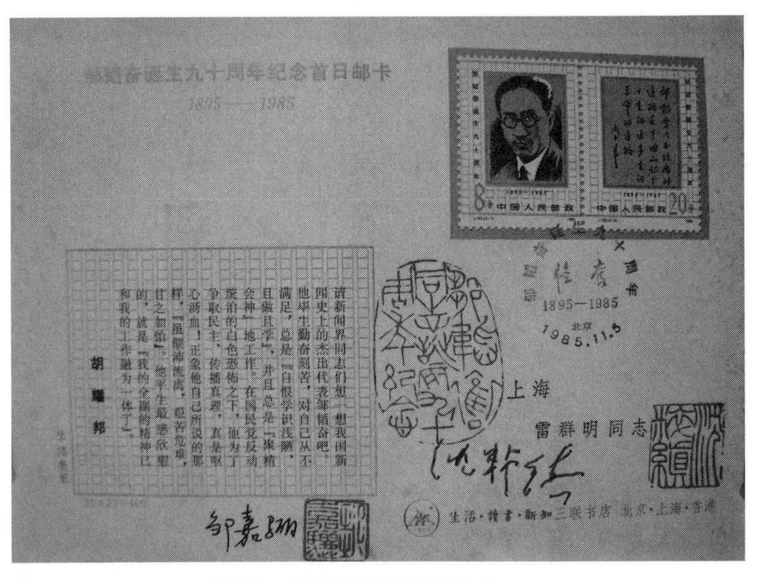

沈粹缜、邹嘉骊签名的首日邮卡

出面请她做编撰工作的。后来合作出版未成功，香港方面也未提学林社所做的努力。《韬奋与出版》的编写工作原来也想请她参加，后来因为她社里的工作忙，抽不出身而未果，但她先后在学林社出版了她编著的《韬奋著译系年目录》《忆韬奋》等书。退休以后，在中国韬奋基金会担任秘书长工作多年，主编了一套八本“走近韬奋丛书”，由学林社在2000年出版。晚年还先后出版了《韬奋年谱》《邹韬奋年谱长编》《我的文字生涯——循着父亲韬奋的足迹》等书，为宣传邹韬奋做出了重要贡献。

袁信之是继毕云程之后的第二任韬奋纪念馆负责人。他的资格很老，1936年5月，被录取为生活书店练习生，担任校对工作。1938年入党，即被委任为“兄弟图书公司”负责人。1943年，与夫人田鸣由新四军三师师长黄克诚亲自安排，到“孤岛”上海去从事情报策反工作。解放后，一度担任“亚东企业有限公司”总经理。1956年5月胡愈之等人倡议建立韬奋纪念馆，当时负责此事的上海市副市长金仲华选中袁信之为筹建负责人。1958年，韬奋纪念馆建成开放，首任馆长是毕云程，他是副馆长。1971年，毕云程退休后，他一直做到1983年离休。

韬奋纪念馆原来隶属于文化局，1985年划归出版局领导，由邹嘉骊首任副馆长。我到纪念馆时，袁信之已经离休近20年了，与纪念馆早已没有什么工作上的联系。但是，作为健在的前辈，我和同事们还是经常去家里拜访他，向他请教。纪念馆和上海三联联谊会有一些活动，他不顾年纪大，住地远，行动不便，仍然常常坐着轮椅赶来参加。他对韬奋的热爱和对宣传韬奋精神的执着，更是我学习的榜样。2004年6月，北京范用等三联老同志来参加上海举办的纪念韬奋逝世60周年活动，他也前来参加并积极发言。2006年1月，上海市出版局召开春节联欢会，已经95岁高龄的他也积极参加，受到副局长吉少甫和刘培康以及上海文艺出版社原副社长王种兰等的欢迎（见封二）。那年11月，韬奋纪念馆举行了一次建馆五十年的庆祝活动，他不辞劳苦从嘉定的众仁花园赶来参加，还带来一幅亲笔祝词，很高兴地与新老馆员合影留念，为活动增添了光彩。我特别要感谢袁信之的是，他早期为韬奋纪念馆积累的文物和资料等，对于编辑《韬奋纪念馆50年》有极大的帮助作用。

据说因为韬奋纪念馆是个副处级单位，像袁信之这样的老资格干部与他以后的几位馆长韩罗以、王永序、邹嘉骊，都只能以副馆长的身份任职。我到纪念馆工作时，他的孩子希望我向局里反映，能在最后给他一个正馆长的身份。我如实禀报了，不知道最后结果如何。我感到欣慰的是，2004年，请他的孩子协助，帮他完成了一篇“抢救”性的自述《我与韬奋的不解之缘》，发表在《邹韬奋研究》第三辑（2008年出版），现在也成了宝贵的史料。2011年，他以98岁高龄辞世。当时，我客居加拿大，没能给他送行。

方学武和吉少甫与我也是因为编写《韬奋与出版》一书而结缘的。1981年初，我由上海市出版局的理论研究室划归学林出版社当编辑，接受的第一个任务就是编写一本《韬奋与出版》。2月12日上午，找我谈话布置任务的就是副局长吉少甫、刘培康和方学武。他们说，北京将要设立韬奋出版奖，上海打算编写一本反映韬奋与生活书店历史的书作为配合。局里非常重视，决定由学林社负责，并要成立编写组和顾问组等等。最后编写组确定由我和生活书店的老同志钱小柏负责，顾问组虽没有设，但实际上，吉少甫和方学武确称得上是真正的顾问，在该书编写过程中，他们给予了许多具体的关心和指导。

《韬奋与出版》作者钱小柏（右）与笔者及方学武（中）在绍兴鲁迅故居合影

方学武当时是上海译文出版社副社长。他是江苏昆山人，也是一个老“生活”同人。1936年8月考入生活书店做学徒。1939年入党。1949年5月作为军管会成员参与接管上海出版单位，曾在上海市人民政府新闻出版处、华东军政委员会新闻出版局任职。在《韬奋与出版》的整个编写工作中，他做了许多超过“顾问”分内的工作：

1981年6月11日到7月5日，我和钱小柏去北京访问三联书店老同志，他极其热心地给我们提供线索和访问建议，先是写信告诉我们如何区别对待被访问者，还在我们开列的35位访问者名单后面一一注明该人身份、健康情况、访问重点和注意事项（如胡愈之后面写“年老有病，只能谈得短些”；范用后面写“是读书出版社工作的，现任人民出版社副社长，有水平，可多谈谈”等）。还增加了王仿子、孙洁人、胡耐秋、丁洁如四位，并作了简单介绍，给我们很大的帮助。本来他还说要同我们一起去北京，后因他工作忙跑不开而未能成行。

在北京，我们访问了包括胡愈之、徐伯昕在内的生活书店老同志30多位，唯独生活书店总管理处负责人张锡荣因为在杭州休养，未能见到。鉴于他当时是生活书店的骨干，与韬奋的接触比较多，我们还是希望能去访问一次。当方学武得知此情况时，又多次与张联系，终于确定于1981年11月15日他和我们一起到张的休养地杭州去访谈。由于张身体不太好，每次只能谈小半天，一共谈了三次，他也就陪了我们三天。有一天趁下午有空，他与我和钱小柏三人去了一次绍兴，拜谒了鲁迅故居，在门口留下了珍贵的合影。

书的初稿出来后，社里打印了二十多份送给有关同志审阅。他认真看过，还在给我的信中提了几十条修改意见，并且建议说：“此书，实际上不仅出版工作者应该看，而对服务社会的同志们也有参考价值。问题是各出版社负责人未必都能有，要求他们出钱购买也是少数。因此，我建议请上海市出版工作者协会发一份通知，要求上海各出版社购买若干册，分赠社级干部。”此书出版后，他说自己“抱着学习的态度”“‘捉错’的负责态度”，又仔细读了一遍，给我写了四张纸的长信，肯定之余，指出了尚存的一些不足。他态度的认真，令人感动。

方学武对我的工作也是一贯关心和爱护。早在1993年12月14日，让学林社职工曹予庭告诉我，打算推荐我去当韬奋纪念馆馆长。但在得知我“兼职可以，专职不去”的态度后，就取消了这个动议。2002年，我真的到了韬奋纪念馆去任职，他很高兴，多次约我面谈。11月15日，我与他在上海老干部大学见了面。他对我到韬奋纪念馆表示祝贺，接着向我介绍了纪念馆的历史和对今后开展工作的打算，如希望能在京沪举办两个座谈会，并拟出了与会老同志的名单等。我向他汇报了2003年的一些打算，他也表示满意。那天我给他拍了几张照片。2004年底，为纪念韬奋诞生110周年向他征文时，他不顾年事已高，写来了《我记忆中的韬奋先生二三事》，后来编发在《邹韬奋研究》第二辑（2005年出版）。他生病住院时，我曾去医院探望，不料他已经出院，没有见到，很是遗憾。

另一位不是顾问的顾问吉少甫，虽然不是生活书店出身，但也是三联书店的老前辈。曾任桂林、香港新知书店经理，重庆、上海、香港群益出版社经理，上海教育图片出版社社长，上海教育出版社社长、总编辑，上海三联书店名誉总经理和顾问，上海出版局副局长、顾问。主编的作品有《中国出版简史》和《郭沫若与群益出版社》，著有《书林初探》等。他对我和学林社的工作一直都很关心。除了交办编写《韬奋与出版》一书的任务，还认真审读初稿并提出一些好的意见和建议。2002年我调到韬奋纪念馆工作后，同时被任命兼出版博物馆筹备小组的副组长。他很高兴，于2004年5月19日约我去他家面谈，就做好出版博物馆工作和办好韬奋纪念馆，提出了殷切的期望。

毕青，原名毕松青，出版家。1934年在宁波经营青春书店，1938年在武汉加入生活书店，1939年由生活书店的“准社员”转正为社员，抗战胜利后任生活书店上海门市部主任。新中国成立后任三联书店上海分店经理、上海书店经理等职。韬奋秘密转上海治病期间，多得他的照顾。

严长衍的资格很老，据《生活书店会议记录》记载：“严同事为本店创始人之一，自主持书报代办部，负责本店营业以及创办粤、汉、渝、蓉等重要分店，劳绩卓著。”曾经当选书店的“监察”和理事，书店开理事会时，有时还作为徐伯昕的“代表”参加。1939年在桂林处理西南区业务时，“自1月起停止支薪，于2月6日起停止签到，同时不就新调生产部主任之职务，并提出请假半年之议。总处以业务重要，请假未予照准。”6月间，总处通知他暂任西南区购料及运输职务。其间三次函询他，他都不作答。12月12日，他向总处写信正式提出辞职。总处于12月14日致信挽留未果之后，“特准予辞职”。关于他辞职的背后原因，不太清楚。也许因为他辞职比较早，解放后，好像没有给他安排比较重要的职务。据说曾在一个出版社工作，韬奋纪念馆筹建时，临时请他来做过一些工作。

许觉民（左）看望王元化时合影（2005年）

二、许觉民在上海

许觉民（1921—2006），笔名洁泯。是一个自学成才的著名文学评论家。他17岁进生活书店工作，1949年后历任上海三联书店副经理，上海军管会新闻出版处办公室副主任，北京三联书店总管理处秘书处副主任，人民文学出版社经理、副社长兼副总编，北京图书馆参考部主任，中国社科院文学研究所副所长、所长，研究员。1960年加入中国作家协会。曾任中国作协第四届理事，第五、六、七届全委会名誉委员。著有《人生的道路》《洁泯文学评论选》《读而未竟》《当代文学的社会—历史批评》《今天将会过去》，散文集《人面狮身》《眼睛》《风雨故旧录》等。

许觉民的大名我早在大学时就已经知悉，但是见面和通信也是在编写《韬奋与出版》一书时开始的。1981 年，我和钱小柏去北京拜访三联老同志时，他和夫人张木兰提供了许多材料和其他帮助。待《韬奋与出版》一书的征求意见稿出来后，他又拨冗看完了这份近 20 万字的打印稿，写了一千多字的意见信，提出了许多很好的意见，我们修改时尽量予以采纳了。但是限于水平，他所希望的“文字的文学性和形象性浓郁一点”没有能够达到，这是很抱歉的。那个时候不兴“劳务费”或“顾问费”之类，我们除了出书后送他一本书，没有想到过给他任何报酬，他也毫不为意。

许觉民对韬奋和生活书店，感情深厚，溢于言表。

在与他几十年的交往中，我很遗憾没有想到给他出书，他也从未提起自己要在学林社出书的事。1983 年和 1984 年，学林社接受了他的外甥彭恩华的《日本俳句史》《日本和歌史》等著作的出版，是由彭恩华自己来联系并由我们决定出版的。两本书均由我担任责任编辑，但当时我一点也不知道彭与许的这层关系。后来知道了，他也从未要求给彭“照顾”之类的话。

2005 年 2 月，为了纪念韬奋诞生 110 周年，我以韬奋纪念馆的名义向一批有关同志发出了征求纪念书画和文章的信件，其中，当然包括许觉民。当时，他身体很不好，还是坚持写了一篇一千多字的文章寄来。给我的信中还客气地说：“征稿信早已收到，我近几年来目疾（青光眼）日益恶化，如今已变为视神经萎缩症，视力仅 0.1，写作读书均极困难。但想到韬奋先生，又想说几句，只好想到什么说什么，不成样子，随函附上，请予阅正。”这篇题为《韬奋与韬奋精神》的文章，即发表于韬奋纪念馆编的《邹韬奋研究》第二辑“纪念韬奋诞生 110 周年”专栏。

他有两次来上海时，我有幸与他见了面。第一次是 2002 年 5 月 25 日，他到法华镇路看望生活书店老同志诸度凝的夫人，电话要我去谈谈。主要与我谈了办好韬奋纪念馆的许多好的意见和建议，特别是他建议加强对救国会及与韬奋有关人的研究，给我很大的启发。

第二次是 2005 年 5 月 22 日。他来上海看朋友，特地来电话让我陪同，上午前往衡山路的庆余别墅看望了王元化先生。其时，王先生因为身体不好，躺在床上与许先生交谈，除了感叹年老体衰，还涉及文艺界的一些人和事，使我大开眼界。其间，王先生拿出准备好的他的新作《清园近作集》(文汇出版社 2005 年 5 月版)，签名送给了许觉民。也许是因许先生的面子，也签名送了我一本。我则把他斜倚病床签名时的身影摄入了镜头。临别时，王先生从床上起身，坐在椅子里与许先生摄影、摄像留念。这些录像和照片现在都成了我的珍藏。

从王先生的庆余别墅出来，我又陪他驱车前往华东师大徐中玉先生家，应他的要求，还请来了钱谷融、张德林两位先生。中

许觉民（左）与笔者在韬奋纪念馆门口合影（2005 年）

午，由我做东，请他们三位在附近一个小饭馆共进午餐。几个小时里，他们天南海北的谈话，涉及面很广，虽然年纪大了，但是，热爱国家和人民，企盼文艺界繁荣昌盛的抱负仍一如当年，令人钦敬。那天，徐中玉先生签赠了一本新出的大作《激流中的探索——徐中玉论文自选集》给许先生，也惠送了我一本。

纪念邹韬奋先生逝世60周年座谈会会场
（2004年6月21日）

饭后，他又应我的要求，专程到韬奋纪念馆参观并且题词、合影，给我很多的鼓励。他的题词“韬奋的毅力和他不屈的战斗精神是韬奋精神的核心所在”在众多题词中别具一格，我觉得他的所作所为，正是他所说的韬奋精神的最好体现！

在路上，我们曾谈起他外甥女林昭和外甥彭恩华的一些情况。因为彭恩华不幸于2004年在美国突然去世，我当时正准备整理他给我的近六万字的信件，寻求出版机会。我很想知道彭恩华与姐姐林昭的有关情况。我说：林昭生前非常称赞彭恩华，并说他“绝顶聪明”，为何林昭平反后未见他写过一点纪念文字？与我的长期通信中也没有透露半点消息？许觉民说，他也不清楚，认为可能是彭恩华觉得“文革”中，自己受苦是母亲“害”的，与姐姐的“反革命”罪也有关系。当时我听了，觉得心情甚为沉重。

大概因为我那次提到了林昭的事，2006年元旦刚过，就收到了许觉民寄给我的《追寻林昭》一书。署名“许觉民编”，作为“历史备忘书系”的一种。与以往不同的是，只有签名，却没有附信。书里收的是三十多篇与林昭有关的各种回忆、纪念文字，二百多页，不算厚，但是拿在手上，觉得沉甸甸的，翻阅之后，更觉沉重无比。

林昭的冤案昭雪，在20世纪80年代初曾经与张志新、遇罗克等一样广为人知：她因为坚持说真话，不肯“改悔”，由“右派”而“反革命”，由二十年徒刑加码为死刑。延续的悲剧是，林昭的父亲不久后自杀，母亲精神崩溃，几年后也自杀，弟弟彭恩华、妹妹彭令范也受到牵连，被打入“另册”。《追寻林昭》由活着的亲友还原了那一段不忍直视的历史，展示了人们的追思。我觉得，任何看过此书的人，都不应忘记书中所记录的惨痛历史教训，而应永远“备忘”在心头。

文学评论家汤学智说许觉民是“三种人”：一是真人——率真，不迎合，有风骨，不说假话，有理想和信念；二是智人——体现在对历史的反思和对个人生命的超脱，达到一个很高的境界；三是善人——体现既有原则性又有人性的善美。

我深以为然。

三、北京老同志来沪纪念韬奋（上）

2004年6月21日下午，在上海的庆余别墅召开了一次三联书店老同志纪念韬奋逝世60周年座谈会。

这次会议是中国韬奋基金会、韬奋纪念馆、三联书店联谊会上海分会与上海出版博物馆筹建领导小组联合召开的，得到了市新闻出版局、版协和市新闻工作者协会的大力支持。出席会议的除了上海的老同志袁信之、丁裕、董顺华、汪晓光、陈敏之、周幼瑞、陈景初、沈百民、吉少甫、岳中俊、陈荡、陆家瑞、欧阳文彬及徐伯昕的儿子徐星钊、徐敏，还有特地专程从北京赶来的王益、王仿子、范用、仲秋元夫妇。年纪最大的95岁，最小的也有70多岁了。我和中国韬奋基金会秘书长、韬奋的女儿邹嘉骊，秘书长助理陈理达，三联书店联谊会上海分会会长徐剑俊、副会长王德荣，上海出版博物馆筹建领导小组副组长林丽成参加了座谈。上海市新闻出版局局长孙颙也出席了会议并作了热情洋溢的讲话。

这次座谈会的主题是缅怀韬奋，畅叙旧谊。座谈会开始时，首先由邹嘉骊代表四个筹备单位致辞，对参加会议的老同志，特别是专程从北京赶来的老同志表示热烈欢迎和衷心感谢。出席座谈会的三联书店老同志不管以前是否见过韬奋，大家对韬奋都是充满了感情。所以，发言十分热烈，北京来的老同志王益、王仿子、范用率先垂范，上海的老同志岳中俊、陈荡、周幼瑞、袁信之等，紧跟不舍，大家都表示，在新的形势下，要深入学习和研究韬奋，继续发扬韬奋精神。

仲秋元说，纪念韬奋，贵在实践。现在要研究“韬奋精神”“生活精神”究竟是什么，我们才能真正借鉴和发扬。韬奋在那样复杂的环境和那样繁忙的工作条件下，每周能够坚持给《全民抗战》和《店务通讯》写一篇言论文章，现在的出版界的领导有几个能做到？韬奋的干部政策是大公无私，对干部关心爱护备至，与现在有些人任人唯亲的用人政策也是鲜明的对照。

王仿子说，韬奋的《事业管理与职业修养》是我做一辈子出版工作的座右铭。现在，我们碰到问题还是要查这本书。韬奋当时提出的服务精神、进步文化、事业性与商业性的关系，就是我们现在讲的为人民服务，用先进思想武装人，两个效益的统一，今天仍然是社会主义出版的准则。

纪念邹韬奋逝世60周年纪念会后京沪两地三联老同志与工作人员合影（2004年6月21日）

顾准的弟弟陈敏之同志身体不好，表示现在仍然要继承韬奋顽强斗争不息的精神。吉少甫提出，近现代出版的代表人物有四个：张元济、李达、邹韬奋、胡愈之。为了让大家了解他们，出版博物馆里面应该有他们

北京老同志在医院看望万启盈、方学武

的专馆。徐伯昕的大儿子徐星钊说，韬奋精神太伟大了，不仅出版界要学习，其他各界如企业界也要学习。韬奋当时能够在那样的艰苦环境下坚持“竭诚为读者服务”，把一个企业搞得这样好，反观我们现在许多企业只知道为利润“服务”，发展下去，如何得了！因此，要向全国各界宣传韬奋精神。不少同志还就如何继承和发扬三联书店的优良传统等问题发表了有益的意见。

最后，上海出版局局长孙颙代表上海出版界，先对北京老同志专程来沪纪念韬奋表示敬意和感谢。他说，这次座谈会人虽然不多，但意义很大，使韬奋精神大大地得到了发扬。韬奋的事业，有形的，无形的，都深深地植根在出版人的心里。不管有多少困难，我们一定会继承韬奋的精神，把鲁迅、韬奋开创的革命的、进步的出版大旗高高举起。

座谈会结束后，与会的北京老同志与上海三联的部分老同志及部分工作人员在外面合影留念。

四、北京老同志来沪纪念韬奋（下）

这次会议，上海新闻出版局的新老领导非常重视，亲自参加了许多活动。除局长孙颙外，6 月 22 日下午，老局长马飞海、宋原放及夫人沈沁汶、副局长丁景唐和时任局党委书记钟修身拜访了北京的老同志，并且进行了长时间的亲切交谈，之后还一起合影留念。晚上，李新立副局长还出面宴请了北京的老同志。

22 日上午，北京的老同志和部分上海三联的前辈不顾 35 度的高温，去龙华烈士陵园祭扫了韬奋墓、李公朴墓和韬奋夫人沈粹缜的骨灰安放处，并献上了花篮。北京的老同志还祭扫了一些老战友、老朋友的墓地。然后又去参观了中国韬奋基金会。结束后，我又请北京来的几位老同志去韬奋纪念馆。在纪念馆，老同志们瞻仰了韬奋故居，认真观看了韬奋事迹陈列。我请几位北京老同志题词，除王益只签了名外，其他三人都题了词。范用题词是：“缅怀韬奋先生”。王仿子的题词是：“韬奋先生是我从事出版工作的老师，又是走向新的生活的引路人”。仲秋元与夫人何理立的题词是：“韬奋精神永放光芒”。他们对第一次的题词不太满意，接着又重新题了一次。

24 日，北京老同志还去医院看望了积极建议召开这次会议因住院未能出席的方学武和副局长万启盈同志，到家里看望了上海文艺出版社原社长王种兰同志。

活动期间，北京老同志还去了豫园游玩，登上东方明珠塔俯瞰了上海。

今天，距那次会议时间又过去了近二十年，照片中许多老同志都已作古，令人不胜惆怅。幸好有这些照片定格了他们当时的欢容笑貌，使我们今天仍然能够看到他们的鲜活身影，寄托我们的深切怀念之情。✣

编辑出版家史校侧影

于淑敏

写作缘起：令人疑惑的笔名和原名

我在阅读汪家明著《范用：为书籍的一生》(生活·读书·新知三联书店 2023 年版)时，发现作者提及《读书》杂志开展“读书无禁区”讨论时，把署名“子起”的《读书应该无禁区》当成倪子明所作。沈昌文回忆录《也无风雨也无晴》(海豚出版社 2014 年版）首持此说，并在其所编《师承集（续编)》(海豚出版社 2016 年版）中把《读书应当无禁区》16 页手稿列在倪子明名下。为避免再出现错讹，便写了《“子起”是史校笔名》寄给《读书》编辑部。①

编辑出版家史校以笔名行世。其笔名和化名，目前所知有唐纳、小琳、子起、陈沱、吴颙。②其原名，所见工具书有两种表示：佘增涛、余增涛。

周家珍编著《20 世纪中华人物名字号辞典》(法律出版社 2000 年版）和李峰、汤钰林编著《苏州历代人物大辞典》(上海辞书出版社 2016 年版)，写作佘增涛。《中国大百科全书·新闻出版》卷（中国大百科全书出版社 1992 年版)，邱沛篁、吴信训、向纯武等主编的《新闻传播百科全书》(四川人民出版社 1998 年版)，韬奋纪念馆“人物群像”栏目，均写作余增涛。③

人名混乱的背后是令人遗憾的事实：尊重史校并不一定细致地了解史校，理解其追求和奋斗以及其文字和编辑理念。除上述几种辞书对史校作简短介绍外，仅陈原《记史校》④和《〈读书〉起步那几年……》两文记述了史校的性格特点和编辑业绩，鲜见对史校作学术性研究。老三联后人编著的《爱书的前辈们》和《书韵流长》两书皆无关于史校的笔墨。作为编辑出版家，史校因其过早离世而被忽视被淡忘。有感于此，笔者在图书文献和数据库中搜寻数月，爬梳史校相关资料，钩沉行将埋没的史实，整理出简略年表，试图以其成长轨迹勾勒其主要编辑历程，概述其编辑生涯中的标志性书刊，彰显史校的执着个性及其在现代编辑出版史上的独特贡献。

在坎坷磨砺中勇毅前行

史校原名佘增涛，字其越，1914 年 10 月 19 日生于江苏苏州。中学时接触进步文艺作品和社会科学著作，1931 年九一八事变后，深受民族危机的刺激，开始接受马克思主义思想，加入中国共产主义青年团。1932 年到上海就读持志大学附中，后参加左翼文化运动。1934 年 5 月至 1935 年 12 月，先后在上海沪西区和沪东区做共青团工作。1936 年 1 月被捕，11 月出狱，失去党的组织关系，靠撰写影评为生。

上海沦陷后，史校 1938 年初到武汉，为生活书店几家杂志撰稿，进而成为编辑，开启其编辑生涯。《新学识》是综合性文化半月刊，1937 年 2 月 5 日创刊于上海，后迁往汉口，史校在该刊第 2 卷第 5—12 期连续发表时评，如《充实抗战，克服危机》《加强政治机构的几个问题》《论所谓日本的“撤兵言和”》《托洛斯基主义与中国抗战》《国际的阴谋与中国的对策》等，纵论时政，见解深刻。写作时论、时评并非易事，因为世势大局的变化和走向处于不断发展中，国际关系呈现出广泛性和复杂性，不仅要有政治敏感，准确的判断力，正确的观点和方法，而且要具备渊博的知识，熟悉外交史和政治史。年轻的史枚由此打开视野，思想得到淬炼。

从1938年第3卷起，史枚与徐步主编《新学识》，出版三期被迫停刊后，史枚参与宣传抗日的通俗刊物《救中国》的编辑工作。编辑工作之余，他在韬奋、柳湜主编的《全民抗战三日刊》发表社论和“三日时事解说”系列文章，畅谈英日谈判、捷克危机、太平洋集体安全制、捷匈冲突与德意轴心等国际时政话题，议论风生，锋芒毕露，敢与陶希圣激辩“国际新均势”。⑤在《全民抗战保卫大武汉特刊》1938年第1期至第10期连载《三日来的保卫武汉运动》动态资讯；为沈兹九主编的《妇女生活》撰写“时事笔谈”专栏，适应女性读者的阅读习惯，别开生面地采用对话体或两人讨论的形式探讨热点问题，带领女性认识中国与世界的关系。史枚还与曹荻秋合著《抗战建国纲领问答》，列入“战时社会科学丛书”由生活书店出版。

这两年是史枚的创作活跃期。他说：“两年来我的工作就是摇笔杆。如果我的笔对于抗战曾经有过一些帮助的话，也算是参加了抗战的工作。”⑥他以笔作剑，满怀一腔救国热血，以敏锐的判断力和洞察力加入抗战宣传中，坚信“笔能做剑所做不到的事情”。他宽广的知识面和写作能力得到了生活书店同人的认可。1938年12月，胡愈之应韬奋邀请到重庆商洽讨论如何加强与改进编辑工作，改组和扩大编审委员会，年仅24岁的史枚与韬奋、柳湜、张仲实等十余人被推举为编审委员。1939年1月，《生活书店编审委员会组织及办事规则》通过后，在编审委员会主席胡愈之的部署下，每个编委分担一个种类出版物的编审工作。史枚参与生活书店的选题、组稿和审稿工作，与作家和翻译家建立联系。

《读书月报》是新的编审委员会成立后1939年2月1日创办的，史枚与艾寒松主编，宗旨是“推进战时学术研究，帮助青年自学”。史枚对社会和读者负有使命感和责任感，认识到青年们对于知识的热烈寻求，正是推进战时学术的重要力量，不仅关注他们应该读什么书，以及怎样读书，而且强调要具备“独立思想的精神，自动研究的勇气和能力”。他指出，“青年们在思想上不能做软骨虫，要善于辨别‘巫师’的面目，而不被巫师迷惑的条件，就是只有学习，不断的学习”。因此开设了社会科学初步、读物批评介绍、读书问答、读书方法与经验、时事月论等栏目，既刊登《论个人在历史中的作用》《论国家之加强》之类思想评论，也介绍学人心得以广读者眼界；介绍读书、学习的方法和经验供读者参考。“时事月论”专栏研讨时事，文末附“研究问题”，希望能活跃读者思想，明辨是非。“读书笔谈”栏目发表的《目前的文化运动》《学之弊在于妄》等文都是精辟的一事一议。读者积极反馈，来信踊跃。《读书月报》迅速形成自己的风格，史枚的期刊编辑思想日臻成熟。

史枚因较强的业务能力深得韬奋信任。为支持和配合杜重远和萨空了到新疆开辟业务，韬奋特派生活书店总编辑张仲实和编辑骨干史枚随去新疆工作。生活书店《店务通讯》第五十一号（1939年6月10日）记载：“史枚同事辞编辑职，应盛督办之聘，定于十日赴迪化。”盛督办即新疆督办盛世才。张仲实与作家沈雁冰（茅盾）几经周折，1939年3月11日抵达迪化（今乌鲁木齐）。这年6月，史枚动员戏剧工作者赵丹、王为一等人从重庆出发去迪化。因为等待交通工具和入境手续在兰州停留一段时间。《现代评坛》杂志1939年第4卷第22期刊登“文化动态”：“作家史枚及剧人赵丹、王为一等十余人，由渝莅兰，本市爱好戏剧青年特举行茶话会表示欢迎。”史枚在兰州观察到的现实是：西北青年最感苦闷的便是读书问题，“新书和刊物运到西北来的，不仅太慢，而且太少。跑了几家兰州较大的书店，所得的印象是寂寞和单调。许多青年朋友渴望得到一本新书，比之渴望任何东西都来得热烈”。[⑦]他同情闭塞环境中的青年，鼓励他们勤读书，多思考社会问题。

史枚到达新疆后，在茅盾主持的新疆文化协会任编审部副主任，在杜重远任院长的新疆学院兼讲师，讲授政治学。他在新疆的文化启蒙活动只有零星回忆文章涉及，如审阅《新芒》月刊稿件[⑧]；为新话剧运动助威，在赵丹导演并主演的《战斗》首场演出前，史枚写了《〈战斗〉本事》，与茅盾的《关于〈战斗〉》、杜重远的《介绍〈战斗〉的演出》同时发表于《新疆日报》。[⑨]随着政治形势的变化，盛世才转变态度，大肆逮捕杜重远等进步人士。史枚1940年6月被逮捕，与赵丹等人被囚禁四年半。获释后于1945年9月到重庆，仍回生活书店任编辑。

1946年初，史枚随生活书店总管理处回到上海，和胡绳主持《读书与出版》杂志的复刊工作，把原来一个宣传推广的刊物改办成“以书为中心的文化综合杂志”。栏目有文化评论、笔谈、书的评介等。[⑩]1947年7月，生活书店总管理处转移到香港，史枚也奉命离沪抵港，与胡绳主持编辑部，在香港实施编辑计划的第一个项目就是与胡绳编辑《韬奋文录》[⑪]，汇编了韬奋1925年至1937年发表的杂文、随笔、政论共八十多篇。这是向韬奋致敬之举。韬奋1944年去世时，史枚正在囚禁中。史枚积极参与编辑出版面向青年读者的启蒙读物“新中国百科小丛书”，出版30多种。为指导年轻编辑提升业务，史枚总结归纳图书编辑方法，在《店务通讯》上发表《书的校对》，并将生活书店1945年10月复业[⑫]起至1948年4月的出版工作作一统计，写就《两年七个月的编辑和出版》[⑬]。他对编辑出版的宏观把握能力崭露头角，为后来编制图书出版大型规划奠定了坚实基础。

1949年7月8日，黄洛峰主持三联书店临时管委会第六次会议，商讨业务方针、机构人事调整等事项，会议决定郭大力任编审部主任，史枚任图书编辑室主任。为落实三联书店总管理处通过的《1950年工作计划大纲》，史枚作《关于1950年的编辑计划》[⑭]，阐述了拟定“大纲”的初衷，实事求是地指出编审部的现有问题，提出充实人力、广泛联系作家与各种团体等解决方案。三联书店总管理处拟就完成1950年工作计划举行编审工作会议，确定今后的编审工作方向，明确专业化道路，史枚参与负责筹备会议，召开两次预备会，讨论日程，通知上海编审室做北上准备，并将编审部分头访问学界的编译情况写成书面总结供大会参考，在6月8日举行的编审工作会议上作了全面汇报。史枚负责会议的重要议题——制定《三联书店编校工作制度》草案，初步确定了初审、复审的编辑流程和要求，退稿、签订合同、排样、校样、质检要求以及重版书注意事项等，共二十七条，讨论通过后以编审部名义刊载于《店务通讯》1950年第7期。这是新中国编辑出版制度建设的大事，是后来人民出版社规章制度建设之肇始。

致力于出版服务学术建设

三联书店于1951年8月并入人民出版社，史枚任第三编辑室主任。第三编辑室是五个编辑室中最大的部门，主要负责哲学、历史、地理、财经、政治、法律等社会科学著作的编辑出版。汪家明在《一本书的编辑出版史》中，通过《中国兵器史稿》书稿档案所呈现的编审处理过程，记述了史枚和王子野、曾彦修、陈原、范用等人如何审处书稿，怎样与审稿专家和作者联系，从中颇见史枚耿直硬朗的个性。负责社会科学著作的编辑出版，了解相关学术发展信息，为史枚经手或负责宏观的重大项目——编制重印旧书计划，编制哲学社会科学十二年翻译规划，在胡愈之的指导下设计大型《知识丛书》——提供了必要条件。

"重印旧书"计划指人民出版社拟以三联书店名义重印旧的有价值的学术著作，这是在人民出版社内部恢复三联书店编辑部之后的编辑计划之一，旨在推动科学研究，培养学术著作力量。出版总署 1954 年 3 月 19 日复函，同意重印伪中山文化教育馆与伪国立编译馆所编的某些学术著作，重印书目可由人民出版社自行审定，注意原编译者的政治情况。史枚熟悉三联书店著译出版情况，这一工作非他莫属。也许是人民出版社的领头效应，1954 年 4 月 19 日出版总署向华东行政委员会新闻出版局下发《关于组织重印一些有价值有内容的近代学术著译、文化知识读物的通知》，借以"刺激学术研究和著书立说的空气"[15]，满足当时书籍品种太少等社会需求。

1956 年，为了系统地吸收外国优秀文化遗产，人民出版社、三联书店、世界知识社合作编制《1956—1967 年哲学、社会科学重要著作选译目录》，俗称"蓝皮书"。该目录参照有关科学部门的远景规划，请教了某些专家制定而成。其"编选说明"指出，这一规划的方针是为了继承世界各国在历史上形成的悠久的和优秀的文化遗产，因此"即使在政治上很反动、但是影响巨大的著作，也应该选译一些"。选译原则是各该科学部门中"基本的、急需的、代表性较大的重要著作"。1957 年对选译目录作了修订，共选书 1632 种（某些选目在目录定稿时已经出版）。亲历此事的陈原认为，史枚是"蓝皮书"真正的计划者，"付出了很多心血，运用了他博古通今的学识，通过他对革命实践需要的认识，提供了他所能得到的全部资料"。[16]"蓝皮书"与重印旧书计划在 1957 年反右运动中被批为资产阶级自由化方针。直到 1980 年底，学者高放回顾这一规划时仍"感慨万分"："已经过了二十四年，连计划的一半也没有完成"。[17]

"知识丛书"是胡愈之挂帅组织的干部普及读物，是笃信"知识就是力量"的时代反映。史枚等人参与拟定的选题计划有 500 多种，1962 年扩充为 1575 种，计划在三五年内陆续出版。后来局势突变，山雨欲来，丛书半途而废，仅出版了 30 多种就无疾而终。选题规划在"文化大革命"中被批为"贩卖中外封建的和资产阶级的货色"。[18]史枚的热忱和努力成为壮志难酬的遗憾。

除了参与这些重要出版项目的制定和实施，史枚还参加重要的学术会议和座谈会建言献策。他在 1955 年 10 月 25—31 日中国科学院哲学社会科学部召开的现代汉语规范问题学术会议的小组讨论会上，以身在出版界的体会指出汉语规范问题的迫切性。他说，专门术语不统一，人地名译音不一致，都给编辑工作造成很大困难，而语言有明确的规范可以大大减少出版编审工作所浪费的时间。参加文化部 1957 年 5 月举行的老出版工作者座谈会时，他建议办一个学术情报性刊物，帮助编辑了解学术情况。他说，编辑对学术界的情况不熟悉，不了解作者情况，著作稿按门类按作者划分，都不利于学术研究。[19]念兹在兹的仍是编辑出版为传播知识、积累文化，为推进学术建设服务。

人民出版社是反右斗争的重点单位，史

校也被打为右派。沈昌文回忆，“此公的执拗让我心折。不管你们怎么批判，他就一个不服，甚至连《人民日报》社论，他也要写大字报提不同意见。结果，他当然被处分得最重。”沈昌文在“文化大革命”中与史枚合编一本十五万字的《人民出版社出版工作两条路线斗争大事记》，“史枚做了一个重头工作：刻钢板”，“这个行动，当时无非是为了自保”。[20]但他终未逃脱被批斗、下放到干校劳动的命运。

践行并传承韬奋精神

史枚不幸出生于最多变又多乱的年代，但幸运地成长于韬奋领导的生活书店团队，受韬奋、徐伯昕、沈志远、艾寒松、胡绳等师友的言传身教，耳濡目染，为建构自己的思想吸取了积极的养分，得到潜移默化的启发。特别是韬奋创办《生活》周刊与《大众生活》体现的为读者服务和为社会、为人民、为民族国家服务的精神深深地影响着他，在编辑实践中，他努力学习韬奋亲自抓社论和读者来信“一头一尾”的做法，细心领会韬奋提倡的编者与读者、作者浑然一体，通力合作的精神，并自觉予以发扬光大。

《读书月报》创办后迅速吸引读者，来信猛增，“读书问答”栏目成为编读互动的开放性平台，扩大了刊物的社会影响力。生活书店为解答读者疑问，指导读书，特别创设读者顾问部，出版“生活推荐书”，把编书、卖书和指导读书及读书运动结合起来，推动战时文化向前迈进。最考验编辑功力的是，如何在国难当头既回复读者关心的社会人生诸问题，又能引导他们认识现实，探讨个人和国家的前途与命运，进而投身于民族解放运动。史枚在答问中指出，“要学习书本知识，还要读生活这本大书”；而研究社会科学，首先要养成独立思想的精神，辨别真实和虚伪，多想、多读、多和朋友讨论，从先代的哲人那里学习思想的方法和指示；他还提倡用新的科学方法——唯物史观分析时事，树立正确的社会进化史观。回复读者的《唯物辩证法和历史唯物论的练习问题》《十一个哲学问题》，收入寒松所编《学习的理论与实践》。

把握时代脉搏，以传播知识、引导读者为己任的编辑理念，在史枚复刊《读书与出版》时得到更充分的体现。该刊开辟了“问题解答”和“时事特讲”栏目，谈论经济、哲学和国际政治，现实性较强。如《春天，时局的关键》《新中国宪法问题》等文以迂回曲折的方式彰显思想文化评论内涵。1947年7月接替史枚主持该刊的陈原称之为“不是杂志的杂志”，认为史枚创造一个特殊风格，采用“问题解答”的方式“团结了广大的读者并且形成了一个富有感情的联系网”。[21]读者赞扬该刊“热忱地答复读者提出的各种问题，编辑与读者交流的内容非常广泛，大到国家、民族生死存亡大事，小到个人的职业、学习、生活、恋爱、兴趣等等”，“如果说，一本杂志，可以影响了一个人的一生。那么《读书与出版》、‘学习合作’和‘持恒函授学校’是当之无愧的。在艰难险恶的条件下，编者们千方百计传播进步的科学的思想，坚持到最后一岗。”[22]这是读者对一份杂志最深情的赞誉，从侧面肯定了史枚编辑思想的影响力。

史枚在改革开放新时期编辑《读书》杂志，更是躬身践行韬奋鞠躬尽瘁、死而后已的精神。

塑造了《读书》的体型和品格

1979年4月，史枚以65岁高龄担任《读书》杂志副主编。

主编陈原指出，史枚实际是“最初的执行主编”。编委会制定了“以书为主题的思想评论刊物”宗旨后，史枚在栏目设置、出版擘画方面独当一面，用力最勤。《读书》的雏形是《读书生活》[23]，笔者所见《〈读书生活〉设想》拟五项：目的和性格、内容项目、编排和版面设计、刊期・开本・篇幅・定价・出版名义、与读者的联系。其中内容项目16条，有学术性论文、笔谈、文化动态、读者・作者・编者等栏目，整体架构和文风与《读书月报》《读书与出版》一脉相承，推测是史枚草拟。陈原说：“在最初的两年间，是史枚塑造了《读书》的体型和品格；没有他，这个新办的杂志要形成自己的特殊风格，可能需要更长的时间。他以渊博的知识，丰富的办刊经验，以及对我们的事业特有的那种热情和毅力，驾轻就熟地迅速使《读书》成型。”

《读书》初创时，“两个凡是”的影响和各种禁锢犹在。史枚与陈翰伯、陈原一起在出版界较早地发出突破禁区、解放思想的呼声。他在创刊号上以“子起”笔名发表《政治经济学教科书应当改革》，以对话体批评“现在的教科书是教人糊涂。教的是一套，我们想的是又一套，对不上号”，提出教科书应当百家争鸣。在“读书无禁区”讨论中旗帜鲜明地表明态度：“读书应当无禁区，这才是正路!”甚至提议“把托派的文章选编一集，公开发行”，为打开大门、活跃学术气氛增添一分力量。1981年编发读者来信《为什么买不到〈圣经〉》时，加“编者按”指出，我们主张“读书无禁区”，人或谓之过头，年余以来，已颇见到一些批评文章。现在以这里反映的关于《圣经》的情况为例，“读书无禁区”是提错了还是提对了，是否还需要大声疾呼，想必读者不难作出判断。[24]

史枚骨子里是理性主义者，充分体现了“吾爱吾师，吾尤爱真理”的《读书》品格。法兰克福学派、新左派、李森科、联共党史、资本主义制度，当时都是学术界和理论界较敏感的话题。但史枚主张不因人废言，希望陈原同意刊载这类文章，尤其是关于《联共党史》的批评文章。[25]他不满于国内对法兰克福学派持完全否定的态度甚至当作敌人对待的“左”的做法，写一篇夜读漫笔《法兰克福学派述评》(署名“陈沱”)。就发表此文，他1981年3月分别致信沈昌文和陈原，表明其立场和观点，声言他是按双百方针“争鸣”，“如果不用，我坚决反对”。陈原回忆中赞赏史枚“执着地追求并捍卫真理，甚至为一切他认为是真理的东西与人争辩”，是高尔基定义的真正知识分子——在生命的每一分钟都在准备挺身而出地不惜以生命为代价捍卫真理的人。

20世纪80年代初，思想的自由和学术的独立开启了令人振奋的学术振兴新时代，史枚以敏锐的目光密切关注学术界动态。《值得一读的哲学著作——〈批判哲学的批判〉》[26]是他评论李泽厚的著作《批判哲学的批判——康德述评》的第一篇书评。他肯定作者把康德放在哲学史上应有的地位来进行论述，对德国古典哲学有总体把握，颇有创造性的见解。李泽厚著作1979年3月由人民出版社出版，史枚的文章发表于当年1月，这种预告出版消息又有分量的书评，无疑是对刚刚复出的学者的大力支持，对出版界和读书界挣脱极“左”思潮的束缚有重要意义。

值得关注的是史枚以笔名“吴颙”在《读书》开辟的“新书录”栏目。经历了禁锢图书之厄，读书界和学术界对图书如饥似渴，“新书录”架起了读者与出版社信息交流的桥梁。其写作风格似《读书与出版》的“书市散步”，但“庾信文章老更成”，容量也更大，既保持了编辑理念的延续性，又适应新时代要求。他兼顾编辑视角和读者视角，把有价值、有兴味、有独立见解、启发读者思考的值得一读的新书及时送到读者面前。该刊1980年第1期开始，先以一两页继而四页篇幅评介新书，有哲学、经济学、历史、逻辑学、文学、工具书等，以著译的学术著作为主。全年12期从不脱期，评介新书130余种，背后是繁重的孜孜矻矻的阅读浏览，披沙拣金，选精撮要。如第6期介绍新书多种："美国资产阶级经济学的一派，现代制度学派，作为一种'异端'或'外道'而与'正宗'的凯恩斯主义相对立。这个学派的重要代表约翰·肯尼思·加尔布雷思是我们应当研究的。厉以宁的《论加尔布雷思的制度经济学说》(商务印书馆版）就是为此而写的"；"高平叔编著的《蔡元培年谱》(中华书局版）记录了蔡先生七十四年的事迹，条理清楚，剪裁得当"；"王仲荦的《魏晋南北朝史》上册（上海人民出版社版）是一本有自己独特见解的书。作者是主张魏晋封建论的。他又为曹操专门写了一节评价。本书的注也比较可观。"《意大利政党》一书，"比较系统和扼要地说明了意大利主要政党的历史、组织、选民、意识形态和策略等，但是本书对于资本主义国家议会制度的危机及其根源的看法，以及关于出路何在的看法，都没有抓到要害。书后附有译者所编附录五个，可供参考"。人民出版社出版的《蔡和森文集》，"书末附生平年表。但还有一些重要文章和演讲没有收入这本文集，希望以后补齐"。

"新书录"文字精审，简约又耐读。史枚准确地抓住新书特色，单刀直入地扼要点出，好处说好，不足也提出来，皆言必有据，不吹嘘捧场，读者有会于心，或进一步阅读原书。如果辑集成册，当是鲜活可读的书评随笔，或可作为80年代初学术史和出版史的回顾。史枚1981年4月11日突发脑溢血去世后，"新书录"从第5期改为"品书录"，"组织有关研究者、专业工作者、编辑人员和广大读者参加品评"，不定期刊登。1986年改为"服务日新书录"，附于"《读书》服务日之页"，史枚开创的这一传统得到承继和发扬。

重视与读者的联系，切合读者和时代的双重需要，是史枚从《读书月报》《读书与出版》到《读书》一以贯之的编辑风格。《读书》的"读者·作者·编者"栏目有时置于卷首，倾听读者的思想脉搏，集中反映读者心声和需求、质疑和订正以及批评与反批评，形成了编辑与读者、作者一起探讨现实社会和知识领域多样性和复杂性的开放格局。有读者投书《读书》编辑部说，"《读书》的方向就是正视和引导人们面对现实，探索真理"，其价值在于它提供了一个园地。[27]史枚还给作者写信，交流编辑处理意见和稿件修改情况。1980年5月致叶然信说，稿件选了几幅图作插页，但因篇幅作了删节，"惟其主要意思则未变，兹将校样两页寄上。如有不同意删削之处，也可酌量补上，请酌"。6月18日又致叶然信："你在校样上改动的地方，我们基本上没有照改，因为篇幅限制住了……但是个别字句还是照你改动的改了，只要不致影响篇幅。这是要请你原谅的。"叶然《真实的艺术　朴素的美感——〈黄河东流去〉插图构思的追求》发表于1980年第7期，文字两页，插图（李培戈作）四页，属较长篇幅。如果文字多于插图，则插图的视觉冲击力将会淡化。从中亦见史枚的编辑思路与方法。

翻译家王以铸在《谈谈古代罗马的"书籍""出版"事业》一文开篇提到史枚向他约稿的情况："他向我提出是否给《读书》再写点什么，并特别建议要我写点'实'的东西。比如说，结合我比较熟悉的古希腊、罗马的历史、文学介绍一下有关古代西方的书籍、出版的情况……不料才过个把月，忽然接到史枚同志的噩耗！……这篇文章最后写出来了，但已不能由史枚同志亲自审处了。”[28]陈原在《读书》创刊二十周年时动情地回忆，“人们可能忘记了史枚这个名字，但他培育的《读书》进入了读书人的心房”。[29]

无私无我，笔端凝结着启蒙之光

史枚默默奉献，无私无我，唯一谈自己编辑经历的《记〈读书与出版〉和〈读书月报〉》，是范用 2003 年从家中找出并送到《读书》编辑部，建议刊载作为纪念，此时史枚已去世 22 年，墓木已拱矣。此文没有署日期，曾收入香港三联书店（当时称生活·读书·新知三联书店香港分店）1978 年 12 月编印的《生活·读书·新知三联书店成立三十周年纪念集》(非卖品)，推测作于 1978 年。《读书》编辑读后不禁动情，“文章的朴素与平实，一如作者的本色，文中闪动的正是编辑前辈们承担着对时代的责任、坚守在文化出版领域中工作的身影。”[30]

史枚是自学成才，是从苦干和社会服务中锻炼出来的。他在战乱中流离辗转，由苏州到上海，到武汉、重庆，再到兰州、新疆，然后回重庆、上海，又到香港、北京，尤其是两次入狱，造就了他坚忍顽强、刚正不阿的性格。读书学习成为他的精神必需，韬奋提倡的读书观、同人读书会的展开，都激励他坚持不懈地读书思考，“政治的新动向，经济的新发展，哲学的新方法，艺术的新趋势，科学的新发明，生活的新态度”莫不关注，逐渐储备了社会科学和文学、历史等丰富知识。涉猎之庞杂广博，从他早年为读者推荐的书目可见一斑：潘梓年《逻辑学与逻辑术》、伏尔佛逊的《辩证法的唯物论》、米丁《新哲学大纲》、勃鲁林斯基《形式逻辑》、恩格斯《反杜林论》和《费尔巴哈论》、恩格斯《自然辩证法》、列宁《唯物论与经验批评论》、瓦因斯坦《辩证法全程》、兰姆《社会经济发展史》、王了一《论理学》、史特微克《自然科学史》、《中学生杂志丛刊：从电子到宇宙》等。出版家王子野反对把编辑称为“杂家”，认为杂家含贬义，应称为“通才”。故用“通才”来描述史枚亦较恰当。

与史枚相熟的人民出版社编审戴文葆指出，史枚最早为《晨报》副刊《每日电影》写影评。笔者梳理资料时发现，史枚 1935 年在李公朴主编的《读书生活》杂志发表《谈谈手头字》[31]，提出手头字运动以及白话文大众化运动是中国语文改革的必然历程。《中国左翼电影运动》[32]一书收录史枚的影评《关于机械论、现实主义与〈新女性〉》。该书编者注：“史枚，系马骥良（即唐纳）的笔名。”篇末注明原载 1935 年 3 月《中华日报》“戏”周刊。另收录署名唐纳的《〈春蚕〉〈小玩意〉〈挣扎〉三片横的批判》与《〈铁板红泪录〉六人合评》，发表于 1933 年 3 月、10 月《晨报》的《每日电影》。叶永烈曾记述唐纳笔名的由来。唐纳原名马骥良，与佘增涛同学。二人在上海共同使用“唐纳”笔名，后来佘增涛用史枚的笔名，马骥良用唐纳的笔名，这样分别固定下来。据此推测，《中国左翼电影运动》中署名唐纳的文章是否为史枚所作已不易考，但署名史枚的文章当非马骥良所作。史枚一直关注戏剧界动向，着力推动话剧改革。如《读书月报》1939 年第 3 期发表《理解苏联演剧的键》，介绍贺孟斧翻译的《苏联戏剧方法论》，提出纠正我国对斯坦尼体系的盲目崇拜问题；第 5 期发表《〈一年间〉及其演出》，以演出与剧本对照的方式对夏衍的话剧《一年间》做出点评，认为是“抗战戏剧”创作的一个典范。《剧作的两种倾向》点评戏剧创作存在的不同倾向，一是“戏剧还只成为群众的打气筒，没有成为群众心灵的滋养料”的公式主义；二是表现了目前群众的真正性格的进步剧作。他还参与修订田禽《怎样写剧》，在乌鲁木齐积极推介赵丹导演的话剧。

如果说写作影评剧评是史枚早期谋生手段和爱好，那么书评则是其编辑工作的当行本色，他创造了“书市散步”式随笔。“书市散步”始于《读书与出版》1946 年第 6 期，署名子起，每期一篇。在不大的篇幅里评介一本或几本书，抓住要点而避免刻板烦冗的介绍，三言两语指出亮点，又寻找到各书之间的勾连。如 1947 年第 5 期：

何干之的《中国启蒙运动史》在今年五四发行了战后第一版（生活)。……然而重版仍不致是种浪费，因为我们的确有必要来重振新启蒙运动的旗鼓，和回忆一九三七年当时的文化思想问题。

罗稷南译梅林格的《马克思传》(骆驼版）是部大书，最近读书出版社重版的《卡尔·马克思》，也是认识马克思的生平和马克思主义的重要材料。

与马克思的名字不能分开的恩格斯，也有一本传记出版，是郭大力根据 G. Mayer 的恩格斯传编译的（读书版)，有原著的长处而没有它的短处。

吕叔湘的《中国文法要略》已发行沪版(商务)。此书虽供中学教师参考之用，已有语法训练的高中学生也可阅读。它推翻了许多旧的见解，但因体例所限，未讨论其所以然之故。

曹伯韩的《中国文字的演变》(生活版)，从方块字的历史来说明文字改革的必要，适合于没有文字学修养的读者。在新文字运动未恢复过去的蓬勃时，这本书的出版很有意义。

以往的大科学家因为证明传统成见的诞妄而揭露客观的真实，常要受到迫害。他们的工作很辛苦，又没有什么可以贪图的。鼓励他们这样做的，仅是真理的光辉。曾宝菡编译的《科学家奋斗史话》(生活版）较别的一些同类著作好的地方，就是叙述出了这一点。

上次我们谈到的《石榴树》(吕译，开明版)，新版加进了插图，并附有叶圣陶的详介。这个译本也是全译。另一本少年读物，是《昆虫世界漫游记》(扬拉丽作，黄译，开明版)，用幻想的笔写科学的题材，非常好。

笔墨轻松而不失雅趣，陈原对此十分称道，认为有性格，有棱角，有风趣，没有八股风，而得来的信息更简洁、更充实、更有倾向性，后人少有能达到那种境界。这种风格在《读书》“新书录”仍能看到底色。

史枚一直关注政治经济学问题，惜因时局动荡时断时续，没有系统展开研究。他 1935 年就发表了《土地村有及其批评之批评》[33]，研究土地所有权问题，1946 年撰写《中国土地问题》(研习大纲)[34]，分析了土地所有与土地利用间的矛盾，预言“中国的土地问题终必经由耕者有其田而走向完全、彻底的解决”。1948 年写了《论现阶段的中国土地改革》对土地改革问题予以深入探析，收入沈志远主编的《中国土地问题与土地改革》，由香港新中出版社出版。陈翰笙、薛暮桥、冯和法 1981 年合编《解放前的中国农村》第一辑即据此件收录。陈翰笙是我国最早用马克思政治经济学观点进行农村调查的经济学家，入其法眼，说明史枚文章的历史文献价值。史枚 1980 年写作论文《现代资本主义条件下无产阶级贫困化》[35]，参加经济学界人士关于薛暮桥的《中国社会主义经济问题研究》的座谈会，足见他研究政治经济学时间跨度之长。史枚对薛暮桥论著提出了两点意见：民主管理还强调得不够；应该确认社会主义经济是不同于资本主义商品经济的一种商品经济。[36]对前辈经济学家率直犀利地独抒己见，不为贤者讳，不逢迎，不虚美，说明史枚对经济学研究已非常深入。他十分关注国外经济学发展的学术信息，如美国现代制度学派的重要代表人物加尔布雷思的理论代表作《经济学和公共目标》，丹尼森·拉西诺的《南斯拉夫的实验（1948—1974）》等书甫一译出，他以“夜读漫笔”形式与读书界和学术界分享。[37]有意思的是，《读书》1990年第1期刊登了书评《国家调节经济的一种新模式——读〈经济学与公共目标〉》，呼应了史枚的观点，也印证了他眼光之高远。

结　语

史枚一生跌宕起伏，饱经战争和运动带来的离乱之苦，但他持守本心，清醒磊落，具有独立思考的精神，数十年如一日地埋头书中，编辑生涯中始终贯穿着以书为媒介探讨社会文化问题，服务读者、服务社会的理想。他耿直性格的背后是胆识和决断力。他读书、编书编刊、评书荐书，是为书而生，为《读书》而死的“书迷”——最终倒在《读书》编辑岗位上，把生命奉献给编辑出版事业。他与张仲实、胡绳、陈原、范用等三联—人民社编辑出版家群体一样，秉承中国知识分子传统和淑世情怀，在救亡与启蒙的时代背景下，在追求民族独立的特殊语境中，早期编辑经历与抗战宣传活动相交织，其编辑思想不见于文章著作，而固化于具体的编辑实践，折射出一代知识分子追求真理、光明、进步的时代文化光谱。后人知史枚之名者几稀，但史枚的生命价值、人格力量和虔诚执着的奋斗精神之侧影，穿过时代风云，映现在他所编辑的图书杂志上。

---

①刊发于《读书》2023年第11期。

②史枚1981年3月15日致沈昌文信中谈到“关于三侠五义”的文章时说，“如用，署名可用子起”。该文刊发于《读书》1981年第4期，题为《关于三侠五义之类》，署名“吴颙”。“陈沱”笔名见史枚致陈原信及其“夜读漫笔”文稿署名。

③笔者2019年撰文《〈读书〉的前辈们》(发表于《中华读书报》2019年5月29日)，依据《中国大百科全书·新闻出版》卷署名郁进写的史枚条目，误将史枚原名写作余增涛。

④陈原1983年11月15日致三联书店编辑秦人路信中提到，他比较满意这篇文章。先后刊登于《中国出版年鉴》和《出版史料》，1985年收入《编辑记者一百人》一书，1988年收入陈原《人和书》一书。

⑤《与陶希圣先生论“国际新均势”》发表于《新学识》第2卷第8期，收入陶希圣、吴敏等编《目前的国际形势怎样》(全民出版社1938年2月出版)，改题为《论“国际新均势”》。

⑥《国民公论》第2卷第2号“两年来参加抗战工作的个人经验与教训”专栏，1939年7月16日出版。

⑦史枚：《略谈西北青年的读书问题》，《现代评坛》1939年第4卷第22期。

⑧参见徐霞《新疆高校最早的学术期刊——〈新疆大学学报〉的前身〈新芒〉》，《新疆大学学报》1993年第21卷第2期。

⑨http://zt.ts.cn/system/2020/05/17/036269220.shtml.

⑩1979年《读书》杂志创办时，这几个栏目都重新呈现。

⑪《韬奋文录》由胡愈之作序，1948年7月在上海出版。

⑫这也可看作是史枚编辑生涯的复业。他脱离了四年多的囚禁，1945年9月重新投入编辑工作。

⑬史枚：《两年七个月的编辑和出版》，生活书店《店务通讯》1948年第2期。

⑭《店务通讯》1950年第2号。

⑮袁亮主编：《中华人民共和国出版史料1954》，中国书籍出版社1999年版，第216、217页。

⑯陈原：《记史枚》，《读书》1981年第6期。

⑰《座谈外国资产阶级的启蒙思想》，《读书》1980年第12期。

所思 所念

——追怀孟伟哉

陈子伶

2015年，孟伟哉先生谢世。与伟哉相识交往三十六年，我钦羡他的才识，我也见过他的困顿，我更感佩他的道义。

孟伟哉（1933—2015）马毅敏摄

一、因一文，我向孟伟哉问学

1978年底，我在《新华文摘》当差。编辑部备有各路报章杂志。有刊物《社会科学战线》，厚似板砖，记得是周雷在编。杂志刊有《关于艺术创作中的形象思维几个问题》一文，约二三万字。作者是孟伟哉。他是长篇小说《昨天的战争》的作者，我不熟。他在人民文学出版社，我在人民出版社。两社毗邻，同楼办公。我对孟文感兴趣。“形象思维”本是文学理论专题。我在学生时，习读文学概论教材，即列有该题章节。该题学界有争论，教材也简略，观点无定论，但倾向肯定。并且孟的长文论述还提及郑季翘者，我也早闻其名。读后，我便有向孟请益的想法。

约在1979年初，我前去拜访。孟伟哉在三楼一个单间办公，我向他主要请教有关形象思维的学习问题。

孟伟哉很谦和，言辞没有指导意味。他所谈的大都是自己当年怎样研读中外有关著作的。他说，马列毛等经典作家文论，较为熟悉。因为在人大当讲师要备课，要有一定知识储备。他说，须恶补的是语言、心理诸学及有关哲学类知识，等等。

孟伟哉谈吐爽快，很开朗，他还说那时写作学习太紧张，一捋头发，便掉许多，又指指脑门。当时孟伟哉已谢顶，唯鬓发尚存。但脑门光色健康，不显老相。我感觉，他为人很实在。

我学识浅稚，为凑气氛，便就孟文所论

---

⑱《十七年来出版工作两条路线斗争大事记（1948—1966）》，油印本，首都出版界革命造反总部和文化部出版红旗战斗团编印，1967年7月。

⑲袁亮主编：《中华人民共和国出版史料9》，中国书籍出版社2004年版，第158、160页。

⑳沈昌文：《也无风雨也无晴》，海豚出版社2014年版，第65页。

㉑柏元：《不是杂志的杂志》，《读书》1990年第9期。

㉒傅丰村、朱子泉：《关于〈读书与出版〉和“学习合作”的回忆》，《读书》2004年第5期。

㉓吴彬为扬之水作序指出，听范用先生说，当时杂志名称初拟为《读书生活》。征求意见时，夏衍先生说，“读书”就好，何必“生活”，刊名遂定为《读书》。见《〈读书〉十年》序二，中华书局2012年版。

㉔《读书》1981年第2期。

㉕碍于当时形势，陈原未同意发表。

及的郑季翘的话头谈起，说我是怎样得闻其大名的。

1966年，我当时还是复旦大学应届毕业生。复旦大学院内有广播，有一次播出的是郑季翘批判形象思维的文章，时段不短。我们中文系学生对此较关注。我还说，当时在校听大批判广播，由于文章长，记不住，只抓三点：一文题，二结论，三作者。郑文结论，我记得好像是将“形象思维”批判为修正主义一类观点。我谈的只是诸如此类旧闻，孟只是听，没说什么话，一脸和气，但看得出很谨慎。

当时交谈，就文论事，言近旨浅。但因一文而向孟问学，从此开始了三十余年的交往。

二、《公案》予我二次学习

2013年，孟伟哉寄来《关于形象思维的一段公案》，要我转请《出版史料》刊载。

读《公案》，是我向伟哉二次学习。《公案》讲了《关于艺术创作中的形象思维几个问题》一文是怎样产生的故事，而其中重要的是蕴含一种学术态度或精神。无此学品，也无那篇二三万字长文。其学术精神告诉我八个字：同不害正，异不伤人。

在“形象思维”具体问题上，孟伟哉与郑季翘相互对立，各持其端，但在理论原则上，是一致的。这是孟郑之同。

他们的理论哲学基础，都以毛主席《实践论》为立论依据，而且都以维护《实践论》的真理性权威为指归。

但是，这不影响他们在具体的理论问题上持有不同观点。

郑季翘认为，“形象思维”是政治问题。

孟伟哉认为，“形象思维”是学术问题。

“形象思维”是政治问题还是学术问题，是决定该理论能否求解的最基本问题。

郑氏直接批判“形象思维”的有两篇文章。一篇写于1963年2月，题为《应该坚持马克思主义认识论——关于文艺创作中形象思维论的批判》。原系内部文稿。后将文稿送彭真、陆定一、周扬诸人，自是定稿，造成影响，已然公开。彭真还批示：“中宣部研究”。孟伟哉其时在中宣部写作组，自己选题作业，偏偏选上郑氏此文，于是就有了那篇“形象思维几个问题”的长篇论文。

郑氏第二篇批判文章，发表在1966年第5期《红旗》杂志，题为《文艺领域里必须坚持马克思主义的认识论——对形象思维论的批判》。学生时，我在复旦院内从广播听到的郑氏批判形象思维文章，即是此篇。

郑氏将形象思维作为政治问题批判，认为其是反毛泽东思想的，反实践论的，后来又上升到反革命修正主义纲上。这样就将与他所异见的形象思维肯定论者，在政治上悉数扫荡，一网打尽。在客观上，这对与自己

㉖《出版工作》第1期，1979年1月15日出版。

㉗《在讨论中读书、评书、写书》，《读书》1981年第4期。

㉘《读书》1981年第12期。

㉙ 陈原：《〈读书〉起步那几年……》，《读书》1999年第4期。

㉚《读书》2003年第5期。

㉛《读书生活》1935年第2卷第2期“读书问答”栏目。《礼拜六》1935年第609期“学术研究”栏目转载，并加编者按语。

㉜ 中国电影出版社1993年版。

㉝上海《客观》半月刊第1卷第7期，1935年11月20日。

㉞《读书与出版》1946年第3期。

㉟刊载于《北京师范大学学报》1980年第5期。

㊱《座谈薛暮桥〈中国社会主义经济问题研究〉》，《读书》1980年第11期。

㊲见《读书》1981年第2、3期。✣

不同观点的论者造成了政治伤害。

孟伟哉于形象思维问题上选择了学术探讨方式。郑氏将形象思维作为政治论题批判，相当于在政治上取缔了文艺理论应予以继续研究的形象思维论题，那么还有什么“文艺创作中的形象思维”研究呢？所以，孟伟哉的长论较多篇幅用于与郑文论辩，是很自然的。

学术是以能为实践验证的学术结论存于世，服务于社会的，而不能借政治为自己站台。孟伟哉说了句很质直的话：“学术怎样战斗？”学术问题应用学术方式解决，宜以学术本身去求解。孟的学术风操，难为时人理解。与郑氏的境遇相反，伟哉受到“文革”冲击，形成了惶恐忐忑自危自保的过敏心态。他说，当时将自己所有文稿付之丙丁，唯独小心翼翼地保存了那篇《形象思维几个问题》长文，自不是为了在二十年后拿出来发表，而是作为政治自白实据，证明自己没有反对毛泽东思想。处于这种境况和心态，再无学术及其探索可言了。

1976 年，中共中央发表毛主席给陈毅的谈诗书简。毛主席对陈毅说：写诗要用形象思维。

在形象思维问题上，孟伟哉是正确的，郑季翘是错误的。郑氏的正确政治倾向与他的大批判结论恰恰相背，是对立的。毛主席作为《实践论》原著者肯定了形象思维。而以《实践论》为自己立论基础的郑氏却否定了形象思维。那么在政治与形象思维探讨关系上其在何处失足的这个问题，或可供文化探险者继续研究。

孟伟哉在政治与学术关系上，做到了正确的政治倾向与学术的正确结论相一致。其学术态度合乎文化发展规律，体现出一种“同不害正，异不伤物”的精神。我由此受益良多。

孟伟哉军人出身，朝鲜战争后入学、毕业、留校，身份转换，成为人大讲师。他是带着军人单纯、书生本色和政治童真，进入中宣部写作组的。他对我说：“当时不明背景，不知事情轻重，也不知自己能否研究出结果，是服从组织，遵命接受任务，未想过对自己的后果。”在太平天国李秀成问题上，他曾批判过阳翰笙，因此自省，向阳老致歉。但毕竟纯朴底色浓厚，未为时日蚀销，伟哉仍能葆其不失真基本人格，能做到不因同而讳疾饰非，对不同观点能做到依据事实来进行讨论是非。伟哉所秉持的学术品质，是有他的人品因素的。

我很感佩孟伟哉，当有一种社会道义需要时，他自为地迎上承担起责任。

1979 年，伟哉写了短篇小说《战俘》。20 世纪 80 年代初，有些悬案，渐为人知。如朝鲜战争停息后，从敌方战俘营经过抗争回国的爱国军人，很多为内控，开除党籍，革除军籍，并且几乎都成为历次政治运动的对象。似有一种观念，在战场上不死被俘就是失节，因而被俘过的爱国军人返回后，历遭政治凌辱，被视为当然。能掌握此类题材的文人作家，没人写；军旅作家不会写。或有幸躬逢不讳之时，伟哉写了，第一个。

《战俘》示人，军人志节在爱国，不以生死成败论长短。只要坚志持节，胜为英雄，败亦英雄；战场抗敌是英雄，失去战斗力而被俘，也是英雄。小说用正面形象，希企纠正用誉成毁败的旧俗来理解“英雄”概念的偏颇，也给“最可爱的人”一个完整的观念。

伟哉笔下有物，他从 1973 年开始，就在为遭遇不幸的袍泽做事。他们积极建言，多方求援，为从战俘营返回的爱国军人争取落实政策。80 年代初，中央下达有关文件，终于给正义以公道，还英雄以尊严。

我敬佩：作为军人，孟伟哉坚持了革命

道义；作为作家，孟伟哉敢于承担社会责任；作为一个人，孟伟哉坚守了做人的良知。

而我没有想到的是，像伟哉这样有仁有义的人，会陷入莫名困境。

记得 1986 年冬，雪后。

孟伟哉的同事司机到我家，说："孟社长请您去，他在外面车里等。"我跟他赶去，孟招我上车。原来伟哉接中宣部调令，调他出任中宣部文艺局局长一职。伟哉直接问："去不去？"我有点矛盾，既希望他去，因为可以多做点事；但又仿佛直觉有股冲动，要我劝阻他。我听从了直觉，说："不要去，还是当现在的人文社社长好。"我讲了理由，归为一点，补了句："这里太平。"

伟哉说："军令如山倒，怎么办？"

我也拿不出好主意，况且伟哉军人思维定式如此，只得说："最好别去，您拿准了。"

我们仅谈了数分钟。

伟哉终于履新赴任。

1986 年 3 月，我已在《中国文化报》工作。1988 年 2 月，我返回《新华文摘》。大约过了一两个月，楼里传闻，说孟伟哉回出版署了，当专员了，等等。初始，我没当真。后来多方闻传，我上心了。因无法联系，只得按址上门探询。伟哉那时住红星胡同，好像是人民文学出版社宿舍。

见面后，是伟哉先问我近况。我告诉他，已回《新华文摘》。闲聊中，我问起他的"专员"办公室电话，因为如去署看他，方便联系。

伟哉告诉我，往署里联系不方便。后来得知，孟是专员，好像没有办公室可去。如往署里点卯，大约憩身都难。这是听说，没有向孟求证，因我不好意思问，难出口。我自然希望耳闻为虚。

见孟之后，我大约每月去红星胡同一两次，都在礼拜天，主要是与他聊天，自也讨教点学问之类。有一两次，冬冬在。冬冬是伟哉幼子，北大学生，是否毕业，我没问，他未加入聊客之列 。

伟哉何以被"调任"出版署专员？我渐渐拼出图来。伟哉政治赤诚，理论与创作兼通，在中宣部文艺局局长职位上，自应有所作为。但不知何故，说要改革了，不是改革文艺局自身，而是要改革"作协"。据说改革范本是南斯拉夫的作协。它是"小作协"，连作协主席及秘书等行政在编者，不过十人上下。不养作家，作家自食其力，靠著述（写作）谋生，自然也无所谓行政级别一说，等等。

但是，中国作协远非南斯拉夫作协可比拟的。从五十年代至八九十年代，中国作协文列星宿，才集菁英，犹如凤阁集贤，做了以文辅政的许多实事。第一届中国作协主席是茅盾，第二届是巴金，于 1984 年接任的。1986 年巴金完成《随想录》，自剖自省，与旧我进行思想决裂，同时提出建立"文革"博物馆构想。

1987 年中宣部文艺局要改革"作协"。中国作协属于部委一级部门，牵涉面大。何况要作家自谋生路，更非小事，伟哉没有透露单靠文艺局能否运作得了"改革作协"这个大动作的问题；也没有听他说过，这是哪一级的决策或是谁的意愿；更没有听他说起，"改革作协"是否形成文件，等等。

但是，"改革"消息不胫而走，引起轩然大波。据说不乏有声望的人物联名上书，直通高层。于是，伟哉被调离文艺局。"改革作协"之议，自也偃旗息鼓。

算上"文革"遭遇，这次"调离"是伟哉第二次坎坷。但二难不可同日而语，我知道，伟哉对巴金是尊重和信任的。他对我说过一件事，即在 1973 年至 1974 年间，为替从敌方“战俘营”返国的军人争取落实政策，寻求社会援助，他给巴金写过信，所以我相信，“改革作协”不是孟伟哉的主意。我想起他谈“形象思维几个问题”时说过的话，就是“不明背景”“不知厉害”。伟哉的军人思维定式很可能让他自陷困境。

时近季秋，有天在孟宅闲聊，伟哉告诉我，有朋友传递信息，说李先念主席有电话给出版署，曾过问他的事。当然，我相信这是真的，心里为伟哉祈福。吉人天相，因祸得福，其是之谓矣乎？不久，孟伟哉被任人民美术出版社社长。仅一年，又出任全国文联秘书长。伟哉似得天时地利，跨界绘事，风生水起，才情俊发。

伟哉履新后，我再没去过孟宅。他后又迁居方庄，住地远了。好在人美社、文联，离人民社都近。文联在当时沙滩中宣部院内，是一溜的简易房，像建筑工地上的工人宿舍。我去过那里两次，看望伟哉。

孟伟哉履新期间，约我聊过几次，谈的都是家庭私事，许多记不清了。至今唯一有印象的是，伟哉说他有对象了，准备结婚。他告诉我，未来新人是我们同行，也是编辑，在一家大学的出版社工作，云云。在多次伟哉个人画展上，我都见过他的女友身影。

我对伟哉说，您有贵人相助，转运了。孟践危能安，运亨时泰，公私称意，或也是此时定数。

三、伟哉否极泰来，我却走背字

1990 年，我被撤销《新华文摘》一切职务，没有人向我示明原因。这时孟伟哉向我伸出援手，我很感动。1991 年，人民出版社党组找我谈话，告诉我——即通知我，说事情弄清了，与我没关系，云云。我没有一点脾气，只是后来将这些世态历练都实录在《我在〈新华文摘〉的最后故事》里。其中所记的伟哉关爱事实，照录如下：

我被撤职起十来天，孟伟哉老师突然来电约谈。

我去见他。孟老师那时已调任全国文联秘书长。他只谈了两句话。

第一句。他说：“就我对你的了解，我不相信你会有什么大错。”

第二句。他说，他推荐我去中国文联出版公司任副总编辑，要征求我意见。

孟老师军人出身，脾气硬。他的维护，我极感动。我想，去文联出版公司，我好办。但我现在事不清，理未明，会不会给孟老师带来不好办的事情？我跟孟老师讲了想法。

二十余年过去，我与孟老师关系始终良好。

这篇回忆，写于 2013 年。因有上段文字，我持稿去方庄，请伟哉先生审定。谈回忆，简略，没叙细节。当时孟老师约我在雅宝路见面，我从单位过去，孟老师已在那里等着，还扶辆自行车。他戴顶单帽，神情略显疲惫。我感歉疚，我晦气事没告诉他。他如何得知，我没问过，至今不知。他却为我做了安排，援我脱困，关爱如此。八年来，每念及伟哉先生，我眼前首先出现的是他在雅宝路与我谈事的形象，常不免凄然暗泪。

交往三十六年，都成烟云。但伟哉遗惠，令我思念不已。

我所思的，是伟哉学术人品。

我所念的，是伟哉的道义。

人无完人。能讲人品，能持道义，现时亦非圣即贤焉。

兹谨以所思所念一文祭念：

伟哉先生千古！✣

书界前辈（两题）

韦　决

他用文章和地图观察世界

——纪念金仲华同志诞辰 116 周年

过去我只知道，金仲华是浙江桐乡人，曾担任过上海市副市长，一个不算小的官。后来知道，他是新闻出版家、国际问题专家。近期，因淘得他的《世界现势图解》，结合此书，并阅读相关史料，方知他还是一位资深的地图设计家，令人钦佩之至。今年值金仲华同志诞辰 116 周年，谨以此文深表敬意。

金仲华（1907—1968）笔名孟如、仰山等，出生在浙江桐乡县梧桐镇。祖父因经营木材生意受骗而亡，家里决意让父亲金汇芳学诗文考秀才，并在县城里开办私塾“静远堂”。当县里办起新式学校“崇实小学”后，父亲从善如流，两校合并而一，金仲华就跟随父亲进入“崇实小学”，接受新式教育并完成小学学业。13 岁他离开家乡，入读嘉兴第一中学，毕业后考入杭州之江大学。走上社会的第一份工作，就是循着报上广告，考入上海张竞生主持的美的书店。在家乡桐乡，有金仲华故居和纪念馆，在上海虹口溧阳路 1156 弄内 10 号，也有清水墙砖、木门木窗的金仲华故居，这是他与上海的缘分。此后，他虽然去过武汉、重庆、桂林、香港等地，但上海是他工作、生活时间最长的地方，留下许多使人难以忘怀的足迹。1928 年，他考入上海商务印书馆，从助理编辑开始了一生的新闻出版事业，后成为《妇女杂志》主编。曾应邀进入开明书店，协助叶圣陶编辑《中学生》月刊，以后协助邹韬奋主编《生活》《永生》，到香港主编《星岛日报》等报刊。由于长期担任《世界知识》主编，以及《中国建设》(英文版）主编、中国新闻社社长、上海国际问题研究所所长、中国人民保卫世界和平委员会副主席及上海分会主席等涉外职务，他具有宽广的国际视野，渊博的国际知识，无愧国际问题专家的称号。一册《世界现势图解》，让人们对他有了新的认识。

此书由金仲华编、朱育莲绘，世界知识出版社“民国三丨七年六月初版”，发行者是位于“上海河南中路八十二号”的世界知识社，当年“定价十八元正”。编者前面写有《序》，其中讲道：“我用了三个月的时光编制这本地图集。最初的计划，是就一年来世界局势发展中的一些大问题，用地图和文字加以扼要的说明。当我整理材料、设计地图、编写说明的时候，我要让这本地图成为一本比较完备而印刷精美的地图集。除了地图以外，我还加添了一些图表，为的使读者更容易了解情势。我在编写说明的时候，在每篇的总题下面，又分成几个细目，使读者对于材料的把握，更有系统。这样，这本地图集，除了可以作为参考工具以外，是更适宜于一般人的阅读了。我把它定名为《世界现势图解》，因为它是包含着地图、图表和文字三种材料的。”

这一番话，把《世界现势图解》的设计想法说得很明白了。这是一位刊物主编，一位地图设计家的内行话。从早期在商务印书馆担任《妇女杂志》主编，到后来主编《世界知识》等，金仲华有一个明确的办刊理念，那就是学习借鉴西方报刊先进版式，首倡并编制国际形势地图，使刊物办得版面活泼，图文并茂，通俗易懂。他有两个木柜，专门用来收集各种地图资料。他说："我采用的不少地图是几年来我从各方面搜集来的，如英国地理专家霍莱宾所作的许多历史地图和时事参考地图，德国政治地理学家拉特的政治经济劳动者运动参考地图，以至英美许多报纸杂志上随时发表的地图，我都选作参考。"他这样说也是这样做的。在他为《世界知识》开设"国际政治形势图解"专栏时，每写一文，就要配上时事政治或战争形势地图。他设计的地图，不但有地名、河流、交通的标注，还有各式各样的图像符号，如兵器、矿藏、人物漫画等，在绘画技法的用笔上，有粗有细，突出中心。一幅图的构思，如绘画那样，布局合理，重点突出，简繁协调，形象美观，极富艺术性，真正做到了"把时事与地图联系起来，增加一般人对于世界情势的了解"（金仲华语）。

1934年，金仲华请沈振黄绘制国际政治地图。沈原先专门从事书籍装帧和漫画创作，金把自己集藏的外国报刊时事地图剪报，供沈做参考。在金的鼓励下，沈领会金的编辑意图，精心构思和绘制政治地图。在两人的通力合作下，第一本地图集《国际政治参考地图》，第二年5月由上海生活书店出版。金仲华培养的第二位地图绘制者，是他的妹妹金端苓。抗战爆发后，沈振黄参加战地服务团工作去了。时在香港的金仲华缺少人手，就让妹妹试着按照他的设计构想，绘制政治、军事地图，陆续发表在香港版《世界知识》和《星岛日报》上。1942年，金仲华回到战时桂林后，因环境险恶，没有照相制版条件，只得由金端苓先将地图绘在薄纸上，再请人一一翻成木刻。兄妹如此艰苦合作，翌年以当地的竹制土纸，由桂林文光书店印成第二本地图集《第二次世界大战参考地图》。抗战胜利后，金仲华回到上海，一边筹备复刊《世界知识》，一边决定编一本较为完备的世界政治地图集。他物色到第三个合作者朱育莲先生，当初只有20来岁，喜欢画画，金仲华独具慧眼，加意培养。有前面沈振黄、金端苓两位绘图者的样板做参考，加上金仲华的悉心指导，小朱很快上手掌握了这门手艺。当时的《世界知识》封面和正文版面，很多用了他的政治地图来装饰金仲华的专栏文章，既实用又美观，很受读者欢迎。在此基础上，两人通力合作，完成了第三本地图集《第二次世界大战后世界政治参考地图》，1947年8月由上海世界知识社出版。

而《世界现势图解》一书，则是金仲华主编的第四本地图集，也是他与朱育莲合作的第二本地图集。其实，此书是第三本地图集的增订本，也可说是金仲华出版生涯中最后一本地图集。当时国际形势瞬息万变，各国疆界时有变动，读者希望有一部新的地图集，以帮助他们了解世界新的形势。此书除地图外，又增加了不少图表，再配以文字解释，世界形势便一目了然。在材料的处理和绘图技巧上，此书内容比以前更为精准丰富。读者在阅读文章时，可以再对比图示，对读者有了更大的吸引力。此书标志着我国政治地图设计和绘制技术都达到了国际水准。

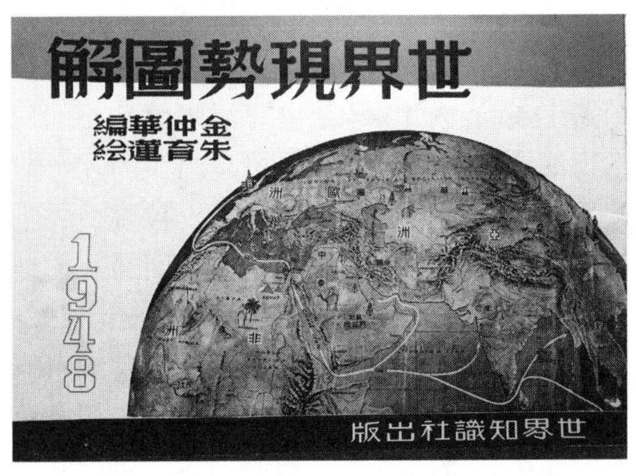

金仲华编、朱育莲绘《世界现势图解》书影

作为一名地图设计家，金仲华从 1934 年到 1948 年的 14 年中，不但自己身体力行，全力做好报刊图文工作，还如伯乐一样，发现培养了三位地图绘画师。正如开明书店美术老编辑莫志恒先生所说：金仲华“还有一种专门学问，就是编辑、设计政治地图。他用文章和地图观察世界，剖析问题，使广大读者对国际问题加深理解，在我国文化出版史上，应该大书一笔”。

缘悭一面王贵忱

王贵忱前辈走了，享年 95 岁。在他生前未克亲承謦欬，失去了面聆教益的机会，可谓缘悭一面。犹记他在信中曾说：“如果有机会来广州，务请到家里来玩。”又记起他在信中写道：“知您与老前辈王元化同志有过从，惜我无缘与王老一面，他老人家学行高尚，惜无缘识荆矣。”如今，我只能对贵忱老说上此话，如地下有知，当理解我的遗憾之意。

专研古代日记的上海学者陈左高，生前常常对我言及远寓广州的好友王贵忱先生，甚多赞誉：学界有“二王”之说，“北有王世襄，南有王贵忱”。在我为左高老所编《文苑人物丛谈》专著中，收有他写的《王贵忱和钱币学》一文。这样，贵忱的大名便深深印于我的脑海，此为神交之初吧。

王贵忱别号可居，1928 年生于辽宁铁岭，16 岁便戎装在身。曾在东北战场参加辽沈战役和平津战役，后随军入粤。1952 年 9 月，他复员转业，投入地方经济建设，曾先后任粤东交通银行经理、汕头地区建设银行行长。这样说来，我平添几分亲切感，在吃金融饭这一行，贵忱亦是我的前辈哪。然而，1957 年他却中箭落马，被错划为“右派”。二十余年所经坎坷艰难，自不待言。直至 1978 年才得以落实政策，被委任广东省图书馆副馆长，旋任省博物馆副馆长，以及省钱币学会副会长、中国钱币学会理事等。

王贵忱（1928—2022）

记得，左高之文起首便称贵忱为“钱币学家”。那么，就从他的钱币研究谈起。由他与马飞海主编的《中国钱币文献丛书》，计划出版皇皇三十一卷，而贵忱先后为《货泉沿革》《泉志》《钱币考》等二十多种作题记之文，所撰史料翔实，考证严谨，绍介版本渊源，臧否钱学人物，文字洗练精到，不尚空谈，少则数百字，多则三五千言，均疏理清晰，指点迷津。以《〈钱币考〉题记》为例，贵忱先绍介版本：“《钱币考》二卷，系元马端临所撰《文献通考》之卷八和卷九两卷”，接着简介作者生平，继而概括《钱币考》的主要内容，最后简要评述该书：“通篇体例谨严，引述赅洽，并以内容充实著称，以通考古钱及历代币制沿革之重要专著”。言简意赅，要言不烦，仅三百余字，读者一目了然，堪称精到的古籍书评。为深研钱币，贵忱不惜余力，穷半个世纪之功，上下求索，旁搜博集，先后得藏钱币谱录珍籍二百余种，编为《可居室所藏钱币书目》一册。不少学界前辈及同好，为贵忱好学不倦、孜孜以求的探索精神所感动，容庚、商承祚、启功、马国权、裘锡圭等，先后将钱币学方面的珍贵图籍、资料，或赠或借，供他研究之用。马定祥、朱活两位赠以钱币拓本及相关论著，还有已故钱币学家戴葆庭、罗伯昭、骆泽民等，生前也赠他名贵的古币拓本和书刊。这些隆情厚谊的文人善亲，令贵忱深铭于心，备感珍视。我国历代出土的古钱币数量之多，种类之丰，在世界上是独一无二的，这也是中国五千年文明薪火相续的结晶。钱币所独具的历史价值与艺术价值，吸引了历朝历代的收藏者和研究者，从而形成一门既深奥又普及的钱币学科。一枚小小的钱币，可以折射出所处时代的思想、经济乃至艺术的历史实况。而一枚好钱币的本身，即是一件铸造精良的艺术品，对研究当时的冶炼工艺、文字书法以及验证历史年号等等，有着无可替代的重要作用。在钱币学的研究上，贵忱深入浅出，独抒己见，以乾嘉学风为准绳，既重视对实物的考证，又积极运用历史文献资料，将两者有机结合起来用于自己的研究。如此使他少走了不少弯路，扎扎实实且日益精进。由此，他撰有不少独具分量的论文，如《清末民国时期的钱币学》《洪遵〈泉志〉的学术价值》等，以其丰硕的研究成果，奠定了他在钱币学界的学术地位。

当然，除了钱币学，他还精通古文献版本、历史、金石和书法。版本学家潘景郑称其为“行军余闲不废卷帙，纶文经武兼而有之”，真正自觉践行着古代文人“行万里路，读万卷书”的箴言。他的博识多学，均来自他的刻苦自研。他的足迹踏遍祖国大江南北，问业于前辈学者周叔弢、容庚、商承祚等。在他任职省图书馆副馆长期间，因工作之需，经常到上海潘景郑家请益，当潘得悉他在收集、研究龚自珍诗文版本时，将自己所藏光绪红印本《龚礼部己亥杂诗一卷》慨然相赠。说到贵忱对龚自珍的研究，他先后撰写过六篇《龚自珍诗文集早期刊本述闻》，又写有《龚自珍集外诗文录》《〈龚定庵自写诗卷〉跋》等文，对这位我国19世纪前半叶开风气之先的启蒙思想家和文学家，从金石文字、诗文题咏及书法艺术等方面，进行了深入而细致的研究。因龚自珍存世诗文版本众多，不易辨识，贵忱广览细阅，选其精要加以考证详述，如没有博文深识，断断无法写出如此精到的专文。他与欧初先生主编的《屈大均全集》(八卷)，1996年由人民文学出版社出版后，荣获第一届全国古籍整理图书奖。整理、出版的《屈大均全集》是国家古籍整理规划中的一个重点项目，从1983年开始，历时13年，从众多公家图书馆及私人藏家手中，征求到屈大均著作和附录等资料近四百万字，按早期原刻本或其他善本，邀有关机构、学者通力协作，在原则上保留屈氏生前手定本原貌的前提下，进行厘定标点，终成正果。

在搜集、研究古籍中，贵忱继承了中国古代版本学家的风雅余绪，喜作序跋之文，这也体现了他对古籍考证的研究成果。从1989年起，他按写作年份，自行刊印《可居题跋》，计五集，每集均为手工线装，铅字竖排，并请潘景郑、王世襄、谢稚柳等名家题签。贵忱与文坛、学界名宿常相往还，情谊深笃，在交游中积藏了大量信札，其中不乏珍贵史料。为保存文献，或纪念故人，他自行刊印了李可染、周叔弢、李一氓、于省吾、潘景郑、周一良、汪宗衍、刘逸生等书简集，亦手工线装，极具古朴、雅致之趣。

至于金石碑版、书画篆刻，贵忱堪称鉴赏家，所撰《记潮州古城砖及其拓本》《跋大石斋所藏宋拓夫子庙堂碑》《李可染及其艺术成就》等，足见其精湛的艺术鉴赏功力。我曾在多种拍卖图录中，读到他为字画、拓片所作题跋，一经他的寥寥数语，其拍品价值陡增，并扶摇直上，可见行家里手对他的信赖程度。

我庆幸自己的缘分，由左高老而结识贵忱前辈。左高辞世时，我将噩耗告知贵忱老，他委托我：“代贵忱送上花圈，以尽叩奠之仪。”之后，续承友情，我与贵忱老遂成忘年

文理兼修的银行编辑顾型

毛志辉

顾型（1877—1946），字绍衣，无锡人，中光绪乙未秀才时仅十九岁。他眼见国力日趋虚弱、欧西文化东渐，遂至沪专攻理化，后赴英国留学。1923年，他进入交通银行工作，任秘书多年，并长期主持编辑《交通银行月刊》《交行通信》等刊物。“一·二八”事变后赋闲，以诗词为乐。

从学术界跨入银行业

进入交通银行工作前，顾型已经在知识界、教育界有着颇多的建树。1904年，留日回国的杨荫杭（钱锺书岳父）和蔡文森、钱基博（钱锺书父亲）等人创立无锡理化研究会，顾型从英国留学归来，就担任了该会化学博物课的主讲，在十年中培养了大批理化人才，“无锡学者，大都出其门下”。无锡、金匮两县的教育学会于1905年6月成立时，顾型担任了首任会长。1914年第1—3期的《东方杂志》连续刊登了他所编写的《飞行学要义》(后于1924年由商务印书馆结集出版)，奠定了他作为我国最早研究飞机制造的学人之一的地位。也是在1914年，他在上海中华书局顶楼、龙门师范学校顶楼、无锡图书馆顶楼自制仪器，研究无线电报通讯，成为我国无线电报的首创者之一。1918年8月，他在《东方杂志》发表《燕窝谈》一文，分析了燕窝的化学成分，提出“燕窝之成，决非衔得海藻即可叠积而成”，而是“纤细之黏液线凝合而成”，这是国内学界关于燕窝成分最早的科学分析结论。1918年9月，他发表《嗅觉与性欲之关系》一文，被视为国内第一篇面向国人的性知识科普文章。他到上海后，在龙门师范教书近十年，孜孜不倦地育人，造就许多“先生”，“对中国进化史上尽了不少力”（书画家俟湘语）。此外，他在思想上较早地觉醒，并矢志于理化研究，希望借此促进技术的发展并改变国家的面貌，编、著、译有《简易气象物理学》《日用化学》《理化学实验法》等理化书十余种。

1916年2月12日，由中国博医会、中

之交。与贵忱虽无缘一见，然同气相求。他在来信中鼓励甚多，说：“承您赐下《文苑人物丛谈》《人与书渐已老》《跟韦泱淘书去》三书，经已粗加翻阅，深为钦佩。我兄在淘书方面的心得特多，对老辈学者敬礼处独多，对左高先生遗著校勘用力至深，贵忱私心敬谢之至!”在回顾了自己从军及转业的经历后，他写有“我们既是同道，又是同好，只是贵忱少时读书少”之语，这既是实话，也是自谦。而我以为，他在中年靠自学打下扎实基础，近晚已成大器，其才识并非时下多如牛毛的教授、博导所能堪比。曾获赠《可居丛稿》，皇皇一巨册，凡六十五万字，集贵忱在古籍、钱币、金石书画等方面的研究成果之大成，是一部真正内容丰赡的厚重之书。我日日置于案头，不时读上几篇，以汲取精神养分，鞭策自己以贵忱师为楷模，不慕虚荣，淡泊名利，潜心以学，埋首耕耘。✣

华医学会、中华民国医药学会、江苏省教育会的代表共同组成医学名词审查会。同年 8 月 7—14 日，医学名词审查会召开第一次大会，审定解剖学名词，由此开始了我国有史以来对现代医学术语的审定工作。中国博医会推举余日章、沈信卿、吴和士三位代表赴会，参加大会的还有俞凤宾、唐乃安、刘瑞垣等医学名家。在第二次会议召开前，中国博医会干事员会议研究决定，添加顾型、陈慕唐二人作为审定代表赴会。能与一众医学名家坐而论道，共同推进中国医学进步事业，也显见顾型在翻译和医学领域都取得了一定的成果，在业界有着很深的影响力。

然而，顾型生逢乱世，报国无门，并且“不是镀金的博士”，最终“只得在交通银行要笔管”。

1923 年初，顾型趁着寒假赴北平看望自己阔别六年的二哥，事有凑巧，交通银行恰因清理政府欠款而设立了国库股，需要招人。为了能与家人团聚，他紧急辞掉了上海龙门师范的教职，于 1923 年 2 月 17 日正式入职交通银行。

办理《交通银行月刊》

顾型恰是在交通银行刚刚转危为安的时候入职。其时，交通银行由张謇担任总理，钱新之担任协理，谢霖担任总秘书，全行上下处于大举兴革的氛围中。顾型所在的国库股，主要办理政府欠款、编制账略，与他一起办理的还有袁璟和、狄念贻。因为这项欠款为数甚巨，各款的案情和结欠的本息要加以彻底地整理，是一项十分庞杂的工作，需要翻寻各种旧账、制定整理方法。顾型凭借良好的文字功底和理工科能力，很快适应了这项工作。而正是这庞杂的案头工作，让顾型完成了人生的又一次转型，并对公事笔墨“始有领悟”。到了 1923 年年底，日金借款以及交通、财政两部暨各机关积欠交通银行各款账略的初稿，即大致完成。

1924 年 2 月 4 日，正是除夕，顾型又奉派兼办《交通银行月刊》。《交通银行月刊》是银行业内最早的由银行自办的月刊，它由张謇、钱新之发起，于 1923 年 1 月创刊，“始言而征诸事，不惟言治，而趣事治，故月有刊焉”（张謇语）。顾型接办后，一边继续整理政府欠款账略和续编，陆续付印；一边逐笔核对财政、交通两部和各相关的账目，设法结束；一边还要独力办理月刊的编辑事务，按月印制。此后，顾型便一直身兼数职，并偶尔在除夕等忙碌的时候在国库柜上兼掌支付命令的验付事务。在这段时间中，顾型对月刊的编辑工作有了更多的心得，完成了由“理化工作者”向“银行编辑人”的转变。

《交通银行月刊》的栏目主要包括章制、通函及通告、行员进退、号函、营业统计、行务讨论、调查报告、译著、杂纂、行员谈丛等。顾型在编辑过程中，注重对行务讨论、调查报告、译著、杂纂、行员谈丛等栏目作品的组稿，以此调动行内同人对业务的讨论。在他的主持下，《交通银行月刊》起到了增进同人交流、研究银行学术、扩充行员知识的作用。

交通银行总管理处主体部分于 1926 年移设天津后，1928 年 4 月，顾型也奉调到天津办事。除了继续主持《交通银行月刊》的工作，还兼办文书事务。他到天津不久，南京政府就在下半年着手组织中央银行，又先后颁布中国银行、交通银行的新条例，规定交通银行为发展全国实业之银行，总行须设在上海。为此，交通银行总管理处不得不从天津和北平两处，尽速迁至上海，以便改组。总管理处的核心人员最先赴沪，之后文书股和稽核、发行两股的多数人员也于秋冬间陆续抵达。11 月起，卢学溥任交通银行董事长，胡祖同任总经理。

赴沪前，顾型负责办理天津总管理处的文书事务，拟定总管理处卷箱、用具等迁移运送的办法；同时，《交通银行月刊》仍由他独力兼办。当时，《交通银行月刊》第6卷12月的稿本尚未编竣，他心中总觉得责任未完，因此天天加班加点赶工。1929年2月9日除夕夜，是他在天津总管理处上班的最后一天，他在下午五点办好文书事务后，仍抓紧编制月刊，一直到九点加封发出，才觉释然。不过，因为总管理处搬迁后，月刊的11月、12月都没能出版，也成为顾型职业生涯中一个小小的遗憾。

1929年2月11日，顾型离津赴平，在其二哥家小住，旋于21日赴沪。他当初辞去教职加入交通银行，是为了与家人团聚；而随着交通银行总管理处的迁移，他又阴差阳错地回到了沪地，不得不再度远离家人，真可谓世事弄人。

编辑《交行通信》

到沪后，顾型负责办理各项内规的拟定事务，并调整月刊的改订办法。好在他干一行爱一行，无论到哪里都能很快适应工作的节奏。而且，他在繁忙的工作之余，仍不忘抽空阅读经济金融方面的书籍杂志，并在日常工作中注意学习银行实务，积累知识储备以适应工作的需要。而随着业务的进境，他也愈加觉得公事笔墨的难办，不但“机关历史、案卷内容要明白”，而且“古典文学也用得着”，此外“人情世事，和当局有关系的，没有不要随时留心，做私人函牍内敷衍资料，就是各种新名词，倘使弄错了，也要惹人笑话”。因此，他深深觉得要做好银行的工作，实在是“知难行亦不易”，并且一直有一种“自愧未能”的负疚感。

《交通银行月刊》停刊后，顾型所在的总管理处设计部一直希望能再创办一份刊物，以促进信息传递和同人交流。1931年底，由顾型牵头拟定了《交行月刊》简章，并经总经理胡祖同审阅，“俞允照办”。随即，顾型和设计部同人一起组织了创刊号的稿件，准备请胡祖同审核后即予付梓。然而，1932年1月28日，淞沪抗战爆发，上海金融界顿时陷入特殊的环境。从29日起，上海银钱业停业六天，金融紧急万状，胡祖同奔波劳碌，常在汽车上啃冷面包裹腹；总管理处同人也无意谈文说理，《交通银行月刊》的事情只能再度搁置。

同时，由于当时各地有关上海金融界的传闻四起，很多传言不免失实。为此，总管理处设计部第一组领组范学湘提议，应编发临时通信，发寄各地分支行库部，以正视听，免除误会。在“设计部同人谈话会”（该部同人协议拟办事项的集会，会上议决的事项，会以会议记录的形式陈请当局核准办理）上，大家群策群力，拟定办法，将临时通信的内容分为军事、内政、外交、经济等项，报胡祖同批准后，每周编发一次。临时通信的编辑、写印、寄发等事务，全部由设计部同人在公余之暇通力合作完成，而顾型是其中最主要的参与者之一。

从3月1日开始编发第1期的临时通信，只编发了十二期，即于5月8日停刊。但是，这份“临时”的刊物，却为此后《交行通信》的诞生打下了坚实基础。设计部认为全行内部的经济通信在所必需，所以仍由“设计部同人谈话会”拟定了《交行通信》编辑要旨，将通信栏目酌量修改，分为财政、金融、实业、商品、国际经济等，陈准胡祖同，从5月9日起继续办理。

刚开始时，《交行通信》是每周编发一次，又都是占用大家的业余时间，顾型和设计部同人疲于应付。因为工作太紧，时间上难于适应，从1933年1月起，改为每半月编发一次。1933年6月交通银行总管理处改组为总行，《交行通信》移归总行事务处第四课办理，顾型也改派到第四课，仍旧办理本行章制、通信的编订和图书室事务。日常工作中，顾型和第四课同人一道，写作不停，常为着赶办稿件，下班后还要带回家做工。

不过，顾型及其同人的努力也得到了回报。《交行通信》在交通银行上下得到了普遍的关注和认可，不仅很多同人都向《交行通信》投稿，不少同人还对《交行通信》提出了中肯的改良建议，让《交行通信》成为一个沟通上下、凝心聚气的平台。有行员评价，“同人对于通信，确实愿意合作，通信对于同人的提议，也尽量容纳，差不多有通信会议的意味”，“《交行通信》，固然不能代替行务会议和实务会议，但是利用《交行通信》，讨论行务进展和实务改善的问题，确有种种便利”。

在编辑《交通银行月刊》、临时通信、《交行通信》等刊物的过程中，顾型始终是最主要的编辑人员，多数时候是以一己之力完成了大量的编辑工作，可谓银行里的编辑家。他有着宽广的视野，对选题又有着敏锐的感知力，思想解放，富有独立主见，善于综合考察，把编辑工作做得风生水起，所编刊物广受职员欢迎。他在办刊过程中，根据需要不断改订编辑原则、调整刊物定位、丰富刊发内容，对于银行学术的研究、经济信息的沟通、行员知识的增进、本行业务的发展等各方面都起到了积极的促进作用。

同时，从事编辑工作的过程中，顾型还孜孜不倦地求智，银行业务研究方面也有了精进，在《银行周报》《交通银行月刊》《交行通信》等发表了大量研究作品，议题包括国际银行的组织与职权、金本位制与金块本位制的比较、往来存折效力的分析、银行文书簿据处理法、如何防止银行人员舞弊行为等。时人称赞他“对于银行学、经济学，都有独到功夫，好算得老而不倦”，可谓名副其实。他在中年以后，还能成功地从一位“理工男”转型为“银行人”，所下的功夫显然也是异于常人。他的多才和敬业，让他在银行圈内声名颇佳，“沪上银行家类多推重之”。

1936 年，胡笔江、唐寿民发起编修《交通银行三十年史》，顾型参与其事，与吴庠等一起整理行史。1937 年 8 月，上海再生事变，《交行通信》不得不停刊，改为《交行通信临时周刊》的方式传递信息和促进交流。1938 年 1 月，《交通银行月刊》在香港复刊，仍由总管理处事务处第四课负责编辑，顾型仍参与编辑。1939 年 4 月，《交通银行月刊》停刊，顾型退老，息影春申。

词诗寄情怀

顾型虽然年轻时一直对理化学科孜孜以求，骨子里却是典型的传统文人，不仅擅诗词，而且工花卉，文友亦遍及五湖四海、各行各业。退老后，顾型忧心国事，时常赋词诗以寄情怀。

1941 年 11 月，顾型参加理化学会餐叙，曾填《满江红》词，回顾自己年轻时的岁月：“三十年前，记贝巷，小楼春霁（会址在无锡北城贝巷）。有海客，珊瑚百尺，携来袖底（讲师藤山氏曾购仪器标本托为携运）。要托微波通款曲（电波通信其时亦研究及之），还寻小草题名字（治植物学者颇重分类学）。断瓜仁，赢得五侯鲭，双弓米（善啖西瓜子者，一炊黍顷能尽一小碗，时有馈食腊八粥者，佐以四碟）。游钓处，今已圮，尘雾迹，犹满地。只客中把盏，也非容易。白首相看夸老健，当年旧事还能记。倒深杯，相约古稀翁，千场醉（是日到座者蔡松如禹门昆仲、杨补塘、张云石及绍衣五人，皆逾六十，蔡君松如七十最长）。”其中提到的蔡松如、蔡禹门兄弟都是名医，蔡松如曾在中共香港地方党组织的领导下开设诊所，一度为周恩来问诊，并护送周恩来安全脱险；蔡禹门则是上海市医师公会发起人之一，也是全国医师联合会的领导人；杨补塘即杨荫杭，是进步学者、著名法学家，女教育家杨荫榆的哥哥、钱锺书夫人杨绛的父亲；张云石则是著名的教育家，兰州大学国文系的创办人。顾型与这些社会名流相聚，忆及年轻时的往事，自然会有无限感慨。

顾型关切时局，并常有感怀。1944 年，日军先后攻陷洛阳、衡阳、温州等地，顾型痛心疾首，填《鹊桥仙》词，以“试看世界儿女，今宵乌鹊又南飞，怕断了河东归路”寄怀，希望打通西南路线，让在缅的中国军人能凯旋归国；在得知美军对日军控制下的鞍山昭和制钢所的空袭作战大获全胜后，顾型再填《鹊桥仙》词，以“灵鹣高举，飞星飘坠，不似昔年今夜”表达喜悦之情。1945 年 4 月底，西线英美军与东线苏军会师柏林，随后希特勒自杀，德军投降，顾型闻讯后大为激动，填《点绛唇》词两首，以示庆祝。

1945 年 8 月日军投降后，顾型精神大振，备觉欣喜，又填《鹊桥仙》词两首。他先比较了前后两年七夕的不同感受：“牵牛人老，溪田惯了，又向河边牧马，一场春梦太无凭，谁料得今年今夜。东皇赔却，聘钱百万，只索天孙下嫁，剖心置地有谁怜，算惟有田翁共话（谓主张知北图南之田中）。”继而，他又直陈日本罪行：“早知今日，当年何必，苦向亚东争霸，可怜横海有楼船，要明日受降城下。臣躬有罪，臣心可剖，痛泪不堪挥洒，人家谳狱未成时（严惩日本战争罪犯为波茨坦宣言所及），且偿了些儿血债（时日人自杀者阿南外有八木等三十七人）。”虽然顾型已经垂垂老去，但内心深处依然丘壑未平，家国情怀溢于言表。

抗战全面胜利后，顾型及儿辈均在沪上，开始享受天伦之乐。他也仍然常与朋友相聚，作诗互酬。1946 年 2 月 8 日（正月初七），在即将迎来七十岁生日前，茶友邀他在丽都花园聚会，他戏作一首题为《民国纪元三十有五年值丙戌元宵依户籍法凡未届生日者减二岁著籍戏占二绝即为人日丽都与宴解嘲》的小诗：“新岁未容添一岁，却教减小两年来。假饶岁岁颁新律，莫道童年去不回。疑年今日费人猜，虚向名园领一杯。七十生朝何日是，还须假我二年来。”其中“还须假我二年来”一句，可以看出这位古稀老人内心的俏皮和对新生活的憧憬。3 月 5 日（二月初二），顾型在丽都花园宴请同一批茶友答谢，友人伯亮以《寿顾绍衣七十》一诗相赠：“老辈文章久作师，蹉跎闾里识公迟。沧桑事定增茶癖，梅杏花开介寿卮（人日，茶座同人宴公丽都花园，花朝二日，公就原处，宴答同人）。书法妙于王太守，风裁雅比谢梅岐（明正德间科学家）。清癯鹤貌精神健，七十还同六十时。”从诗中亦可以见出时人对顾型在诗文、书法、心态等方面的赞赏。

1946 年 12 月 1 日，顾型的孙子顾兴中迎来大婚。顾型沉浸于喜悦之中，期待着开启又一段新的生活。然而天不假年，他竟于 12 月 5 日遽而逝世，享年 70 岁。12 月 8 日，顾型在海格路中国殡仪馆大殓。

顾型逝世后，鸳鸯蝴蝶派作家曹梦渔赋诗怀念，素描了顾型的雅致和性情：“五十年前已识君，澄江如练郁奇文；梁溪夜泛城西月，歇浦晨看蓟北云。寿享七旬惟好静，诗经百炼更超群；一朝遽赋骑箕去，欬吐还应天际闻。”顾型的学生过钟粹所拟的挽联则简要概括了顾型的名望和德行：“频年国难，风雨同舟，苏讯谱新词，共仰十闲名主笔。大寿古稀，龙蛇厄运，侯生怀旧德，不禁双泪滴师门。”著名法律学者孙乃湛则沉痛地回忆说：“乃湛思想之构成，得诸前辈指示者六人，先生其一也。”✣

新发现的茅盾《宿莽》审查本

钟桂松

在20世纪30年代，国民党对出版的进步文艺作品进行秘密审查，涉及鲁迅、茅盾、郭沫若、巴金等进步作家，摧残、扼杀革命进步文艺，引起广大读者、作者和出版社的强烈不满，上海有不少出版社联合抗议申诉，迫使国民党有关部门让步，减少禁止出版发行的书目。这个过程在现代文学研究中，很多研究著作中都有提及介绍，但是，我们很少看到当年审查删改过的书籍实物，尤其是茅盾被审查删改的著作，怎么审查的，怎么删改的，我们虽然知道当时审查通知删改的内容，但具体被审查的书籍实物很少见到。

前几年，一个偶然的机会，浙江图书馆古籍部主任陈谊兄告诉我，他们在整理民国时期图书时，发现一本20世纪30年代国民党审查员审查删改过的茅盾作品集《宿莽》，让我去看看。我到省图书馆古籍部一看，果然如此。这本大江书铺版的《宿莽》，内文上留有当年审查员的名字，还有审查过的笔迹，十分稀有。

30年代初，随着国民党反动统治的日趋稳定，为了巩固蒋介石反动政权的需要，1933年3月，上海特别市党部率先设立新闻检查所，地点在南京路大陆商场。开始时，新闻检查所是由上海市政府、市党部，以及市警备司令部三个单位联合组成的，经费分摊，人员也是各自派充，主任陈克成是市政府的秘书，副主任黄香谷是市党部宣传科主任，郑天轼是警备部的人，还有几个工作人员。据《民国二十五年上海市年鉴》介绍："该所检查工作，晨夕相继，检查员精神必所不继，因采轮值制，每日晚由检查员三人及审查员三人负责，轮流不息。"刚成立时直接受命于派出机关，后听命于中央宣传委员会，1934年8月以后，改隶中央检查新闻处。

上海作为20世纪30年代文化重镇，受到国民党的新闻出版秘密检查的影响越来越大，终于在1934年2月，国民党中央宣传委员会秘密下发查禁149种图书的通知，紧接着，上海国民党特别市党部执行委员会转发查禁电令：

中国国民党上海特别市党部执行委员会
准中宣委函请查禁反动刊物令文

为令遵事：案准中央宣传委员会密函第30号内开："查上海各书局出版共产党及左

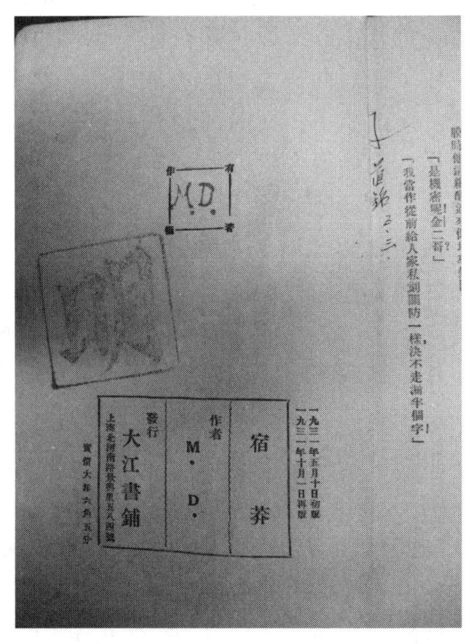

《宿莽》书影（大江书铺，1931年10月版）

倾作家之文艺作品，为数仍多。兹经调查其内容鼓吹阶级斗争者，计一百四十九种。为特印送该项反动刊物目录一份，即希严行查禁，并勒令辙毁各刊物底版，以绝根口”。准此：查　等著之　刊物　　种，系该局出版。除分行外，合亟抄单令仰该书局遵照。迅将单开各种反动刊物连底版一并缴呈销毁，毋稍违误，切切！此令。

查禁书目（149种，此处略——作者）涉及上海的神州、现代、光华、湖风、南强、大江书铺、水沫书店、天马、北新、合众、亚东、文艺、光明、开明书店、泰东书局、中华、民智、乐华、儿童、良友、商务印书馆、新中国、华通、中学生等24家出版机构的149种出版物，涉及鲁迅、郭沫若、茅盾、陈望道、夏衍、巴金等28位作家。其中茅盾的作品有大江书铺出版的《宿莽》《野蔷薇》，天马书店的《茅盾自选集》，开明书店出版的《春蚕》《虹》《蚀》《三人行》《子夜》等等。

查禁出版物的通知1934年2月秘密下发以后，引起涉及的25家出版社的强烈反对，章锡琛作为开明书店总经理，挺身而出，联合其他出版社和书店，抗议国民党的倒行逆施，及时向上海特别市党部递交申诉函。全文如下：

呈为大宗出版物，奉令禁毁，请求重新审查，分别从轻处置，以苏商困而维文化事：窃商店等在本市经营出版事业，已历多年，虽属营利性质，然未尝不裨助教育，发扬文化。故对于各书之出版，素极审慎从事，冀免贻害社会，干犯刑章，因而害及自身之营业。近来，中央政府对于出版物取缔綦严，商店等益深懔惕，不敢稍涉疏忽，凡奉内政部出版法规定各条，悉经遵照办理。乃本月十九日先后劳钧部派员挨家至商店等各家面谕称奉中央党部宣传委员会密令禁止各种出版物发售，并限期将印成存书纸版呈部销毁。综计查禁书籍，共达百数十余种之多。其中有前已呈蒙中央党部审核修正准予发行者，有曾蒙内政部审查注册赋予出版著作权者，有出版已历多年早蒙认为为无碍者，均未蒙谕知应行查禁理由，辄一律予以查禁，群情惶骇，莫可言喻。窃思书店等均系小本经营，一书之成，自收稿以迄出版，经过时日，常亘一年半载，所投资本，不下四五百金，故印行之际，不敢不慎之又慎。此次奉令查禁各书，自信绝无干犯法令之处。纵令难免疏忽，至多不过篇章字句之间稍有不妥。倘中央党部认为尚多违碍，果蒙明白指示，令饬修改，商店等自皆乐于遵行。今不分轻重，一律禁毁，际此教育衰颓商业凋敝之秋，商店等勉强支持，已觉万分竭蹶，受此重大打击，势将无以自存。且此出版名家，懔于此种严重之处置，复将不敢印行书籍，对于文化前途，似乎不无妨碍。为此迫切联名呈请钧部俯鉴商店等困苦情形，乞赐转呈中央党部，将此次查禁大宗出版物，重行严密审查。倘有违碍之篇章字句，请予分别指出，饬令商店等遵照修改，或者留出空白，改版印行，免其完全销毁。庶商店等辛苦经营之血本，不致丝毫无着，而中央纠正思想，取缔出版之至意，亦弥见慎重，于文化前途，裨益实多。是否可行，伏乞批示遵行。实为德便。除呈上海市教育局、中央党部外，谨呈。

这是上海出版界同人在开明书店总经理章锡琛的牵头下，第一次向上海市党部请愿书，上海市党部没有直接回应，所以章锡琛他们和出版业同人商量后，又向上海特别市党部写了第二份“请愿书”，并且提出七条解决办法。同时，章锡琛联合夏丏尊等，联名给蔡元培、邵力子写信，希望他们从中周旋，体恤书店出版社的困难。章锡琛他们提交的第二份报告如下：

呈为大宗书籍奉令查禁，前经呈请重

审，再拟具分别处置办法，请求采纳，以苏商困，并乞严禁翻印禁书，俾免拖累而端趋向事：窃商店等前奉钧部命令查禁书籍一百四十九种，曾经联名具呈，请求重行审查，并派代表赴钧部请愿，蒙钧部童委员行白接见，并面谕各代表再拟具体办法，另行具呈钧部代为转呈中央党部，设法重行审查等因，奉此：遵即拟具办法七条，详列以后，伏乞鉴核：

一、此次奉令查禁，由商店等暂行点数封存，不再发售，静待后命。

二、各书中有业蒙中央党部审查修改或经各级党部及行政机关审阅注册，并准许发行者，由商店等列表注明审阅注册准许年月，请求查案仍准发行。

三、各书中有奉令禁止多年，书已无存，板亦销毁，无从检呈者，请求免于检呈，以后决不重印发行。

四、各书中有经商店等公认为确有反动形迹者，将该书纸板存书，分别检出，遵令呈中央销毁。

五、各书中有经商店等公认为并非反动，或其中偶有一二违碍字句者，由商店等列表说明该书内容，请求重行审查，准许发行，或将其中违碍字句酌量删改，保留其余各部分，准许发行。

六、以后中央认为反动形迹之著作人，其著作品除完全关系纯粹学术者外，商店等不再为之刊行。但以前已出版作品，如其中并无反动意味者，仍请求顾全商店等血本，准许发行。

七、以后出版书籍，除一律遵照出版法于出版后呈送内政部外，如商店等认为出版后或许发生问题者，得将原稿呈请中央党部或各级党部指定之审查员或审查机关先行审查，俟奉准许后再为印行，并将准许证刊入书中。

以上七条伏乞鉴核采纳，以苏商困。再商店等历次奉令禁毁各书，无不遵照办理。惟查各地奸商，平日对于商店等出版销行较广之书，动辄翻印图利。经破获呈控者，已有多起，而翻印禁书，尤为若辈莫大利薮。盖在出版者既不能依据著作权法提起诉讼，而购买者因无处可买，自然趋之若鹜。一经官厅查获，反认为商店等有意违抗。是商店等既受禁毁之损失，复被奸商所拖累，事之不平，莫甚于此。应请如何设法禁绝翻印，俾免拖累而端趋向，实乃德便。谨呈。

经过章锡琛等二十多家出版机构同人的不懈努力，一方面向上海特别市党部申诉，请求放宽审查标准，分类处置，以缓解出版商的困难；另一方面通过上层熟人做工作，要求网开一面。

章锡琛他们两次申诉报告，以公文的形式，用字客客气气，软中有硬，绵里藏针，和国民党反动统治者进行公开面对面斗争。

3月20日，国民党上海特别市执行委员会以“批答执字第1592号”的形式，批复给开明书店等24家出版机构，把原先查禁的149种书，分五类处理：

“一、《平林泰子集》等三十种，早经分别查禁有案，应切实执行前令，严予禁毁，以绝流传。二、《政治经济学批判》三十种，内容宣传普罗文艺，或挑拨阶级斗争，或诋毁党国当局，应予禁止发售。三、《浮士德与城》等三十一种，或系介绍普罗文学理论，或系新俄作品，或含有不正确意义者，颇有宣传反动嫌疑，在剿匪严重时期内应暂禁发售。四、《创造十年》等二十二种，内容间有词句不妥，或一篇一段不妥，应删改或抽去后，方准发售。五、《圣徒》等三十七种，系恋爱小说，或系革命以前作品，内容均尚无瑕，对于此三十七种书籍之禁令，准予暂缓执行。”

紧接着是开列了五种区别不同情况的书名。限于篇幅，这里不再罗列书名。

这是上海章锡琛等书店同人不断争取不断斗争的结果。

茅盾的几本书都划在第四类，属于“应删改或抽去后，方准发售”一类。在茅盾的作品目录后面，审查官提出应删应改的要求。其中天马书局（店）1933 年 4 月出版，9 月再版的《茅盾自选集》刚出版时，《申报》在 1933 年 4 月 8 日介绍说：“内有作者近影及原稿墨迹等非常珍贵。”后来审查员认为：“内有《大泽乡》及《骚动》二篇不妥，应抽去，《喜剧》一篇，有不满国民革命词句，应删改。”

茅盾 1933 年 5 月在开明书店出版的小说集《春蚕》，当时叶圣陶为此写了出版广告，说：“本书是茅盾的第三个短篇小说集，包括《春蚕》《秋收》《小巫》《林家铺子》《右第二章》《喜剧》《光明到来的时候》《神的灭亡》等八篇，都十万言……作者过去的小说多写都市生活，此集中《春蚕》等四篇是他转向农村生活描写的第一步，很值得注意。”而国民党审查员的审查意见却是：“《秋收》后半篇有描写抢米风潮之处，《喜剧》P208 有不满国民革命言论，均应删改。又《光明到来的时候》一篇不妥，应删去。”

茅盾在日本创作的长篇小说《虹》，出版时，被称为《蚀》三部曲的姊妹篇，出版不到两个月“便告售罄”。后来，审查官的意见是：“本书是一部穿了恋爱的外衣，描写革命时的一切现象之实的作品，时代是从‘五四’运动到‘五卅’惨案，地点是从四川回到上海，内容无碍，惟跋文末一节应删去。”《虹》由开明书店 1930 年 3 月出版的，出版当时茅盾还没有回到国内。

茅盾的《三人行》是开明书店 1931 年 12 月出版的一部描写学生的小说，审查员审查后，认为：“描写学生生活，P99、P100 述及暴动，P123 述及赴京请愿情形，P135、P109 均有暧昧不妥词句，应删改。”

1933 年 1 月开明书店出版的茅盾长篇小说《子夜》，是举世瞩目的长篇小说，当年曾引起轰动，《东方杂志》第 30 卷第 1 号介绍《子夜》说：“作者以 1930 年在世界经济恐慌与国内战争交迫下的中国社会经济现象作为题材，支配了八十多个人物。从民族工业的衰败到劳资斗争，从现金集中上海到公债投机的狂热，从内战的猛烈到一般社会的恐慌乃至颓废享乐——一切衰溃期中的社会现象都有了深刻的描写。”国民党审查员写了《子夜》的审查意见：“二十万言长篇创作，描写帝国主义者以重量资本操纵我国金融之情形，P97 至 P124 讥刺本党，应删去。十五章描写工潮，应删改。”P97 至 P124，就是《子夜》的第四章，里面描写了双桥暴动和讽刺国民党的内容。

茅盾的《野蔷薇》出版时，读者认为“虽然有刺，可是有香有色。”国民党审查官认为：“描写现代女性各种性格，情节大都在性爱范围内，惟作者故意在序文中说‘……想在各人的恋爱行动中露出各人的阶级形态’以表示作者的立场，应删去。”《野蔷薇》是茅盾 1929 年在日本时编选的一本作品集，1929 年 7 月由大江书铺出版。

至于大江书铺 1931 年 5 月的《宿莽》出版后，不断再版，评价很高，认为“是一部镂刻着苦心的东西”。同年 10 月再版，到 1933 年 2 月，出版第 3 版。对这部作品集，审查员的意见是：“内有《豹子头林冲》及《大泽乡》二篇，颇多鼓吹阶级斗争意味，应抽去。”这个审查意见，和我们看到的 1931 年 10 月版《宿莽》目录页上留下的审查意见是一致的。《宿莽》作者署名“MD”，是茅盾的缩写。

大江书铺是 1929 年 9 月创办的，发起人是陈望道、施复亮、汪馥权、冯三昧等。陈望道是大江书铺经理，施复亮为编辑部主任。由于大江书铺的发起人都是浙江人，所

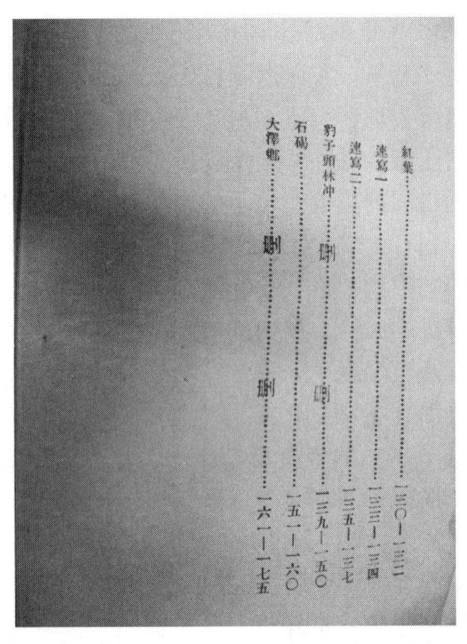

紅葉……一三〇—一三二
速寫一……一三三—一三四
速寫二……一三五—一三七
豹子頭林冲……刪……刪……一三九—一五〇
石碣……一五一—一六〇
大澤鄉……刪……刪……一六一—一七五

《宿莽》目录书影（大江书铺，1931 年 10 月版）

以浙江的作者不少，鲁迅、周建人、茅盾、丰子恺、夏衍、冯雪峰等作家，都曾经在大江书铺出版过译著和作品集。1931 年 3 月，大江书铺迁到河南北路景兴里 584 号。后来，因为大江书铺的不少进步书籍被查禁，严重影响大江书铺的发展，甚至出现亏损。1934 年 2 月，大江书铺经过董事会决定盘让给开明书店。所以，1934 年 2 月，上海特别市党部秘密下达查禁 149 种作品时，大江书铺事实上已经歇业转让。

茅盾在回忆录中说："国民党反动派要严禁书刊的消息早在 1933 年 11 月就传出来了。12 月，开始对《生活》周刊和《文学》开刀。但对进步书籍的查禁却未见动静。直到 1934 年春节过后，2 月 19 日，上海各书店终于收到了国民党上海市党部奉国民党中宣部查禁'反动'书刊的正式公文。当时查禁的书籍有 149 种之多，牵涉的书店 25 家，牵涉的作家 28 人，其中有鲁迅、郭沫若、陈望道、田汉、沈端先、柔石、丁玲、胡也频、蒋光慈、高语罕、周起应、华汉、巴金、冯雪峰、钱杏邨、洪灵菲、王独清、顾凤城等，我也在其中。"茅盾记得当时由开明书店章锡琛牵头，向上海市党部提出请愿，同时各书店派代表去市党部请愿，后来，第二次向上海市党部提出书面请愿，并且提出七条解决办法。3 月 20 日国民党上海市党部答复各书店的请愿意见。按照上海特别市党部答复的意见，开明书店章锡琛找到茅盾，问他按照审查下来的意见，《子夜》的第四章、第五章如何修改？茅盾觉得与其改得面目全非，不如干脆把这两章"抽掉了事"。因此，1934 年开明书店再版的《子夜》就少了两章。

浙江图书馆所见大江书铺出版的茅盾的《宿莽》的审查手迹，与 1934 年 3 月 20 日的答复内容一致。审查员非常仔细，每一篇认真看过，并且在每一篇小说、散文的末尾，署上一个"阅"字，同时署上自己的名字，以及审查的日期，以示负责。浙江图书馆收藏的这部审查过的《宿莽》，是 1931 年 10 月 1 日再版的书。收入的作品有《弁言》《色盲》《泥泞》《陀螺》，还有随笔七篇《叩门》《卖豆腐的哨子》《雾》《虹》《红叶》《速写一》《速写二》，还有《豹子头林冲》《石碣》《大泽乡》。其中在目录页中，审查员在《豹子头林冲》和《大泽乡》两篇的下面，盖上"删"的字样。审查员在每一篇作品末尾的签上"阅"字，署名"道铭"，署名后面写上的日期 5 月 2 日或 3 日。说明这部《宿莽》的审查时间是在 5 月 2 日、3 日两天完成的。

但是，让人费解的是，这个《宿莽》的审查时间是 5 月 2 日至 3 日，而且审查的结果又与 1934 年 3 月 2 日秘密下发的审查内容是一样的。那么，这个"道铭"是谁？我曾经向文学史料专家请教，也查阅相关材料，都没有发现审查员"道铭"的任何信息，是不是化名？现在很难确定。那么，审查员在审查时签署的时间"五，二""五，三"，按

诗书传情值千秋

——茅盾致陈瑜清书信里的诗词

陈毛英

茅盾是闻名海内外文坛的小说家、散文家和评论家，也是一位优秀的诗人。他一生奉献了1 400多万字的文学财富，为新中国新文学事业做出了巨大的贡献。新中国成立后，他担任第一任文化部部长、中国作协主席、全国文联名誉主席和第五届全国政协副主席等职务。他创作最有价值的文学作品之一是旧体诗词。尤其在“文革”十年，茅盾与世隔绝，赋闲在家，却与旧体诗结缘，创作了许多感怀的旧体诗词，以诗言志，豪迈深刻，诗味醇厚，寄托情怀，朴实无华，情感真挚，为世人留下了许多诗篇佳作。

我的父亲陈瑜清与茅盾是表兄弟。在人生的不同阶段，他们都保持着联系。在“文革”时期，他们通过六十余封家书的传递，维系着京杭两地兄弟间的深厚情谊。

1970年1月，父亲主动写信给表哥茅盾，送去了久违的问候。未曾想到表哥正经受丧妻的沉痛打击，精神上处于极度悲哀之中，因劳累和悲痛导致病重入院治疗。父亲接读表哥的来信，立即写信表示慰问，使悲痛、孤寂的茅盾得到一份亲情的慰藉。茅盾信中希望父亲“有暇盼来信以慰渴望”。在“文革”中，父亲是最早写信给表哥的亲人，正如茅盾儿子韦韬和儿媳陈小曼合著《父亲茅盾的晚年》中写道：“在‘文革’十年的前五年中，爸爸没有与任何人通信（那封给陌生读者的信是唯一的例外），直到妈妈去世，为了报丧，才与陈瑜清表叔及其他亲戚朋友们逐渐有了通信联系……最早与爸爸建立通信联系的是杭州的瑜清叔叔。”

他们书信交谈内容除家庭子女，身体保健外，有文学作品的介绍和翻译，对诗词的评论和研究，忆述各种典故和史料，怀念文化界好友，对家人思念和往事的回忆，还有许多茅盾的谆谆教诲以及对父亲的真挚关爱。我诵读茅盾的书信，发现谈论最多的话题竟然是旧体诗词，几乎占了书信量的一半

照一般书写习惯来看，应该是5月2日，5月3日，问题是，这是哪一年的5月？是1934年的5月？那么国民党上海特别市党部在3月20日就答复开明书店等25家出版机构的申诉，对《宿莽》的审查意见已经有了，如果是1934年5月审查的，那么成了结论在前，审查在后，显然不合常理。所以，国民党对茅盾的《宿莽》的审查，应该是在1933年5月的事。

这就说明，国民党对进步文艺作品的审查，从1933年3月上海新闻检查所成立以后就秘密开始了。现存的1931年10月版的《宿莽》审查本，就是明证。茅盾说“国民党反动派要严禁书刊的消息早在1933年11月就传出来了”，是因为国民党的审查进步文艺作品，都是在秘密状态下进行的。茅盾这些革命作家就自然不清楚什么时候开始在审查了。

（本文写作得到樊东伟、龚景兴帮助，在此表示感谢） ✣

之多。《父亲茅盾的晚年》书中说："与爸爸在书信中论诗的还有瑜清表叔。瑜清表叔不是诗人，但当时知识分子中的'逍遥派'学写旧体诗成风，他周围的不少朋友都在私下里吟哦，他也不免附'雅'。爸爸认为他的几位朋友的诗还有点功力。"

父亲经常向表哥请教诗词中的典故和疑问，不时抄上自己和友人的诗词请表哥点评。茅盾题赠和回复有：书赠父亲的祝寿诗等，应约奉和而作的诗词，评论他人诗词得失——不少是就父亲的提问，茅盾给予的解惑答疑。《父亲茅盾的晚年》写道："父亲两年间一共写了十二首旧体诗。这些诗词中，感怀诗占了一半，也有与友人唱和的，如《寿瑜清表弟》，也有应他人之请写的，如《题〈西湖长春图〉》，祝刘建华、朱关田两同志百年之好的《一剪梅》。"

1971年2月1日，茅盾对父亲的赞誉，回复中有一番感叹,："蒙谬赞，实愧不敢当，年过七十，精力疲惫，说不上再能对祖国有所贡献了；至于以往言行，错误恐多，惟有汗颜，从前我悼郑振铎诗，有'天吝留年与补过'一句，振铎是飞机失事而早亡，我则居然活过七十，天不吝年，奈我未能补过，徒呼负负。"这是茅盾给父亲书信里首次谈论诗词。他联想到郑振铎1958年10月18日飞机失事不幸遇难，写下悼念诗《挽郑振铎》，"天吝留年与补过"这句是指老天竟过早地夺去了挚友郑振铎的生命，他虽已年近六旬，但是精力充沛，若能天假以年，将为我国文史研究做出更大的贡献。茅盾如此感慨，只能以诗词方式来表达悲观的心情，释放精神上的忧郁。

二

寿瑜清表弟

往时真理共追求，一掷何靳年少头。
瀛岛蓬飘相呴沫，巴黎萍寄赶潮流。
东方红唤睡狮醒，反霸声威射斗牛。
十万缥缃勤编纂，浑忘佳节值千秋。

瑜清表弟六十六岁生日，适值国际儿童节，其同事陈晓华作诗祝之，瑜清用鲁迅自嘲七律原韵作自勉以答，其弟子朱陈同志又次韵祝寿，瑜清并以寄示，余见猎心喜，亦次韵以祝，不遑计其工拙也。

茅盾

一九七三年十一月二日于北京

诗后跋文说明了作祝寿诗的缘由经过：1973年6月1日国际儿童节，也是父亲（农历五月初一）六十六岁生日。浙江图书馆同事陈晓华写五言古体诗为他祝寿。父亲仿鲁迅先生的《自嘲》，步其原韵作诗答之：

年逾花甲复何求？但喜童颜未白头。
扶杖挟书访胜景，挺胸阔步赶潮流。
乐闻老伴话今昔，愿为小孙做马牛。
庆幸此生逢盛世，悠然无虑度春秋。

父亲把《自勉》七律寄给合肥的学生朱陈（朱光潜先生的长子，安徽大学中文系教授。他是父亲早年在重庆隆昌立达学园教书时的学生）。朱陈次韵了一首七律诗《次韵寿瑜清师》：

隆昌旧日记蒙求，望七欣闻未白头。
老骥犹存千里志，壮怀应似大江流。
喜偕德曜同甘苦，宁为儿孙作马牛。
长夏诗情添酒兴，嘉辰遥颂八千秋。

父亲又把自作与和作抄寄表哥评阅。茅盾读后，欣然命笔，写了一首七律诗《寿瑜清表弟》，回复说："十月二十七日手书奉悉。我竟不知你的生日是阴历五月朔日，失礼之至……我次韵一首，对仗欠工，聊以博一笑耳。"

诗作完整地概括了父亲一生经历，情真意切，含蕴深长。首联是指父亲在立达学园读书时积极投入反帝反封建的斗争，为了追求革命真理，毫不畏惧斗争的英勇爱国精神。

评价他们共同参与五卅运动的那份正义、无畏的革命情怀。父亲作为上海学生联合会的代表去宁波进行宣传募捐活动，成为一名为革命事业敢于斗争，毫不吝惜生命的热血青年。颔联记述父亲赴日本、法国的留学经历。前句是指上海《申报》报道父亲参加“五卅”进步活动遭上海警察局通缉，选择东渡日本求学。1927 年大革命失败后，茅盾遭受国民党政府的通缉，1928 年 7 月去日本避难。回忆在异国他乡遇亲人，兄弟俩相濡以沫、患难与共的难忘岁月。后句为父亲追随革命潮流，赴法国勤工俭学三年的真实写照。颈联寓意深刻，诗意扩展，从记述父亲的经历到抒发对伟大祖国的赞颂，有感于中华睡狮已被《东方红》歌声唤醒，中国人民从此站起来了，在世界反霸斗争中发挥更大的作用。尾联鼓励表弟辛勤奉献于图书馆事业，做好外文图书编纂工作，对未能及时祝寿表示歉意，现送上真挚的祝福。这首感情真挚、动人心弦、感时抒怀、热情洋溢的诗篇，印证了兄弟间深厚的感情。

茅盾八十寿辰时，陈瑜清与茅盾于北京寓所合影（1976 年 7 月 4 日）

父亲收到表哥馈赠的生日厚礼，如获至宝，爱不释手，将书法墨宝装裱后挂在客厅正中，天天相见，如晤表哥之面，饶有兴致时便吟诵，沉浸在诗书美好的祝福中。茅盾祝寿诗深深地打动了父亲的心，我从他日记里见到了写给表哥信中的一段肺腑之言：“我六岁丧父母，从小就受着姑母和您的爱护与培养。我的一家人之所以有今天，是全靠您的大力帮助！今捧读着您对我这样垂青厚爱，将我微不足道的一生概括得这样全面，并鼓励我勤奋工作这美好的诗篇和挺秀的手笔，叫我怎能不感激涕零呢?!”

1973 年 11 月 22 日，茅盾来信说：“至于律诗，颈联（第三、四句）与腹联（第五、六句）要讲究对仗，我的那首诗，颈联还算对仗稍可（附言，原诗‘瀛岛蓬飘’，下句对‘巴黎寄踪’，不甚工，如改为‘巴黎萍寄’，则较可），腹联则谈不到对仗了。就此而论，则朱陈的祝寿诗，对仗较为工稳，他大概是下过功夫的。”为了讲究对仗，做到诗句工整和完美，茅盾反复推敲和修改，待满意时挥毫题写寄赠于父亲。最近，在桐乡市档案馆我看到这首祝寿诗的修改手稿，可谓几易其稿，如此认真，一丝不苟，令人动容。

二

中东风云

沉舟破釜决雌雄，旧耻重重一扫空。
正喜阵前初砍纛，却传幕后谋藏弓。
仰人鼻息难为计，自力更生终见功。
两霸声威朝露耳，万方共仰东方红。

瑜清表弟正之

茅　盾

一九七三年十二月

这是父亲意外收到表哥惠赠的诗词新作。茅盾来信说：“应人之请写了中东风云七律一首，今日有暇，亦写赠老弟。我写的东西，不值得裱装，此诗勿再裱装，亦节约物力人力之道也。”

1973年10月，茅盾有感于中东十月战争的局部胜利而创作新作。“沉舟破釜决雌雄，旧耻重重一扫空。”1973年10月6日，埃及、叙利亚军队和巴勒斯坦游击队，在其他阿拉伯国家的支持下，抱着破釜沉舟的决心，为了洗雪旧耻而奋起反击以色列的军事侵略。“正喜阵前初砍纛，却传幕后谋藏弓”是指人们正喜第四次中东战争阵前初次砍到敌人的战旗，却传来美苏两国正在幕后活动，让阿拉伯国家的人民放下手中的武器。“仰人鼻息难为计，自力更生终见功。”中东各国人民从“十月战争”中清楚地意识到，仰人鼻息是没有出路的，只有自力更生才能达到目的。为收复失地和恢复民族权利的正义斗争，受到世界革命人民的同情和支持，终于取得这场战争的局部胜利。“两霸声威朝露耳，万方共仰东方红。”在这场中东“十月战争”中，美苏两国声名狼藉，威信扫地；中国人民坚决支持埃及、叙利亚军队和巴勒斯坦游击队所发动的正义战争，得到世界革命人民的共同景仰。

这首感时之作，茅盾是借国际时局吐露自己的心声，当年他的处境还不太佳妙，诗言志，抒真情。茅盾赐予的墨宝，书法笔力遒劲，寓意深刻，父亲十分感动，倍加珍爱。经裱装后，放入定制的玻璃镜框内，悬挂于家里客厅中，供家人和来客共同欣赏。

三

一剪梅

美满因缘翰墨香，
女也缣缃，
男也缥囊。
佳人国士好风光，
兰也芬芳，
菊也傲霜。

竞争上游建设忙，
华也飞翔，
关也腾骧。
两聋大小共称觞，
欢也刘娘，
喜也朱郎。

陈瑜清、陈晓华大小两聋嘱缀俚句，为刘建华、朱关田两同志祝百年之好，敬谨如命，并附骥尾同申祝颂。

建华　关田　同志　大喜

茅盾

一九七四年二月北京

这是一首为庆贺两位青年结婚而作的贺词。刘建华是日语专业大学毕业生，分配在浙江图书馆采编部，由父亲带她从事日文图书分编工作。朱关田毕业于浙江美院，在杭州书画社工作。由于父亲喜欢把茅盾书信拿给单位同事和周围好友分享，刘、朱两人便产生了希望求得茅盾书法墨宝的想法，巧借新婚之名恳请父亲写信给茅盾，以满足他们的愿望。

1974年1月27日，茅盾来信说：“贵同事刘建华及其爱人朱关田拟得我的字幅，此是小事，敢不遵命。惟我的字实在拙劣，既两位同志有嗜痂之好，亦不敢藏拙矣，迟日即当写奉。”一月后又来信：“今日从北京医院治牙归家即写了《一剪梅》，为你和晓华同志祝刘建华、朱关田同志结婚祝贺。词与字都拙劣，勉应遵命耳。”

这首词特点明显，寓庄于谐，饶有风趣，词中用语雅俗共赏，富有喜庆色彩，整篇写得绘声绘色，如诗如画。既祝福两位青年百年之好，又点明两人的特定身份。

词的上阕以“翰墨”“缣缃”“缥囊”等书画文房之物，烘托具有中国传统的婚姻，充满文化氛围的美好圆满。并以芬芳的春兰和傲霜的秋菊比拟这对新人的风韵神采，终因翰墨之交结成“美满姻缘”。

下阕以“竞争”“飞翔”“腾骧”等词，尽显了对新人的期冀，希望他们为共同的事业而你追我赶，展翅飞翔，跃马奔腾，力争上游。“两聋大小共称觞”，用诙谐的词语以举杯形式表达对新人的庆贺，换来他们的欢心和喜悦，充满喜庆的氛围和励志向上的期盼。读来使人备受教益，感动至深。

为了证实两人姓名的正楷写法，茅盾二次来信向父亲求证（因父亲的笔迹潦草难以辨认）。茅盾做事非常认真，从不敷衍了事的态度，令人敬佩。

四

为沈本千画师题《西湖长春图》（四首）

滴翠调朱兴会奓，羡君老眼未曾花。
长春画卷擅工笔，人杰地灵更物华。

其二

诗文字画咸称绝，吾忆长洲癯石田。
此老可怜丁季世，啸傲只解在林泉。

其三

名扬海外数南蘋，花卉翎毛设色新。
散尽黄金惟一笑，混沌尘世此真人。

其四

祖国画坛千百宗，或矜秋肃或春秾。
吸收精粹弃糟粕，师法工农攀顶峰。

沈雁冰　时年七十七
一九七四年三月于北京

这是沈本千拜托父亲请茅盾为他画作《西湖长春图》题咏的四首绝句。沈本千是浙江著名的画家，丰子恺早年求学浙江第一师范学校的同窗学友，也是父亲晚年深交的好友。1974 年 3 月 18 日，茅盾来信附言：“将封寄，又寄（接）来信及附件。沈本千先生《西湖长春图》容缓日奉和。又及。”同月 29 日，茅盾又来信说：“为沈本千题《西湖长春图》，今日写好，附函请转。草草不工，聊以塞责耳。诗中用了沈石田、沈南蘋的故事，因皆姓沈，且一工山水，一工花卉，以衬托沈老本千，然而浮光掠影，小道也，不足取。”

第一首热情赞许沈本千所作工笔山水画《西湖长春图》。称赞这幅国画滴翠调朱，色彩鲜艳，使人兴会顿开；画师擅长工笔，人杰地灵，而美不胜收。羡慕沈本千年过七十仍画工笔，老眼仍未昏花，茅盾给沈本千信中对自己视力明显衰退而感慨。

第二首咏赞明代著名画家沈石田，他的诗、书、画堪称三绝，名满天下。茅盾诗中说，想起了古代长洲老画家沈石田，其诗文字画均称绝妙，可惜此老生不逢辰，遇到末世，只有啸傲林泉，过着无拘无束的隐逸生活。

第三首咏赞清代著名画家沈南蘋。沈南蘋是浙江德清人，曾应聘赴日本三年，传授画法，对日本江户时代“花鸟写生画派”的形成产生很大影响。他为人豪爽乐观，视金钱如粪土。诗中称赞沈南蘋画技高超，花卉翎毛，设色新颖，而名扬海外。画家爱艺轻财，颇为旷达，散尽黄金，一笑而已，在当年“混沌尘世”中可称一位“真人”。

第四首勉励画师勇攀艺术高峰。茅盾先述祖国画坛有千百种不同流派，这些绘画流派，既有描绘春日百花盛开而著名，也有描绘秋天肃杀景象为特色，对此均应取其精华弃其糟粕，更为重要的是应当向人民学习，不断攀登艺术高峰。

茅盾的“题画四首”，紧扣沈本千与画作下笔，写得兴会淋漓，感情真挚，诗味浓郁，把沈本千和明代的大家沈石田、清代的名家沈南蘋相提并论，寓意颇深，勉励画师艺术上更上一层楼，充满深情的诗句令沈本千深受启发和教育。日后，沈本千就茅盾赐题《西湖长春图》四绝句，深感诗书双绝，以红梅横幅为报，敬步原韵唱和一首，请茅盾先生指正。沈本千的《西湖长春图》，先后征得四十余位七十岁以上的老人题写诗词，尤其是茅盾四首绝句为画作增色添彩，一时成为当代诗坛、画坛广为流传的佳话。

五

岂容叛贼僭称雄，社鼠城狐一网空。
莫谓工农可高枕，须防鬼域暗弯弓。
批林批孔百年计，反帝反修万世功。
寰宇风雷正激荡，东方早透曙光红。
赠答东舒同志仍用前韵
东舒同志　两正

雁冰

一九七四年三月　北京

1974 年，全国正在展开“批林批孔”运动，有人借此为幌子，将矛头指向敬爱的周恩来总理。茅盾有感于此，写了这首赠答东舒同志的七言律诗。1974 年 3 月 18 日，他来信说：“近因目疾及肠胃不调，故前信迟复。兹寄上为东舒同志所写字幅。即希转交为幸。”姜东舒是一位书法家、诗人。与父亲共事多年，过往甚密，举杯把盏，常以诗书交往。姜东舒喜获茅盾赠予的墨宝，十分感激，父亲退休时，他赋诗题赠答谢。

茅盾为父亲的友人书写的诗词，除上述三首外，1973 年 11 月 22 日，还写有一首七绝《戏和晓华同志原唱》：

三百篇皆天籁耳，后贤声律始求细；
君才磊落破空飞，何必暖姝随俗世。

这是父亲《自勉》诗修改后，抄寄表哥而引发的一段插曲。茅盾在诗中表达了他的诗词创作观，也对陈晓华的诗给予鼓励和规劝。

六

父亲学习旧体诗词，是在与表哥书信交往中开始的。他们通信八年间，有三年多的书信都是谈论诗词，酬唱应和，诗赋趣话。停止文学创作沉寂多年后，茅盾热衷于写旧体诗词，用诗词交流方式进行对话，满足了他在特殊历史时期的一种表达需求，通过旧体诗词来抒发胸臆。《父亲茅盾的晚年》写道：“臧克家和瑜清表叔常常将自己的近作或转抄他人的诗作寄给爸爸欣赏、谈论，有时还要求爸爸和一首。于是爸爸也被引诱得‘旧病复发’，打破五年禁条，重新‘舞文弄墨’起来。”

茅盾指导父亲如何学作旧体诗词：“关于旧诗、词的格律，前人著作甚多，然而或有门户之见，且亦芜杂。解放后，王力的诗词格律，甚便于初学者，想来浙江图书馆当有此书。旧体诗押韵，本来没有标准的韵书，六朝以后始渐齐备，清朝编《佩文韵府》，可谓集前人大成，但唐人某字读音与今人不同者甚多，历来韵书，依唐音分类，此在王力的书中已评言之。”

父亲学习过程中，勤做笔记，抄录诗词佳作，虚心好学，在表哥的悉心教导和鼓励下，作诗大有长进。茅盾晚年身体衰弱，眼力不济，却做到有问必答。1973 年 11 月 22 日，茅盾雅趣正好，来信中附抄他的旧作词供父亲鉴赏。

西江月

几度芳菲鹈鴂，一番风雨仓庚。斜阳腐草起流萤，牛鬼蛇神弄影。

可笑沐猴而冠，剧怜指鹿盈廷。五洲怒火正奔腾，见说东风更劲。

这是 1964 年 1 月，茅盾以《感事》为题创作的《西江月》词三首中第一首。他致陈鸣树信中谈及此诗：“拙作《西江月》蒙谬赏甚愧。正如尊说，此词作于六四年，乃刺苏修者。上片开头三句喻此辈不敢活动于光天化日之下，只能在黑夜施其鬼蜮。”此词写于中苏论争的背景下，有着时代的印痕。联系当年时局，茅盾以“可笑沐猴而冠”巧妙地表达了自己对“四人帮”当道的愤懑不平的心情。父亲十分喜欢表哥的这首词，经常与好友一起分享，赞赏词作的深意。

父亲十分欣赏杭州西湖边苏小小墓的一副楹联：“湖山此地曾埋玉，花月其人可铸金。”但父亲在工具书上查不到此联中“花月”的出处，1976 年 11 月 20 日去信向表哥请教。不久，表哥就此回复说：“西湖苏小小墓对联下联是‘风月其人可铸金’，非‘花月’，来信误。我欣赏此联，因其简赅，胜于其他长联，尤其是下联，点出苏小小身份及其可贵处。铸金用勾践铸范蠡金像说。”

茅盾赞赏这副楹联，虚实对称，自然稳妥，“湖山”对“风月”，“此地”对“其人”对得妙。尤其欣赏下联用“风月”两字，点明了苏小小身份，对于这位才貌双全，又懂得自爱的杭州名妓，非但不小觑她，而且还认为可以用勾践铸范蠡金像这典故的“铸金”来尊重她。茅盾的深知灼见和高度评价，父亲读后很受教益，深感敬佩，与周围许多朋友分享表哥的渊博学识。茅盾在不同场合曾谈及这副楹联，给予过较高的评价，欣赏其佳妙之处。

茅盾晚年体力和眼力欠佳，不能看小字过久，而对父亲的疑惑，他都认真作答，并给予详尽解释。1974 年初，父亲读到柳亚子先生于 1945 年为茅盾祝寿的四首七绝，深受感动。但第一首中“甘陵鄗部”这典故出自何处不知道，便去信请教表哥。

1974 年 1 月 27 日，茅盾来信说：

柳亚子先生原诗为“寿君五秩感君贤，风雨论交二十年。记取潮流澎湃日，甘陵鄗部着鞭先。”末句“甘陵鄗部”您不知出处，不得其解。我看来这是借用《后汉书·党锢传序》“由是甘陵有南北部”这一史事。另纸抄《党锢传序》一段有关甘陵的，备参考。柳先生之所以用这典故，想来是由于这样的背景：1925 年秋冬之交，国民党右派在北京西山会议集会，宣言反对孙中山之三大政策，并自立伪中央及各省、市党部。于是以两广为基地的在当时还是奉行三大政策之国民党中央，在共产党大力支持下对西山会议派进行反击，在各省、市成立左派的党部。其时在上海成立之左派国民党市党部中有恽代英及我（另有数人在蒋介石于 1927 年反共后跑到蒋那里去了，其中一人吴开先后来极反动）。当时，广州国民党中央所建立之反西山会议派之省、市党部以有中共之援助，以上海市党部为最有声势与实力。西山会议派在北，上海市党部（左派）在南，故柳先生借用甘陵南北党部之故事。若论其本质，则后汉之党争与 1926 年国民党内之斗争，迥然不同，然诗人用事，常取其表面之相似以相譬喻。例如原题第二首及第三首之起句皆用典，亦皆借用也。鄙解如此，您以为如何？匆复并颂俪福！

附抄《后汉书》一小段见另纸。

茅盾不仅对柳亚子先生诗句用典及背景史实作了详尽的阐述，还把《后汉书·党锢传序》抄上，并注明其出处及地名、人名之要点。

茅盾对柳亚子先生十分推崇，盛赞他才气横溢，灵感快。茅盾给父亲的信中回忆与柳亚子先生等友人吟咏唱和的难忘经历：“抗战时我在桂林，一日与柳亚子、田汉郊游，偶然即景作诗，柳先生一诗三江、七阳韵兼用……”

七

父亲身边有一个朋友圈，大多是爱好

诗词的知识分子，经常谈诗论词，互相唱和，闲谈诗赋趣话，传抄诗作，切磋心得。父亲给表哥去信时，经常把自己和友人的诗词附上，便引起了茅盾对这些诗作的关注和兴趣。父亲抄寄过学生朱陈，好友沈本千、刘炼虹，同事姜东舒、陈晓华，以及朱关田、吴战垒，老师王芝九、徐映璞等人的诗词。

1974 年 3 月，父亲把徐映璞先生七律诗抄寄给表哥，茅盾对徐诗引用了“庖丁解牛”典故深感佩服，来信说：“二十七日函及所附徐老先生一七律均诵悉。徐老此诗，妙在脱尽我们各七律的窠臼，不光在于工整也，原诗各韵中最难处理的是‘牛’字，徐老用了‘庖丁解牛’的典故，佩服佩服。”

1975 年 7 月，父亲把浙江图书馆编印的《红楼梦诗词评注》寄送表哥。他阅后，十分喜欢，评价“见者均甚爱之”，后三次来信索取“别出心裁的非卖品”二十余册与同好分享。该书前言为吴战垒撰写。吴战垒毕业于杭州大学中文系，是夏承焘先生的学生，供职于浙江古籍出版社。父亲经人介绍与吴战垒结识，受吴之托把他的满江红词作推介给表哥。茅盾的评语是：“十一日手札及吴战垒同志手书满江红词均悉。吴词寄托深远，笔力健举，甚为欣佩，书法亦有功夫。此纸兄当宝藏。惜近来琐事栗六，无暇吟哦，手又颤，怕写毛笔字，不能答吴同志琼瑶之投耳。乞代为致意为荷。”能得到茅盾的奖掖，吴战垒很受鼓舞。日后，他又把两首词作请父亲寄给茅盾，茅盾谦逊地说：“我于诗词，浅尝而已。吴战垒同志不耻下问，惭感奚似？鄙见以为《满江红·秋兴》以高亢胜，而《贺新郎·赠陈鸣树》则以婉约见长；足征吴郎才调正自不拘一格也。”

茅盾书信谈诗论词的话题甚广，品评到位，观点鲜明，表达严谨。有悼念周总理的诗词，有谈赵朴初《永难忘》曲三首，交流和探讨钱锺书的七律《寻诗》，点评夏承焘赠胡宛春七绝，还对徐霞客游记诗词发表他的见解。1974 年国庆，朱陈写了一首《玉楼春》。父亲抄寄给表哥看，他就“战天斗地夺丰收”改作“风调雨顺夺丰收”而称好，认为朱陈在诗词歌赋上是下了功夫的。同年 2 月，父亲转抄朱陈寄上合肥体育界某领导一首七律诗给表哥看。他来信称赞说：“意境甚好，对仗亦工，在你我诸作之上。颈联尤佳，盖以马列术语入诗而雄浑妥帖，颇不易也。”茅盾为民间好手的诗词点赞，不拘一格评作品，令父亲敬佩不已。父亲好友吴一之的七律诗，也获得茅盾的好评：“西医吴一之乞画梅之七律饶有风趣，首句切沈字尤妙。此为业余诗人，偶然有作，反多佳句。”

“文革”十年间，茅盾由“沉默期”向“复苏期”过渡期间，他笔墨下的书信、诗词和书法，都具有很高的欣赏价值。书信交往产生的诗词佳作，以书法墨迹呈现于世。这些作品真实地记录了茅盾的情感世界和精神面貌，是他晚年难能可贵的文学佳作。茅盾的“瘦金体”书法功底很深，具有书法童子功，从他的小学作文手稿可看出这种功底。茅盾的书法渊源有自，与家族教养有关。茅盾的祖父沈恩培是一名秀才，虽未考中举人，但他擅长书法，字体工整圆润，善写大字，常为人写匾额、堂名、楼名、馆名以至对联。茅盾回忆录《我走过的道路》一书中写道：“祖父自撰自写的对联，如陈渭卿家大厅上的抱柱对联：仲举风标，太邱德化；元龙意气，伯玉文章。是用了四个陈姓的典故。”我父亲也曾回忆：“早年，茅盾祖父为我家厅堂写对联，以陈氏古代人及其业绩入联题赠我的祖父陈渭卿，用典得心应手，对仗工整贴切，恰如其分，堪称佳作。”茅盾书法深受家庭影响，蕴含着文人的性格、趣味和精神，又鼓荡着现实关怀，士大夫气质和家国情怀。茅盾书法作品是深厚的艺术修养、渊博的学识才能、独特艺术风格的综合体现。

诗书传情，岁月留痕，翰墨情谊，价值千秋。重温两位尊敬长者感人的诗词佳话，令我敬畏和尊崇，他们深厚的兄弟情谊我们将铭记于心。回顾这段难忘的诗书交往经历，也是后人向两位先辈表达深切的缅怀之意。

参考文献

［1］陈毛英，张蓉. 茅盾致陈瑜清书信［M］. 杭州：西泠印社出版社，2010.

［2］韦韬，陈小曼. 父亲茅盾的晚年［M］. 北京：文化艺术出版社，2008.

［3］茅盾. 茅盾全集第十卷（剧本童话神话诗词）［M］. 北京：人民文学出版社，1985.

［4］丁茂远. 茅盾诗词鉴赏［M］. 杭州：杭州大学出版社，1991. ✣

《中国近现代出版研究资料汇编》序言

张志强

中国近现代出版家、商务印书馆创办人之一张元济先生，1917 年在给蔡元培的信中曾有“盖出版之事业可以提撕多数国民，似比教育少数英才为尤要”[①]之语，深刻地说明了出版的社会功能及其意义。中华书局创办人陆费逵先生在《书业商会二十周年纪念册》的序中也说：“我们希望国家社会进步，不能不希望教育进步；我们希望教育进步，不能不希望书业进步。我书业虽然是较小的行业，但是与国家社会的关系却比任何行业大些。”[②]同样说明了出版的重要性。

在人类文明的传承中，出版起着桥梁的作用。它将人类生产的知识化身千万，潜入社会的方方面面，广泛播种，促进社会的进步。这些出版物，成为当时知识生产的记录，也成为人类进步的垫脚石。鸦片战争以后，随着中西文化交流的增加，石印、铅印等西方的新式印刷技术源源不断地传入中国，带来了中国近现代出版业的繁荣，更促进了中国近现代学术的发展。

在中国漫长的出版活动中，曾留下过众多有关出版活动的史料。从《齐民要术》《梦溪笔谈》《天工开物》等书中关于造纸、雕版印刷、活字印刷等与出版技术相关的论述，到元代岳浚的《相台书塾刊正九经三传沿革例》、清代金简的《钦定武英殿聚珍版程式》等关于书籍校勘、版式等方面的记载，均是中国出版史上的重要史料。但更多的史料则是现代西方新式印刷技术传入中国引发了出版业的蓬勃发展之后形成的。这些史料，有对出版书目的系统整理，也有对出版活动的记载；有对出版规律的探讨，也有个人从事出版活动的回忆等，对了解当时出版的现状、还原当时的出版场景具有重要的作用。更重要的是，这些史料是当时出版业历史发展的原始记录，成为了解当时出版活动的重要物证；同时，由于出版业与社会、经济、文化的互动关系， 也能从中了解中国近现代社会、经济与文化的发展变化。

印刷术被誉为人类文明之母。西方的现代印刷技术与工业革命相结合，大大提升了出版的效率，也使出版业成为一个庞大的知识生产产业。鸦片战争后不平等条约的签订、西学的东渐，促使中国人“睁眼看世界”；中国社会自身的进步，受教育者的增多，也催生了对知识的需求。正是在这一系列因素的催生下，中国出现了一大批新式的出版机构，如墨海书馆、美华书馆等传教士办的出版机构，点石斋印刷局、乐善堂书局等外国商人创办的出版机构，京师同文馆印书处、江南制造局翻译馆等官办出版机构，同文书局、鸿文书局、扫叶山房等民办的出版机构。尤其是1897年商务印书馆的创办，成为中国现代出版的开端。商务印书馆创办后，出版了大量优秀图书，在普及科学文化知识、弘扬中国传统文化、传播西方现代文明等方面做出了杰出的贡献。此后，1912年成立的中华书局、1913年成立的亚东图书馆、1917年创办的世界书局等，在现代中国出版史上也留下了不朽的印记，为普及知识、开启民智、保存文化、传播科学等同样做出了不菲的贡献。本书中的《商务印书馆股份有限公司章程》《商务印书馆股份有限公司结算报告》《上海商务印书馆总公司待遇同人章程》《中华书局概况》《上海世界书局收受教育界零股办法》等，为我们了解这些出版机构的经营、发展等提供了第一手的资料，也为当今出版业的运营提供了历史的启迪。这些出版机构，在发展过程中也并非一帆风顺。如商务印书馆在1932年“一·二八”抗战中曾被日军炸毁。但商务印书馆员工克服种种困难，秉着“为国难而牺牲，为文化而奋斗”的精神，很快恢复了出版业务。书中收录的《商务印书馆复业后概况》等，对了解这段历史大有裨益。

随着中国近现代出版业的发展，出版机构越来越多。一方面，这些机构需要联合起来，形成合力，向政府管理部门争取支持，或在与管理部门的矛盾中维护自己的权益；另一方面，由于出版机构的增多，同业之间的竞争也越来越激烈，自然就会出现如盗版盗印、拖欠债务等种种矛盾，需要有权威性的人或机构出面作为仲裁者。于是出版同业公会之类的组织就应运而生。这些机构在运作过程中留下的众多史料，自然成为了解当时出版业的最佳资料。本书中收录的《书业商会十年概况》《上海市书业同业公会会员名录》《商务印书馆产业工会一周纪念特刊》等资料，便记载了这些组织的情况。

众所周知，1815年传教士马礼逊（Robert Morrison，1782—1834）、米怜（William Milne，1785—1822）在马六甲创办了《察世俗每月统记传》(Chinese Monthly Magazine)，将期刊这种新型的出版类型传入了中国。虽然也有人认为清代的《吴医汇讲》(1792—1801)是中国最早的期刊③，但期刊在中国的真正发展却是在晚清的“西学东渐”之后。期刊在传递文化、普及知识等方面具有得天独厚的优势。此后陆续创办的《遐迩贯珍》(1853，香港)、《六合丛谈》(1857，上海)、《万国公报》(1868，上海)、《中西闻见录》(1872，北京)、《格致汇编》(1876，上海)、《点石斋画报》(1884，上海）等，都名闻遐迩。这些刊物，对了解国内外科学文化、风俗民情等都起到了重要的作用。随着中国近现代出版业的发展，专门的出版类刊物也开始出现。1906年，上海书业商会创刊了《图书月报》，这是中国近代第一份出版类刊物。此后，中华书局1915年创办《图书月刊》、1922年创办《中华书局月报》、商务印书馆1924年创办《出版周刊》、现代书局1932年创办《现代出版界》、生活书店1935年创办《读书与出版》等，刊登新书资讯，评点学术界的最新发展动向，介绍名家读书

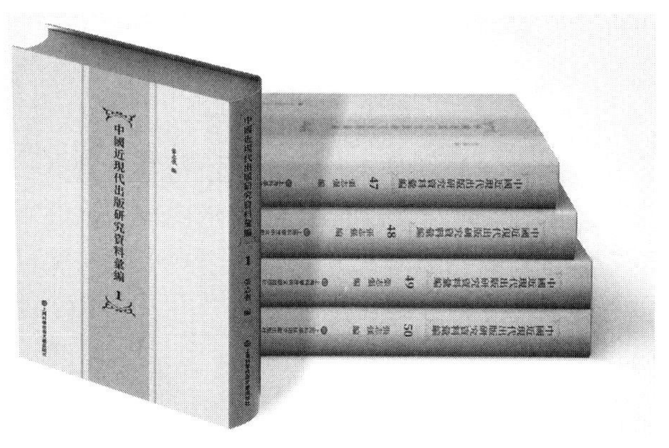

《中国近现代出版研究资料汇编》（50 卷）书影

方法等，成为出版与社会之间互动的公共空间，是出版者和读者之间的桥梁。尤其是一些出版机构为了加强同人之间的交流、提升员工的从业技能，创办了一些在本单位内部流通的刊物。这些内部刊物社会上知之不多，更是弥足珍贵。本书有选择地选印了《图书月刊》《中华书局月报》《现代出版界》等当时的一些出版类刊物，可以让我们回到当时的出版现场，重温当时的出版活动。

1925 年，上海南洋大学出版的《南洋周刊》上，出现了“出版学”这一名词。1931 年，杨家骆编的《图书年鉴》中认为“出版事业志”中应反映“出版学”的研究内容，从而提出了“出版学”的学科设想，标志着当时中国的一些学者“已经认识到了出版研究的重要性，并试图建立与‘新闻学’相对应的学科”④。这一时期，不少学者开始将自己对出版活动的认识、从事出版活动的经历等形成相应的著作，成为当时的出版研究成果。这些著作，或由于出版较久，已不易见；或藏于深闺，知者甚少。本书有选择地选印了部分，便于我们了解当时人对出版的看法。如长虹所著的《走到出版界》中，便对当时出版界大肆出版情书、性史等行为提出了批评；金溟若著的《非常时期之出版事业》是“非常时期丛书”之一，针对 1931 年“九一八”以来的非常时期中国出版业的情况，从出版物的社会价值、出版事业的动向等角度进行了分析，并指出了非常时期出版业者应有的态度与决心，是系统研究当时出版发展的著作，可加深我们对当时出版的认识。

中国传统的雕版印刷和活字印刷技术简单直观。相比而言，西方的新式印刷技术因采用金属冶炼技术与化学原理而较为复杂。因此，西方新式印刷技术传入中国后，出现了不少关于这些技术的图书。这些图书，阐述西式印刷术的原理，起到了介绍、普及的作用。本书中收录的《造纸和印刷》《印刷术概论》《平版印刷术》《凸版印刷制版术》等书，有助于了解印刷技术的变迁。

中国近现代出版机构曾出版过大量的图书和报刊，但由于种种原因，有些已不存于世或不为人知。出版机构编印的出版书目或销售单位编印的流通书目，曾留下过这些图书和报刊的记载。通过翻阅这些营业书目进行知识考古，可以了解当时出版机构的出版动向，挖掘出学术史背后的“消失者”或“隐匿者”。本书中收录的这些书目，既有一些知名出版机构的出版书目，如《商务印书馆出版书目》《大东书局图书目录》《新月书店书目》等；也有一些非出版机构涉足出版的书目，如《国立北平故宫博物院出版物总目》《国立北平图书馆出版书籍目录》等；更有一些汉译书目，如《汉译义国书籍及关于义国之汉籍目录》《中译德文书籍目录》等，琳琅满目，可为研究中外文化交流史提供参考。

中国近现代出版研究史料种类繁多，本书中所选资料也只能略有取舍，可能挂一漏万。为避免重复，凡《民国时期出版史料汇编》《民国时期出版史料续编》《民国时期出

日译本《家》出版小史

宋海东

巴金为日本知名度最高的中国现代作家之一，其作品日译本种类繁多，覆盖了他文学创作的主要体裁和重点作品。

1983年9月，一批日本作家访华。与其言这是一支作家代表团，不若说是一支“巴金粉丝团”。他们赴成都参观罢巴金故居，又前往上海武康路拜谒巴金。宾主品茗畅谈间，日本作家宫本辉兴致勃勃地讲述：“上中学时，有一天上理科课，我在桌子上摆着理科课本，下面放着巴金先生的《家》。看得入神，老师走过来也没有发觉。老师见我在看小说，就拿起我的书翻了起来。我当时很紧张，怕他批评，把书没收，但出乎意料的是，他看是《家》，什么话也没说，就还给了我。难道他也是《家》的热心读者?”这段旧事，引自中国日本文学研究会副会长陈喜儒著《巴金与日本作家》(复旦大学出版社2015年1月版)。巴金及其《家》在樱花之国受到何等追捧，可窥一斑。

日译本《家》迄今已出现三种，印本更是多达十余种，出版历程跨越八十余载，郊寒岛瘦，风姿各异，值得费些笔墨梳理一番。

以宣扬殖民主义为噱头的服部隆造译本

第一种日译本《家》的译者为服部隆造。

李存光编著的《〈家〉〈春〉〈秋〉版本图录研究索引》(香港文汇出版社2008年版)，是我手头的常备工具书。在这本书指引下，我淘得《激流三部曲》的数十种稀见版本，其中包括《家》的多种日文版本。《〈家〉〈春〉〈秋〉版本图录研究索引》上刊登的图片显示，由东京青年书房刊印的服部隆造译本仅有一册，注明付梓于1941年10月。我手头所藏同样只有一册，且无版权页，以致我长时间以为该译本为单册。后经搜索旧书网站历史拍卖记录，才知晓

版书目汇编》等收录的资料，本书不再列入。各位读者如有新的史料线索，也欢迎提供。在条件成熟时，我们还会继续推出更多的史料。作为国家社科基金重大项目(21&ZD321)“中国出版学学术史文献整理、研究与资料库建设”的成果之一，我也希望能借这一机会使这些历史资料能为社会广泛知晓，从而把这一项目做得更好。

[张志强编《中国近现代出版研究资料汇编》(50册)已由上海科学技术文献出版社于2022年出版。]

它分订上下两卷，且两卷均有版权页，出版时间有先后之别，各自定价，可拆售。其中上卷印刷于昭和十六年即1941年8月30日，发行于9月10日；下卷印刷于同年9月30日，发行于10月10日。系32开本，每卷正文均为360页。封面以金黄为主色调，中央红底方框内盛放着一个白色手写体“家”字，右上方为作者名和译者名，左下方为刊印机构名称，均系汉字。

上册卷首有译者于1941年5月撰写的序言一则，对原作和作者有如下评介：

这本书为叛逆的青年人指明了道路。当我们看到这本书是如何描绘今天的新中国，以及中国年轻人如何憧憬新文化、诅咒旧社会时，便相信这本书会让我们从一个新的视角，感知中国的现实状况，认识所隐藏的新面貌。正是从这个意义上说，我翻译这本书，是相信这本书不仅介绍了新中国，而且是一本让你感受到新中国成长进步气息的好书。

作者巴金（李芾甘）在我国知名度不高，却是当代中国文坛最受追捧的新锐作家。而且，他自己原本没有立志成为作家，渴望献身社会事业，他始终认为自己的作品只不过是在纸上吐露生存苦闷而已。他还经常强调，这是被泪水浸染的产物，绝对没有奢望震惊文坛。中国人称他为“第二个鲁迅”。他出生于四川省成都市，19岁为追求理想毅然离家出走，奔赴上海，继而前往法国。回国后，他与鲁迅等人在上海创建“中国文学工作社”（宋注：原文如此），还参与诸多其他文学运动，是一位以殉道士精神积极投身社会活动的青年作家。

译者还叫嚣：

……哪怕只有一个读过这本书的人因此关注中国，并能够加深对新中国了解，应该说对于本书译者的努力，已经是一种充分回报。换言之，这本书只不过是为实现远大理想奠定的一块基石而已。希望更多的日本人对中国有愈发深入的了解，这将是建立新东亚秩序的契机。世界正处于巨变之中，新的秩序正在形成，黎明的钟声正在敲响。蜕去旧壳，一个崭新的中国即将诞生。在这个大转折时刻，译者怀着激动的心情，勇敢地将这本书奉献给大家。如果能够成为联接日本和中国文化的纽带，对我来说将是一种意想不到的惊喜。

我现在已经实现了三年以来的夙愿，随后将进一步推动这项工作。译者热衷于把中国的东西带到日本，把日本的东西送到中国，致力于两国文化交流。而且我相信，这也属于当前职业领域的一条奉公之道。

显而易见，由于时值日本侵华时期，东瀛人翻译及出版巴金的这部代表作并非纯粹的国际文化交流，而带有殖民主义色彩。当然，亦有可能仅仅是译者为译本发行制造的一个噱头而已。

序言的尾声，透露了翻译出版过程中一些襄助者的信息：

---

①《张元济致蔡元培》，张元济著：《张元济全集》(第3卷)，北京：商务印书馆2007年版，第461页。

②陆费逵.《书业商会二十周年纪念册》序，见吕达主编：《陆费逵教育论著选》，北京：人民教育出版社2000年版，第337页。

③姚远、陈浩元：《〈吴医汇讲〉：中国第一份中文期刊》，《编辑学报》，2015年第4期，第307—309页。

④张志强著：《20世纪中国的出版研究》，南宁：广西教育出版社2004年版，第18页。✣

最后，本书的出版，曾经得到生活在东京的畏友富士辰马先生以及青年书房负责人鸟山鑛造先生的全力支持，伊藤新先生和其他朋友也热心帮助我整理译稿。借此机会，向他们表达深深谢意。

《家》的服部隆造译本独此一种。译作使用了大量日本早期用语，不太对现代日本人口味，初版即绝版，未再版或加印。我手头的这册为上册，时间已在泛黄的书封上洒上一层金粉。俟之不久的将来，下册能够在我的书橱内与之团聚。

根据译者序言，服部隆造在“七七事变”后赴北平旅居多年，搜集并阅读了大量中国新文学著作。日译本《家》三易寒暑，才积叠成帙，并得以脱稿。而且，当时他已筹划继续翻译《激流三部曲》的第二部《春》，拟在 1942 年春天印行，但迄今尚未发现这种译本露面。

网络上关于服部隆造的资料极少，我只搜索到在 1943 年 8 月，东京青年书房还曾出版他翻译的曹禺名剧《北京人》。

冰心牵线搭桥的饭塚朗译本

在上海武康路的巴金故居三楼内，有一个专门的书架，存放着 243 种日本作家签名本，其中便有一册饭塚朗签赠巴金的日文书。

饭塚朗生于 1907 年，1933 年考入东京帝国大学文学部攻读中国文学。1935 年加入由竹内好、千田九组织的中国文学研究会。1938 年来到北平“中华民国新民学会调查部”，从事中国图书资料整理，夯实他从事中国小说译介的基础。日本投降后，他回国相继任教于北海道大学、关西大学，退休后专司著译，将《红楼梦》《新儿女英雄传》《林海雪原》等中国文学经典译为日文，著有《岛崎藤村、巴金、布尔热的〈家〉的浪漫主义》《小论巴金——向环境挑战》等论文，并与野间幸信合作编写有《巴金著译目录》，直至 1989 年谢世。

饭塚朗译作中，便有依据开明书店后期版本翻译而来的《家》。伴随《灭亡》《家》等巴金小说日译本纷纷问世，加之相关评述文章陆续涌现，二战之后，这位中国作家在日本的知名度愈来愈高，图书市场也呼唤着更多的巴金作品日译本到来。1947 年春，当饭塚朗拿出《家》的译稿后，经登门自荐，东京镰仓文库有意印行，但提出原作作者必须以书面形式授权翻译并出版的要求。饭塚朗之前与巴金并无交往，为此他在 1947 年春联系上侨居日本的中国作家冰心，拜托她打声招呼。热心快肠的冰心一口应允，迅速给她的“巴金老弟”去了一通手札，转达饭塚朗的请求。自己的代表作译本能够在一衣带水的邻邦出版，且有受人尊敬的冰心大姐穿针引线，巴金当然不会拒绝，当即回函表示拟同意。于是，饭塚朗写就致巴金的一纸短笺，交到冰心手中，希望她代为寄达。冰心已确定在当年 5 月中旬回国，并计划在上海与巴金相晤，然而她考虑到饭塚朗心情急迫，居然赶在临行前的 5 月 8 日又发给巴金一通手札，饭塚朗的短笺也一并附上。这里，且将饭塚朗的信全文照录：

巴金先生：

我冒昧写信实在对不起。

来叫冰心先生费心，关于您的大作《家》的翻译，求您的承认，您回信的意思，我都明白了。我感谢您的同意。

《家》的日译本已经有了，服部隆造所译，可是现在它已经没有了，恐怕出版部数很少，然而读者也很少。今次出版计画（划）中的出版社“镰仓文库”，在日本有名的出版所，大概影响必大罢。我想今次的译本是《家》的译定版。

若是先生同意我的心思，给我写一张条子，就是批准书：允许饭塚翻译《家》，您的署名盖章，送给我吧。

麻烦您真对不起。因为现在翻完了，可是不能出版，苦极了。我愿意您的海恕。

一九四七年四月二一日

饭塚朗拜

巴金先生　台收

很快，巴金做出书面回复，正式予以积极响应，饭塚朗心头的石头这才落地。手持巴金的授权书，《家》的新译本顺畅地被镰仓文库列为“世界文学选丛书”第一种付梓。该版本印刷于1948年7月25日，发行于同年8月1日，系32开精装本，正文328页，另附《解说》和《家系图》。封面为绿白两色，下半部横亘着一座欧洲城堡，与小说内容格格不入。版权页上，贴有饭塚朗私人版权票。卷尾附有一篇译者撰写的《解说》，相当于跋，介绍巴金生平、创作及出版情况。

该书在旧书网站上仅昙花一现，被我幸运地以超低价抢得。至于饭塚朗的这通来札，被巴金珍藏多年，晚年捐赠给中国现代文学馆，馆藏文物编号为DX002837。2009年6月，文化艺术出版社在出版《中国现代文学馆馆藏珍品大系·信函卷第一辑》时，将该函图文并茂地收录进来。

之后，饭塚朗译本的印行机构转换为东京岩波书店。相对于东京青年书房和镰仓文库，成立于1913年的岩波书店名声更为显赫，以出版“岩波文库”与“岩波新书”等丛书享誉东瀛，对经典作品与学术研究的成果在日本普及影响巨大。该书店翻译出版过大量中国著作，且自1947年起，为促进中日文化交流，持续向北京大学、武汉大学、中山大学、东北师范大学和中国国家图书馆赠书，延续至今。

与青年书房两卷本一样，岩波书店初版本上下两册均有版权页，并分别贴有版权票，封面上还套有一层当年日本出版界颇为流行的玻璃纸。上册初版初印于昭和三十一年，即1956年10月5日，正文311页，系前二十六节，另附《高家系图》，订价120日元；下册初版初印于同年11月26日，正文196页，系后二十四节，另附《解说》和“岩波文库”所收录书籍的发行广告，订价80日元。我收藏的该书初印本品相完好，携带有《〈家〉〈春〉〈秋〉版本图录研究索引》图片上未见的粉红色书衣，系网上孤品。书衣上的文字显示，上册为“岩波文库”赤930种，下册为赤931种。书衣上还各有一段作品简介，上册为：“巴金（1904—　）的这部代表作，以1919年的五四运动为背景，真实地描写四川成都处在即将崩溃和动荡时期的高家这个人家庭中生活的男女老少之形象。”下册是：“以深受新旧思想交汇之苦的大哥觉新、精明能干的二哥觉民、反对封建制度暗恋仆人鸣凤的小弟觉慧为中心，成功地描写了大家庭的崩溃过程。”

该版本的《解说》是在青年书房两卷本《解说》的基础上修订扩充而成，篇幅几乎翻了一番，主要增加了丁玲对巴金作品的批评以及《文艺学习》1955年第5期上对《家》正反两个方面的评价。另外，原《解说》用寥寥数语透露出翻译过程中的一些细节处理手段，新版本则扩而充之，娓娓道来：

我在翻译这本书时最成问题的就是称呼。行辈即前辈后辈的顺序要根据讲话人的地位而有所不同。小说中虽基本上是从觉慧这一代人去称呼，可是即便是同辈人之间，也要因说话者而异。若是年长的男子，要称他“哥”，对年长的女子要称“姐”或者“姊”，对年小的则称“弟”“妹”。所以觉慧自己也有时被称作“三哥”，有时被称作“三弟”。此外，一称呼“老太爷”便含有种对赋闲隐居者的敬意在内，孩子们怀着敬畏之情称之为“爷爷”，儿子们要称呼“父亲”，通俗点儿的叫法是“爸”或“爹”，从别的支系上论，外甥或侄子们要叫“大舅”。这实在烦杂费解，对于日本人来讲很不习惯。若是亲临那家族的话，也许能清楚地了解它的辈分关系。在日本没有伯父、叔父之分，把中国的大家族内的几叔、几伯翻译过来反而没有真实感，因此我索性使用书中原话。称排行在老三的年轻主人时，叫“三少爷”，称最大的小姐为“大小姐”，称琴时就叫“琴表姐”。

新《解说》还将这部作品与日本作家岛崎藤村的同名小说进行横向比较：

藤村的《家》中呈现出来的是无望无求，连维系着小泉三吉的正太也牺牲了，结局成为无可奈何的悲剧。但在巴金的《家》里面，爱恋、憎恨、悲哀并存，也抱有希望。觉慧所代表的青年一代，蕴藏着充沛饱满的力量。觉慧所追寻的道路与正太（宋注：岛崎藤村著《家》中的人物）极为不同，他并不株守在家里，而是把社会运动的小团体作为立足点，从那被五四运动震摇的家中出奔上海。用巴金自己的话来说（《激流》总序），读完《复活》，感到生活本身就是一个悲剧，而只有征服生活，活着才有价值。总之，巴金一路探索，从学习托尔斯泰过渡到跟随罗曼·罗兰前行的时期，也正是他创作《家》的年代。

“岩波版”一律为64开本，这种口袋书售价低廉，便于携带，一纸风行，反复加印。我有幸藏有1972年11月10日的二印本、1976年10月20日的三印本、1983年11月7日的四印本、1985年9月10日的五印本。本来，“岩波”初印本到手后，与之大同小异的其他印本我已无意收藏，然而最近一两年，后续印本层出不穷地在旧书网站上现身，品相绝佳，价格也处于可接受区间，诱惑我一而再、再而三地下单。将这些书置于案头比较，我发现正是从二印本开始，不仅版权信息与初印本不同，而且书衣上刊印的此书在“岩波文库”中的编号亦发生变化，上册改为“赤28-1”，下册改为“赤28-2”。其中，印行四印本的信息，巴金提前一个月便获悉。当时应中国作协邀请，日本知名女作家山崎丰子访华，专程赴上海华东医院看望病榻上的巴金，陪同前往的陈喜儒在《巴金与日本作家》中记录下了相关交谈内容：

山崎：“我告诉您一个好消息，日本书店根据广大读者的要求，将于今年十一月再版先生的《家》，不知先生知不知道？”

巴金：“我还不知道。”

山崎：“听说这件事已经定下来了。出版后，我马上给您寄来。”

巴金：“谢谢。这是我年轻时写的，以后又改了八次。其中有一小部分是我的生活。”

山崎：“我读的时候感觉到了。我觉得，应该让日本青年读这本书，知道那个时代的生活，所以期望出版社再版。”

巴金：“是岩波书店吗？”

山崎：“是岩波。……”

六印本至八印本笔者无缘得见，我的书橱中最晚问世的一种印本，为2019年2月7日印行的九印本。它与前述几种印本最大的区别是外面添了一层压膜外封。而且，上下两册外封各有精心设计的线描图案及广告式文字，颇讨喜。上册外封图案为高老太爷坐在木椅上训斥觉新和觉慧的一幕，文字基本上是前五种印本书衣上简介的综合，这里不必重复；下册外封图案为觉民和琴小姐与觉慧在庭院里交流的场面，文字是重新撰写的：“不仅仅是因鸣凤自杀而受到冲击的觉慧，觉新、觉民也反对、诅咒这种家庭生活，家族制度的矛盾正在高家内部爆发。当三兄弟的抵抗达到极点时，掌控大家庭的祖父也承认能够托付高家未来的，是觉新等孙辈。觉慧为了寻找新世界，将启程前往上海。”

需要说明的是，文字方面，岩波书店版本与镰仓书库版本存在出入。在新版本出版前，饭塚朗曾在日本汉学家冈崎俊夫帮助下，依据人民文学出版社 1953 年 6 月的新版本进行润色，纠正文字上硬伤，删改冗长词句。此外，日本顶尖汉学家竹内好、松枝茂夫也为饭塚朗贡献过修订意见。总而言之，“岩波版”饭塚朗译本是一种质量上佳的优秀译本。

1948 年迄今，七十五载过去了，这部巴金名著居然没有新的日译足本出现，不能不说是一种缺憾，然而由此亦可印证饭塚朗译本的不可替代性。

意义深远的陈蓉节译本

2015 年 11 月 16 日至 12 月 4 日，上海巴金故居与上海外国语大学共同主办“青春是美丽的——巴金图片文献展”，同时启动“青春是美丽的，把心交给文学”巴金作品翻译大赛。在一个多月时间里，主办方收到英语、法语、俄语、阿拉伯语、西班牙语、日语、德语等七个语种凡 126 份征文。经过上海外国语大学各语种教师严格评判，最终擢选出金奖四名、银奖五名、铜奖七名。

2017 年 8 月，翻译大赛的获奖译文连同一篇出自日本友人笔下的译文，被巴金故居汇编成册，命名为《巴金文选　多种语版》，由上海外语教育出版社出版，次年 9 月加印一次。该书为 32 开精装本，251 页，收录《家》(节选)、《寒夜》(节选) 和《爱尔克的灯光》《怀念萧珊》《愿化泥土》的中文及译文，并穿插数十幅反映巴金各个时期生活和创作状况的图片。

其中，《家》节选的是第二十一章中高觉新与表妹钱梅芬在梅林邂逅的一幕，约两千八百言，分别被译为英文、日文、西班牙文。将这篇日文译文与巴金原文比对，我们可以发现不少有待商榷之处。仅以第一自然段为例，原文中的“两只画眉在枝上相扑”，日译文回译过来便是“两只画眉在树枝上嬉戏”，但显然“嬉戏”与“相扑”含义上存在差异。同样是第一自然段的收尾，有这么一段原文：“他俯下头看他的身上。几片花瓣从他的头上、肩上落下来，胸前还贴了一片，他使用两个指头拈起它，轻轻地放下去，让它无力地飘落在地上。”日译文回译过来便是：“当他低头看自己的时候，有几片花瓣从他的头和肩膀上掉了下来，胸前也沾着一片。他用手指把它摘了下来，又轻轻地放开手。那一片花瓣无精打采地飘落到地上。”两相对照，不仅文字上存在细微出入，标点符号也有三处变更。不过，与服部隆造译本、饭塚朗译本比较，该节译本所使用的语言为标准的日本现代语，更易于被当代读者接受。

这篇日文的翻译者为陈蓉，书中对她有简略介绍：“女，生于 1988 年 10 月，上海外国语大学日语语言文学专业硕士研究生。”尽管只是短短一篇节译文，译笔亦尚显稚嫩，然而这极有可能是陈蓉翻译在纸质出版物上发表的第一篇文学作品。这次小小的成功，或许会助推她投入更大热情关注巴金作品，甚或有可能将更多的巴金文字译为日文，亦有希望建立起她与巴金研究会和出版界的紧密联系。而且，书中除了此文，另有 15 名学子的译文。这些年轻人日后即便只有半数参与巴金著作译介，对于巴金作品在海外的广泛传播，都称得上意义深远。若干年后，当我们回眸巴金故居与上海外国语大学合办的这项活动时，或许都会感慨此乃功德无量之举，善莫大焉。✣

喻血轮与《绮情楼杂记》出土记

—— 想起那些人，那些事

梅 杰

喻血轮的《绮情楼杂记》(四卷本)即将出版了，出版方命我再写点文字，向读者们介绍这本书“出土”的来龙去脉。这有点把我和这本书挂出来“晾一晾”的味道。我想，就讲一讲与这本书有关的人和事吧！

与黄梅喻氏结缘

在二十年前，别说在中国，就是在喻血轮的家乡黄梅，除了极个别因工作关系从事地方文史的研究者以外，也是几乎没有人知道他的，那就更没有人知道《绮情楼杂记》。而我，那时作为一名中学生，从《黄梅文史资料》中看到了一则五六百字的喻血轮小传(作者署名梦寒)，说喻血轮是一名作家，晚年著有《绮情楼杂记》，立刻引爆了我的“狂想”。我甚至怀疑喻血轮是清代文学家喻文鏊的后人，并大胆做出这个假设。2003年暑假，我得知黄梅有一个叫陶月明的老先生，他为了编《黄梅新闻志》，曾联系过很多黄梅籍老报人。我立即去拜访他，得知他曾联系过喻的痴、喻血轮、冯健男、王默人、张雨生等许多在外的黄梅名人或其子孙。谈话中，他告诉我他曾联系过喻血轮的儿子喻新民，还说喻新民在“上海长航”工作，但已经多年没有联系，不知是否健在，联系方式也弄丢了。就这样，我带着联系不上喻血轮儿子的遗憾，以及喻血轮是喻文鏊后人的假设到武汉上大学去了。

2003年，正是一个网络大发展的年代。我从网上获取能搜索到有关喻血轮的全部资料，并从各大图书馆里检索喻血轮的著作信息。然而，非常遗憾，网上只有喻血轮的传世之作《林黛玉日记》电子版，馆藏里也只有一版再版的《林黛玉日记》，更找不到《绮情楼杂记》。要想获得喻血轮更多的个人信息，几乎无从下手。但我并不气馁，立志全心研究喻文鏊和喻血轮。2003年秋，为了引起更多人关注喻血轮，我在黄梅一中论坛发布了一则关于黄梅文化世家的帖子，其中着重谈到喻血轮和废名、帅承瀛、汤用彤等，引起了喻峰的注意。原来他就是喻血轮的侄孙，他的祖父为喻血轮的二哥喻血钟，民国时也在《汉口中西报》任记者。这是网络世界的奇迹，让我们在虚拟的茫茫人海相遇。在经历一年多接触后，我获得了他的信任。2005年，在他提供联系方式后，我与在武汉的喻血轮侄孙喻本伐教授联系上，喻教授研究中国教育史，当时对家族史并不感兴趣，貌似还对我研究他的祖上不以为然，但他向我推荐了他的三叔喻弗河。喻弗河当时已年近八十，最初竟然去网吧与我联系，同时辅以电话沟通。喻弗河作为喻血轮的侄子，只是说曾经跟喻新民联系过，现在也很多年没有联系，他手里没有喻血轮的著作，对喻血轮在台湾的情况了解也不多，但他明确告诉我，喻血轮非常爱国，爱黄

京沪老同志在韬奋纪念馆合影（2004年6月22日）
右起：王益、王仿子、范用、邹嘉骊、仲秋元、徐敏、雷群明

京沪老同志在韬奋故居（2004年6月22日）

三联前辈在上海（三）

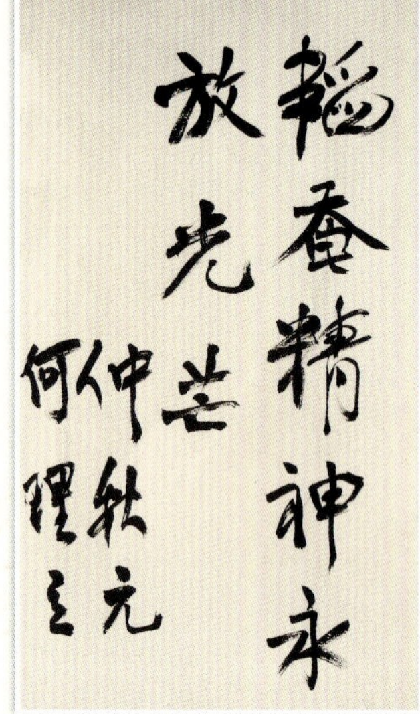

韬奋精神永放光芒
仲秋元
何理立

仲秋元夫妇给韬奋纪念馆的题词

许觉民在韬奋纪念馆题词（2005年5月）

缅怀韬奋先生
范用敬题
二〇〇〇.六.廿二

范用给韬奋纪念馆的题词

韬奋的毅力和他不屈的战斗精神是韬奋精神的核心所在。
许觉民
二〇〇五年五月廿六日

许觉民给韬奋纪念馆的题词

（雷群明　提供）

梅，临终前决定从香港转道回到大陆，不幸在香港病逝。对于喻血轮是否为喻文鏊的后人，他说应该是的，祖上代代这么传，但也并没有找到确凿证据，因为家谱已经找不到了。我不甘心，想继续追踪下去，如果不查清喻血轮在台湾的情况，喻血轮是否喻文鏊后人，我绝不"善罢甘休"。2005 年，我根据有限的关于喻血轮和《林黛玉日记》的材料，写了一篇文章发表在《书屋》2005 年第 12 期上，这可能是国内第一篇研究喻血轮的文章。2006 年，关于黄梅喻氏家族的资料非常少，但我还是写出了一篇《黄梅喻氏家族考略》，从文化世家的角度勾勒出了清代黄梅喻氏九代人的荣辱兴衰（在这篇文章中，我采用一定的史料依据，以推论的方式把喻血轮系为喻文鏊再玄孙），在武汉和黄梅两地的喻氏家族群中引发了很大的共鸣。有些喻家人支持我继续研究，但大多数喻氏家人坚持认为，家史属于私事，也不是什么值得炫耀的，不愿意再提供更多的材料。

但有一人，也就是喻血轮长兄喻的痴（迪兹）的孙子喻本力在他的三叔喻弗河的介绍下，与我继续保持联系。但他也是非常保守的人，提供家族史料，如同"挤牙膏"。他也说家人曾与喻血轮儿子喻新民联系过，但现在已多年没有联系。从 2006—2008 年，经过两年的反复沟通，在他的家藏资料和我搜集的史料相互支撑下，我得出了喻血轮为喻文鏊再玄孙的终极结论，并于 2008 年 9 月写出了《黄梅喻氏家传》这篇大文章，让喻本力也感到意外。正是 2009 年初，我从网上找到了需要下载浏览器才可以阅读的台湾文海版《绮情楼杂记》第一集。这让我如获至宝，心生把它整理出版的冲动。当时我正在台湾出版了《朗山笔记》《关于废名》《许君远文存》等书，与蔡登山先生联系较多，遂委托他帮忙在台湾复印《绮情楼杂记》第二、三集。2009 年 4 月，他随《关于废名》的样书将复印件一起寄给了我。

与胡杨文化结缘

当时，我知道同乡诗人胡少卿在北京成立了一家胡杨文化公司，主要从事图书策划。上大学时，我就知道胡少卿的大名，并有意跟他认识，追踪他到了左岸论坛上。2003 年，《新京报》初创刊，胡少卿即担任书评编辑工作。2004 年，编发了我写萧衮的一篇书评。等发表时，他已去职，但介绍了新来的涂志刚编辑跟我认识。2004 年底，胡少卿回黄梅拜访萧衮，他前脚刚走，我就到了萧衮家，因此失之交臂。正是那天，萧衮告诉我，胡少卿打算成立一家名为胡杨文化的公司。这是我知道胡杨文化之始。"左岸"论坛风流云散后，胡少卿又与朋友一起打造汉语江湖网站，除了文学交流，也发布不少胡杨文化的书讯。我也是这家网站的常客。胡杨文化在 2007 年前后策划出版的王怜花、吉田兼好、陈渠珍、钱理群等人著作，以及《绝妙好辞》等，我大都为之写书评。起初，胡杨文化只是把我当作它们的特邀书评人对待的，还不算他们的作者。2009 年初，我的《关于废名》出版后，我立即给胡少卿寄去，并给当时在胡杨文化工作的何崇吉兄也寄了一本，我深知他也喜欢废名。

2009 年 9 月 1 日，我终于鼓足勇气给胡少卿写了一封邮件：

胡大哥：我一直在研究黄梅喻氏，与他们家人关系很好。喻血轮的《林黛玉日记》版本很多，前年上海古籍又出了个图文本很精美！我最近弄到他写的《绮情楼杂记》一书，是民国版的《世说新语》。如有兴趣可以改名为民国版《世说新语》出版，我来联系版权并编校，如何呢？

很快，就得到胡少卿的答复，并派何崇

吉兄跟进。我同时还把《许君远文存》推荐给他们。胡杨文化是一家很有活力的公司，当时整个社会都弥漫着一股民国风，“民国热”成为出版界的一大现象。胡少卿和何崇吉很快就口头表示书稿不错。但事不凑巧，或者说好事多磨，何兄因故离开了胡杨文化。奇迹般的是，过了三个月，也就是2009年12月，何兄又回到胡杨文化，并开始主持工作。何兄一回到胡杨文化，就推进跟我签订这两本书的合同。2010年6月，《许君远文存》率先在中国长安出版社出版。而《绮情楼杂记》为了等待辛亥革命一百周年，推迟至2011年1月问世，并在当年北京订货会上首度亮相。

2011年，辛亥革命方面的图书大热，《绮情楼杂记》也成为年度辛亥主题热门图书，登上了三联书店的畅销书排行榜。稍有遗憾的是，这只是《绮情楼杂记》的节选本，大概剔除了将近一半的内容，只保留了晚清民国方面的内容，主要是为了贴近民国主题和辛亥一百周年的纪念活动。

《绮情楼杂记》节选本的问世，真正推出了喻血轮和这部奇作，借助辛亥革命一百周年的宣传势头，一下子成为口碑良好的大众历史读物。我原本就对此抱有信心，所以并未刻意去邀约书评。《绮情楼杂记》果然能“自带流量”，董桥、陆灏、俞晓群、杨小洲等书界名流纷纷撰文推荐，这是我始料不及的。更有许多我不认识的作者，纷纷执笔品评，豆瓣上常居首页推荐，热得一塌糊涂。

鲜为人知的傅国涌序言

这本书的成功，其实也离不开羽戈和傅国涌等人的推荐。而且，他们是《绮情楼杂记》的两位序言作者。但读者可能感到奇怪，为何只收入羽戈的序言？这就不得不说到序言背后的故事了。当时，我分别请了二位作序，傅老师的序言先写出来，且在某报发表了。结果羽戈兄在翻阅《绮情楼杂记》书稿中，向傅国涌老师提到了书中的一些史料，并提及过正在为此书作序之事。忽然一日，傅老师来信说：

眉睫：你好！我刚听羽戈说，他正在给你编的一本书写序。如果是同一本书的话，既然有他出手帮你，请你就用他写的，把我写的那篇拿下，不要印在书上，千万千万!!! 我特别不喜欢为人作序，当时因你盛意，我答应了你。现在既有了其他朋友的序，我就可以解放了。我说的是肺腑之言，谢谢你。祝一切顺利。傅国涌

我见傅老师如此诚恳，不想隐瞒，回信坦称：

我将充分尊重二位的意见，承诺只用一序。先前未禀报先生，是晚生失礼、不周，有触动先生处，望谅解。如羽戈兄序来，则遵先生之嘱。如羽戈兄月底称序文不成，先生之序是否可用，也请先生示知。是书下月中旬以前付印。

傅老师又立即回复道：

梅杰：你好！信悉，谢谢你。我当初答应帮你写几句，是因为你来电恳切。我上信告诉你，我最怕为人作序，只要能推的一定推了。因为在我心中把作序的事看得很重。所以得知羽戈为你写序，我很高兴，这样我的小文就可撤下了。你就用他的吧，一方面你们同辈，更合适，他也会更用心对待。羽戈少年才子，文字漂亮，又是法学背景，他在宁波，也可算为宁波增色。你们都很好，80后正在兴起。祝顺利！傅国涌

不久，羽戈兄之序到了，傅老师的序言也就未用了。在正式出版之后，傅老师把序言稍作改动，发表在了《文史参考》杂志上。傅老师序言中，有一段话，非常到位，他说：“那种文字、风格都是典型的民国气味，是非感高于成败感，知人论世，并不出

以成王败寇。对于有读史兴趣的读者来说，《绮情楼杂记》不会让你失望而归。”我们把这段文字印在了《绮情楼杂记》的封面上，算是对序言未用之遗憾的某种“补救”。

傅国涌老师为《绮情楼杂记》写序之事，我当时并未告诉羽戈兄，在出版之后，我也未告诉他。五年后，我才告诉他。2016年6月28日，羽戈把这篇序言发在他的个人公众号上，并加了一段感慨的按语：

翻出此文，则因前些天听梅杰兄说，当初他编《绮情楼杂记》，曾约傅国涌先生和我作序，“后傅老师闻得羽戈兄也在给我作序，认为十分合适，于是遵嘱只用羽戈兄之序。当时羽兄之序未动笔，而傅老师之序早已写好。迨书付印，收到羽戈兄序，果然精彩！傅老师目光如炬！”这么说或有自夸之嫌，我却想借此向傅国涌先生致敬，倘若梅杰兄不说，我压根不知《绮情楼杂记》书后还有这等事，先生之风，山高水长。

对编校质量不满引发的重印与再版

《绮情楼杂记》出版后，有读者吐槽有一定编校质量问题，时有文字差错。一方面，作为整理者，我肯定是有责任的；但另一方面，胡杨文化方面的责编我认为有更大责任。我主动到布衣书局把这本书的编校质量问题挑出来了，不是逃避责任，而是为了吸取教训。但胡杨文化方面担心我的声明会误导读者，影响销售，让他们认为这本书错得不堪卒读，当然肯定不至于这样。于是要求我删除声明，并保证立即改正后重印。何兄说到做到，一个月后，《绮情楼杂记》重印本就上市了。

三年多以后，《绮情楼杂记》已渐渐影响消退，但我一想起这本书的文字差错问题，就如鲠在喉。于是在2014年我整理出版的喻血轮《蕙芳日记》一书的后记中说道：

2011年为辛亥革命一百周年的日子，有家出版社出版了喻血轮的《绮情楼杂记》。我虽为供稿者，并遵嘱写有《编后记》，并附录我之所撰《喻血轮年表》前半部分。但实则此书未经敝人全校，更非敝人所编，出版者凭一己之认识，亦不事先沟通，自行删文、重编。至于署名“眉睫整理”者，与事实出入甚多。此书错谬不少，当收到样书时，我即要求改正重印。在本人强力要求下，终于在首印之后不足两月，出版方又重印一些校正本。但首印本已流入市场，我接书友指谬之信不下十封。区区小书虽不足道，但兹事体大，以免谬误流传，特在此声明。

这是最为公开、正式的一次声明，然而我对喻先生的愧疚从未减轻过。我只能继续通过搜集他的著作，或有关他的文献来显示我对他的虔诚。也正由于我心中的遗憾，自节选本《绮情楼杂记》出版以来，我也从未放下过对足本《绮情楼杂记》的追求与期待。在这几年里，先后有几位出版界的朋友问起过，表达了相当的兴趣。尤其是张业宏兄主持的蜜蜂文库，在推出喻血轮夫妇的《蕙芳日记·芸兰日记》之后，也同意纳入《绮情楼杂记》。然而，由于蜜蜂书店在2015年发生了一次重大变故，不再出书，只好搁浅。

此时，节选本《绮情楼杂记》已经上市快五年了，虽未退出市场，但影响已经日渐式微，我又跟曲梵兄、小北兄提到足本之事。经过我再三软磨硬泡，或许出于市场考虑，又或出于对节选本的愧疚，又或出于对我的合作诚意以及往日的情谊，曲梵兄最终拍板重做《绮情楼杂记》。只是进度有些缓慢，而且自节选本《绮情楼杂记》出版之后，胡杨文化也搬过家，没有及时将原件退还给我，于是原先的复印稿全部丢失。所以虽然动议要出了，我们却拿不出书稿来。此

《绮情楼杂记》（增补珍藏本，全四册）书影

后还是搁置再搁置。而我却给自己几乎下了死命令，2017年喻血轮逝世五十周年，此书必须问世。就在这个时候，罗人智兄找到我，说他所在的浙江大学出版社想再版《绮情楼杂记》。我与罗兄亦相识有年，均为爱书之人，但我又是一个念旧之人，且重乡谊，于是我将此情况汇报曲梵兄。曲梵兄当即表示立刻出版足本《绮情楼杂记》。我只好对罗兄表达歉意了。

我是一个急性子的人，一听说足本《绮情楼杂记》可以出版了，于是不等友人到台湾的图书馆复印（其实，那时我跟台湾方面已疏于联系，也不好意思再去麻烦他们复印），日夜“蹲守”孔夫子旧书网，或是老天开眼，功夫不负苦心人，我竟很快集齐三卷本《绮情楼杂记》。得睹港台原版，一股暖流在全身上下涌动，如触电般的感觉。于是，我立即着手按照原书目录、次序，归位的归位，补充的补充，又反复仔细校对，终于将足本《绮情楼杂记》的书稿交了出去。

2017年9月，精装版足本《绮情楼杂记》问世。

四卷本“第三版”的问世

可以说，至2017年，《绮情楼杂记》已经成为民国掌故笔记中有名的作品。在2017年前后，我又发现了一些喻血轮的佚文。受《荆楚文库》编辑部邀约，我把喻血轮上百万字的文学作品全部校点出来，编成《喻血轮集》于2018年初出版。《喻血轮集》的出版，正式拉开了喻血轮研究的序幕，引起了学术界关注，已经有博士论文专门研究喻血轮，这是巨大的进步。在整理《喻血轮集》过程中，我发现不少文言笔记和史料文章，可以作为《绮情楼杂记》的补充，应作为附集收入。这一想法得到何崇吉兄赞同，于是我们决定一起推出第三版。

第三版从动议到真正提上日程，是2019年。这时出版环境已经发生天翻地覆的变化。民营公司事实上已完全没有合作出版的权利，而且市场也发生很大变化，尤其在三年疫情期间。寻找出版社，就是一个漫长的过程。中间换了几家出版社，最后于2020年被我工作过的海豚出版社接纳。经过选题申报、三审等工作流程，历经三年，终于把第三版做出来。

在编第三版的过程中，一大收获是，博士论文研究喻血轮的谭华老师把她发现的喻血轮照片提供给了我，终于得睹喻血轮的“真容”。我把这张照片发给黄梅本地著名画家陶利平老师，请他绘制了一张喻血轮画像，用在了第三版中，希望广大喻血轮的“粉丝”一起分享发现“真容”的喜悦。

随着《绮情楼杂记》的影响不断扩大，我还想做一本注释版，或许这就是第四版了，但愿若干年后，能心想事成。更期待那时候学术界的喻血轮研究蔚然成风！

［《绮情楼杂记》(四卷本)，喻血轮原著，梅杰整理，海豚出版社2023年5月出版］

以"志业"为"人传"：

超越"人物传"传记书写探索

郭 平 兴

纵观中国近代出版史,产生了众多各具特色的出版人,他们是"国家文化传承和历史记录的主要担当者",他们"从一个人到一群人的出版事功中,折射出近代以降出版业俯仰变迁,同时也见证着出版参与时代文化思想缔构及其背后深广的社会历史内容"。他们"一方面安身于这个行业,以其敏锐犀利的时代洞察,在市场、经营与创意中躬行实践,标领乃至规划了这个行业的发展,并使之成为国民经济的一个重要门类;另一方面又在'安身'之外显现出面向社会的公共性关怀与'立命'的超越性关怀,从职业而志业的追求中,服务于民族解放、思想启蒙与文化进步的社会性经营,书写了出版人生的风采、风骨与风流"。①

《中国出版家·汪孟邹》,是以汪孟邹"职业"的出版业人为切入点研究汪孟邹,从"志业"视角来研究汪孟邹,前者强调汪孟邹研究的"出版人"人生的实证基础,后者突出汪孟邹研究的"出版家"人生的宏观视野,对于认识汪孟邹在新书业的形成过程及其特点,认识民国出版业的"明星"亚东图书馆的发展变化及其文化价值,这一研究的意义是显而易见的。但因为史料等原因,汪孟邹的传记书写有难度,林英博士以扎实的史料梳理能力,破题而立,形成自己的传记撰写风格,是汪孟邹研究的又一力作。

一、难题提出:汪孟邹传记叙述的棘手的史料问题

人物史的研究,常常是以传主生平的文献记载史料为基础,以时间发展为纵向为叙述时段,进而总结人物思想,辅之以传主周遭为横向切面为记录点滴进而丰富传主传记内容。换言之,直接史料是人物传记书记的最重要史料来源。对于人物研究而言,本文认为最直接的史料是传主自己留存下来的相关史料,如日记、文集、书信等。缺乏传主直接生平文献的记载而为传主立传,其难度大大增加。《中国出版家·汪孟邹》就是如此,史料问题成为其研究的一人难题。

汪孟邹自身留下来的直接史料非常少,这为传记的编写带来了很大的困难。汪孟邹留下部分日记和《我与新书业》②等寥寥文字。幸运的是,作者在撰写过程中,找到在耿云志主编的《胡适遗稿及秘藏书信》中所收录的汪孟邹写给胡适的书信60通,此60通用毛笔写就的书信,让人"真切地感受到了一个有血有肉的汪孟邹"。③根据现有的学术研究成果,对于汪孟邹的形象建构,目前已有三种说法"陈独秀进行社会革命的支持者和同盟军"④、"陈独秀革命活动中的'不革命'朋友"⑤、"过渡人"⑥。由此,我们可以发现,学者从不同的角度对汪孟邹进行了人物形象的建构。林英在其《中国出版家·汪孟邹》中认为汪氏"始终秉持以出版谋求社会革新的精神主旨来展开其书业活动","不仅仅是一位理想的高蹈者,同时也是一位脚踏实地的实干家","亚东的出版活动表现出一贯的先锋精神与革新精神,这与汪孟邹所怀抱'热烈的革新感情'息息相关"。⑦可以看出,林英有意避开了对汪氏与陈氏之

间互动的政治意蕴阐释，而是站在一个出版从业者的立场加以建构立传，她是如何做到的呢，笔者在认真阅读该书后，认为她是通过以下三种方式进行的。

二、难题的解决办法

（一）史料运用的扩大

技术的进步，让现今学者有机会和能力接触到更多更丰富的史料。林英在为汪孟邹立传中，应该也受到这方面的帮助和提高。正如她自己在后记中写道“事实上，吴老师（即林英博士的导师吴永贵先生）早前即对亚东图书馆作过深入的研究，撰有《新图书出版业的文化劲旅——亚东图书馆》”[⑧]《亚东六录》[⑨]。要做到“青出于蓝而胜于蓝”实属不易。在笔者看来，既然传主汪孟邹留下来的直接史料较少，作者就必须巧妙地将史料范围扩大，最大限度地在史料的运用基础之上，丰富传主的人生。具体而言，主要包括四个方面的：

首先是回忆录等史料的运用，尤其是汪孟邹侄子汪原放及亚东图书馆同人的回忆史料，更具说服力，如汪原放的《回忆亚东图书馆》[⑩]。其次是文学史料的运用，众所周知，亚东图书馆在新诗集出版、标点白话文小说出版等文学体裁方面的贡献显著，作者充分运用这些文学书籍出版过程中产生的报刊广告（如《申报》），加以深刻的研究，尤其是胡适的相关观点，在该书中被大量引用。通过这些广告及顺其而生的“时评”的引用，恰到好处地说明了亚东图书馆的相关情况，进而对亚东的经营展开研究，总结亚东的腾飞与衰落，从另一个方面刻画亚东图书馆舵手汪孟邹的人物形象，立体感顿然增强。第三是出版行业史料的运用。汪孟邹终身从事出版业，相对而言，出版业的史料保存较为丰富，作者在书中广泛运用了民国时期出版行业史料，如张静庐的《在出版界二十年》《中国现代出版史料》《抗日战争时期国民党政府查禁书刊目录》等。最后是传主友朋史料的运用。汪孟邹与出版同道、学者文人、乡党职员来往甚多，充分运用他们的史料，也可以丰富汪孟邹的人物形象，作者在充分引用了关于胡适、陈独秀、章士钊等的学界常用的史料基础上，还增加了葛循猿、章洪立、胡国芳、陈啸青等人的史料。

（二）学术研究范式的运用

传记既有着“史”的属性与身份，又有着“文”的属性与身份，兼文兼史[⑪]学术著作的撰写离不开史料的引用，但史料的运用如何正确有效，是每个历史学者无法逃避的问题。但都无法离开史料考证、史料解释等方式方法。对于《中国出版家·汪孟邹》而言，作者充分运用各种史料，采用学术研究的范式，力图合理构建一个形象更丰富、内容更具体的汪孟邹形象。

学术研究范式的表现之一，是全书采用标准的学术引文等格式。

学术研究范式的表现之二，是全书采用学术性的书面话语而非通常人物传记中的口语式的表述模式。

学术研究范式的表现之三，是全书考证式、论证式的内容表述大量存在。从开篇第一页，作者的考证能力就已然显现，她说“汪孟邹出生的具体日期，笔者根据汪乃刚日记考出”。[⑫]论证式的表述就更加明显了，全书大量存在的“首先”“其次”“再次”“最后”等表述，无不在告诉我们作者的论证意图。

（三）合理的框架结构

正如作者在书中强调“本书为汪孟邹作传，落脚点在其书业活动，以其经营书业，尤其是亚东图书馆为中心开展论说，而这与‘中国出版家丛书’将传主的角色定位于‘出版家’亦是相吻合的。”[⑬]《中国出版家·汪孟邹》全书分为七章，前四章以时间为轴，以汪孟邹纵横捭阖的职业出版人生为切入点，辅之以“友谊与出版”“经验与启示”“书业之外的汪孟邹”，没有“思想总结”式的高度凝练，却让我们感受到了一个民国出版家的“鲜活”人生。

三、以“志业”为“人传”：超越“人物传记”的书写探索及其不足

传记是我国文献载体的重要类型之一，“是中华民族优秀传统文学作品的重要组成部分，是先辈留存的历史记忆载体。”[14]中国出版家丛书系为出版家立传，“能让同样为人作嫁衣者的当今出版人不至于觉得气类太孤，内心获得温暖，并昭示后来者在人生目标上，在家国情怀上，在出版境界上，追步于前贤，自觉立起一面促人警醒的自鉴的镜子。”[15]但为出版人立传，并非易事，史料遗存稀少。如何立传书写，是一件非常值得考量的事。

在《现代传记学》中，它将传记主体分为三种:“书写主体”即传记家；“历史主体”即历史上出现的那个人，是传记活动的对象；“文本主体”是传记家和历史主体对话的结果，由传记写作塑造而成。[16]正因为如此，“由于持有的视角不同，传记‘书写主体’‘历史主体’‘文本主体’之间的关系还可以从许多方面加以探讨”。[17]一般而言，传记的写作“要求传记家在写作过程中最大限度地发挥主体性，深入理解自己的书写对象，与之实现灵魂的对话与碰撞。”它对著作者的身份、学养和洞识能力都有相当高的要求，尤其是对传材的搜集与甄别、“感悟传主”与必要而合理的“想象”“虚构”及推测等方面要求都特别高，甚至在一定程度上是作品水平的代表。《中国出版家·汪孟邹》能将一个史料并不甚丰富的人物传记写得如此立体形象，在传材的搜集与甄别上，可谓是用尽全力，基本上已经把涉及传主的史料收集到了。或许他人可能会说些“风凉话”，但民国时期还有很多出版名人因史料不足而无法立传，如大东书局的总经理沈骏声、儿童书局的张一渠等。

合理的“想象”与“虚构”。正如有学者指出，“合理的‘想象’与‘虚构’不但可以丰富传主的形象，强化传记的表现力，而且还可以深化传记的价值”。[18]笔者认为，《中国出版家·汪孟邹》在“感悟传主”与必要而合理的“想象”“虚构”及推测方面做得非常到位。正如前文所言，传主汪孟邹相关的直接史料较少，只能通过周围史料的梳理，结合学术论证式的方法，勾勒传主的人物形象。例如作者在描述汪孟邹与钱玄同的人际交往时，并没有直接引用二者往来信件(也有可能是没有，因为作者提及钱玄同与鲁迅与汪孟邹及亚东并不熟悉)，引用的是钱玄同在1921年就亚东重印旧小说之事给胡适所写的信，将其提到的古典小说整理的相关内容进行详细的说明，认为是“他对亚东图书馆率先用新式标点整理我国古代优秀白话小说的举动十分赞同”，且成为后来亚东改进的良好建议。这论述过程中，笔者认为，合理的想象与推测是非常必要的。不能否认的是，也有一定的风险，如亚东对古典小说的排版改进的原因，除了钱玄同和鲁迅的工作和建议外，还有没有别的原因呢?

不过多描述传主的政治立场。正如学者冷纳（Daniel Lerner）所提出的“过渡人”的概念指出，在社会转型时期新旧两套价值体系系统中的人，“一只脚踩在新的价值世界中，另一只脚却踩在旧的价值世界里”，[19]汪孟邹因与陈独秀、胡适等人交往密切且影响甚大的原因，学者常常论及其政治立场，才形成上文所说的汪孟邹的三种人设。在笔者看来，林英并没有正面迎合这些论调，而

是用较为平实的语调，仅描述他们之间交往，不加其他贴标式的表达。如作者在描述汪孟邹与陈独秀的关系时，所用的语句“汪孟邹为陈独秀的文化与革命活动提供重要的出版支持”“汪孟邹不计回报地为陈独秀提供经济保障”“汪孟邹予以陈独秀情同手足般的友谊滋养与安全救援”“汪孟邹政治上终身追随陈独秀并予以全然支持”等用语，朴实而真挚。

巧用以“志业”为“人传”的叙述模式。毋庸置疑，“人传”与其“志业”是无法分开的，但通常的写法是“志业”为“人传”的重要内容但不是全部内容。在《中国出版家·汪孟邹》中很多内容都用的是芜湖科学图书社和亚东图书馆相关的行业史料，这也是汪孟邹毕生的“志业”，通过这些史料来丰富和完善作为这些机构主要负责人即传主的人生。在笔者看来，作者这样设计的最大的原因是史料问题。这种叙述模式能最大限度地展现出传主在其“志业”上的表现，这个人何以会走上书业道路，自始至终贯彻了他怎样的精神，这一精神不仅体现在他的书业经营中，也体现在他的书业之外的活动中，是始终相统一的，即“热烈的革新感情”。从其与乡党、同业的关系，以及其对胡适、陈独秀的帮助（不仅仅是胡适、陈独秀对亚东具有重要意义，汪孟邹对他们的意义同样重大），汪孟邹的精神是比较能凸显的。然美中不足的是，其日常生活的图景易被淡化，在书中甚少看到关于汪孟邹家庭生活、日常生活的图景，笔者看来略有遗憾，或许这也是史料不足的原因。

颇为重要的“副文本”运用。作为“近现代从事书业时间最长、经验最丰富的出版人之一”的汪孟邹及其所创建的芜湖科学图书社和亚东图书馆在中国近代史上产生过重要的影响，但因为史料等原因，却很少有年谱、亚东出版物目录等内容。作者以极强的学术考证能力，以副文本的形式呈现出“汪孟邹编辑出版大事年表”“亚东出版物目录及知见版次”等内容，让我们能更好地了解传主的人生与“志业”。

总而言之，读完《中国出版家·汪孟邹》，不禁使人感叹一个终身志业于出版的人的人生不易，其丰富的人生折射出一个行业的发展历程。林英博士以质朴平实的语言，以扎实的学术论证能力，采用自己独特的撰写模式，让原本史料不甚丰富的传主汪孟邹的一生尽显。

【本文系2022—2024年度中国侨联课题项目“民国时期东南亚侨校华文教科书搜集整理与研究”（项目编号：22BZQK226）阶段性成果】

---

①③⑦⑧⑫⑬⑮林英著：《中国出版家·汪孟邹》，人民出版社2022年版，第1—2、278、2—3、279、1、1、2页。

②汪孟邹：《我与新书业：答萧聪先生》，《大公报·出版界》1947年8月24日。

④王建辉：《“亚东”掌门汪孟邹》，《出版广角》2001年第5期。

⑤王建辉：《革命活动中的‘不革命’朋友：汪孟邹与陈独秀的人际互动——以汪孟邹近代出版事业为中心》，《社会科学论坛》2017年第5期。作者引入了“不革命”的叙述方式，即不在“革命——反革命”的二元对立中来看待汪孟邹与陈独秀之间的互动，而是回归到现实社会生活日常化的人情交往中加以论述。

⑥向敏：《为“过渡人”画像——林英〈中国出版家汪孟邹〉评析》，《山东工商学院学报》2023年第2期。

⑨汪无奇：《亚东六录》，黄山书社2013年版。

⑩汪原放：《回忆亚东图书馆》，学林出版社1983年版，第8页。

⑪熊明：《作为文学的传记：传记与传记传统及传记研究的边界》，《中国海洋大学学报》2022年第6期。

《缘缘堂随笔》的版本小史

钟沅贝

1921年初，丰子恺赴日本学习艺术。在日本留学期间，由于学习日文和英文的关系，开始对文学产生了兴味。夏目漱石的创作方法、写作风格和思想都对他产生了一定影响。1922年丰子恺正式从事散文创作，同年秋天，他经夏丏尊介绍到白马湖春晖中学任教，认识了一批“白马湖作家”。但好景不长，因教育主张与校方不合，匡互生、朱光潜、丰子恺等人离开春晖中学并前往上海创办立达中学。1926年9月，《一般》月刊创刊，丰子恺成为这份刊物的主要撰稿人。

丰子恺曾说过：“仔细想来，无论何事都是大大小小、千千万万的‘缘’所凑合而成，缺了一点就不行。世间的因缘何等奇妙不可思议！”[1]可见“缘”这个字在他的生命中是意义非凡的存在。追根溯源，就不得不提到他的恩师弘一法师（即李叔同）。1926年在上海江湾永义里时，丰子恺请弘一法师为自己的居所取一个堂号，法师让他在几张纸上写上自己喜欢的字，写好后团成一个个纸团散在桌上，抓阄定夺，第一次抓到的纸上写的是“缘”字，没想到第二次抓到的字仍是“缘”字，于是就将居所命名为“缘缘堂”，还请弘一法师写了一幅横额。之后，丰子恺迁到哪里，就把这块横额挂到哪里，哪里就是缘缘堂，丰子恺也自称为“缘缘堂主人”。

随着丰家的儿女们相继出生，孩子们的天真烂漫给丰子恺的散文创作带来了灵感和素材。同时，他也创作出很多崇尚自然、追求闲适、反映现实的作品。这些作品发表在了《一般》《小说月报》《申报》等报刊上。由于这些散文大都创作于缘缘堂，当1930年他搜集自己发表的一些散文送交开明书店出版时，自然想到以“缘缘堂随笔”作为该书的书名。《缘缘堂随笔》于1931年1月初版问世，《中学生》第13期（1931年1月1日）刊载了该书的出版广告：

丰子恺先生作　　缘缘堂随笔

实价三角　照码加一

这是丰子恺先生小品文的结集。丰先生的超脱的思想，潇洒的笔调，艺术的手腕，以之作小品文，清新俊逸，得未曾有。本集所收大抵散见于小说月报等刊物者，凡二十篇。

《申报》1931年3月11日又刊载了该书的出版广告，与《中学生》上的广告文字相比，内容增加了不少：

缘缘堂随笔　　丰子恺著

实价三角

先生对于绘画音乐艺术夙擅专长，他的《子恺漫画》《子恺画集》《西洋画派十二讲》《西洋美术史》《近世十大音乐家》等等著作，早已脍炙人口，人人爱读。但他的小品

⑭李丹：《近百年传记研究综述（1919—2022）》，《广东开放大学学报》2022年第5期，第66页。

⑯杨正润：《现代传记学》，南京大学出版社2009年版，第176页。

⑰⑱张立群：《现当代作家传记的史料价值构成——以传记家的素养为线索》，《天津社会科学》2023年第3期，第131、138页。✣

文也正和艺术音乐绘画一样好到绝伦。本书是他的小品文的结集，他的超脱的思想、潇洒的笔调、艺术的手腕，以之作小品文，清新俊逸，得未曾有。

开明本《缘缘堂随笔》收录丰子恺的散文 20 篇（发表过的散文 19 篇和未曾发表的随笔《立达五周纪念感想》1 篇）。从初刊到初版，丰子恺对收录的散文有些小的改动。一是题目改动，散文《自然》在《小说月报》发表时冠以的题目是《自然颂》，而收录进《缘缘堂随笔》集结出版时更名为《自然》。二是纠正了一些“手民之误”（即因排版印刷所产生的错误），例如“可以永续”变成“所以永续”，“定一条法律”变成“定一定法律”，“想像”变成“相像”，“两份人家”变成“两分人家”。三是作者根据语言习惯又修改一些语句，例如“度几天”改成“过几天”，“找寻”改成“寻找”，“却大家置之不问”改成“大家却置之不问”。四是删除了《秋》初刊中倒数第二个自然段，即“秋！我的主！你降临了。我是你的新受洗礼的信徒。我要辨些清酒香花，为你洗礼。我们的酒是‘一樽聊为晚凉开’，我们的花是‘霜叶红于二月花’。我们的心境何等安定，调和，而互相融合！”。该书初版问世后，销路颇不错，于当年 11 月就再版，此后也多次再版，至 1948 年 3 月印至第 12 版。

《缘缘堂随笔》问世后，颇获读书界人士的好评。《开明》上刊有该书的短评：“在现在的中国作家，能发挥儿童的天真烂漫而含有艺术的本性的作品，除了丰子恺先生以外，恐怕没有第二个了”[②]。陈子展一口气读完了《缘缘堂随笔》，认为“这部随笔虽只有二十篇，然而我们在这里可以看到作者用他清隽之笔，写他童年的愉快，中年的怅触；写他和乐的家庭，以及他的小燕子似的一群儿女；尤其是显示了他在生活上所具的思想情趣之重要部分——他的人生观、艺术观、宗教观。”[③]。徇遒在《〈《缘缘堂随笔〉读后感》中认为该书虽然很复杂地表现出各式的生活，不同的想象，但中心思想却是“本着同情的人格，赞叹宇宙真实的现象，一方面反对虚伪的造作，而追怀着童心的复现”，目的是“以纯洁的同情，完成艺术的大我”。[④]

此后，丰子恺的散文创作便一发而不可收拾，陆续出版了《中学生小品》（中学生书局 1932 年 10 月）、《子恺小品集》（开华书局 1933 年 9 月）、《随笔二十篇》（天马书店 1934 年 8 月）、《车厢社会》（上海良友图书印刷公司 1935 年 7 月）、《缘缘堂再笔》（开明书店 1937 年 1 月）等。

随着散文的不断问世，散文家丰子恺的名声从国内传播到了日本。在 1940 年 4 月 6 日，由吉川幸次郎翻译成日文版的《缘缘堂随笔》经日本创元社出版发行（版权页署“昭和十五年四月一日印刷，昭和十五年四月六日发行”）。这是丰子恺作品第一次被译为外文出版。该书尽管题名为“缘缘堂随笔”，但却未选择丰子恺的第一部散文集进行翻译，而是从他的数种散文集《缘缘堂随笔》《随笔二十篇》《车厢社会》《缘缘堂再笔》中选出《吃瓜子》《作父亲》《姓》《华瞻的日记》《山中避雨》《记音乐研究会中所见之一》《记音乐研究会中所见之二》《西湖船》《新年怀旧》《“带点笑容”》《送考》《闲》《谈自己的画》共 13 篇。日本文学评论家谷崎润一郎读过日译本《缘缘堂随笔》后，认为丰子恺的随笔是艺术家的著作，“他所取的题材，原并不是什么有实用或深奥的东西，任何琐屑的、轻微的事物，一到他的笔端就有一种风韵，殊不可思议。求之于现在的日本，内田百间氏一流人差可比拟。”[⑤]

1950 年代中期，人民文学出版社拟计

划推出一批五四以来著名作家散文选集，何其芳、聂绀弩、唐弢、丰子恺等作家的散文作品纳入编选范围。由人民文学出版社拟定的作家人选，无疑代表新中国政权对该作家的肯定，对作家来说也是一种肯定。所以当丰子恺在1957年初收到人民文学出版社的来信后，不但表示同意，而且很快就开始编选工作，一个月后就完成了编选工作并写了《选后记》。当年11月，新版《缘缘堂随笔》由人民文学出版社出版。虽然散文集名称与开明本同，但内容却发生了天翻地覆的变化：此版本收录的篇目多达59篇，这些篇目是来自开明本《缘缘堂随笔》的12篇、《随笔二十篇》的8篇[⑥]、《车厢社会》的12篇、《缘缘堂再笔》的4篇、《率真集》(万叶书店印行1946年10月初版）的5篇[⑦]和从未出版过的散文18篇。丰子恺还给一些散文配有自作的插图，共8张。[⑧]人文本初版首印20000册。

就人文本收入开明本的12篇而言，主要有以下几方面的修改。一是把《立达五周纪念感想》改为《立达五周年纪念感想》。二是《渐》中删去了周作人翻译的一段文字，而替换成丰子恺本人翻译的话语。三是《从孩子得到的启示》原本有两篇故事，收入人文本时将第二篇内容全部删去。四是将涉及“杀虐”描写的一些句子删去。《忆儿时》中三个故事的结尾处都有关于“生灵的虐杀”的反思，无可避免地会出现“杀”“虐”字眼，收入人文本时将这些句子统统删去。五是响应汉语规范化对部分字词进行修改。例如将《东京某晚的事》中的“很缺力”改成“很吃力”，《自然》中的“免强”改成“勉强”。此外，将繁体字修改成简体字，并将原有的英文表达词语替换成了汉字。

人民文学出版社新出《缘缘堂随笔》很快在香港有了翻版。1959年2月，香港建文书局翻版了《缘缘堂随笔》。这是商务印书馆香港印刷厂承印的。从篇目数量上看，它与人文本一致，都是59篇；从散文内容上看，它也与人文本一样，甚至连散文插图的位置都一模一样。唯一不同的是，建文书局将《选后记》删除。此外，香港的另一家出版社晨曦书店也于1976年7月出版了《缘缘堂随笔》，与建文书局的选择不同，晨曦书店选择将开明本的《缘缘堂随笔》(20篇)和《缘缘堂再笔》(20篇）合在一起以《缘缘堂随笔》为名出版。

1992年6月，《丰子恺文集》由浙江文艺出版社和浙江教育出版社联合出版，丰子恺的女儿丰陈宝和丰一吟担任主编，《缘缘堂随笔》收入文集第5卷文学卷一（编入同卷的还有《随笔二十篇》《车厢社会》《缘缘堂再笔》《漫文漫画》以及在1914年至1939年间创作而未收入集子的54篇散文），在编排上遵循编年的原则。文集本中《缘缘堂随笔》的篇目恢复至初版本的20篇，但是在内容方面，编者们在编辑时力求把作品尽可能地以初版本的状态呈现，但是部分受限于九十年代政治的影响，关于痛斥暴力、敏感人物周作人的语句等仍沿用人文本的修改。但在字词、标点符号方面则随着时代的进步而不断完善。

2016年10月，《丰子恺全集》由海豚出版社出版。海豚出版社与其他单位联合成立了《丰子恺全集》编委会，由陈星担任总主编，丰一吟和陈子善担任顾问，集合多位研究丰子恺多年的学者们担任各个分卷的主编。编纂内容按照“成集者以初版为排印底本，已发表之集外篇什以原刊为底本，未刊手稿以原稿为底本”[⑨]的原则。据此，《缘缘堂随笔》依照初版本进行编辑，部分用字譬如“的”“地”“底”仍旧照旧，只是涉及到明显笔误的地方才予以订正。

遗憾的是，尽管《丰子恺文集》《丰子恺全集》中收入的《缘缘堂随笔》均恢复到初版的20篇，但这样的惯例在后来各家出版社推出的《缘缘堂随笔》中，并没有得到广泛的遵从。笔者粗略查询了2000年以后，国内各出版机构出版的以“缘缘堂随笔”为名的单行本，共有14家出版社推出了20余种版本，除了岳麓书社一家一直坚持以丰子恺第一部散文集为底本重印外，其他出版机构只是借用了“缘缘堂随笔”之名，出版了各种篇目的《缘缘堂随笔》。如浙江文艺出版社2000年12月出版了陈星编的《缘缘堂随笔》。该书收入丰子恺散文28篇，但只有3篇选自其第一部散文集《缘缘堂随笔》；2007年5月，天津教育出版社也推出了《缘缘堂随笔》，此版本收录丰子恺散文47篇，有18篇选自其第一部散文集《缘缘堂随笔》；2010年10月，天津人民出版社又推出了新版《缘缘堂随笔》，该书收录丰子恺散文42篇，但只有7篇选自其第一部散文集《缘缘堂随笔》；2014年3月，生活书店出版有限公司也推出了陆宗寅编选的《缘缘堂随笔》，但该书收录丰子恺散文16篇，其中只有一篇《忆儿时》选自其第一部散文集。2016年6月，长江文艺出版社又推出了新版《缘缘堂随笔》，该书收录丰子恺散文67篇，其中只有14篇选自其第一部散文集《缘缘堂随笔》。2020年10月，人民文学出版社又推出了足本《缘缘堂随笔》，此书收录丰子恺散文108篇。此外，还有北京燕山出版社、万卷出版公司、江苏人民出版社、中国友谊出版公司、作家出版社等，也推出了名为“缘缘堂随笔”的作品集，且每一种版本收录的篇目都不一样。

而各家出版社推出不同篇目的《缘缘堂随笔》中，它们依据的底本又不一样。如人民文学出版社2020年10月推出的足本《缘缘堂随笔》，对于丰子恺在1957年修改的部分内容，“今基本上采用其修饰之处。有的文章中被删改的文句和段落，仍据旧版予以恢复，并加注说明。”⑩海豚出版社2015年8月推出陈建军编的《缘缘堂随笔》，所收的篇目又全部以初版本为底本收入，而岳麓书社、北京燕山出版社所推出的《缘缘堂随笔》，又据初版本重印。

真可谓“缘缘堂随笔”是个筐，只要是丰子恺的散文，都可以往里装！新世纪以来各家出版社推出各种名目的《缘缘堂随笔》，可谓怎一个乱字了得！

---

①丰子恺：《缘缘堂随笔》，第82页，上海开明书店1931年版。

②何报通：《短评：〈缘缘堂随笔〉》，《开明》第36期，1931年10月1日。

③陈子展：《丰子恺的〈缘缘堂随笔〉》，《青年界》第2卷第1期，1932年3月20日。

④徇遒：《〈缘缘堂随笔〉读后感》，《微明》第1卷第2期，1935年2月1日。

⑤谷崎润一郎：《读〈缘缘堂随笔〉》，《中学生》复刊第67期，1943年9月。

⑥丰子恺在《缘缘堂随笔》(人民文学出版社1957年11月初版）的《选后记》中未提及《随笔二十篇》，但实际上有八篇散文是出自《随笔二十篇》(天马书店1934年8月初版)。

⑦《作父亲》《两个“?”》《蝌蚪》《吃瓜子》这四篇散文同时被收录在《随笔二十篇》(天马书店1934年8月初版）和《率真集》(万叶书店印行1946年10月初版）两本随笔集中，只是按照出版的前后顺序，将四篇散文记在《随笔二十篇》名下。

⑧分别是《鼓乐》《三娘娘》《野外理发处》《白俄》《蜀道奇遇记》《贪污的猫》各1张，《白象》2张。

⑨《文学卷·凡例》，《丰子恺全集》(文学卷·1)，海豚出版社2016年版。

⑩丰子恺：《缘缘堂随笔》(足本)，第1页，人民文学出版社2020年版。

信·稿·人（五）

周　实

张　扬

张扬在《书屋》发的文章，我最喜欢《我看“院士”》(2000年第8期)，特别是下面这四段：

我虽然“长在红旗下”，长期受极左熏陶，常年被教导说知识分子是动摇的、妥协的、两面的、软弱的、投降的、灰色的、小资产阶级的、资产阶级的、酸的、臭的和什么什么的，但不知何以我就是“改造”不过去。在一切人等中，我最敬重的就是知识分子，尤其是科学家。

那时凡事首先要讲“立场观点”。我从上述“立场观点”出发考察当时的知识分子政策和对待科学家的态度，很快发现除整体上的蔑视、欺侮、压制外，在微枝末节上也考虑得面面俱到。譬如不惜多费些事，多用些字，特意将科学家称作“科学工作者”，将工程师称作“技术人员”——这么一点小动作，却成功地和不着痕迹地贬低了他们。又如“中国科学院学部委员”，是中国科学家的最高学术职称和最高荣誉称号，又是个十足古怪的头衔。其实任何外语中都找不到与“学部委员”对应的词汇，翻译过去只能叫“院士”，那为什么不干脆中文就叫作“中国科学院院士”呢？这是处心积虑贬低优秀科学家的招数。汉字有象形性，“院士”一词本身就体现出一股威严和气派。而“学部委员”呢，关键词是“委员”，就是工会委员、支部委员、中队委员、居委会委员等等那个“委员”，也就是毛泽东早年讲的“屙尿也能碰到委员”的那种“委员”——只是比起那些“委员”来，“学部委员”除古怪外，还十分得生疏、拗口。这就有力地阻断了群众对他们的了解，更别说尊敬他们了。

90年代有材料说，建国初期中科院成立时还不具备搞“院士制”的条件，于是搞“学部制”——不知“院士制”要什么“条件”？1948年国民党的中央研究院就设了八十一位院士，怎么过了多年新中国的中科院反而没有“条件”了？那八十一位中研院院士的绝大部分都留在了大陆，光凭他们也具备了“院士制”的条件！须知西欧一些国家的大学（学院）也自设“院士”的。

如此“无微不至”地贬低知识分子和科学家，发展到后来对知识分子和科学家的“全面专政”，实在是势所必然的事。知识分子和科学家中最拔尖的一部分人，“文革”刚开场就被《十六条》划为“反动学术权威”，在劫难逃；《十六条》规定“对有贡献的科学家要加以保护”，但这里所谓的“有贡献”是指直接服务于军事项目如导弹核武器研制。实际上连这些人的大部分也受到冲击乃至残害，其中一些人被害死。此外，既无战争亦无自然灾害饥荒瘟疫的正常岁月中特意“保护”极少数人是什么意思？其潜台词不是要对绝大多数人厉行专政，暗示血雨腥风红色恐怖即将降临吗？后来的事实正是这样！然而“有贡献的科学家”谁不是从普通科学家中来的？哪项“贡献”不是建立在众多普通科学家的智慧和劳动之上？那时有句训斥人的名言叫作“形而上学猖獗”，上述种种不是典型的“形而上学猖獗”

又是什么？其实岂止于此，简直是居心险恶！

张扬是这么看的，也是这么干的。那时，他还是个小青年，一无所有，怎么“干”？写小说。于是，1963年初，他写出了《第二次握手》第一稿。这部作品虽不成熟，但有一点却很成熟，甚至可说坚定突出，那就是在只准写“工农兵”和只准歌颂“工农兵”的时代，它写的全部是知识分子和科学家！书中最常出现的身份是“博士”“教授”和“院士”。他写了英国的学院院士，美国的科学院院士，旧中国的中央研究院院士，等等，但在写到新中国的最高学术身份时却麻烦了，因为中科院没有“院士”，只有“学部委员”。他说记得开头几稿，他写的是“学部委员”，“文革”开场后改成了“院士”。后来，他被捕了，审讯人员斥责他“越写越反动”，这个就是原因之一。1991年中科院改院士制时，他曾戏谑地寻思，他的“改制”比他们早得多呢！他在1970年的笔下就已经将五十年代的中科院学部委员称作“中国科学院院士”了。

张扬对《书屋》是厚爱的：

周实兄：

我的新著《〈第二次握手〉文字狱》看来还畅销（在深圳排第一，在广州也上了排行榜）。近期寄给你一本，或4月中旬回长沙带给你。《书屋》办得不错，确实唯楚有才……

周实兄：

寄上一篇文艺批评文章《所谓“康笑宇漫画”》。4月中旬脱稿后，为慎重计，送《人民日报》方成先生看。5月9日从长沙回到北京，昨天取回稿件（并参考件）并听取了方成先生意见……

周实兄：

近日研究日记，看到前年七月赴无锡之记载，忆起一点往事，写了一篇短文。虽不是给《书屋》写的，但因与“书”有关，那次你我又在无锡相逢，因此，寄一份给你看看……

周实兄：

《书屋》在你主持下，确实办得极好！今年1期《同舟共进》载“牧歌”文章，谓“《书屋》是继《读书》《方法》以来中国知识界公认最好的人文期刊”，是恰当的。他所列举2000年十本好书中，你主编的便占了两本。他这篇文章，想来你早已看到。昨天上午我与《同舟共进》主编萧蔚彬通电话，他也对你个人和《书屋》大加称赞……

谢谢张扬，谢谢他的直率坦陈，谢谢他的这些信。

（张扬，本名张尊宽，1944年生，河南长葛人，曾任湖南省作协副主席，有著作《第二次握手》《金箔》《绝症》《谎言重复一千遍》《〈第二次握手〉文字狱》《黄金的品格——孙冶方传》等。）

林贤治

没想到在这时候，在很多人都“告别革命”走向另外的方向的时候，林贤治不但写出了而且竟然出版了这样一本书——《革命寻思录》（中央广播电视大学出版社2015年8月初版）。

他在给我的信中说：“号称‘革命’起家的已经怕听革命了，而我这个坐享‘革命’成果的人居然还要说革命！这个话题，当今知识界大约已经厌说，兄当哂笑我太不识时务了罢？”

也许吧。也许我真这样认为。识时务者为俊杰。但同时我也认为：不识时务者也许更俊杰。

编《书屋》时我曾经发过他的一些文字，其中大的有两篇，都超过了十万字。一篇题为《五四之魂》，针对的是当时文坛众说“五四”不是的情势，他偏要为“五四”招魂。一篇是《五十年：散文与自由的一种观察》，我在那期的《编辑絮语》曾经这样向读者介绍：“此文从‘自由’——这一独特的视角切入，对近五十年来，中国散文的演变，作了全方位描述，并涉及当代文学的有关方面。在文中，自由是一个综合性概念，既是人类学的也是社会学的，既是哲学的也是美学的。全文视野开阔，纵意评说，可谓一种‘文学史别裁’。文章的头两章可看作导论部分。作者深入论述了文化生态环境、文学传统、作家的生存状态等问题及其相互关系，重点引向作品的生成。中间部分是作家论，是工细的文本分析。值得注意的是，作者对声名煊赫的大家多有贬抑之词，甚或略而不论，相反，对籍籍无名者则给予相当高的评价。究竟文学批评的标准何在？在结论部分，作者标举自由感、个人性和悲剧性三者，试图自行立法。作者这种把文学史纳入人类精神史、讲求通观的做法，应该说是颇有见地的。多年前，学术界即有‘重写文学史’之说。在此，本刊不拘一格，发此长文，意在鼓励探索。文学史写作同文学一样，惟在自由的探索和讨论之中，才能走向真正的繁荣。其他学科也一样。”其时，我想说却又没写的更多的是私人著史。相对于国家项目而言，相对于集体项目而言，私人著史自古以来就是我国的一个传统。只可惜在“解放以后”，由于意识形态的禁锢，被生硬地一刀斩断。能够承传这一薪火，开启当代的私人著史，在我看来是了不得的。

这篇“散文五十年”后，他又着手论说新诗，写了“新诗五十年”，可惜我已调离《书屋》，不能将其发表了。这是他又一次私人著史，这是本充满活力的诗史。书中对“左”的思想路线所产生的毁灭效应（对中国社会和新诗发展）进行了揭示和批判。对20世纪90年代商品社会和大众文化对新诗所产生的影响做了十分清醒的估计。对于70年代末期所崛起的新诗潮，包括“朦胧诗”，不但作了高度评价，赞其打破了思想禁区，恢复了诗歌的抒情本质，开创了个人多元的写作，而且指出深隐于其中的局限和危险。此书清楚地表明了作为后者的时代产物，世纪末的中国新诗在整体上是陷落的，颓败的，处于新的低谷状态。在此批评的基础上，此书还特别强调指出，建立健全的现代意识，创造鲜明的本土风格，是新世纪的诗人使命。我非常想推出这本诗史，随之也做了不少工作，可是最后的终审意见还是认为不合时宜，并且认为此书要出恐怕要到十年后了（后来，此书虽然出了，但也确在五年后了）。

他从来都不合时宜，激情四溢得不合时宜，理性十足得不合时宜，极其现实得不合时宜。不但有激情而且很理性，就是他文字的特点。读者只要读他的文字，就能通过他的文字看到他那火样的激情究竟是为什么燃烧并且是怎样得熊熊燃烧。《革命寻思录》自然也一样。读时，我总感觉到他和罗伯斯庇尔（1758—1794，法国大革命时期的领袖人物），血是一样的，心是相通的。他是这样写他的：“作为法国大革命的一位象征性人物，罗伯斯庇尔的出现，打破了历史家的单一的黑白构图：一、从演说到行为，这是一个具有‘美德’的人是毋庸置疑的，但是却要为大革命的恐怖杀人负责；二、他把他的同志送上断头台，然后自己也步了他们的后尘；三、他如同革命一样被人诅咒，但也始终不乏赞美之辞。他是圣徒，还是魔鬼？他是参加革命之后，具体说来是在掌权之后才变成魔鬼的？抑或本来就是圣徒，只是人们把他涂抹成了魔鬼？不同的历史评价反映了人们诸多观念的冲突。”

我曾囫囵吞枣地读过罗伯斯庇尔。我脑子里记得的是他的模样之英挺、步伐之轻盈、姿态之优雅，可媲美于猫。他天生敏锐的感受性激起了大众的热情，但在短暂的人生中，却只恋爱过一次。从1789年春天起，他就告诉他自己：纵使冒着生命危险，也要捍卫人民的权利，除此之外，别无所求。他说：“对于正义、人性和自由而言，爱是一种与恋爱相等的热情，受其支配的人，把一切献给那种爱。”他的这种坚忍的自我牺牲精神，把他导入了一个悲壮的命运。他虽有预感却不愿违拗。他说：“人既然来到人世，谁都不免一死。如果我的命运是为自由而死于非命，那么我不想逃避，宁愿勇赴那种命运。”不料竟然一语成谶，他真的在两年之后在断头台上与死神相遇。他最大的贡献就是让我们看到了民主的可贵也看到了它的可怕。我最记得的他的话：“平等是一切善的根源。极度的不平等是一切恶的根源。”我想我这一辈子都忘不了这句话。

关于《革命寻思录》，这本书的前勒口上有段话写得很准确：“这是一本随笔式论著，革命构成它的主题。近代以来，革命以它特有的震撼改写了世界历史，它不但改变了不同国家和地区的政治版图，也改变了人们对社会前途和自身价值的看法。二百多年来，革命家、政治学者和历史学家对革命做过各种不同的叙述与阐释。作者涵泳其中，结合英国、美国、法国和俄国四大革命个案，介绍了相关的理论观点，并根据某种内在逻辑进行整合；对革命的实质及一般性特征、革命与知识分子、精英与大众、组织与权力、意识形态、社会动员、暴力、社会运动与改革、主权与宪政等诸多问题做出有意义的探讨。全书采用尼采、本雅明式的断片化形式，旁征博引，随机生发，锋芒闪耀，是叙事性、论辩性和诗性的结合。”

读这本《革命寻思录》，我还强烈地感觉到：革命是想告别就能告别得了的吗？回答显然是不可能的。我们该做的而且能做的应是大力地减少落后，应是进一步消灭贫穷，让人民的工作生活更加自由、更加民主、更加富裕、更加和谐。何况就是再好的社会也要发展也要进步，自然也就会有革命，虽然革命的内容形式会因时代的不同改变。

（林贤治，1948年生，广东阳江人，有著作《骆驼和星》《旷代的忧伤》《五四之魂》《胡风集团案：20世纪中国的政治事件和精神事件》《鲁迅的最后十年》《巴金浮沉一百年》等。）

雷群明

收到了群明大兄的书，快递来的《师友飞鸿》，第三辑，两大本，上下两册，近千面。立即翻开来，看我写的信，看我写了些什么。

一共有三封。第一封很短，只有几句话，是我向他问候新年：

群明兄：

新年好！

早就应问候你，只因杂事太多太细，一天忙下来，就拖下来了，真不好意思。

你的官司怎样了，还在折磨你吗？

周实

1月12日（1999年）

关于此信，他的说明是：“这是他在上海参加会之后的来信。开会前夕的1998年11月中旬，交通大学的胡天培向法院告学林社丢失他父亲的翻译稿案正好开始，故他信中有此官司之问。”这个会是上海编辑学会和中国编辑学会联合在上海举办的“全国部分编辑出版读书类报刊编辑工作研讨会”，

雷群明（1985年8月摄于富春江）

我是代表《书屋》参加的。

再看第二封，是我离开《书屋》时写给有关读者的告别信，信的末尾署名的是我和编辑王平先生：

雷群明先生：

您好！

《书屋》杂志从1995年创刊以来，在海内外思想文化界产生了良好的声誉和广泛的影响。作为杂志的创办者和编辑，我们深感欣慰的同时也清醒地意识到，我们所取得的所有成绩，与您以及和您一样有着深厚学术修养与人文关怀的作者对《书屋》杂志的有力支持密不可分。在此，我们谨表示深深的感谢！

但由于诸多原因，《书屋》杂志将面临较大的人事变更，杂志的办刊方向和思路也可能有较大的调整。当然，这些变更和调整都是正常的，也是可以理解的。我们真诚地希望您能给《书屋》新的同志以热情的支持，同时也真诚地希望我们能一如既往地保持长久的、友好的联系！

我们新的通信地址为：

周实：410005　长沙市展览馆路11号湖南省出版集团信息中心

王平：410005　长沙市展览馆路11号湖南省出版集团信息中心

周实　王平

2001年6月18日

他收到的这封信是此信的第一版。这封信发出后，我又重新看了一下，觉得话说得多了点。于是，我删掉了“多余的话”，改成了下面的第二版：

本刊启事

亲爱的读者、作者：

由于《书屋》杂志人事调整，我们将安排新的工作。《书屋》自一九九五年创刊以来，一直得到你们热情的支持和深切的关爱，在此深表感谢！

我们真诚地希望你们能给《书屋》新的同志以同样的支持，也真诚地希望我们能保持长久的、友好的联系！

周实　王平

2001年6月18日

再看第三封，也是2001年的：

群明大兄：

寄上我发在今年《芙蓉》三期上的十个短篇。如有空翻，非常荣幸。若能指教，更是感谢。无时间无兴趣也无关系，放下就是。复印件不成敬意，望谅。

周实

5月30日（2001年）

这十个短篇，他很快就看完了，而且给我回了一信，也就是他的读后感：

周实兄：

寄来的小说和《档案》(周实注：我选编的《精神档案：二十世纪末中国经济学备忘录》一书，太白文艺出版社2001年版）均收到。

十篇小说我几乎是一口气看完的。我感到吃惊甚至震惊，因为很久没有看到过这样震撼人心的作品了。当今之世，无耻加无聊的“戏说”和挖空心思大捧帝王将相的别有用心的作品以及浅薄庸俗的“言情”小说已经败坏了很多人的胃口，我是很少去看那些东西的了。对于那些把“屠夫凶残”化为一笑的“作家”，对于那些把刽子手打扮成英雄的“大作”，我只能一笑置之。今天，看了你的这十篇小说，你的生花妙笔仿佛还原了那些血淋淋的历史，你有些“冷酷”地截取那行刑的最残酷的场面，鲜血淋漓地展示几千年几百年前的某一个历史的瞬间，并且以被“刑”者的心理描写那种临刑时的“感受”。猛一看去，真令人的神经有些受不了。但是，既然是历史，就不能回避，更不能“加工”和美化，让后人知道一点“残酷”，也未尝不是好事。鲁迅早就呼吁要造就敢于面对屠夫凶残的真的猛士。我觉得，你还在继续做这种工作：让大家认识真正的历史，从而“留一份清醒”，真是太好了。

从你的诗到你的小说到你的刊物，我能感受到你的心跳，你的脉搏，你的沉重。我觉得你是否把自己的责任看得太重了？记得上海的会上，你说我是一个理想主义者，其实，我看你倒真是一个理想主义者。为了你的“理想”，你简直已经豁出了一切。我可以感受到你心灵的痛苦，而我则已经有点麻木了。在你的“历史小说”中，我仍然可以读到许多很现实的东西。

对于小说中的许多细节描写，我尤为欣赏和佩服。那血淋淋的场面，你就好像一个记者亲眼目睹一般。我想，为了写这些东西，你一定是费了不少功夫去研究我们的“先人”发明的种种酷刑的吧。有些作品也许会有争议，像屈原，你改自杀为他杀，把“渔父”设计为刽子手之类。如果“学术争鸣”一番，也未尝不是好事。

读你的作品，总有一种冷峻感，甚至觉得有点“寒气逼人”，但那是你对人民对国家的爱的热情转化而来的，所以，不会使人颓唐，而只会催人奋进。这种功夫，这种境界，真不容易。

拉杂写来，不知说得怎样，只是表示一点想法而已。不对的地方，请你批评。

祝

好！

群明

2001 年 6 月 6 日晚

二〇〇一年到现在也过去二十二年了。

日子就这样过去了，一天天，一天天。

翻着雷兄的《师友飞鸿》，我的心里这样想：此生能有这样的兄长，真是幸运，真是好！我想写几句话给他，又想还是写首诗吧，诗题就叫《一天天》：

一天天
一天天
一天
一天
又一天

很多事
有些人
就像玻璃窗上的
簌簌滚落的小雨点
流下来
流下来
分开又合拢
合拢又分开

不知不觉
自自然然

这是诗吗？不是又有什么关系？是与不是于我来说，都是我对他的心意。

（雷群明，1940 年生，湖南耒阳人，1964 年从华东师范大学中文系毕业考入复旦大学中文系，为赵景深先生的元明清文学史专业研究生。曾任学林出版社社长，上海韬奋纪念馆馆长。有著作《聊斋艺术通论》《蒲松龄与聊斋志异》《编辑修养十日谈》《编辑应用写作》《微型书论》《心路历程》等。）✣

郑一奇

2022年5月7日，我四姐夫俞明（1928年5月—2022年5月）在苏州病逝，享年95岁。他1945年2月加入中国共产党，曾任苏州市委宣传部部长、市人大常委会副主任，是入党78年的老革命，热爱乡土的老干部。他退休后多有著述，大器晚成，是苏州的名作家、文化名人。

5月7日我给四姐郑薇青发去悼念信。

薇青姐：

晓明发来悼文，得知姐夫俞明仙逝，谨致悼念！俞明姐夫为人、为文堪称楷模。他永远活在他的著作中，活在敬佩他的人心中。你陪在医院六年之久，非常不易。望节哀保重。[①]

俞明病重住院时，薇青姐边陪护、边编辑《俞明研究资料简编》，收入学者、同事、名人对俞明文学创作（散文、小说）的评论、通信。我翻看这本资料，整理与郑薇青、俞明的通信，选出三封信，予以解读，以作纪念。

周克致俞明、薇青信（2017年）

俞明、薇青同志：

你们好！十分牵挂你们！我住院多时，身体还好，可勿念。惊闻老俞局部中风，所幸还能行动，老俞的散文集已收到，自当拜读。我老了！已经101岁，过百岁了！已经以医院为家了。希望老俞珍重健康，薇青也珍重健康！要紧、要紧！你我老友，争取多活些才是！老俞已局部中风，更要注意才是。你我常通信，多健康才是！

特此，祝健康！

周克手字

2017年6月21日

2017年3月，俞明在文汇出版社出版了他与朱熙钧主编的《苏州：一个甲子的林林总总》(四卷)，第一卷是俞明散文精品65篇，分“姑苏人物”“桥头巷尾”“评弹人家”“尚书第旧梦”“序跋”五编。此书出版后，广受好评，读者称“一书在手，爱不释手”。俞明寄给周克一册，周克收到后回此信。周克是俞明1945年17岁加入中共地下党时的上级，当时28岁。

我知晓周克是在2004年。那年郑薇青（苏州大学原党委副书记）写了《一点回忆》，说1953年，她在上海虹口中学上学时，参加新民主主义青年团上海一届代表会。5月27日，大会在市府礼堂召开，两项议程：一、听取团上海市工委书记周克报告；二、选举出席全国团二大的代表。我由此得知，1953年时，周克是上海市团委书记。

周克（1917年2月—2020年1月），原名朱启统，江苏江宁人。1935年参加了“一二·九”运动。抗战时，受中共委派，坚持隐蔽战

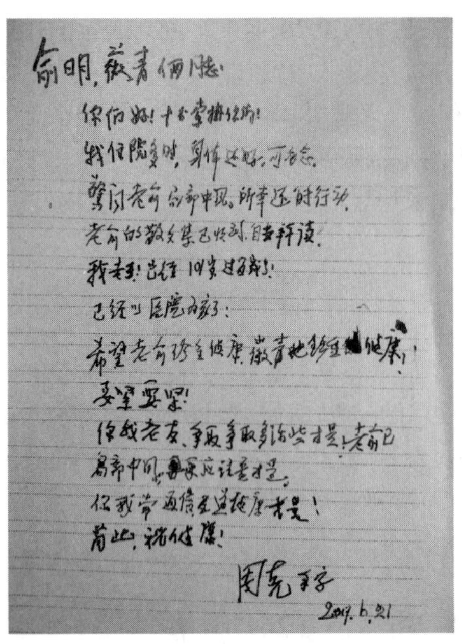

俞明、薇青俩同志：

你们好！十分挂念你们！

我住院多时，身体还好，可告慰。

惊闻老俞不幸中风，所幸还能行动，

老俞的散文集已收到，自当拜读。

我老了！[illegible] 104岁了！

已经以医院为家了：

希望老俞保重健康，薇青也要保重健康，

要坚强！

你我老友，争取多活些才是！老俞已

为中风，更应注意才是。

[illegible]通信互道健康才是！

草此，祝健康！

周克手字

2017.6.21

周克致俞明、郑薇青函手迹（2017 年 6 月 21 日）

线工作，为新四军输送兵员。解放战争时，负责上海、南京沿线地下工作，为解放上海提供支持。新中国成立后，在苏南、上海负责青年工作。后转至经济战线，做党的工作。长期担任上海市委组织部部长。周克与俞明自 1946 年相识后，一直有联系，常通信。这封 2017 年的信十分珍贵，反映老战友同志的情深义重。

读了这封信，我对周克、俞明 1946—1949 年，在国民党反动统治核心地区，从事中共地下工作充满敬意。当我才 6 岁时，他俩已冒着生命危险在敌后战斗。我读了《苏州：一个甲子的林林总总》，其中有两篇文章是回忆地下工作的，又查寻了一些资料，可知三则故事。

一是周克领导上海中共地下党人，炸了蒋军军火库。周克的下级周沙尘是 1939 年抗大（洛川分校）毕业的，他被派往国统区，公开身份是《力报》记者、《活路》月刊主编。1949 年 2 月，他报告周克，他的外甥赵聚能是上海江湾五角场军火库的技工。在自己影响下，决心脱离反动军队，投身革命。周沙尘、赵聚能策划利用赵进入军火库工作之便，设法在库内安放炸药，延时引爆。周克批准这一计划。2 月 16 日下午，赵聚能进入军火库，放置炸药，并用点着的香烟延时引爆。不仅炸毁了军火库，周、赵二人在地下党的接应下全身而退。这次大爆炸，轰动上海，成为头条新闻，给盘踞上海，力图顽抗解放军的蒋军“当头一棒”。5 月 27 日上海解放。

1949 年 2 月 16 日，我住在上海四平路 372 弄 48 号，正上小学。当天我在家中听到了巨大的爆炸声，后来也知道了这则新闻，给 9 岁的我留下深刻印象！1949 年后，周沙尘到新华社当记者，去过抗美援朝前线。1977 年后，他任中国青年出版社《旅行家》主编。当年 11 月，我调入中青社当编辑，见到了前辈周沙尘。1988 年，周沙尘与金寄水合著了《王府生活实录》一书，交社里出版，我有幸成为此书责编。此书出版，填补空白，畅销一时，还把版权卖给台湾一家出版公司。周老很高兴，特地让金家后人准备了一桌“王府菜”，让我们品尝。席间，我们只听周老讲王府生活故事，却忘了请他讲早年的革命故事了！

二是俞明策反了国民党昆山县的头面人物。俞明是江苏昆山人，1944 年毕业于昆山县立中学。1945 年 4 月加入中共地下党。在《回忆往事》一文中，他讲述了是如何接受党的任务的。1945 年夏，他在上海黄陂路龚兆源（昆山地下党负责人）家中见到了吴学谦。吴学谦代表中共华东城工部，找俞明谈话，并要俞明负责昆山地下党工作。[2]俞明担任昆山城区工作组组长后，带领二十几个党员侦探敌情。他是党支部委员，公开职业是《大众报》雇员、《旦报》记者、昆山民教馆馆员。他以记者身份为掩护，出入国民党、警局等机关，收集“敌、地、社、民”情报，送给上级参考。按照上海党组织指示，他做了昆山开明绅士周梅初（原同盟会会员，国民党昆山县党部书记）、俞楚白（联合国救济总署青岛分署署长）的策反工作，为昆山解放，起了配合作用。1949 年春，昆山私人筹建了经济文化广播电台，购进 100 瓦发射机和配套设备，沈夫强为台长。俞明与沈夫强都住百花街。俞明向上海来昆山的地下党领导王正报告上述情况。王还指示："设法保存电台，为我所用。"俞明机智地利用清晨各家出门倒马桶时候，潜入沈家，投递了劝沈起义的文告。并发展周梅初、俞楚白加入中共外围组织，应周要求，王正登门拜访，双方达成默契。周梅初以维持地方为名，召开会议，请沈台长参会，沈表示拥护。昆山解放之初，俞明陪同县委干部会见沈，商定由新政府接收电台。1949 年 10 月，苏州人民广播电台筹建时，用上了昆山接收的完好设备，为顺利开播立了功。

三是俞明成功逃脱国民党军警追捕。在《隐蔽在陆家浜》一文中，俞明讲述了 1949 年 2 月，他被国民党军警追捕，隐藏到昆山小镇陆家浜。他的干亲是镇上首富，不是国民党党员，却被强制当上了镇长。此人对俞明的身份心中有数，迫于形势，有意与俞明结交。故让俞明隐蔽在他家中。在家里后门，备有小船，必要时登船而走。后又有叫徐震的青年来访，经地下党批准，俞明以镇长表弟的身份与他来往。其间国民党武装便衣、军队士兵曾对两人盘问、搜查，两人沉着应对，化险为夷。徐震解放后入复旦大学学习，晚年任复旦大学新闻学院院长。他用笔名"公今度"写杂文，闻名上海。俞明与徐震因潜伏经历，成为挚友。徐震的学生陈四益后来任《瞭望》副总编，对俞明散文十分赞赏，在《瞭望》率先发表。

俞明早年参加革命活动的资料，我知之甚少，期待能从这方面深入研究，以了解周克、俞明等老一代共产党人的初心，以及他们对理想、信念的坚守。

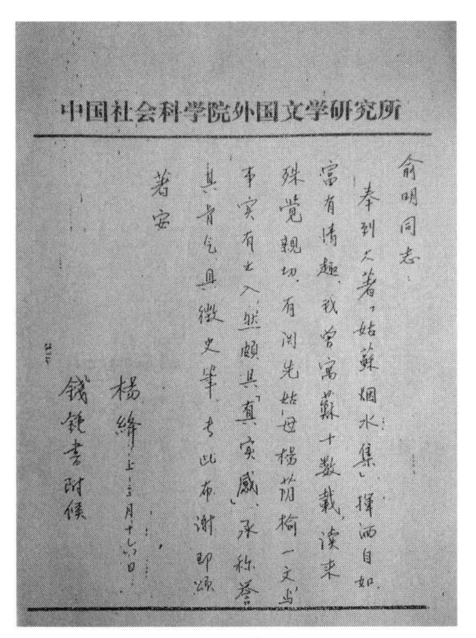
中国社会科学院外国文学研究所

俞明同志：

奉到大著《姑苏烟水集》，挥洒自如，富有情趣，我曾寓苏十数载，读来殊觉亲切。有关先姑母杨荫榆一文，与事实有出入，然颇具「真实感」，承称誉其骨气，具征史笔。专此布谢，即颂

著安

杨绛 上 二月十六日

钱锺书 附候

杨绛、钱锺书致俞明信函手迹
（1991 年 2 月 16 日）

杨绛、钱锺书致俞明信（1991 年）

1991 年 2 月 16 日杨绛、钱锺书致信俞明。

俞明同志：

奉到大著《姑苏烟水集》，挥洒自如，富有情趣。我曾寓苏十数载，读来殊觉亲切。有关先姑母杨荫榆一文，与事实有出入，然颇具"真实感"。承称誉其骨气，具征史笔。专此布谢，即颂

著安

杨绛上，二月十六日

钱锺书附候

杨绛（1911 年 7 月—2016 年 5 月）、钱锺书（1910 年 11 月—1998 年 12 月），均是江苏无锡人，是著名作家、学者、翻译家。1923—1932 年间，杨绛生活在苏州，毕业于东吴大学。杨绛、钱锺书为何致信俞明？我曾问过俞明，他说此事与费孝通（1910 年 11 月—2005 年 4 月）有关。费孝通时任全

国人大常会委副委员长，他到苏州访问，由时任苏州人大常会委副主任的俞明接待。此事我在2002年的书评《具征史笔　洞察深邃》中有记述。

“1990年《姑苏烟水集》(上海人民出版社）出版后，适逢费孝通先生到苏州赠书给俞明，俞明回赠了这本书。费孝通先生读后，颇为赞赏，提议俞明再寄一本给对苏州十分熟悉的钱锺书、杨绛先生。钱锺书、杨绛读后写了一封信给俞明。”

“这是文章大家读了俞明书后的一点感想，实际上道出了俞明散文的一些特点：一是挥洒自如，二是富有情趣，三是反映了吴地的人文特色，让在此地生活工作过的人读来非常亲切，四是写人物具有史笔的特征。俞明的人物散文，写人非常传神，写出人物的精神风骨。有时对人物活动细节考究不够，但是抓住了人物活动的主干与本质。对人物的评价也不拘时评，独具一格，比较全面深刻。‘史家眼光，散文笔法’这是俞明人物传记散文独有的印记。”

杨绛先生提到的文章是《杨荫榆之死》。杨荫榆曾任北京女子师范大学校长，因开除参加学运的刘和珍等六名学生，受过鲁迅批评，给世人留下“反面印象”。俞明从杨荫榆在东吴大学的学生吴兆基处了解了杨荫榆后来的一些故事：“1938年在姑苏吴门桥堍，以其娴熟的日语痛责日寇的强盗行径，终于被一名日军军官开枪射杀，尸体被踢入护城河中。”“杨荫榆全身心投入于教育事业，并在关键时候又不失其中国人之骨气，虽有瑕疵，犹为美玉，亦难得矣。”俞明这篇文章的人物评价是较全面公允的。

对俞明散文成就的研究、评论，《俞明研究资料简编》中收入一些重要文章。如范培松的《中国散文史》(江苏教育出版社2008年版）有专论。范培松、王臻中、陈四益、蓝英年、冯英子、王尧、祝兆平、秦兆基、潘震宙等都对俞明为人、为文有深入研究，认为俞明散文成就突出，有独特的风骨、笔调，是中国现代散文史上的杰作。

陈四益在俞明散文集《故雨新知》的序中说：俞明散文的成功，与他深厚的文化修养，党内文化人的优良传统有内在联系。“在他身上总有些我似曾熟识的身影，这是许多早年活跃在思想文化界的共产党人的身影。他们自己有文化，也珍惜文化，同文化界、知识界有广泛的、深入的联系，在切磋琢磨、促膝交谈中便沟通了思想，团结了朋友。他们没有官僚气，没有教条气。没有不懂装懂的矫情，没有以势压人的霸道，他们为中国文化的传承与繁荣作出了不可磨灭的贡献。”研究俞明散文应与研究俞明革命、从政经历结合起来。读了他的散文，亲近了苏州文化，苏州各界人物，特别是众多文人，你就会看出俞明是一位优秀的领导者、思想者。他经历了革命路上处理知识分子问题正反面的体验。他疾呼：尊重人才，爱惜人才，需要理解、了解，需要信任、关怀。这些散文写天、地、人，也写了作者自己。写他认为什么事，应当如何办，才是正确的。这些散文也可看作是他的自传。有感染力，可传世的散文，固然要讲文字技巧，实际上还是扎根于作者的生活，人生感悟，渗透了他的人生追求。期待对俞明散文有更深入的研究。

俞明致郑一奇信（1999年）

1999年6月20日，俞明给我一信，谈及他出书之事。

一奇：

久疏问候，想必合府平安！《过隙》一书，连累了出版社领导层论争纷纷，至今无音讯，想必和主旋律不协调，自为意料中事。耽搁一段时间也好。近日我的一本游山

苏州市人民代表大会常务委员会

俞明致郑一奇信函手迹

（1999 年 6 月 20 日）

玩水的《山水尘世间》台湾已出版，有人在台湾书店里发现了，但我还未收到。我在《新民晚报》上的连载《五妹旧梦》，本不够出版单行本的，但顾曾平（《烟水集》中插图者）主动建议他来插三十幅图，就可以出版了，我以为可，正与苏州出版社联系。我的二十篇人物记叙散文，大半已在刊物上发表过，我也不想再等了，这些小人物都是我所熟悉的，很难写，如果把《烟水集》上人物若干篇一并集入，则有二十万字了，足可以出版一本书了，这些人物虽卑小，不是名人伟人，但却是时代的记录，有它自身的价值（如今写人物，无非是某文化名人几句话，一段交往，几封书信，一则轶事等）。我意能否在青年出版社出版？或你“搭得够”的出版社出版？如不好办，也无碍。我今后写东西，松松垮垮地等，以免血压升高。再者，如今大部分编辑，都是小青年，思想文化与我辈不合拍，我也不高兴多写了。今年试写了三篇短篇小说，且搁着，薇青读后，却以为可，以后写写白相相，不再去投稿，积多了再说……你们能有机会南下否？问杨清华好！即颂

夏安

俞明

六月二十二日

这封信谈俞明想在中青社出小说《过隙》与人物散文事。他的散文《姑苏烟水集》一炮打响，广受好评。他带病又在 1998 年完成了长篇小说《过隙》(40 万字，后改名为《姑苏烟云》)。王尧在这部小说序中说：“这是一部书写当代历史的大书。”从抗战胜利前夕的 1944 年写起，笔墨落在 1949 年新中国成立到“文革”前夕。故事空间发生在苏州，叙述苏州二十多年间经历的各种运动：“三反五反”“反胡风”“反右”“除四害”“大跃进”“共产风”“四清”……小说取旨宏大，落笔细微，重在描写苏州一银行各式人等在风起云涌的运动中的心路历程。是“苏州如何咸与革命”的故事。主角王亦生是个小人物，解放初是银行助理员，其他人物有巧珍、沙永寿、李国梁、沁新、王佩芳、齐天放、薛千钧等。通过社会的急剧变化，穿透变化中的人心。这些众多人物的命运，构成中国当代的生动历史场景与精神图像。王尧说：“我常常惊叹俞明的大手笔，艺术与人格的双重力量在字里行间激荡”，沉重的故事，却能缓缓道出。对吴地风俗人情的描写为小说增色不少。“于主干外旁逸出一些情致。小说总有风俗画，即使写‘革命’也能一张一弛。”王尧说:“许多年之后，我们也许会确认，这是当代最重要的长篇小说之一。”

2007 年 9 月 7 日，范培松、范小青在推荐这部小说出版的信中说：“《过隙》从 40 年代起笔，一直写到 60 年代，把社会转型时期的风云变化尽收于笔端，塑造了一批人物形象。由于作者经历丰富，有深厚的生活作基础，创作态度极其严肃。”“可以从这部

作品中，真实地听到历史脚步回响。它又是一面艺术镜子，人们在这阅读它时，可以从这面镜子里找到这样那样的影子。”

这部小说稿出版并不顺利。1998 年交中青社时，我任副总编辑已六年，只分管文化、教育、科普等知识读物出版。文学创作，社里由二编室管。主管是陈浩增总编辑。俞明小说稿我读后很欣赏，力主出版，并向陈总推荐。但按社内分工，虚构类小说要由二编室编辑通读后再定。二编室也很重视，因小说内容涉及一段共和国史上的政治运动，特请刚退休的许岱老主任审读。老许在《中国青年报》工作过，后到中青社任《小说》月刊主编，兼二编室主任，是文学内行，又是老同志，经历过这些政治运动。老许和我也熟，公事公办，我很放心，静候佳音。未曾想，老许审完后回复说：此稿建议中青社不安排出版。理由有二：一、写苏州一个小银行、小人物在建国后政治运动中的故事，青年读者不会感兴趣；二、二编室长篇小说稿件积压较多。已出版的小说销得不好，订货量小，认为此稿也不会好销。

1988 年到 2000 年，中国出版业已生产过剩，品种过多，销售不畅。书店订货日减，出版社库存剧增，出版经济面临“滞胀”难题。当时出版改革是实行双效益责任制，因实行时与编辑收入挂钩，多数编辑非常重视书稿的销路与经济效益。出书难出现了新情况。老许如此回复，我无可奈何，也无法在社里再推动此稿出版了。但我坚信，好作品总会有人“慧眼识珠”的。我在 2002 年第 7 期《中国图书评论》上发文评介俞明的人物散文，并在文中称俞明小说有深度，但出版社却未接受出版。“现在不少出版者只关注出书如何赚钱，却不知道，‘其实知识多数是从那些使出版商赔钱的书籍中获得的。’”2015 年，我又一次致函一家出版集团，建议出版《俞明文集》，但也无下文。而《姑苏烟云》2010 年由中国社会出版社出版，总算有了结果。

俞明的人物散文，我找了中青社文学知识编辑部周平，她是学中文的，曾在《旅行家》工作过，是周沙尘带过的老编辑。她选中了俞明的游记散文，2000 年中青社出版了俞明的《山水尘世间》。他的人物散文后纳入“瞻顾文丛”，2001 年由福建人民出版社出版，书名为《故雨新知》，陈四益、蓝英年作序。

俞明还出版过另一部长篇小说《苏州故事》。2002 年，他还写过一些短篇小说《梵音笛声》《信泰祥店伙》《赞美上帝》等。研究俞明的小说创作，是现代小说研究的新课题。

俞明还写过《蝉的启示》一文，主张老人不应“消沉和缄默”，应为中国现代化注入正能量。要发扬“蝉的精神”，敢于发声，勇于呐喊。③吉炳轩（曾任全国人大常委会副委员长）写过一篇《“寒蝉”也有罪》，说古人云：“知善不存，闻恶无言，隐情惜已，自同寒蝉，此罪人也。”④也主张老干部虽然退了，但有经验，有好的想法，还应发言，以发挥“余热”。为政者应“敬老尊贤”“广纳群言”。俞明作为老革命、老前辈，不仅在职时尽心力，多善政。离休后，重病时，仍不忘初心，牢记使命，讲真话，讲实话，通过文学创作，总结历史经验，为苏州文化建设助力，为中国文学出彩，功不可没。

---

①晓明，即俞晓明，俞明的儿子。

②吴学谦（1921 年 12 月—2008 年 4 月）1939 年加入中国共产党，在上海从事地下工作。新中国成立后在共青团中央、中共中央从事对外联络，1982 年任外交部副部长，国务委员、副总理。

③《蝉的启示》，见俞明著：《姑苏烟水集》，上海人民出版社 1990 年版，第 87 页。

④《寒蝉也有罪》，见吉炳轩著：《鉴知录》，三联书店 2010 年版，第 147 页。✣

《战地》《大地》有始有终

李传新

1978年前后，刚刚从十年内乱中复苏的文坛还是一片荒芜，重版的文学名著供不应求，国内文艺报刊屈指可数，能够满足读者需求的更是凤毛麟角。《人民日报》的文艺副刊“战地”周期长，内容少，实际上已经不能满足读者的需求了，荒芜凋零的文坛艺圃急需出现一大片新绿。文艺部袁鹰、姜德明等筹划编辑一本内容和风格与“战地”副刊完全不同的“半公开发行的小杂志”，作为对文艺副刊“战地”的补充，这个杂志就是《战地》增刊。胡愈之看到《战地》增刊后，称赞“内容和形式，包罗万象，不拘一格，是名副其实的‘杂志’”。胡愈之甚至建议把这份“半公开发行的小杂志”改成可命名《群言堂》的独立杂志。《战地》增刊丰富多彩的内容曾经吸引了一代读者，也留下了至今堪称宝贵的文学史料。

1979年，第四届文代会召开前后，文坛逐渐出现空前的繁荣景象，其显著标志就是一批被禁锢了十多年的报刊先后复刊，一批迎合时代需求的文学报刊相继问世。随着时间的推移，一些报刊因为种种原因退出历史舞台，但是《人民文学》《收获》《十月》《当代》《读书》《文史知识》《读者》等一批刊物至今依然具备影响力。1978年3月，刊名采用毛泽东《采桑子·重阳》诗词手迹、曹辛之装帧的《战地》增刊试刊号悄然问世。《战地》增刊试刊号在报刊史上具备特殊的研究意义。1979年10月，《人民日报》子报——《市场》报正式创刊。它是新中国成立以来的第一张彩色胶印报。而试刊的《战地》增刊则早了一年多行世，成为新中国成立以来的第一种彩色胶印刊物。此外，《战地》增刊试刊号

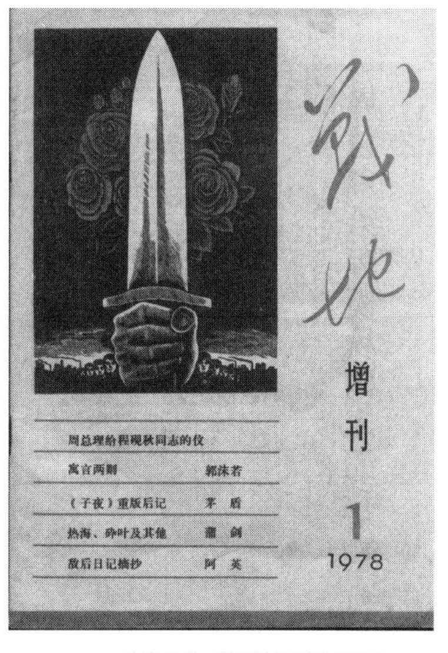

《战地》增刊试刊号封面

还是第一份完整采用二简字的杂志。因为二简字争议过大，到《战地》增刊正式创刊时，二简字最终还是被弃用。试刊号上那些奇奇怪怪的二简字算是为历史留下来不算难解的谜团。

《战地》增刊试刊号标识为第 1 期，袁鹰说“也不曾申请刊号，心血来潮就出了”。封三的“读者·作者·编者”说，《人民日报》的文艺副刊“战地”每天收到大量来稿，“现将一些篇幅略长和比较没有时间性的稿件辑印《战地》增刊不定期出版”。试刊号无定价，印数不详，主要用于“向一些文坛前辈和作家朋友请教”，是“探探路子”的赠送本，流传的范围非常有限。如果没有看到试刊号，很容易认为创刊号就是杂志的第 1 期。虽然 8 月正式创刊亦为第 1 期，也不能认为有两个创刊号，因为“只是做了一点尝试”。尝试者，自然是指这期试刊号，所以“人民日报文艺部”几个字就囊括了全部的版权内容。试刊号发表的文章与当时报纸上内容和风格截然不同，获得文坛前辈和作家们的一致叫好！研究这一历史时期的刊物史，《战地》增刊试刊号何尝不是一份具备民间阅读因素的刊物？

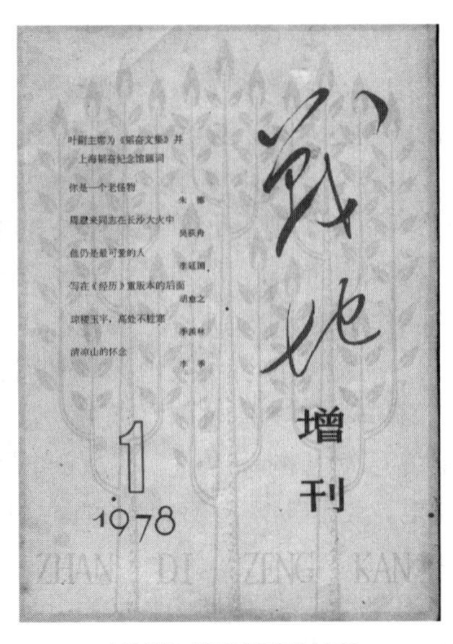

《战地》增刊创刊号封面

1978 年 8 月，《战地》增刊公开出版，目录页左下角置编后记，可以看成为一个简略的创刊词。刊物为 16 开本，有书号，定价 0. 32 元，暂定每季度出版一期，北京发行所交由全国各地新华书店零售。《战地》增刊在新华书店只发行了两期，11 月出版第 2 期，内有说明从 1979 年起改为双月刊。1979 年 1 月出版第 1 期，改为钱君匋装帧的封面，刊名亦随之弃用了手迹体。1979 年 7 月第 4 期开始采用曹辛之装帧的封面。1980 年第 1 期开始，刊名弃用“增刊”二字，《战地》有了邮发代号，至此通过全国各地邮局征订，有了固定读者。1980 年第 6 期，刊物有《战地》改名《大地》的启事，称改名后的《大地》“仍然是综合性的文艺期刊”。1981 年，曹辛之装帧封面的双月刊《大地》完整地出版了六期，各期目录页刊名下显著标识“人民日报文艺增刊”。

《战地》增刊征稿要求具备文学色彩，体裁涵盖政论、杂文、随笔、散文、报告文学、革命回忆录、读书札记、日记、书简、序跋、科学知识小品、美术作品、艺术摄影、文学艺术随笔等。《战地》增刊 1978 年第 1 期的目录直接标识所属栏目，如“朝华小集”仅在篇目后面括号中注明“革命回忆录”“访问记”等，没有单独设置栏目，或者只是专题文章给出一个栏目，如 1979 年第 4 期设置了“战地报告”“丙辰清明纪事”“文艺副刊漫忆”“画页”。之后栏目设置逐渐分明，专题文章数量上也有增加。如“朝华小集”从最初只刊两三篇到刊发上十篇之多。到了《大地》更加细化，分别有“大地论坛”“序跋之页”“连载”“答读者问”“读书札记”“报告文学”等新栏目设置。1980 年第 1 期起，《战地》《大地》根据文章的内容陆续设置的专栏有：新长征英雄谱、朝花小集、访问记、科学小品、海外归鸿、游记、怀念之什、文艺副刊漫忆、革命回忆录、文艺回忆录、山川风物、芒刺篇、知识小品、序跋之页、读书札记、专辑、画页，等等。仅从这么多专栏看《战地》增刊作者队伍之强大，包括的体裁之广泛，很难有其他杂志可以超越。

《战地》增刊卷首及封二均以刊布红色文献为主，陆续发表有《反对本本主义》版本、《鲁迅赠书便笺》、《蔡元培先生的一幅扇面》、周恩来致程砚秋信、叶剑英题词、吴玉章座右铭、刘少奇书联、茅盾手迹等。湖南人民版《怀念刘少奇同志》即将行世之际，还选登了其中吴黎平《一本书的遭遇》。文物刊布并配上文字，向读者介绍了一批珍贵的革命文献。十年的禁锢实在太久，满腹的话语付诸笔端，一众名人纷纷在刊物露面，不妨看作是“解放”的标志，他们以自己独有的视角，为迎接文坛新时代的到来锦上添花。于是，久违的“老人”们在《战地》增刊中纷纷亮相：杨朔《春就是诗》、夏衍《忆阿英同志》，刘旦宅《红楼梦》人物画、韩羽《聊斋志异》插图、京剧表演艺术家盖叫天的和昆剧表演艺术家俞振飞的文章、钱君匋《鲁迅印谱》选刊……不少文章具有浓厚的文学色彩，文学史料的钩沉，书评和古籍珍本的读书札记颇具深度。如彦涵《怀念彭德怀同志》、吕剑《叶圣陶先生印象记》、孙犁《读萧红作品记》、谢国桢《读书札记二题》、黄裳《作家的手迹》、胡絜青作《〈老舍诗选〉前言》、公刘《被遗忘了的平反——〈阿诗玛〉琐忆》、吴德铎《〈十五贯〉本事》，以及“朝花小集”栏目的杂文等。艺术辟有“画页”，吴冠中、关山月、黄永玉、尹瘦石、刘勃苏、叶浅予、江帆等等画作之外，专栏“丙辰清明记事”选刊记录下一个伟大时刻的民心。刊物的《文艺副刊漫忆》刊出胡愈之《谈谈报屁股》后，坊间一时竞相传阅，因为绝大多数读者看报的确找到报屁股先看，足见文艺副刊的魅力有多大！鲁海的《王统海自印的诗集》一文云，曾担任山东省文联主席和省文化局长的王统海，在 1957 年 10 月自费刊印旧体诗集《鹊华小集》，这或许是新中国成立后关于自费出书最早的文字记载。有意思的是一些读者比较陌生的名字如龙永图、铁凝等也出现在《战地》增刊。《不受欢迎的礼物》(1978 年第 2 期）作者铁凝被特别标识“河北博野县插队知识青年”。当年作这个标识的编辑恐怕不会预见到几十年后，铁凝会成为中国文联主席和中国作协主席吧！

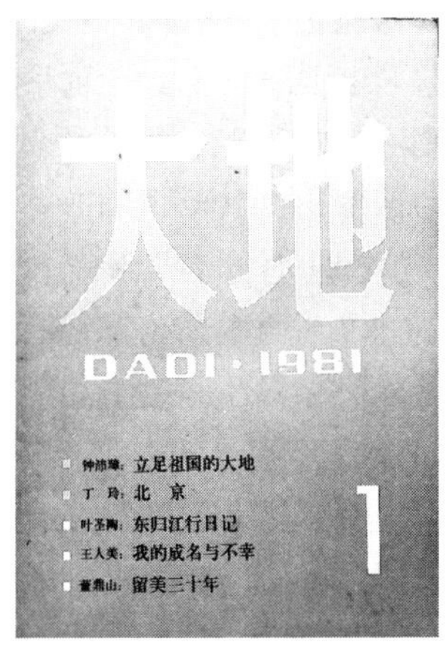

《大地》创刊号封面

继《战地》刊登《封套设计这朵花》(赵占仁）介绍唱片封套之后，《大地》选稿方向愈发具备超前意识，因此受到读者的欢迎。如关于书籍装帧的图文，有钱君匋书籍装帧作品选、《丰子恺漫画形式的书籍装帧》(黄可）、《独具一格——介绍张守义的封面设计》(鹿耀世）、《曹辛之的装帧艺术》(雷父）等。几十年过去，这类题材依然拥有广泛的读者，并且相关的专著一经出版就受到读者喜爱，如《书衣百影》(姜德明）、《叶雨书衣》(范用）、《一个人的书籍设计史》(宁成春）以及《张守义书籍装帧插图》等等。《战地》增刊胶印彩色效果赏心悦目，为读者留下美好印象。当年发行的刊物，彩图一般都用道林纸或铜版纸印刷，用作骑马装的中心插页，像《战地》《大地》这种全

《三个饥饿者》的创作时间与背景

龚明俊

从三人舞《三个饥饿者》，到改编后的现代独舞经典《饥火》，吴晓邦在《新舞蹈艺术概论》第二章“舞蹈和姊妹艺术的关系”有这样一段文字：

> 我 1943 年春创作的舞蹈《三个饥饿者》，开始时我从体验三个饥饿者的生活中，表演了苦难人民的生活，用生活中最为人们熟悉的动作和姿态，形象生动地表现了“三个饥饿者”的遭遇。他们思想上繁杂的矛盾，也通过生活上的细节，真实地反映出来了。那时，作品的主题还不够明确，只好如实地反映了 1943 年春的历史情况。后来在 1943 年秋的旅行演出中，我把原来的三人舞改编成独舞，结合了杜甫诗“朱门酒肉臭，路有冻死骨”进行再创作，改为《饥火》。我重新塑造了这一个舞蹈的形象。我从鲁迅先生的《阿 Q 正传》内阿 Q 这一个人物性格上得到了启发，比如用鼻去哼气，表示阿 Q 对富者的嫌恶和不甘心屈服的一种情绪。在黑夜无情的更声中，一更、二更……五更的一声锣下，他终于倒毙在路上。[①]

引文出自 2007 年 1 月 1 版 1 印五卷本《吴晓邦舞蹈文集》第 2 卷。文中首先明确《饥火》的两个时间节点：三人舞《三个饥饿者》初创首演于“1943 年春”，虽然“作品的主题还不够明确”，但“如实地反映了 1943 年春的历史情况”，背景也交代出来了。其次，改编成独舞《饥火》的时间是“1943 年秋的旅行演出中”，杜甫的诗句和鲁迅的《阿 Q 正传》为作品注入了明确的思想内核。

这部文集收录的《新舞蹈艺术概论》，

部采用彩色胶印的杂志，笔者所见还真没发现第二家。同样，《大地》也是比较早介绍藏书票的刊物，《外国藏书票》(黄可)介绍了外国的情况。到 20 世纪 90 年代末，了解藏书票的读者还不能算多，倒是山东画报出版社开风气之先，该社一段时期的图书均附有藏书票一枚，意在普及和倡导中国藏书票的盛行。此外，《小提琴漫谈》(乐山)、《辛亥革命前后的火柴贴画》(鲁岩)、《喝茶的科学》(隋启仁)也出现在《战地》《大地》，可见这份文艺增刊自始至终的确遵循一个“杂”字先行。

《战地》增刊行世当年，全国各类期刊数量仅有九百余种，到 1981 年，期刊数量已经超过两千种，读者的选择范围日益宽泛，同时，一大批适合各类读者阅读的杂志陆续行世，像《小说月报》《小说选刊》《今古传奇》《飞碟探索》《知音》《童话大王》《漫画世界》等各自都拥有相当可观的读者队伍。在这种情况下，1981 年 11 月，《大地》第 6 期刊登“谢别读者”，称刊物由《战地》而《大地》，到本期为止已完成了历史任务。“现在情况发生了变化，特别是全国文艺期刊如雨后春笋，基本上可以满足读者的需要，本报编辑部为集中人力办好报纸的副刊，特宣告《大地》停刊”。由此，《战地》增刊从试刊创刊到易名《大地》，四年间有始有终出版了 21 期。✣

并非三联书店1950年5月出版的初版本，而是经过全方位修改、增添大量内容，1982年11月由中国戏剧出版社出版的《新舞蹈艺术概论》单行本。

吴晓邦自述的创作时间，未被诸多研究者和资料采集者采纳。如此一来，《三个饥饿者》的创作时间成了个问题：究竟是1942年，还是1943年？哪一个更可信？

且举数例。上海辞书出版社2013年12月出版的《大辞海·音乐舞蹈卷》，于第298页“饥火”条释文如下：

独舞。吴晓邦作于1942年，首演于广东曲江。原为三人舞《三个饥饿者》，后改为独舞。以鼓、梆子等打击乐器伴奏。作品反映抗战时期百姓逃亡、饥饿之痛苦，表现了一个衣衫褴褛者从一更到五更，历经饥寒、求助无应，最后倒毙而亡的过程，表现了作者的愤懑之情。作品的创作手法及表演技巧达到相当高的水平，是作者现实主义代表作。[2]

专业性的权威资料，如“经全国艺术科学规划领导小组批准为国家艺术科研重点项目”“中华人民共和国文化部、中华人民共和国国家民族事务委员会、中国舞蹈家协会主办”“中国民族民间舞蹈集成编辑部编”的《中国民族民间舞蹈集成》“广东卷”，有一段史实类文字，抄录如下：

在20世纪30年代，中国产生了提倡反映人民现实生活，反帝反封建的新舞路活动。这个活动的开拓者是我国著名舞蹈家吴晓邦，1940年和1942年他曾在曲江广东战时艺术馆和广东省立艺术专科学校，开展新舞蹈活动，当时创作了代表作《饥火》《思凡》，大型中国舞剧《宝塔与牌坊》，还改编了广东民间舞路《跳春牛》等。吴晓邦还在广东培训了许多学生，后来在发掘、收集、整理民间舞蹈上都作出贡献。[3]

再者，由“全国艺术科学‘九五’规划重点项目”、《中华舞蹈志》编辑委员会编、学林出版社2014年出版的《中华舞蹈志》“广东卷”，涉及《饥火》内容如下：

1942年7月他受聘到广东曲江艺术专科学校舞蹈班工作。在一年的教学中，不但总结了开展新舞蹈运动的经验，整理了一套新舞蹈基本训练教材，而且还创作了舞蹈《饥火》《思凡》《生之哀歌》《迎春》《网中人》《月光曲》《花之歌》《宝塔与牌坊》《青年大合唱》《爱在人间》等，深刻地揭露了旧社会的黑暗与暴戾，激发了民众抗战必胜的信念，具有深远的现实意义，对广东舞蹈事业的开展起了积极的促进作用。[4]

中国舞蹈协会主席冯双白著《百年中国舞蹈史（1900—2000）》介绍《饥火》时，亦称这部作品“创作于1942年”。[5]该书中的“百年中国舞蹈史大事记”中，载有1943年“11月”条大事：“吴晓邦、盛婕在贵州独山演出三场舞蹈晚会，节目有《饥火》《思凡》《丑表功》……5月下旬又在贵阳演出三场。”[6]后面这句说得有点莫名其妙，这里的“5月”如果是1943年的“5月”，当写前面；如果是下一年的5月，当写明年份。这部“百年史”对《饥火》的前一个版本《三个饥饿者》未能说明，有点可惜。

上述资料，虽有“1940年和1942年他曾在曲江广东战时艺术馆和广东省立艺术专科学校”“1942年7月他受聘到广东曲江艺术专科学校舞蹈班工作”等明确的时间，但对《三个饥饿者》创作时间的表述仍模棱两可。

顺着“史实”思路，继续查找1982年中国戏剧出版社出版的吴晓邦的自传《我的舞蹈艺术生涯》。在前言中，吴晓邦称此书的“原始材料”，是“在1968年冬到1969年春的几个月中，作为每日的交待材料逐渐积累起来的”，是一本“交待式的自传”。“上交了一份，另一份由我保存了下来”。正是这本书，与同时出版的《新舞蹈艺术概论》中的内容，出现了不统一的情况，但从最初写作时间更早这一点而言，“交代式自传”的可信度更高。

这本“交代式的自传”，详述了 1942 年至 1943 年的艺术经历，因为这是他“艺术生活中很不寻常的一年”。1941 年在重庆的吴晓邦见到周恩来同志，“得到了中国共产党的关心和支持”。次年 5 月在江安国立剧专教书时，接到被任命为广东省立艺术专科学校校长的赵如琳从广东曲江的来信，邀请他去学校办一个以一年为期的舞蹈班，由吴晓邦亲自教学。这令吴晓邦“兴奋异常”。1942 年 7 月底，吴晓邦和盛婕及孩子到达曲江。

学校条件简陋，但赵如琳校长却修建了一间地板房舞蹈教室。《三个饥饿者》的表演者之一、在校学员何敏士说，“学校还特别为舞蹈系盖了一座宽敞的排练室，地面铺上木板，周围按（安）上扶杆，只是缺少大镜，否则就能和今天的舞蹈排练场相比（媲）美了。”⑦吴晓邦“十分珍惜”这间排练室，只有舞蹈班的同学们上课时才能使用。谈及《三个饥饿者》的创作缘起，吴晓邦写道：

开始，我并没有立即投入到创作中去。我认为创作是需要有一个酝酿过程的，不能把未成熟的果实急于摘下来。在曲江时，我经常与同学们接触，并通过他们了解到一些社会生活，使我首先想到了全国人民饥饿的问题。抗战已经六个年头了。国民党的军队依旧是靠三丁抽一，五丁抽二，强行抓人当兵。大批大批贫苦的农民被抓去后，不是拖死就是饿死。而军官们勾结了豪绅地主，到处横征暴敛、草菅人命。在国民党统治下的大半个中国，人民生活在水深火热之中。就连我们这些人，也常常是过着饥肠辘辘的日子。那时，我们有一个未满周岁的幼儿，不得不请了一位保姆。她是广东人，出生在最穷苦的人家，所以很懂得勤俭过日子。我们买回的平价米都是发了霉的，难以入口，她就找一口石磨，将它磨成水米粉，蒸给孩子和我们吃；有时，她还采集野菜，拌上调料给我们吃，当时生活确实很苦。学生的伙食就更差了，饥饿已摆在人们的面前。在广大的农村，千千万万人更是濒于饥饿的绝境。我根据这个现实，创作了《三个饥饿者》这个舞蹈。⑧

这段文字，将《三个饥饿者》的家庭、学校和社会，即时代背景，交代得明明白白。无论是三人舞还是独舞，无论广东还是广西，这部源于生活的作品感动无数国人，有扎扎实实的深度和内核等关键要素。可惜，作者虽有“抗战已经六个年头”，似指 1942 年，但不能确证《三个饥饿者》就创作于 1942 年。因为“已经六个年头”也可理解为 1943 年。

吴晓邦的妻子盛婕，是他的学生，也是著名舞蹈家。在盛婕的《忆往事》一书中，对 1942 年 7 月到曲江这一年的工作和生活也有记录，但对《三个饥饿者》却没有给出准确的时间，依然模糊。

在 1942 年 7 月我们很高兴地去了广东曲江，签了一年的合同，开办了一个舞蹈班。梁伦、游惠海、何敏士、伍依文等都是那个舞蹈班上的学生。赵如琳很关怀我们，他知道我那时刚生完孩子，格外照顾我们，给我们专门在山岗拦腰开辟出一场空地，盖了一座竹制的小房子，很漂亮，背靠松林，眼观天海，环境非常优美，视野开阔，空气新鲜，那是很特殊的待遇了，我们住在山上，要下山去上课。吴晓邦很多的作品都是那个时候创作的，比如《饥火》《思凡》等。还排过一个三幕舞剧《宝塔牌坊》，伍依文演女主角。

……

那个时候国民党抓壮丁，五个人里面抓

两个，三个人里面抓一个，人民生活很艰辛，连吃的东西都没有。因为我有孩子，又要上课，所以我们雇了一个保姆，这个保姆是广东地方人，她很细心也很有经验。市面上只有发霉的米，她就买回来将霉米冲洗干净，磨成米面，喂我的孩子吃，也给我们蒸一点干净的米饭，同时她还去外面采来野菜，给我们拌拌，弄好多调料，能吃得比较好些。她很艰苦地想方设法地为我们做点好吃的。当时人民都很饥饿，所以吴晓邦根据当时的客观生活排出了舞蹈《饥火》，开始是给三个人排的三人舞，后来慢慢演变成晓邦一个人跳，成了独舞。⑨

这部分内容，与吴晓邦的回忆形成参照。盛文“刚生完孩子”，无疑是初到学校。如果“刚生完”的时间就一二十天，就意味着盛婕还不能上课，需要在家待一段时间，这一段时间是两三个月就到了9月、10月了。而吴文“未满周岁的幼儿”，则可能是半岁至一岁的孩子，即时间已到了1943年。这样的推测，恰恰印证了“1943年春”的时间更为准确。从盛文说“《饥火》”而非《三个饥饿者》来看，盛婕对这部作品创作时间是模糊的，正因为如此，盛著第188页“1942年的《饥火》”的史料价值就不那么大，人云亦云的可能性很大。

回到作品本身，标题和主题都直接指向“饥饿”二字，作者为什么会如此关注“饥饿”?“饥饿”为什么成了这部作品唯一的关注对象?查吴晓邦所说的“1943年春的历史情况”，方有恍然大悟之感。史料记载，1942年夏天起，广东有64个县市十几天连降暴雨，陷入涝灾，田地颗粒无收。这年冬季开始到1943年5月，广东省未下一场雨，田地龟裂，旱情严峻。天灾叠加人祸。1942年日本鬼子已进入广东，切断广东贸易，致使广东发生有史以来最罕见的饥荒。1943年起，广东97个县有80个报灾，路边饿殍满地。据统计，1943年广东因饥荒而死的人口多达300万以上，占全省总人口的1/10，即十人有一人饿死!⑩

诚如学者张卓娅在论文《浅析1943年广东大饥荒》中所说：“1943年旱灾与其他年份相比，一开始并不是一次特别严重的不能抵御的旱灾，如果当时政府稍微廉洁奉公、为民着想一些，也不会形成一次大规模饥荒，导致三百万人被饿死的惨剧发生。因此，这次大饥荒因旱灾而起，实则因国民政府的腐败无能，汪伪政府的默视和日军的大肆掠夺而迅速扩大，实际上是一次人为因素的作用大于自然因素作用的天灾人祸。”⑪

残酷的现实，无疑会深深地触动吴晓邦!在作品中，时间到了五更，“就在曙光即将来临时，三个人被饥饿夺去了生命，纷纷倒下”⑫。现实中，这互不认识的“三个饥饿者”，不正是现实中的300万人的艺术呈现吗?

何敏士在《良师·摇篮——忆吴晓邦老师早期在广东办学》一文，记录了《三个饥饿者》由长期积累、瞬间灵感变成作品时的情景，有个细节也值得注意：

一天早上，我和另外两位同学早练回来，在路上碰到老师像在沉思散步。他一见到我们就把我拉到一旁，对我说：“我想到一个题材，打算把它排出来，就请你们三个人好吗?”“什么时候开始?”我们问。“现在!”我们感到愕然，但我们素来是知道吴老师的脾气的，他对待艺术，说做就做，谁不顺他意，他就不高兴的。我们习惯地想回头到课室去，吴老师制止说：“我们排练不去课室，就在这里，因为今天的课室是盛婕老师上课。”于是在屋边选择了一块太阳晒不到的空地就开始排练了。这就是《饥火》(后来又称为《三个饥饿者》)。

何国光、何敏士及谢汉铃，是该校三个学生，也是首演的表演者。何敏士将舞蹈名

天津人民出版社一九八八年九月印行的硬精装十六开本上下两大巨册《中国现代文学期刊目录汇编》，是由中国社会科学院文学所主持、全国六十多所高等院校和社会科学研究机构协作编辑成书的，按理的确应该是一部具有稳定性的可长时期备用的工具书。但因为该书规模宏大，是以机械过录为主而完工的，就在一些细部留下了可供再行探讨查证的空间。《万象(号外)》的编印时间，就是这类小小空间之一。

该工具书介绍创刊于上海的《万象》时，写及此月刊唯一的一期“号外”时，这样“简介”道：“另有‘号外’一期，无出版时间，亦为二十五开本。”在过录该刊全目末尾再一次括注“无出版日期”。

十七年之后由新华出版社于二〇〇五年十一月印行巨卷《中国现代文学期刊史论》，在第五百一十二页介绍《万象》时，写及《万象》唯一的一期“号外”，仍是“无出版时间”的“学术状态”。这部一百一十多万字的巨卷著述，被列入“国家社会科学基金项目”和“教育部人文社科研究‘十五’规划项目”等六项重点“项目”，十七年前一桩小小的悬案，应该设法解决的，却留下了遗憾。

见到了这一本《万象(号外)》完本，的确没有之前之后四十三期《万象》正刊那样在卷末有一小块“版权页”区域。整套刊物的《万象》，一九四一年七月一日创刊，一九四五年六月一日停刊，除了正刊四十三期，还有“十日刊”九期。唯独这一册《万象(号外)》，没有编印时间的年月日，真不是小事。如果把时间范围延伸，这一册《万象(号外)》的编印时间仍是有些不敢落实，比如说笼统地说在《万象》正刊出版期限内，也无法定案。因为《万象》后期编者柯灵有过一本《作家笔会》，认真地分类，这本《作家笔会》也应该归入《万象》的又一个“号外”，只不过没有标明是《万象》的“号外”而已。这本《作家笔会》的

称顺序说反了。遇着三个人，“就请你们三个人”来表演，这是不是一时的决定，不能作结论，但眼前的三个人，可能促使吴晓邦设置三个舞者的不同角度，这倒是可能的。其中的细节，即“在屋边选择了一块太阳晒不到的空地就开始排练”，说明那天早上的气温比较高，要说是 1942 年的秋冬季，可能性不大。在广东，开春温度才会到早上也要回避一下的，何况是跳舞呢。这与吴晓邦自述的创作时间“1943 年春”又能吻合起来。

至此，可以判定《三个饥饿者》创作时间为“1943 年春”，更合乎实际。有了这个更合乎实际的判断之后，再来欣赏《三个饥饿者》的后续版本《饥火》，对作品主题的理解就会更深入，更透彻。

作者，经过我等众多同行接力考证，全系《万象》作者。这一点，柯灵在《关于〈作家笔会〉》的短文中有过交代，可以参看。

我们接着来说这本《万象(号外)》的编印时间。

旁敲侧击的措施，在这个小问题上用不上，因为相关人员的日记、书信和《万象》编者手记一类的文献都没有找到。那就只有在这册《万象(号外)》本身来细细地“地毯式搜索”。这是个笨办法，但也是一个确实可靠的办法。

来回翻了几遍，只在这本《万象(号外)》第九十五页发现一处文稿写作时间和地点，即汤雪华的《谜》作品尾后标明“一九四二年十一月写于吴兴”。这处唯一被我发现的所收文章的写作时间，太珍贵了！至少可以坐实这一册《万象(号外)》集稿时间，就在“一九四二年十一月”的前后，但出版时间仍是个问题。

没有相当于每期《万象》正刊“编后记”的《编辑室》、没有版权页，再看看其他硬性参考广告吧。还真有一则《兴华实业股份有限公司开业公告》，排在这册《万象(号外)》第一百八十二页，尤其是“公告”题目下两行楷体字让我眼睛一亮，真是豁然开朗了，这一句为“本公司兹定于一月十五日（星期五）上午十时正式开业”。

不必再找别的旁证了，这个“公告”足以说明问题。这类广告，必须在印刷品上市几天前让人们见到。因此“一月十五日”前几天的“一月上旬”，无疑就是《万象(号外)》出版发行的时间。至于年份这个大要素，也不用担心，紧跟在“一月十五日”后的括注“星期五”又准确地敲定了只能是一九四三年！因为，《万象》正刊出版发行的含有“一月十五日”的一九四二年、一九四四年和一九四五年，其“一月十五日”都不是“星期五”，查一下历书就可以确知这个结论。

这样一来，以后我们就可以把民国年间的这本《万象(号外)》的出版时间定为“一九四三年一月上旬”。如果发现更准确的现场记录，再敲定哪一天。

这一册《万象(号外)》所刊众多广告中，卷尾几页中还有一则《中华联合制片公司旧历新年上映之巨片!》，可以证实已经落实到年月旬的该刊出版时间。“旧历新年”指传统春节，一九四三年的癸未正月初一是公历二月五日，一月上旬出版的《万象(号外)》正好宣传寒假春节的文化娱乐活动：各位《万象(号外)》读者可以分别就近到大光明电影院去看电影《桃李争春》、到南京电影院和美琪电影院去看《情潮》、到大上海电影院和国泰电影院去看《断肠风月》、到沪光电影院和新光电影院去看《芳草碧血》……四部影片都公布了导演和主演的姓氏大名，估计实际招徕观众的效果一定会有。✣

---

①《吴晓邦舞蹈文集》第二卷，中国文联出版社 2007 年版，第 30-31 页。

②《大辞海·音乐舞蹈卷》，上海辞书出版社 2013 年版，第 298 页。

③《中国民族民间舞蹈集成》（广东卷），中国 ISBN 中心出版，1996 年版，第 4 页。

④《中华舞蹈志》（广东卷），学林出版社 2014 年版，第 15 页。

⑤《百年中国舞蹈史（1900—2000）》，湖南美术出版社 2014 年版，第 82 页。

⑥《百年中国舞蹈史（1900—2000）》，湖南美术出版社 2014 年版，第 408 页。

⑦⑧《吴晓邦舞蹈文集》第一卷，第 202 页。

⑨盛婕著：《忆往事》，中国文联出版社 2010 年版，第 39-40 页。

⑩⑪张卓娅：《浅析 1943 年广东大饥荒》，广东工业大学华立学院，论文编号 511323

⑫《吴晓邦舞蹈文集》第一卷，第 57 页。✣

《收获》的创刊、停刊与复刊

信凯 刘运峰

作为新中国第一本纯文学杂志，《收获》自 1957 年创刊以来，曾因政治、经济等原因，历经两次停刊，又两次复刊，由此也形成了三个发展阶段。从《收获》的发刊词、复刊词、编后记中，可以了解《收获》的发展轨迹与生命变迁，同时也能更加深刻地认识到《收获》的性质、办刊宗旨和社会政治经济环境的关系。

一

《收获》的创办是集体酝酿的结果。

1956 年春，中国作协书记处书记、中国作协上海分会副主席章靳以（笔名靳以）到北京参加中国作家协会第二次理事扩大会议。有一天，中国作协书记处负责人刘白羽、邵荃麟来到章靳以的房间，大家聊起了创作和刊物，提到了靳以在 20 世纪 30 年代主编的《文学季刊》及其影响。认为当前的许多文艺杂志还缺少各自不同的风格。最后，大家形成了一个共同的意见：希望靳以负责主持一个大型的、有独特风格的文学刊物。靳以本来就对办文学杂志有兴趣，于是欣然同意。当年秋天，大家再次相聚北京，靳以提出了初步的设想，认为作家写出了长篇小说、话剧本、电影剧本，最好能够在正式出版和上演之前，发表在刊物上，这样可以得到广大读者的来自不同方面的意见，有助于作者进一步加工修改，并为杂志取了个名字“收获”，大家一致赞同。

经过将近一年的筹备，《收获》终于在 1957 年 7 月 24 日在上海创刊，其主办单位为中国作家协会，由巴金和靳以共同担任主编。

《收获》的创办固然与作家、评论家愿望相关，但更为重要的是与当时党的文艺政策有着直接的关系。1956 年 4 月 28 日，毛泽东在中央政治局扩大会议作总结讲话，在谈到刘少奇提出的“百花齐放、百家争鸣”时说：“艺术问题上百花齐放，学术问题上百家争鸣，我看这个应该成为我们的方针。”①1956 年 5 月 2 日，毛泽东在最高国务会议上正式宣布将“百花齐放、百家争鸣”作为党发展科学、繁荣文学艺术的指导方针。1956 年 5 月 26 日，按照党中央的要求，中央有关部门负责人向科学和文化艺术工作者系统地说明和阐述了“双百”方针，指出，党中央“所主张的‘百花齐放、百家争鸣’是提倡在文学艺术工作中和科学研究工作中有独立思考的自由，有辩论的自由，有创作和批评的自由，有发表自己意见、坚持自己意见和保留自己意见的自由”②。1956 年 11 月 21 日至 12 月 1 日，中国作协在北京召开文学期刊编辑工作会议，就如何正确地在文学刊物上贯彻“双百”方针进行了讨论。同年，中国作协党

《收获》创刊号书影（1957 年）

组副书记刘白羽在中宣部的一次会议上建议出版一个大型刊物，以改变当时文学刊物多以地名命名的单调局面。为了贯彻“双百”方针，1956 年底，中国作协还做出了一个大胆的决定：从 1957 年起，文学期刊一律取消“机关刊物”的说法，而以某某社或编委会代替，以示各文学期刊地位平等，淡化“领导、指导”的色彩。《收获》正是在这样的大背景大环境下诞生的。

二

1957 年 7 月 24 日，《收获》作为文学创作双月刊问世。翻开《收获》创刊号，最先映入眼帘的就是发刊词。发刊词开宗明义地写道：“‘收获’的诞生，具体实现了‘百花齐放’的政策。”由此可见，《收获》创刊是对“双百”方针的贯彻与落实，同时也可以看出《收获》为实现文学艺术“百花齐放”所展现出来的作为与担当。发刊词第二段写道：“‘收获’是一朵花，希望它成为一朵香花——有利于社会主义祖国，是人民的有益的精神食粮。”这就点明了《收获》的办刊目标。接着发刊词中写道：“我们热爱社会主义祖国，真实而正确地反映祖国社会主义的伟大建设；以社会主义精神教育劳动人民，鼓舞人民向社会主义大道高歌猛进。”之后便将毛泽东《关于正确处理人民内部矛盾的问题》中辨别香花毒草的六项标准全文抄录：“我们的刊物和所刊载的作品，应该符合毛主席所提出来的六大标准：一、有利于团结全国各族人民，而不是分裂人民；二、有利于社会主义改造和社会主义建设，而不是不利于社会主义改造和社会主义建设；三、有利于巩固人民民主专政，而不是破坏或者削弱这个专政……”[③]在明确了这个政治标准之后，接下来的发刊词才有了一些个性化的表达：“作家可以选择不同的风格，不同的体裁，不同的形式，甚至不同的流派。”

明确的政治标准与个性化的表达放在一起多少显得有点不和谐，这是为什么呢？原来，《收获》创刊号尚未印出时，“反右派”的运动就已经开始了，巴金在《〈收获〉创刊三十周年》的文章中回忆道：“《收获》本来没有《发刊词》，第 1 期已经编好，纸型由上海寄到北京，我当时在北京开会，忽然收到靳以寄来他写的《发刊词》，他征求编委的意见。我一看便知道是为了‘六大标准’。‘六大标准’的发表无疑是一件好事。可是我却感到一点紧张，我似乎看到了一顶悬在空中的‘反党反社会主义’的帽子。我想他不会比我轻松。他接着在第 2 期又发表了《写在〈收获〉创刊的时候》，文章给我看过，我了解他保护刊物的苦心，我自己也想多找机会表态，不加考虑便在原稿上署了名。今天翻看三十年前的表态文章，我还仿佛接触到两颗战栗的心和两只颤抖的手。”[④]由此就不难理解发刊词中这种特殊的表达方式。这也说明，在不可抗拒的主流价值观和文艺政策面前，《收获》的编者仍在努力追求刊物的独立性与纯粹性。

发刊词后半部分先是强调了作家的重要性：“作家不仅应该是有灵魂的人，而且应该成为‘人类灵魂的工程师’，以作品来建立和提高人民的灵魂。”接着又解释了《收获》为何要更多地团结老作家，为何要挖掘“生气勃勃、新鲜活泼的新人的作品”：“他们（老作家）在文学的大道上辛勤地工作了几十年，他们具有和旧社会旧势力斗争的知识，积累了丰富的较高的艺术技巧……他们（新人）是老作家的接班人，在毛泽东的光辉照耀下，他们的感觉敏锐，具备生龙活虎的战斗力量，无论在生活里，工作中，写作上都有勇不可当的锐力。”综合来看，发刊词的这一部分意在强调刊物与作家唇齿相依的关系。发刊词最后部分一方面表现出创刊人及编者对《收获》连接作家和读者的桥梁作用的重视：“我们也愿意以‘收获’作为作家和读者的桥梁，让读者表示对作品的意见，让作者倾听读者对作品的意见，并热情适当地吸取读者的意见，使他的作品更成为人民喜闻乐见的作品。”一方面对《收获》的未来表达了希冀：“这是‘收获’的开端，我们也希望它一年年地更多采更丰盛，结出更多的果实。”

此外，创刊号的栏目设置及其所刊发的作品也有助于深化《收获》办刊主张和理念的认识。为直观展示，特列表如下：

表 1　《收获》创刊号栏目设置及作者作品

序号	栏目设置	作者	作品名称
开篇		鲁迅	《中国小说的历史的变迁》
1	长篇小说	艾芜	《百炼成钢》
		康濯	《水滴石穿》
2	剧本	老舍	《茶馆》
3	童话	严文井	《唐小西在“下一次开船港”》
4	诗	冰心	《我的秘密》
		严辰	《苏联行》
5	短篇小说	沙汀	《开会》
		刘白羽	《我们的早晨》
6	电影文学剧本	柯灵	《不夜城》
末篇		巴金	《和读者谈谈“家”》

创刊号的开篇大作是当时未正式发表过的鲁迅的《中国小说的历史的变迁》，这是鲁迅于 1924 年夏天，应西北大学及陕西省教育厅的邀请在西安暑期讲学时的讲稿，为西北大学学生昝健行、薛声震记录，整理后经鲁迅亲自改订，后由西北大学出版部印入“国立西北大学、陕西省教育厅合办暑期学校讲演集（二）”。创刊号的末篇是巴金的《和读者谈谈“家”》。总体来看，创刊号刊发的作品体裁多样，题材丰富，确实是具体实现了“百花齐放”的政策。同时，在政治色彩极为浓厚的当时，刊发了老舍的《茶馆》、冰心的《我的秘密》这些文学性极强又带有很明显的时代特色的作品，彰显了《收获》的独特风格。此外，刊发的作品既有老作家的作品，也有青年作家的作品，体现了发刊词的主张。

《收获》创刊时，主编为巴金、靳以，编委除了巴金、靳以外，还有 11 位，分别是冰心、刘白羽、艾青、陈白尘、周而复、罗荪、柯灵、郑振铎、峻青、曹禺、菡子。出版者为人民文学出版社。发行者为邮电部北京邮局。封面设计者为著名书籍装帧设计家钱君匋，其风格庄重大气，与杂志内容相得益彰。

遗憾的是，《收获》出版尚不满三年，便遭遇了第一次停刊。1960 年 5 月《收获》宣布停刊。

造成《收获》停刊主要是经济原因和政治原因。先看经济原因。1960 年，我国正处于“三年困难时期”的关键阶段，粮、油和蔬菜、副食品等极度缺乏，纸张供应严重不足，无法保证《收获》的用纸需求，由此也就直接导致了《收获》的停刊。巴金的女儿、曾担任过《收获》主编的李小林回忆道：“那个时候纸张很困难，很多杂志应该都停了。我喜欢晚上在床上看《收获》，到后来《收获》有两期的用纸很黑很黑，在灯光下看起来眼睛吃力极了。后来就听说杂志因为纸张紧张停刊了。”⑤在人们物质需要都无法得到基本满足的特殊时期，作为人们精神食粮的文学杂志，其命运也就可想而知。再看政治原因，可从两个方面进行探究，一方面是双重领导的掣肘，一方面是文艺政策的调整。创刊之初的《收获》隶属中国作家协会，但由于主编巴金、靳以在上海工作、生活，编辑部便设在上海，所以，《收获》同时也受上海作协（中国作家协会上海分会）的领导。时任上海市委常委、主管宣传工作的张春桥对《收获》颇有微词，他在《大跃进的风格》一文中冷嘲热讽地说：“我们并不反对写长篇，《收获》就是以刊登长篇和中篇创作为特色的。但是，我们不能认为这是一种好的‘涵养’，窗外的锣鼓喧天，社会上的翻天覆地，可以无动于衷，只热心于自己的‘伟大’作品。”⑥文艺政策方面，在《收获》创刊后到停刊这一时间段内，党和国家又召开了几次重要的会议，比如1959年“庐山会议”之后，在全党开展了一场“反右倾”斗争；1959年12月8日，中共中央宣传部召开全国文化工作会议，会议认为修正主义、资产阶级思想影响仍是文学艺术上的主要危险，其主要表现是以人性论反对阶级论，以人道主义反对革命斗争，并指出所谓19世纪欧洲资产阶级文学艺术在当前的消极作用。这些政治信号在一定程度上阻碍了文学艺术的发展。在经济因素与政治因素的双重挤压下，《收获》被迫停刊，由此也形成了《收获》的第一个发展阶段。

三

1964年1月，《收获》复刊，复刊号没有复刊词，只刊登了一篇编后记。编后记第一段写道：“正当我国国民经济开始全面好转，工农业生产的捷报不断传来的时候，一九六四年的《收获》和读者见面了。”表面看起来，《收获》的复刊与国民经济全面好转有关，但细加探究，《收获》的复刊也和“大跃进”和“反右倾”之后党对文艺政策的调整有着密切关系。如1962年8月2日至16日，中国作协在大连召开了“农村题材短篇小说座谈会”，中国作协书记处书记邵荃麟主持会议并讲了话，他针对前几年文艺创作中存在的浮夸、虚伪等“左”的倾向提出了批评。复刊的编后记介绍本期《收获》刊发的主要内容，重点提到了毛泽东的十七首诗词和一篇综合报道——《发展和繁荣社会主义话剧的大进军》，对此编后记里写道：“在本期刊物排印期间，我们怀着兴奋的心情读到了毛主席未发表过的诗词十首。《毛主席诗词》的出版，引起了全国广大读者热爱。我们特地在本期转载了从一九四九年四月人民解放军横渡长江、占领南京以来毛主席诗词的全部（共计十七首）”“在本期刊物集稿、发排期间，欣逢‘华东区话剧观摩演出’在上海举行。这次演出的剧目，全部是反映我国社会主义革命和社会主义建设时期的工农兵群众及青少年的生活和斗争的……我们特地在本期发表一篇综合报道，介绍这次会演所获得的最主要的成就和经验，以供大家参考。”编后记最后阐述了文学艺术的首要任务和工具作用：“作为意识形态、作为上层建筑之一的文学艺术，必须把反映社会主义社会的现实生活当作首要任务，充分发挥它为社会主义经济基础服务、为社会主义政治服务的作用……让我们在社会主义革命运动蓬勃开展的激流中，在社会主义文艺阔步迈进的大路上，紧密地团结成一条坚强的战线，奋勇向前吧！”这样的阐述具有极为浓厚的意识形态色彩。

需要注意的是，同以前的《收获》相比，《收获》复刊号并没有明确的栏目设置，只是将同体裁作品接排，并在作品名称后面备注了作品体裁，列表如下：

表 2 《收获》1964 年复刊号栏目设置及作者作品

序号	栏目设置	作者	作品
1		毛泽东	《诗词十七首》
2	小说	柳青	《梁生宝与徐改霞》
		茹志鹃	《回头卒》
3	长篇小说	浩然	《艳阳天》
4	诗歌	袁水拍	《政治讽刺诗（五首）》
5	散文	艾芜	《百事哀的命运改变了》
		陈白尘	《在苦难中成长的艺术》
6	报告文学	徐开垒	《火线壮士》
7	文艺评论	何其芳	《关于论〈阿 Q〉》
		晓立	《谈〈黑凤〉的形象塑造》
8	综合报道	本刊记者	《发展和繁荣社会主义话剧的大进军》

由此可以看出，《收获》复刊号发表的作品，虽然体裁多样，但主题、风格比较单一，作品内容大都是对阶级斗争和生产斗争的反映，这就在很大程度上背离了 1957 年创刊号发刊词中的目标和主张。

尽管保留了《收获》的刊名，但在刊物的具体运作方式上，复刊后的《收获》与停刊前的《收获》存在明显的不同。第一，主管部门不同。停刊前的《收获》是中国作协的刊物，编辑委员会成员包括了全国著名作家；复刊后的《收获》则成为上海作协的刊物，编委会成员也局限于上海的作家。第二，刊物前身不同。复刊后的《收获》是在上海作协停办《上海文学》之后重新创办的。《上海文学》的前身为《文艺月报》，由上海作协创办。1959 年 10 月，《文艺月报》改名为《上海文学》。1964 年 1 月，处境艰难的《上海文学》改用《收获》名称出版。这就可以解释复刊后的《收获》没有沿袭承接停刊前的《收获》序号，而在 1964 年第 1 期上，注明的是“总第 1 期”。关于前述两点不同，巴金在回忆文章中写道：“1964 年 1 月《收获》在上海重现，人们称它为‘新收获’或者‘小收获’，它不是原来的《收获》，中国作协也没有复刊的计划。为了满足读者的需要，上海作协分会将别的杂志停刊，改出‘新收获’。”⑦“将别的杂志停刊”即指将《上海文学》停刊。第三，主编的变化。1959 年 11 月，《收获》主编之一的靳以因心脏病在上海逝世，主编只剩下巴金一人。复刊后的《收获》没有了“主编”“编委”字样，“编辑者”则以“收获编辑委员会”署名。第四，出版者、发行者的变化：主管部门的改变也带来了出版者和发行者的变化。停刊前的《收获》出版者为人民文学出版社，发行者为邮电部北京邮局；复刊后的《收获》出版者为收获社（1964 年第 4 期开始变为人民文学出版社上海分社），发行者为上海市报刊发行处。除此，出版日期也由停刊前的每逢单月 24 日出版调整为每逢单月 25 日出版。

1966 年五、六月间，“文化大革命”爆发，《收获》在劫难逃。“林彪、‘四人帮’实行法西斯文化专制主义的统治时期，它的追随者们，抓住了《收获》，恶狠狠地污蔑说这是一本‘资产阶级的同人刊物’，是‘发表了大量反党反社会主义毒草的黑刊物’等等”⑧，《收获》被迫停刊。从 1964 年初到 1966 年 5 月，《收获》一共出版了 14 期，这一阶段便是《收获》发展的第二个阶段。

四

随着“文革”结束以及“四人帮”的垮台，党对文艺政策进行了根本的调整，《收获》杂志也迎来了第二次复刊。1979 年 1 月出版的第 1 期《收获》，开篇便是复刊词。复刊词前两段即表达了编者的喜悦与激动："这一九七九年将是抓纲治国大见成效的一年，将是我国历史上很不平凡的一年。在这不平凡的一年年首，被万恶的林彪、王张江姚'四人帮''勒令'停刊了十三个年头的《收获》复刊，与同志们重新见面了。"复刊词在批判林彪、"四人帮"的谬论与恶行的同时，重点介绍了复刊后的《收获》的内容："复刊后的《收获》，仍为双月刊，它将继续肩负创刊之始的使命和责任，以较多的篇幅，发表长篇、中篇小说和电影文学剧本、话剧剧本等，同时也以相当的篇幅发表短篇小说、散文、报告、回忆录、诗和其他形式的文学作品，为广大读者服务，为实现祖国四个现代化的宏伟目标服务……《收获》也将发表一些战斗性的文艺理论和评论文章。"编者满怀信心地写道："《收获》沉浸在明媚的大好春光里，在这个百花竞放的季节复刊，又是生逢盛世。它将不负人们的殷切期望，展现新的风貌，显示出新的生命力，载荷着丰盛的新的收获，迈步向前。"

1979 年第 1 期复刊号的栏目设置及作者作品见下表：

表 3 《收获》1979 年复刊号栏目设置及作者作品

序号	栏目设置	作者	作品
1	长篇小说	周而复	《上海的早晨》(第三部)
2	电影文学剧本	陈白尘	《大风歌》
		彭宁、何孔周、宋戈	《瞬间》
3	短篇小说	刘心武	《等待决定》
4	诗歌	郭小川	《严厉的爱》(遗作)
5	评论	茅盾	《白居易及其同时代的诗人》
		荒煤	《短篇意短　气象一新》
6	创作回忆录	巴金	《关于〈春天的秋天〉及其他》
		老舍	《我怎样写骆驼祥子》(遗作)
		沙汀	《生活是创作的源泉》
7	散文随笔	罗荪	《三个〈收获〉》

（续表）

这一期《收获》栏目设置较多，体裁多样，作者涵盖了新老作家，作品内容大多具有极强的文学性。此外，与 1957 年的创刊号及 1964 年复刊号相比，1979 年复刊号还为长篇小说和电影文学剧本配画了插图，进一步增强了对读者的吸引力。

第二次复刊后的《收获》展现出新的风貌与生命力。在 1979 年复刊后的六七年间，《收获》最初每期的发行量达 10 万份，随后在两三年内发行数从 10 万册跃进到 110 万册，在当时的纯文学期刊中名列前茅，这一方面说明《收获》对读者需求的把握，另一方面也反映了《收获》非同一般的文学品质。

1979 年复刊后的《收获》承接了第二个阶段《收获》的期号，注明的是"总第 15 期"，杂志封三的编辑者仍署名"收获编辑委员会"，出版日期仍为每逢单月 25 日出版，出版者则变为上海文艺出版社，发行者变为新华书店上海发行所。

---

①中共中央文献研究室编：《毛泽东年谱（第二卷）》，北京：中央文献出版社 2013 年版，第 570—571 页。

②陆定一：《"百花齐放、百家争鸣"的历史回顾》，《光明日报》1986 年 5 月 17 日。

③中共中央文献编辑委员会：《毛泽东著作选读》，北京：人民出版社 1996 年版，第 789 页。

④⑦巴金：《〈收获〉创刊三十周年》，《收获》1987 年第 6 期 1—3 页。

⑤王寅：《〈收获〉五十年》，《南方周末》2007 年 9 月 20 日。

⑥樊康：《萧岱与老〈收获〉》，《收获》1989 年第 3 期，第 161—165 页。

⑧罗荪：《三个〈收获〉》，《收获》，1979 年第 1 期，第 152—154 页。✣

民国时期《市民周报》出版研究

金　强　王雨荷

民国元年（1912年），顺天府改名为京兆地方，通州改名通县属之。民国十七年（1928年），废除京兆，通县直属河北省，同年，北京改名为北平特别市，后改为北平市。1930年6月，北平降格为河北省省辖市，同年12月复升为院辖市。北伐战争后的通县处于相对稳定的发展时期，河北省教育厅在通县展开了“民众教育”运动，其中河北省立实验城市民众教育馆作为河北省教育厅设立的民众教育馆设立在通县，为了推广市民阅读活动，该馆在1934年创办《市民周报》，来满足一般民众需要①。

在“民众教育”运动展开的过程中，国民政府通过颁布一系列法令、法规，勾勒出了民众教育运动“行政化”运行轨道。据统计，在1927年至1935年期间，仅教育部就先后颁布关于社会教育法规计有81种之多，内容涉及民众教育的行政管理、经费、人才培养、实施机构、绩效评价、督导等方方面面。特别是1932年《民众教育馆暂行规程》的颁布，确定了民众教育馆作为实施社会教育的中心机关，促进了民众教育运动向纵深推进②。为此，民众教育馆创办了众多旨在“传播民众教育”的刊物，如《民众半月刊》，后改名为《城市民教月刊》《乡村民教季刊》《市民周报》等，其中《市民周报》因其出版周期短、内容丰富、受众较广而得到广泛传播。

一、《市民周报》的文本概况

（一）报纸简况

《市民周报》1934年12月创刊于河北通县，为面向市民的周刊，由河北省立实验城市民众教育馆编辑、河北省立实验城市民众教育馆出版委员会发行。根据国家图书馆藏民国期刊数据库记载，《市民周报》每七天出版一期，于1934年12月7日出版第1期，馆藏最晚一期为1935年1月25日第8期。该刊使用“市民周报”作为期刊名称，承继《城市民教月刊》，后改名为《市民》。

《市民周报》宣称要给民众以认识世界和得到许多应用知识的机会，在文字上力求通俗，在取材上力求适合一般民众的需要。该刊主要介绍国内外重大事件、重要新闻，日常生活及一般的科学常识，传播卫生、法律常识，改善生活的方法，也刊登一些民间故事等。其主要栏目有：一周大事、介绍、常识、名词解释、读者园地、民教消息等，内容丰富。

从所存留的期刊统计来看，该刊的主要撰稿人有：洛易、晨钟、洪钟、雨辰、蔚林、树人、栋材、曼云、刘克勤、雨山、秀峰、正平、一民、向诚、志忠、李富、复生等。该刊署名自由，其中笔名较真名为多。

（二）办刊宗旨和目的

1934年12月7日《市民周报》第1期发行，编者在第1期的“开场话”中明确指出“我们应当给民众以认识世事，和得到许多应用知识的机会。本报抱着这种愿望和大家见面”③。创刊者认为在当时的社会环境下，人们总是在生活恐慌中挣扎，世事也总是在变化，人们不应再继续“靠天吃饭，埋头做人”，而是要抬起头来，看看世事。创刊者指出图书馆和阅报室是一般人求知的地方，但能到这些地方去看书报的人并不多，并且大多数的报纸和杂志又不是一般民众所能看懂的，因此决定出版《市民周报》。

《市民周报》作为一本市民刊物，其读者定位为一般民众。《市民周报》的创刊者认为该刊应为民众提供：国内外的重要新闻、日常生活及一般的科学常识、改善生活的方法，以及合于民众生活的文艺作品这四个方面的内容。且创刊者认为该刊具有这样的责任：“纵然这里所说的话，不尽是民众所要说的，但至少是民众所能懂的和需要的懂的话。”④

二、《市民周报》的内容分类及特征

（一）栏目类别

《市民周报》现存八期共164页，内容丰富，栏目分类清晰，主要栏目有一周大事、介绍、常识、名词解释、民众文艺、读者来稿等，除了上述的这六个主要栏目之外，刊内还有“通州秧歌选”“冀南民歌拾零”“通州传说故事”这几个系列，使《市民周报》更加符合市民的定位。

1. 一周大事

该栏目分为国内外两个部分，主要刊登国内外社会、政治、经济等方面的重大事件，帮助民众了解国内外新局势，增长知识和拓宽眼界。国内新闻如《省政府明年元旦迁往保定》《中央财政本年度收支相差一万万元》等，可以有助于民众了解近期国内最新形势，提高思想政治意识；国际新闻如《中美航空联络还在交涉中》《英放弃与日交换意见》等为读者提供更加多元化的信息，增长民众见识。

2. 常识

顾名思义，本栏目以科普一般人所应具备且能了解的日常生活知识为主，包括生存技能、基本劳作技能、基础的自然科学以及人文社会科学知识等。

例如1934年第1期的“常识”栏目中，编者在《关于卫生上应注意的几件事》一文从住宅、食品、饮水、煮沸法、厕所这五个方面向读者介绍卫生常识。1935年第6期《灾荒年景中农民应有的常识》一文，向读者介绍农民一遇到荒年便逃不过冻饿的苦痛，国家力量薄弱，救济工作很难普遍施行，因此农民应在自己可能的范围内设法救济。编者介绍了蝗蝻防御法，其具体实施方法是秋后深耕、用火烧，这两种方法分别为预防和救急。此外还有白菜蚂蟥虫防御法、预防棉花发生蚜虫的常识。关于基础的自然科学常识，在1934年第3期的《预测大气的经验和简单的机械》、第4期的《为什么我们在冬季喜欢穿黑色衣服》《为什么要刮风》这几篇文章中都有所涉及。此外，由于1935年民众的法律意识不高，因此还开设了“法律常识”小栏目，起到了普法的作用。

3. 民众文艺

本栏目主要刊登民间故事与民歌。

关于民间故事，1934年第4期刊登《民族英雄：韩世忠与梁红玉的故事》，讲述了韩梁二人英勇抗金的故事。编者刊登这类故事，是为了宣扬正直、善良、勇敢机智的美好品质，启发民众心智，为民众树立正确的价值观。

民歌方面主要刊登关于农事、劳作方面的民歌，例如《冀南民歌拾零》《长工歌》，表现出底层农民的劳动生活。其中《长工歌》运用叙事与抒情相结合的方法，按照一年十二个月的顺序诉说长工们劳动的繁重以及地主对他们狠毒的剥削和压迫。这些刊登的民歌都表达着农民对压迫的不满但仍对未来充满希望。

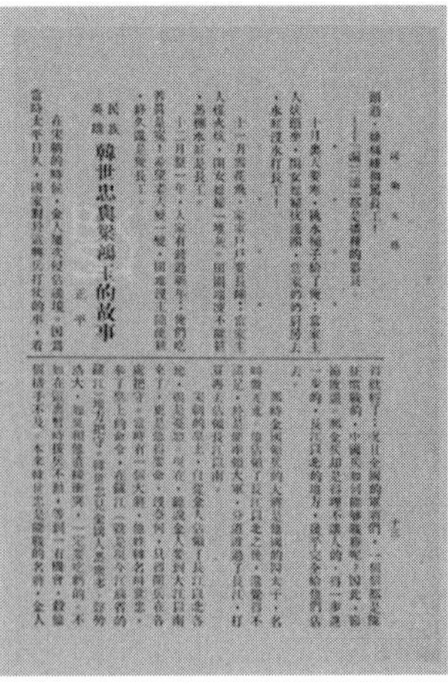

《长工歌》节选书影

4. 介绍

“介绍”栏目主要刊载对一些社会时事的解释和评论等，例如第三期的《一个合作专家对于合作社的几点意见》里讲述外国专家在考察山东省时给出的几点建议：“第一，应依赖经济原则为基本，所用方法须合乎生产原则及办事手续；第二，信用合作社要组织简单，借款时，必须以从事生产为目的，应绝对劝导及禁止不以生产为目的借款；第三，连锁合作社与信用合作社应各自分辨；第四，信用合作社必须在农村里办，连锁合作社必须在集镇或在都市之中心地方；第五，合作社举办之初，应先使农民明白合作社之意义，不应予以高深之理论。”[⑤]除此之外，还有第1期的《通县夫人庄贷款所》、第8期的《新生活运动之解释》，以上内容对市民来讲比较新奇，但在一定程度上增长了农民的见识，对现在国内发展局势有了全新的理解。

5. 名词解释

这个栏目，顾名思义，每期选取一至三个名词进行解释，所选名词涉及政治、经济、社会等方面，第1期选取“信用合作社”“资本”“公积金”，第4期选取“对象”“经济”“生产”，第6期选取“华府海约”“购买力”“消费量”，第8期选取“国际联盟”。

其中对“公积金”一词的解释为“合作社或公司等类的组织，在经营的过程中，获得了盈余，在这盈余中提出若干，积存起来，作为公积金以备合作社或公司不时之需。公积金越多，合作社或公司的根基也越稳固”[⑥]。在第七版《辞海》中“公积金”一词有两个含义，分别为“为公共福利事业积累的长期性专项资金”以及“企业从缴纳所得税后的利润中按规定百分率提存或从其他来源（如资本溢价）积累，用于弥补亏损或转增资本（或股本）。包括资本公积、盈余公积”。《市民周报》对“公积金”的解释更侧重为“盈余公积”，对其理解不够全面。

《市民周报》对“信用合作社”一词的解释为“合作社普通可分为三种：消费、产销、信用。这信用合作社，是靠信用关系向社外金融机关借资本，再以信用关系分配社员应用。借贷手续，不再靠抵押品，专靠信用，所以叫作信用合作社。”[⑦]《辞海》中对此的解释为“由个人集资联合组成，以互助为主要宗旨的合作金融组织。吸收社员零星存款，并贷款给社员”。1923年，由华洋义赈总会组织设立的第一个信用合作社在河北香河县正式成立，这也是我国历史上第一个信用合作社。由于当时华北地区旱灾严重，中国华洋义赈救灾总会以低利贷给信用合作社，信用合作社再贷款给社员，这种贷款方式一定程度上满足了小农对资金的需求。由此可知，对于“信用合作社”一词的解释，虽然二者有所差异，但《市民周报》是根据当时情况做出的正确解释，有其历史局限性。

从上述两个名词的解释可以看出，《市民周报》对于词语的解释不够准确，在今天也已经过时，但在当时的时代背景下对民众科普方面有很大的积极作用。

6. 读者来稿

本栏目为《市民周报》的读者投稿刊登，仅刊登两篇——《房漏的故事》《乡下人学说国语的故事》。《房漏的故事》讲述了一个村庄里有一家夫妇，家里有一头驴，丈夫说：“别的不怕，只怕漏。”正巧门外有一个贼和一只狼听到了这话，贼想偷驴，狼想吃驴，贼看见狼认是驴，就骑上了。狼以为被漏骑上了就往外跑，看到一棵大树想着将漏扛树上，贼想着漏跑到树下自己就立马蹿上树。那狼跑到树下，贼一蹿上树，狼头也不敢回就跑了。这个故事虽然篇幅短小，但语言诙谐幽默，整个故事奇趣横生。《乡下人学说国语的故事》讲的是一个乡下人带着很多钱去北平学国语，但最后却闹出误会的故事，这篇文章呈现出“歧义型”幽默效果，文章前段铺垫娴熟，情节设计严丝合缝，文章不长但却颇具有喜剧效果。

这个栏目的开设也增强了读者与刊物的联系性与互动性。

（二）内容特征

1. 文笔通俗易懂，取材贴近生活

从报刊自身来讲，作为人类视觉在时间、空间和距离上的延伸，是语言符号借助科技和纸张结合而成的一种复合媒体，一经产生，就不再是简单的语言符号和纸张的相加之和，而是具有了自己的独特属性。报刊作为近代社会传递信息的重要载体，就是这一特性的具体体现。首先，刊物不是办给编者看的，而是办给读者看的；其次，读者购买报纸，目的不是为了获得纸张这一有形物，而是为了获得纸张上以文字或图像为介所传递的信息。因此，报刊成了办报人和读者之间的沟通桥梁，办报人要考虑到读者的阅读兴趣和文化水平。[⑧]《市民周报》属于市民刊物，其创办目的是要给民众以认识世界和得到许多应用知识的机会，鉴于受众是普通民众，因此语言不宜过于深奥、晦涩，要通俗易懂，便于市民阅读理解，能够让市民看懂报刊内容，了解报刊传达的信息。除了文笔通俗易懂外，更重要的是文章取材，不能脱离群众，要贴近市民生活，满足市民阅读兴趣，能让市民产生共鸣，从而对其生活有所帮助、思想有所启发，例如第 4 期“常识”一栏中科普“鸡蛋的储藏方和新陈代谢辨别法”，以及“民众文艺”栏目对民歌的选材。

2. 文学样式多样，取材范围广泛

《市民周报》的受众是普通市民，因此需要多样的文学样式、丰富的内容以及广泛的取材范围才能最大程度满足读者需求。随着近代报刊业的发达，报刊与商品经济的天然纽带的关联，报刊文学逐渐为新兴的市民社会接受、喜爱，新兴市民成为报刊文学的主要读者群[⑨]。为满足读者需要，《市民周报》刊登小说、民间诗歌等可读性强的文学作品。此外，从文体来看，除了小说、诗歌等文学作品，也有议论文、说明文等实用类文本，还有新闻报道、通讯等文章，文体较为多样化。从内容上来看，刊登的文章涉及政治、经济、教育、法律、农业等方面，取材范围广泛，内容综合全面，从而扩大了

《市民周报》的阅读人群。文学体裁的多样、取材范围的广泛是报刊从“精英文学”到“通俗文学”的表现，迎合了各个层次民众的需要。

3. 政治立场存在偏差，与读者互动性强

《市民周报》创办于1934年，处于中国国民党统治时期，因此该刊具有很强的时代和政治烙印。该刊的政治立场倾向于拥护国民党。1934年同时也是国内新闻教育初步发展的阶段，受到西方新闻教育模式的影响，新闻专业主义得到传播和发展。[10]新闻专业主义强调新闻媒介要以服务大众为宗旨，必须遵循真实、客观的原则。《市民周报》的“一周大事”栏目在政治方面的报道虽具有明显的政治色彩，但大部分报道仍客观真实。此外，本刊内的“读者园地”与“读者来稿”栏目则是刊登读者投稿文章，使《市民周报》真正做到面向民众，让读者感受到参与性，注重读者需要，拉近与读者的距离，增强刊物与读者之间的互动性。

三、《市民周报》的版式设计特点及不足

（一）版面设计特点

1. 栏目设置丰富

《市民周报》的栏目设置十分丰富，除了一周大事、介绍、常识、名词解释、读者园地、民教消息这些固定栏目，还不定期有答问、讲话、读者来稿等栏目。其体裁也涉及广泛，包括小说、短文、民歌、通讯等，顺应时代潮流的同时也满足读者需要。此外，第5期由于是1935年第1期，开设了很多全新的栏目，例如“一年来的世界经济”“这一年的教育概况”“一年来的中国经济的检讨”，多为对中国1934年经济、政治、教育方面的总结。

2. 封面装帧元素丰富

《市民周报》的封面设计相对简洁，如图所示，仅使用文字，标题醒目，字体稳健厚重，位于左上方；左下方标注了出版单位、期刊定价；右上方为期刊号；中间标明本期目录；右下为本期主编。虽然整体设计简洁，但期刊信息完整，从封面可看到本期报刊标题，利于读者查阅，吸引读者阅读兴趣。

3. 内文版式设计疏密相间

《市民周报》内文图文结合，设计更具美感，内容排版分为上下两栏，使文章更适合读者阅读，每期文章按照目录顺序进行排列，方便读者查找。

从文章编排来看，总体简洁但有新意，该刊内文分为上下两栏，前四期两栏之间加有横线，显得文章排版有些杂乱，第5期开始去除横线，留有适当的空白，显得文章整体排版更加整洁。此外，上下两栏的排版形式使文章更适合读者阅读。文章正副标题、小标题、编者和正文的字号、字体并不相同，便于读者区分；每个栏目旁会有小插画，

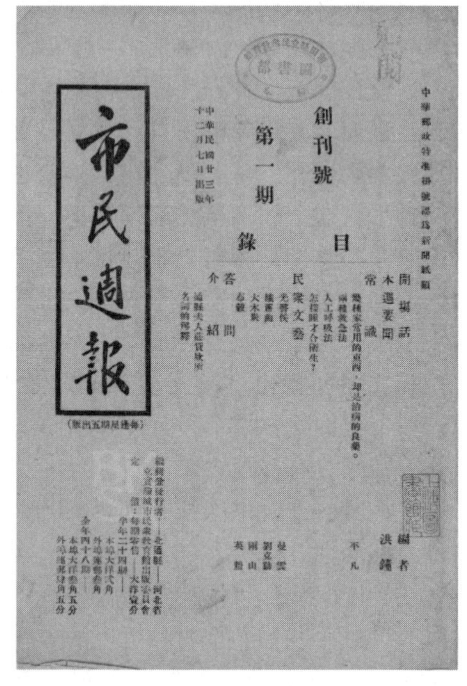

《市民周报》创刊号封面

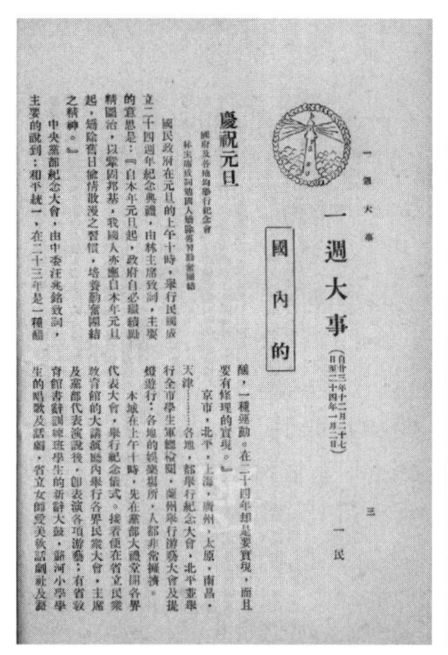

一週大事（自廿三年十二月二十七日至廿四年一月二日）

國內的

慶祝元旦

國府及各地均舉行紀念會 林主席致詞勉國人掃除舊習努力團結

國民政府在元旦的上午十時，舉行民國成立二十四週年紀念典禮，由林主席致詞，主要的意思是：『自本年元旦起，政府自必繼續勵精圖治，以鞏固邦基，我國人亦應自本年元旦起，掃除舊日偷惰散漫之習慣，培養勤奮團結之精神。』

中央黨部紀念大會，由中委汪兆銘致詞，主要的說到：和平統一，在二十三年是一種醞釀，一種運動。在二十四年卻是要實現，而且要有條理的實現。』

京市，北平，上海，廣州，太原，南昌，天津……各地，都舉行紀念大會，北平並舉行全市學生軍總檢閱，廣州舉行游藝大會及提燈遊行；各地的娛樂場所，人都非常擁擠。

本城在上午十時，先在黨部大禮堂開各界代表大會，舉行紀念儀式。接着便在省立民衆教育館的大講演廳內舉行各界民衆大會，主席及黨部代表演說後，即表演各項游藝；有省教育館書辭訓練班學生的新辭大鼓，灤河小學學生的唱歌及話劇，省立女師愛美砍話劇社及

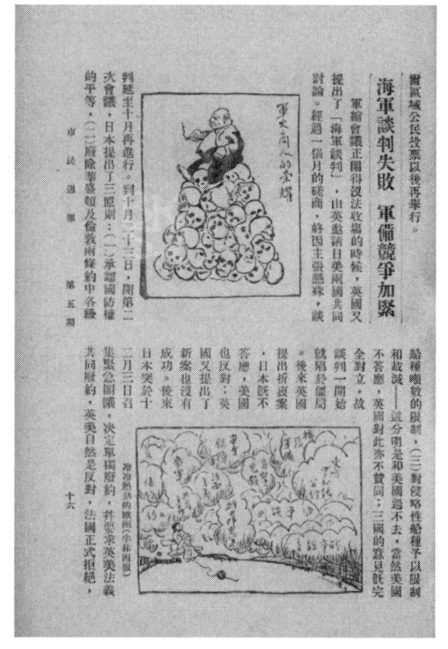

舊區域公民投票以後再舉行。

海軍談判失敗 軍備競爭加緊

軍縮會議正鬧得沒法收場的時候，英國又提出了「海軍談判」，由英邀請日美兩國共同討論。經過一個月的磋商，終因主張懸殊，談判延至十月再進行。到十月二十三日，開第二次會議，日本提出了三原則：（一）承認國防權的平等，（二）廢除華盛頓及倫敦兩條約中各級船種噸數的限制，（三）對侵略性船種予以限制和裁減——這分明是和美國過不去，當然美國不答應，英國對此亦不贊同；三國的意見既完全對立，故談判一開始就陷於僵局。後來英國提出折衷案，日本既不答應，美國也反對；英國又提出了新案，也沒有成功。後來日本突於十二月三日召集緊急閣議，決定單獨廢約，並要求英美法義共同廢約，英美自然是反對，法國正式拒絕，

市民週報 第五期 十六

《市民周报》第 5 期内文版式书影

固定的栏目其插画也固定，会使读者留下深刻的印象；大标题会加上边框，有些边框不是简单的直线，有波浪线或带有其他装饰，能与栏目名进行区分。此外，该刊合理运用空白版面，会用“传单”板块进行补充，“传单”内容多为鼓励民众摆脱愚昧思想，相信科学，具有宣传和教育意义。

《市民周报》的文章与图片巧妙结合，如在《海军谈判失败，军备竞争加紧》一文中，第一张插画具有强烈的讽刺意味，插画也有批注“军火商人的荣耀”，增添了文章的趣味性。第二张插画的批注表明图片来源，表明该刊具有一定的版权意识。

（二）排版设计中存在的不足

《市民周报》的封面虽然简洁，但因只使用文字而缺乏图片以致无法吸引读者，同时，《市民周报》也无封底，可能是出版经验不足的缘故。在栏目设计中，“读者来稿”这个栏目到第 8 期改为“读者园地”，固定栏目名称发生变动但未提前告知读者，不利于读者的阅读。在第 6 期、第 7 期中，未开设“民众文艺”栏目，但却单独刊登《韩世忠与梁红玉的故事（续）》《通州秧歌选》《冀南民歌拾零》这几篇文章，与第 3 期、第 4 期专门开设“民众文艺”栏目有差别。

四、《市民周报》所蕴含的编辑精神及启示

“通常，人们把编辑精神具体概括为：国家民族主流意识支配下的历史责任感，注重与读者、作者加强沟通的群众观点，以追求书刊质量为前提的职业道德修养，等等。这些编辑精神，不但使编辑在编辑业务活动中有了圭臬，而且使广大编辑有了审视自身修养的一面镜子。”⑪编辑精神的形成是不断丰富、不断积累的，一般表现在编辑在工作过程中产生的认知、思想上，也反映在刊物的精神内核上。《市民周报》诞生于 1934 年，处于土地革命战争时期，河北地区期刊出版业发展相对稳定。从外部环境来说，当时的国内形势虽然依旧动乱，但因军阀混战导致的混乱场面已基本消失，政治局势处于暂时稳定的局面，人们开始自觉关注社会现实，试图通过一定的努力唤醒国民的意识。⑫《市民周报》的编者宗旨为“民众以认识世界和得到许多应用知识的机会”，所形成的编辑精神可总结为以下两点。

（一）高度的社会责任感

编者在第 1 期《开场话》中提到：“我们这样督责着自己：既然这里所说的话，不尽是民众所要说的，但至少是要民众所能懂

的和需要懂的话。我们深知自身的经验和学识都很欠缺，还需要各方面不断地给予帮助。”⑬《市民周报》从第1期到最后一期，坚持每周按时出版，并主动承担起为民众发声的社会责任，第3期编者在《指定的款发展义务教育及民众教育》一文中提出，要鼓励到处多设民众学校，普及义务教育和民众教育，同时考虑到民众不愿意读书的原因是交不起学费、买不起书籍用品以及时间不凑巧，因此建议学校提供给学生书籍笔墨和纸张用品外还要安排合适的上课时间。这些观点的提出，表现出编者对民众的关怀，正是秉持着对民众、对社会的责任感，报刊才能得以出版。

（二）客观、审慎的职业态度

《市民周报》从呈现的内容来看总体是十分客观的，稿件质量高，对稿件的征集和选取都秉持着客观的态度。从对新闻的报道中可以看出，大多摆脱了编者的个人偏见、情感和观点的观察，只准确地报道事实、对事实不作解释和评论，不仅体现出编者客观、公正的职业态度，也符合现代新闻报道客观性的原则。但因其时代局限性，编者也无法做到绝对的客观。编辑作为稿件的“审判人”，看似编辑活动是非常主观的行为，但编辑仍需要尽自己所能做出主观判断进而无限地接近于稿件的客观质量本身。⑭在第六期《房漏的故事》末，编者表明这个故事是在实验民校读书还不到三个月的一个学生写的，除了帮他改正了这篇文章的错别字外，其余一切都是投稿人所作。此外，编辑工作并非属于个人的认知行为，而应做好“守门人”的角色，即做好把关工作，要为读者筛选并传送信息，要判断编辑内容是否为读者所需要。《市民周报》面向普通市民，其对内容的选取也是民众所喜闻乐见的。正是由于编者秉持了客观公正的职业态度，才会使《市民周报》的内容完整呈现。

结　语

纵观这一时期的历史，和平安稳的社会环境为河北省报刊的发展提供了肥沃的土壤，“民众教育”运动也给当时的报刊提供了发展的契机，由于当时中国民众文盲众多，因此这项运动是个循序渐进的过程。而《市民周报》的创办则在这项运动中起到了极大的推动作用。《市民周报》承担着启发民智的责任，为民众提供了认识世界的平台，同时，也起到推广市民阅读的作用，进一步宣传民众教育。《市民周报》出版内容丰富，记载了当时社会重要新闻事件与民间文艺，迎合市民阶层的趣味，是研究民国时期河北省乃至全国市民生活方面的重要史料。

---

①杨家毅：《民国时期通州“民众教育”探索及其影响》，《北京史学》2020年第1期。

②周慧梅：《绩效与不足：民国时期民众教育运动的制度分析》，《济源职业技术学院学报》2009年第8期。

③④⑬参见《市民周报》第1期“开场话”。

⑤参见《市民周报》第3期《一个合作专家对于合作社的几点意见》。

⑥⑦参见《市民周报》第1期“名词解释”。

⑧艾红红：《论中国近代报刊语言的言文合一趋向》，《山东师大学报（社会科学版）》1999年第6期。

⑨王龙洋：《论近代报刊与晚清文学现代性》，《编辑之友》2013年第11期。

⑩蔡杰：《新闻专业主义视域下民国新闻教育模式研究》，《传播与版权》2017年第12期。

⑪党春直：《求真务实——编辑精神的灵魂》，《编辑之友》2005年第2期。

⑫王广坦：《民国时期河北期刊的量化统计与出版分析》，河北大学硕士学位论文，2019年。

⑭刘军：《体育期刊编辑审稿中主观判断与稿件的客观质量相统一的研究》，《第八届全国体育科学大会论文摘要汇编（二）》，2007年。✣

沈泊尘与民国戏剧人物画

吴浩然

沈泊尘其人

沈泊尘 1889 年出生于桐乡乌镇，字伯诚，原名沈学明，也署名沈明、泊忱，笔名蜗牛。沈泊尘多才多艺，成就卓著，在漫画创作上成就极高，被称为是中国近代漫画的巨擘，同时擅长现代仕女和戏剧人物画。

沈泊尘自幼丧父，兄弟三人皆得叔父沈和甫资助方得成人。沈和甫是一位很有名望的“辛亥”老人，贡生出身，精通学问，善于经营，是个“儒商”，与孙中山先生等不少革命志士交往甚密。沈和甫为了让沈泊尘掌握一定的生活技能，曾遣他入钱肆为学徒，后来又到上海南京路上的一家绸庄当执业。在绸庄其间，他一方面为《大共和画报》画现代仕女，一方面自己刻苦研习，开始创作时事漫画。他酷爱风行一时的风俗时事图画，常以吴友如的《点石斋画报》为范本临摹，练就了娴熟的绘画技能。二十岁左右初拜名重一时的“海上画派”早期代表人物钱慧安为师，学习传统中国人物画。又于 1915 年问业于著名画家潘雅声。钱慧安、潘雅声两位老师皆是当时知名的国画家，擅长写意和工笔人物画，沈泊尘在他们的指导下，技艺大增，所绘《新新百美图》和戏曲人物画名噪一时，与张聿光之油画、高奇峰之鸟兽等皆佳誉洋溢，脍炙人口。当时的《大共和日报》《晶报》《神州日报》《民权画报》《图画剧报》等报刊都争相以优礼相聘。

沈泊尘擅画仕女，古装仕女当以《红楼梦图咏》一书为代表，可惜此书流传甚少。《新新百美图》堪称是沈氏现代仕女画的代表作，较丁悚、但杜宇的《百美图》早，与钱病鹤的《世界百美图》几乎同时出版，独创新格。郑逸梅评价《新新百美图》：“不拘囿于晓楼、玉壶，另创新路。”其表现技法采用西洋画的形式，完全用钢笔绘制，线条疏密得当，注重远近透视关系，近似西洋画的速写，在当时的中国前所未有。题材新颖，内容上有时代特征，描绘的人物都是当时窈窕容仪的时尚佳丽。不仅女子的发型适合潮流、衣服的款式新鲜入时，她们的活动，也多是史无前例的，如骑自行车、打网球、听留声机、做西餐、养宠物、打台球、骑骏马等，实为民国上海女子风情画卷，画

《试车》（沈泊尘绘）

款多为张丹斧和汤国梨的题诗。例《试车》一图,既画出了女子跃跃欲试的骑车动作，又将其小心翼翼、全神贯注的神态刻画得入木三分。再配上短诗“豆蔻青枝二月生，自由车子试郊晴。虽然谢尽闲蜂蝶，尚有飞尘逐我行”，颇具文人画的雅致，耐人寻味。

沈泊尘工作照

沈泊尘在中国画、戏画方面有很深的造诣，对雕刻、建筑也有浓厚兴趣，还画过油画和水彩画。当时颇具影响的《繁华杂志》前三期的封面就都选用了泊尘的水彩画，他笔下的现代仕女形体婉约，设色素雅，神态可掬，深得世人博赏。《繁华杂志》创刊于1914年9月，所辑内容分图画部、文艺志、锦囊、滑稽魂、新剧潮流等多个栏目，其中的文艺志、滑稽魂的刊头画也是泊尘所画。虽然泊尘在仕女画和戏画上创作数量惊人，开一代新风。然而这些都远远不及他在漫画创作上的成就，他在各大报刊上所发表的数以千计的政治漫画影响巨大，意义深远，在当时无人可及。后来还首创了中国第一本漫画杂志《上海泼克》，因此被美术史论家称之为“五四运动具有代表性的影响最大的漫画家”。他的漫画作品在民国初年，尤其是五四运动时期发挥了很大的作用。但天不假年，由于他身体多病，肺病复发，不幸于1920年3月7日辞别人世，享年仅32岁。泊尘去世后，其弟沈学仁在上海四川路上海基督教青年会举办过“沈泊尘讽刺漫画展”，这是我国漫画史上已知的最早漫画展览之一。

中国自清道光二十年（公元1840年）鸦片战争后，进入了危亡的时期，帝国主义列强打开了中国的大门，肆意掠夺鲸吞中国的财物和土地，给中国人扣上了“东亚病夫”的帽子，并在租借地推行不平等待遇，在中国的土地上公然竖立“中国人和狗不得入内”的告示牌。这时的社会出现了异常的变革，五四运动吹响了中国人的战斗号角。美术方面，也进入了一个全新的发展阶段，人们已不再崇尚文人自我陶醉的山水花鸟道释的意境，受社会复杂错综的现实及政治活动的影响，顺应新时代的客观需要，接受和消化了随同西洋科学文化闯入的钢笔黑白画风。题材上也受“文化革命运动”所熏染变得日益广泛起来。这一时期，政治讽刺漫画作为最简单却又最具战斗力、号召力的“救国利器”与当时的革命运动步调联系最紧密，也最有成就。

然而，由于政治讽刺漫画题材鲜明，有一定的针对性，当时的各大报刊都不敢采用。泊尘当时为《申报》“自由谈”的主笔，年少气盛，无所畏惧，独自登载政治气息相对敏感的讽刺漫画。有一次他画了两只猪同圈，一头猪身上写着“英”，一头猪身上写着“日”，结果触怒了租界当局，几乎闹成国际大交涉，以致被上海租界法庭判为“污辱协约国”而罚《申报》赔款。泊尘也因此被迫辞职，临别时他作诗曰：“纵尔能言杨继盛，当头无奈有严嵩。”就此事，其弟沈学仁在回忆时曾说：“时先兄有一惊心动魄之滑稽画刊印某报中，竟掀起绝大风波，攘攘半载始寝。”

泊尘曾为《申报》《神州报》《时事新

报》《晶报》等作过大量的政治讽刺画，对于世道人心痛加针砭，意在画外。其代表作品《工学商打倒曹、章、陆》描绘了三个写着“劳动”“学”“商”字样的拳头，直击当时全国人民一致要求惩办的卖国贼曹汝霖、章宗祥、陆宗舆，显示了五四运动时期群众爱国运动的巨大力量。此漫画简洁生动，一目了然。讽刺力度犹如匕首、标枪与敌人短兵相接，画中两股力量的悬殊对比让人读后大快。又如袁世凯称帝后，泊尘大作讽刺画，辄穷其丑，讥讽当时的政治，在社会上也引起了强烈的反响。因此有人誉泊尘为“董狐之笔”。

泊尘曾受邀为《晶报》创作漫画《天神逐恶魔图》。上海《晶报》三日出版一期，又创刊于 3 月 3 日，遂取名为“晶”，为民国时期上海著名的小报之一，由钱芥尘创办，余大雄任主编。《晶报》的发刊词中开宗明义地表明其社会责任：“‘晶’乃光明之义，《晶报》的创立肩负重大使命，要为政治与社会扫除黑暗阴翳……”发刊词右侧刊登着泊尘创作的《天神逐恶魔图》。以后每逢《晶报》周年纪念，都会将此图刊印在报端同样的位置，配以文字解说。如一周年时的“纪念小言”中写道：“去年今日，本报发刊伊始，即于报端绘一天神，作持鞭逐鬼状。其鬼为何？即在新旧过渡时代社会种种之恶魔也。此天神则救世之神也，以神之力与魔战，将扫除此不良社会之秽行与恶习，使骎成一光明磊落之世界，是固吾报所以敢引以自任，而亦晶之所繇名也。”文中将《晶报》塑造成“天神”的形象，而“恶魔”则隐喻社会上种种不良积习。“天神”与“恶魔”势不两立，天神自天而降，其压倒一切之阵势与恶魔鬼鬼祟祟、仓促逃窜之狼狈相形成了鲜明的对比，是典型的漫画风格。

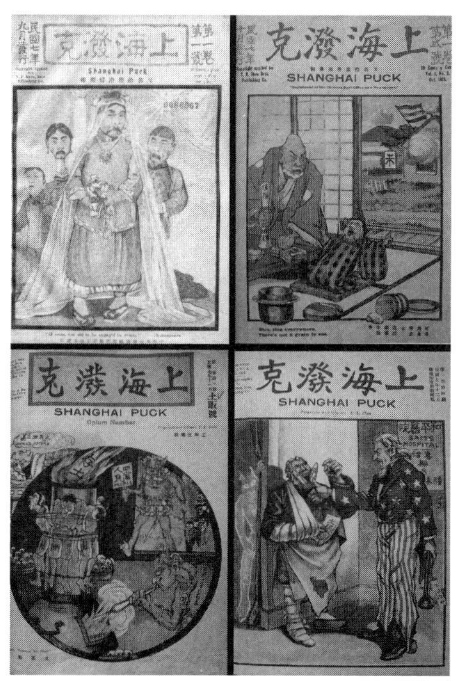

《上海泼克》第 1—4 期封面书影

随着近代印刷术传入我国，到光绪末年，色彩石印、锌版和铅印技术也相继发达起来，使书籍的出版方便了许多。民国时期没有专门的漫画杂志，一些漫画家创作的漫画作品，都零星地发表在一些报刊上。1911 年漫画家钱病鹤、马星驰、沈泊尘、丁悚等人共同发起创办了《滑稽画报》，4 月创刊，以登载漫画为主，称得上是中国最早的漫画刊物，可惜只出版了一期就停刊了。1917 年沈泊尘代表《新申报》参加赴日记者团东渡日本，考察日本新闻事业的现状和近代绘画。回国后不久，遂与弟沈学仁在爱多亚路 113 号创办了家庭式图画工作社，后来命名为“沈氏兄弟公司”。民国七年（1918 年）九月一日，公司在上海创办了漫画专门刊物《上海泼克》月刊，又名《泊尘滑稽画报》。沈学明（泊尘）为图画兼会计主任，沈学仁为经理兼编辑主任，沈学廉为印刷兼广告主任，每月 1 号出版一期，十六开本，封面和封底为彩版，其余都是黑白印刷，堪称是目前我们所知道的中国历史上第一本办得成功的专业的漫画刊物。

《上海泼克》创刊号上不仅刊有创刊宣言、“本报之责任”，还有鸳鸯蝴蝶派代表人物之一天虚我生（陈定山）和报界名流严独鹤的题词。陈定山题词曰：“难得今朝笑口开，相逢都是滑稽才。画师别有诙谐术，两字题名亦舶来。鬼相善描吴道子，瘦腰笑折沈休文。传神自由通天笔，翻译无劳借舌人。茶余酒后足消闲，妙腕灵心见一斑。此是舟车良伴侣，偶然开卷便开颜。”严独鹤题词曰：“……固一中西合璧之滑稽画报也。所绘图幅幅有奇趣，所题句字字有精意，妙哉！妙哉！……”关于“泼克”一词书中也有很明确的解释：“泼克”是“Puck”的译音，其字在英国大文豪莎士比亚未产生以前，“泼克”乃为通用名词了，在莎翁名剧《仲夏夜之梦》中“泼克”是一诙谐善谑之神仙的名字，莎士比亚之后数百年，英人有以“泼克”之名名其杂志者，专以诙谐之风格讽刺世人，出版后不胫而走。后来美国、日本都有“泼克”印行，受其影响，《上海泼克》的诞生也是大势所趋，“实为中国舆论界开一新门户”。

《上海泼克》创刊时，恰逢五四运动前夕，沈泊尘以极其强烈的爱国热忱积极投入到大革命中去，《上海泼克》也正是适应了斗争的需要。如“本报之责任”所写：

今日我国，烽烟四起，枕骸遍野，南北之争未已，而国家已危如累卵。本报不幸而产生于燕巢危幕之时，其第一步之责任，即当警惕南北当局，使之同心协力，以建设一强固统一之政府。此外无奢望矣！

我国虽已加入战局，而其在国际间之地位，则卑下犹昔。故本报第二步之责任，即当竭其能力，为国家争光荣，务使欧美人民尽知我中国人立国之精神，未尝稍逊于彼。特以习俗不同，情形隔阂，致有彼此轻藐之见横梗胸臆。此次本报之所以兼用中英文，亦欲中西人士互知其社会习尚国家实情而已。

光复以还中国旧道德几已破坏无遗，而新道德又未亟亟讲求，故数稔以来社会风化之腐败，盖已达乎极点，夫新道德非尽可取，而旧道德亦未尽可弃也。本报第三步之责任，即在调和新旧，针砭末俗。区区此愿志与阅者共勉之。

《上海泼克》以发表漫画作品为主，每期约刊40幅漫画，穿插刊载王纯根、严独鹤、张春帆等诙谐的政论、时评、杂文，引人入胜，美不胜收。中英文对照，除发表了陈抱一、王纯根等几幅作品外，其余图画都出自泊尘一人之手。特别是泊尘所绘漫画，轰动一时。

《虽不中亦不远矣》，画一只巨手紧握“民主”之剑，刺破了俄皇的心脏，而且即将刺中德皇。这幅漫画是对1917年俄国十月革命的歌颂，也是中国对此事件最早做出反映的美术作品。漫画《思悠悠、恨悠悠，恨到归时方罢休》，把日本霸权主义者的贪心不足，描绘得淋漓尽致。《十年老女犹画蛾眉》《南北之争》《谁谓中国国民能享受自由幸福耶？》等漫画及揭露军阀与日本帝国主义相勾结罪行的《借债对内，此真所谓远交近攻》、疾呼禁烟的《吞云吐雾》等都是结合时政，活泼辛辣，一针见血，有着较高的思想性和艺术性的作品。

泊尘以强烈的爱国热情和政治敏感在当时的萎靡不振的艺术界树立起了一面不屈的旗帜。在题材上，他是个大胆的天才讽刺画

《虽不中亦不远矣》（沈泊尘绘）

《南北之争》（沈泊尘绘）

家，不顾当时环境如何险恶，凭着锐利的观察，深刻的寓意和明朗的表现手法，揭露帝国主义在中国的经济侵略、军阀的黑暗、人民的种种不良倾向（如鸦片烟、赌博等）。张光宇在《黑白画家》一文中写道："他的艺术的高超，不是没有人知道，也不是绝无声响，只是他当时四周环绕着的恶势力，实使他不快地感受着，他虽是顽抗的敢说敢骂敢做的一员，也只能在他自创的四期《上海泼克》上，总算发泄了一些毒脓。"

《上海泼克》又名《泊尘滑稽画报》，大多数内容其实并不扭曲搞怪，引人发笑，皆以暴露帝国主义之滑稽丑态、讽刺当局权贵、针砭社会黑暗为主。这一举措对当局来讲可谓逆流而上，因此异常轰动。《上海泼克》第3号刊有寒云"题泊尘兄弟滑稽画报"，诗曰："君家兄弟孰能当，妙笔千秋属沈郎。挥洒堪追唐道子，滑稽应媲汉东方。三君叠玉辉淞浦，一纸匡时贵洛阳。试照明犀魑魅遁，更须笔剑断豺狼。"当时最有影响的《申报》上曾评论说："《上海泼克》产生以后，社会上亦甚注意，其第一期即在长江一带销行一万余册，其中中英文著作皆出自一时名手，琳琅满目，美不胜收，为近代中国月刊中别开生面之杰作也。"《民国日报》评论："沈氏昆仲发行之滑稽月报（上海泼克），出版以后在长江一带已行销一万余册。其内容之精美自不待言，第一期所绘政治讽刺画甚多，而对于武力派、阴谋派之抨击，尤不遗余力。"

《上海泼克》注重可读性和趣味性，除了发表名写家的诙谐文章，也登载了少量描写上海现实生活的趣味性漫画，连画里的对话用的都是上海方言。如《姨太太及小姐们喜看梅兰芳》，描写女子争相用望远镜看唱戏的梅博士；《土老儿喜听来啥来啥之声》则掺有打情骂俏的意味。

《上海泼克》出版了第4期后因泊尘病逝而休停，这无疑是中国漫画界的一大憾事。汤国梨惜其才，悲痛写下"谁识清才旷代无，丰碑烟树乱平芜。魂来纵有丹青笔，忍写孤坟入画图"。好友丁悚在《亡友泊尘》中写道："他的讽刺画，我承认是我国一个空前的成功者，我生平所服膺的，也不过是他一人。不但他的思想有深刻的含蕴，而结构和线条之和美，实在使人沉醉和欣羡的。"

沈泊尘虽然年轻早逝，却是中国现代漫画当之无愧的先驱者。已故漫画理论家黄远林曾撰文《沈泊尘漫画创作初探》，对沈泊尘的评价尤为中肯。他提出沈泊尘在漫画创作上的突出成就和在我国漫画发展史上的重要贡献有四点：其一，在漫画的社会功能问题上，他有比较明确的自己的主张，这一点完全体现在他创办的《上海泼克》"本报之责任"中；其二，他的漫画有着较高的思想性，受到当时漫画界的推崇；其三，他在漫画技法上将中西画法融合，运用自如；其四，"泼克风行于欧美、日本。其在中国尤为创举"，开中国漫画杂志之先河，对中国漫画的发展产生了不可低估的影响。以后的《上海漫画》《时代漫画》《漫画生活》才接踵而至。《上海泼克》标志着中国漫画发展进入了一个崭新的历史时期。

黄远林的评价是迄今为止社会对沈泊尘最全面最准确的认识。不管怎么说，虽然沈泊尘未能大展宏图就告别了当时污浊的社会，但他对中国漫画开拓奠基的丰功伟绩将永载史册。

沈泊尘戏画

上海为“故吴之裔壤”，传统文化以吴、越文化为主。上海最早的戏曲活动，有据可考的始于元代。元代农民起义，中原战火纷乱，上海便成了文人逸士的主要落脚点，各地的戏曲艺人纷纷奔赴上海献艺谋生，推动了上海戏曲艺术的发展。到了明代，戏曲创作和演出活动逐渐繁盛，民间社团发展迅速。

清代的戏曲承明代余势，昆腔一枝独秀。乾隆年间，花鼓戏才逐渐登场。鸦片战争以后，上海正式对外开放，各种戏曲蜂拥而至，“十里洋场”逐渐成为各种戏曲艺术争奇斗妍的舞台。乾嘉以来，京班南下，取代了昆剧的地位，几乎抢占了整个上海剧坛。光绪初年，京剧已成为上海影响最大、观众最多的剧种。“上海初不知二黄调，今则市井儿童信口成腔，风气移人，一至于此。”

上海各大报纸几乎每天都刊有戏曲演出活动的消息，不仅辟有戏曲介绍专栏，还发表一些剧评，街头海报及各类传单比比皆是。戏曲的演出场地也由茶楼走进专业的新式剧场，上海陆续新建了新舞台、大舞台、丹桂第一台、新新舞台、天蟾舞台等，也为戏曲的繁荣奠定了先决条件。上海都市的戏曲表演起初都在茶园戏场里进行，观众边品茶边观戏。随着京剧改良运动的发展，夏月润兄弟率先从国外引进剧场设计师，设计了一座完全新式的剧场——新舞台，观众席采用横排座椅，分三层楼，可容纳两千余观众，并配置了布景、灯光等先进的设备和新技术，开创了剧场革新的先河。

民国初年，上海戏剧舞台群星璀璨，热闹非凡。谭鑫培、孙菊仙、盖叫天等各路名角所演绎的传统折子戏轮番上阵，掀起了中国戏剧的新高潮，时装改良新剧的诞生更是丰富了上海的戏剧舞台。辛亥革命后，受戏剧文化热潮的影响，上海刊印画报之风盛行。为吸引读者，大半报纸刊物都插有戏曲上演广告和戏曲画。1910 年 11 月 26 日，郑正秋以“丽丽所戏言”“丽丽所伶评”开始在于右任主办的《民立报》上发表戏剧评论，专门评论皮簧戏，偶及新剧，领风气之先，受到广泛关注。1911 年 2 月宋教仁主办的《民权报》创刊，《民权报》对开大小，12 版，常常有一整版是戏曲的演出广告。附刊《民权画报》随主报奉送，郑正秋仍主笔戏评。郑正秋的剧评夹叙夹议，不拘一格，所评均是当时京剧名伶及新剧名角。《民权画报》刊登有滑稽画、时事新画，并聘请沈泊尘为剧评配以风趣、生动的戏画，耳目一新，使戏画这一画种也开始长期立足于报业。《民权画报》上的戏画以古装戏为主，随着京剧改良运动的发展，新剧逐渐代替了折子戏，成为主流。

1912 年 11 月 9 日，郑正秋主办的《图画剧报》在上海创刊，沈泊尘又被聘为戏画主笔。《图画剧报》栏目丰富多彩，文字部分有剧评、杂说等；图画则分游戏画、新闻画和戏画三大类，另有俗语画、滑稽画等。戏画部分刊载了谭鑫培、盖叫天、孙菊仙、杨瑞亭、小达子、三麻子、吕月樵、龚云甫等名伶在上海丹桂第一台、大舞台、新舞台主演的折子戏，如《钓金龟》《定军山》《盗御马》《捉放曹》等；新剧则有毛韵珂、夏月珊等主演的《新茶花》《秋水人情》《双鸳鸯》等。沈泊尘的戏画所绘对象都是当时上海滩的名伶名角，如“伶界大王”谭鑫培，艺名“小叫天”，与孙菊仙、汪桂芬齐名，嗓音有“云遮月”之称，世称“谭派”，当时有“无腔不学谭”之说。他曾多次来上海献艺，以《李陵碑》《空城计》《定军山》《捉放曹》等最为著名。王鸿寿艺名“三麻子”，常在沈泊尘笔下出现，他长期在上海演出，能戏较多，有“唐三千，宋八百”之誉，《扫松下书》是他的代表剧目，由他开始唱起。盖叫天也曾长期在上海演出，演剧以短打武生为主，注重造型美，讲究人物的精神气质，世称“盖派”。冯子和，字春航，艺名“小子和”，通文墨，好读书，演技善于体会人物思想感情，以演时装戏闻名。毛韵珂艺名“七盏灯”，也是南派京剧的名旦，演剧清淡典雅，细腻传神，尤擅时装新剧。另外还有小达子李桂春、擅长“髯口功”的潘月樵、“孙派”创始人孙菊仙、“刘派”创始人刘鸿声、老旦名角龚云甫、“杨猴子”杨月楼和其子“小杨月楼”等。这些戏画人物造型准确生动，技法娴熟精湛，张张精妙，异彩纷呈，美不胜收，既有一定的戏剧文献价值，也为研究演员的艺术人生提供了翔实的资料。

《图画剧报》为近代第一份专业的戏曲报纸，每期几乎都刊有戏画，且与当时上海的舞台演出实况相符，格式新颖，图文并茂，深受名伶及戏迷的喜爱，风靡一时。《图画剧报》所刊戏画的作者除沈泊尘外，还有孙雪泥、天梅、熊松泉及来稿选登。其中滑稽画的作者是沈泊尘、钱病鹤。社会新闻画、滑稽画皆以上海形形色色的历史事件和社会焦点为内容，剖析社会变革时代的种种怪状。滑稽画则成系列，按期连载，如沈泊尘所绘《上海百手图》《辫子的妙用》等。俗语画则根据吴越之乡俗谐语，讽刺当时某一丑陋的社会现象。《图画剧报》曾几经改版，最后因销路下降，被迫于1917年停刊。

泊尘的戏画以戏曲舞台人物形象及其故事情节为造型对象，直接记事或记人为主，采用写实形式，生动地把演员的艺术风范和精彩的表演动作、表情描绘得惟妙惟肖，如同照相一般，把人物定格在画面上，所以，朋友们曾戏呼之为“照相镜”。这种写实法的描绘既包含了戏曲扮装造型的艺术美，如演员的穿戴、扎束、垂挂、簪插、涂绘及布景、道具等，又有演员本身的面部表情和肢体动态所营造的气质美，如真、善、美、仁、义、礼甚至假、恶、丑等，都能给人们以强烈的视觉美感享受。部分新剧还采用了连环画的形式，每期刊登一段故事情节，吊足了戏迷的口味。

但写实并不等同于照相，沈泊尘画戏往往先听戏观戏。为绘画起来得心应手，他不仅熟读戏曲的著名段子，还常常和很多名角畅谈其道，在戏园里一待就是几天。另外他还注重画面的艺术加工。如戏画《红鸾天禧》，所绘人物栩栩如生，叫花子的形象稍加夸张，但又恰到好处，两个人物一高一低，上下呼应，对比鲜明，戏剧性强。《捉放曹》中他把金秀山饰演的“宁我负天下人，休使天下人负我”的曹操刻画得活灵活现，满脸的冷笑中透出彻骨的冷酷，而谭鑫培饰演的陈宫似呆、似惊、似怒的面部表情也惟妙惟肖地跃然纸上。著名漫画理论家黄远林在《沈泊尘漫画创作初探》一文中也提到泊尘的戏评。“1912年他在《民权画报》上发表有描写女革命家秋瑾的戏评《搜检秋瑾》和《秋风秋雨愁煞人》。这后一幅画，画秋瑾临刑前书写这一句含义深刻的诗句的情景，表现了这位舍身救国的女革命家对处在‘秋风秋雨’中的祖国的深切关怀，揭露和谴责了清朝政府残杀革命志士的罪行。这是沈泊尘的戏剧人物画中有着较高思想性的作品。”

1908年近代话剧先驱李叔同与同人在日本组织成立了中国第一个话剧团体“春柳社”。“春柳社”曾先后在日本和上海演出，影响巨大，冲击着上海的演出舞台。“山雨欲来风满楼”，京剧改良运动势不可挡。沈泊尘画戏也与时俱进，积极投入到改良运动中。新剧戏画《图画剧报》中登载最多，且多连续登载，如徐半梅编演的《秋水人情》竟达三十余幅，甚至更多。而《民权画报》只刊登了一两部，最著名的是《新茶花》。《新茶花》是清末民初久演不衰的一部时装戏，原名《缘外缘》，由春阳社王钟声和许啸天编撰，冯子和又参考小仲马原著《茶花女》改编而成。为当时著名的爱情新剧，海上各新旧舞台都曾上演，颇受欢迎，甚至到了一票难求的地步。冯子和、毛韵珂等都曾主演过该剧。该剧曾被改编成小说发行，清末到民初版本很多，新剧小说社的改编作者是朱勤补，1914 年初出版。但由于现存报纸的不足，沈泊尘画新剧的作品，如《新茶花》《秋水人情》等的画幅可能还不完整，难免有遗珠之憾。且有些剧目的详细剧情在很多戏剧书中找不到出处，就连很多大型的戏剧史工具书中民国部分甚至也是一片空白，为研究者带来了障碍。

清末民初麦克米伦公司对中国市场的开拓

叶砚　叶新

与其他外国大出版商相比，麦克米伦公司（以下简称麦克米伦）是最积极开拓中国市场的一家，20 世纪初期即进入中国。20 世纪上半叶，它先后和具有英商背景的别发洋行（Kelly & Walsh）、伊文思图书公司（Edward Evans & Sons，Ltd），以及华商背景的商务印书馆等进行了较为密切的合作。因此与其他进入中国市场的外国大出版社相比，麦克米伦的时间最久，业绩最为突出。麦克米伦在中国市场的开拓大致分为 1904—1928 年、1928—1937 年两个阶段，笔者在此探讨第一个阶段。

一、麦克米伦简介

麦克米伦公司（Macmillan & Co）创办于 1843 年，创始人是来自苏格兰的麦克米伦家族的丹尼尔（Daniel Macmillan，1813—1857）和亚历山大（Alexander Macmillan，1818—1896）两兄弟。1869 年，乔治·E.布雷特（George E.Brett）受雇于麦克米伦，在纽约创办了它的美国分社即美国麦克米伦公司，1931 年成为美国最大的出版社，1952 年独立为圣马丁出版社。到 19 世纪末，它已经拥有像马修·阿诺德（Matthew Arnold）、丁尼生（Alfred Tennyson）、吉卜林（Rudyard Kipling）、哈代（Thomas Hardy）这样的著名作家，成为当时世界上最大的出版公司。这个出版家族最耀眼的明星是哈罗德·麦克米伦（Harold Macmillan），横跨英国的出版界和政治界。他在第一次世界大战中获得上尉军衔，1924 年当选为议员，1940 年进入内阁，1957 年当选为英国首相。与此同时，麦克米伦的业务也涵盖了一般图书（麦克米伦伦敦公司）、教材（麦克米伦教育出版公司）、杂志（麦克米伦杂志公司）和学术参考（麦克米伦学术出版公司）四大块。

二、麦克米伦在中国的译名例举

"Macmillan" 这个名字首次在中国出现，是在上海的英文报刊上。1872 年 2 月 29 日《上海晚邮报》(*The Shanghai Evening Courier*)第 3 版刊登了一篇题为"'*Macmillan's Magazine*' on The Audience Question"("《麦克米伦杂志》关于读者的问题"）的英文报道，该杂志 1859 年由麦克米伦出版公司创办于英国。

1887 年 10 月 20 日的《字林西报》(*North-China Daily News*）第 3 版刊登一篇报道，其中第一句是"In the course of the month of October Messrs. Macmillan & Co. will publish a work of some size by Mr. W. R. Carles, of H.M.'s Cosular Service, China, on Corea."

1898 年 2 月 9 日出版的《字林西报》的一条新闻提到麦克米伦 1859 年出版了一本名为"*Five Gateways of Knowledge*"(《知识的五大门径》)的书籍，作者是乔治·威尔逊博士（Dr.George Wilson）。

就中文名称而言，我国书报刊有"麦美伦""麦密伦""麦克密伦""麦米伦""马克米兰"等提法。

就中文新闻报刊记载来看，查阅当时影响最大的沪上报纸《申报》，最早出现"麦美伦"是在 1916 年 9 月 30 日第 14 页的《自由谈》副刊中，其中的《湘绮轶事》提到"美国麦美伦书肆曾出版中国书多种，乃于作告白时，依西书例竟横截半页登之，以为样本，不知其不可读也。余曾亲见，颇堪捧腹"。其中的"书肆"即书店或出版社。当时的书报刊中繁体竖排样式占优势，美国麦克米伦公司为出版的书籍做广告用横排，因此遭到作者的嘲笑。

《江苏实业杂志》1919 年第 6 期刊登了一篇题为"世界著名书贾麦克密伦传"的文章。文中介绍道"麦克密伦者，为世界著名书肆之一，总店设于伦敦。出版之书，累数万种。书目高逾三寸，竭一星期之力读之始能尽"。其出版规模之大，营业之盛，为国人所惊叹。

1923 年，北京大学法律系燕树棠教授在《国立北京大学社会科学季刊》第 1 期"学术书籍之绍介与批评"栏目中介绍美国哈佛大学法学教授庞特氏（Pound）的著作 *Interpretation of Legal History* 由纽约马克米兰公司(Macmillan Company）发行，又提供了另一个译名"马克米兰"。而查 1924 年 8 月商务印书馆首版的《标准汉译外国人名地名表》，"MacMillan"的对应译名是"马克密兰"。

"麦克米伦"的译名也有出现，比如 1935 年第 4 期《教育杂志》在给《教育即指导》(*Education as Guidance*）的书评中提到由"麦克米伦书局一九三二年出初版"，与现在的通

沈泊尘是中国的漫画大师，同时也是中国近代戏画的先行者，他的戏剧人物画还有待于专业研究者作进一步探讨。

参考文献

［1］中国唱片社. 新编大戏考［M］. 上海：上海文艺出版社，1981.

［2］上海艺术研究所，中国戏剧家协会上海分会. 中国戏曲曲艺词典［M］. 上海：上海辞书出版社，1981.

［3］中国戏曲志编辑委员会,《中国戏曲志·上海卷》编辑委员会编. 中国戏曲志·上海卷［M］. 北京：中国 ISBN 中心，1996.

［4］左汉中. 民间木版年画图形［M］. 长沙：湖南美术出版社，2000.

［5］中国艺术研究院戏曲研究所. 中国戏剧史图鉴［M］. 北京：人民音乐出版社，2003.

［6］上海市文史研究馆. 京剧在上海［M］. 上海：上海三联书店，2009.

行译法相同。而民国时期的五大出版社都用“印书馆”“书局”或“书店”来指代出版社。

就专指出版社而言，除了“麦美伦”之外，“麦密伦”“麦克密伦”“麦米伦”“马克米兰”“马克密兰”这五个译名基本没有传播开来。毕竟“麦美伦”是进入中国市场时被“钦定”的译名。

三、20世纪初期麦克米伦对中国市场的开拓

1904年或许是麦克米伦试图进入中国市场的开始。该年10月27日《字林西报》第五版刊登了一条短讯：“We have received from Messrs. Macmillan & Co., Ld., a novel, in their Colonial Library edition, by Rosa Nouchette Carey, “At the Moorings.” The name of such a popular author is a recommendation in itself.”而1908年1月出版的《字林西报行名录》(*The North China Desk Hong List*)第118版刊登了一则公司名录，提到该公司在上海聘请了一名销售代表，是来自别发印书馆(Kelly & Walsh，也称“别发洋行”)的F. G.惠提克（F.G.Whittick)。1912出版的《中国、日本、高丽、中南半岛、英属海峡殖民地、马来联邦、暹罗、荷属印度、婆罗洲和菲律宾等名录和纪事》也曾提到类似的内容：

> WHITTICK, F. G., Travelling Representative in China of Messrs. Macmillan & Co., Ld., and The Macmillan Co. of New York, Publishers, c/o Kelly and Walsh, Ld., Shanghai

> MACMILLAN Co., OF NEW YORK, THE, Publishers—care of Kelly & Walsh
> F. G. Whittick, travelling representative in China

据1908年10月9月《字林西报》第7版的报道，麦克米伦出版了“北洋大学系列教材”(*Pei Yang University Series*)的又一本教材，在日益增多的中国大学生中受到热烈欢迎。其书名为《通史纲要（东方学生版)》(*Outlines of General History for Eastern Students*)，作者是北洋大学的历史和政治经济学教授V.A.雷诺夫（V.A. Renouf)。为什么要专门给东方的大学生撰写这样的专门版本。作者认为那些以西方国家历史为主的教材对东方学生没什么用处，不仅要注重那些联结东西方的事件，还要关注对东方国家改革有用的事件和组织，力求表现出真正的全球史观。这可以说是麦克米伦出版西方书籍的中国版，或者是为中国人出版专门教材的开始。该教材1907年出版了第1版；1909年出版了第2版，到1921年总计印刷了十次；1923年出版了“新版”，到1926年印刷了三次。从1907年到1926年印行了三版14次，可见此书被采用之多。

1911年4月6日的《字林西报》第7版提到，麦克米伦为中国政府主办的大学、中西合办的高中和学院之需要，提供了在内容和形式上改编过的中文版教材。其中一本由别发印书馆发行，名为《金行录》(*A Book of Golden Deeds*)，原作者为Charlotte M.Yonge，由Dr.P.D.Bergen翻译。据笔者在孔夫子旧书网所见，《金行录》的暗红色封面上标明“英国女史杨姬著”“定价大洋四角”。扉页标明出版年份为“西历一千九百十年”和“大清宣统二年岁次庚戌”，由上海华美书局排印。著作者除了杨姬之外，正文首页还有“美国博士柏尔根译 山东昌邑于树荣述”的字样。2021年1月9日售出，售价为2 800元，孔网仅此一本。

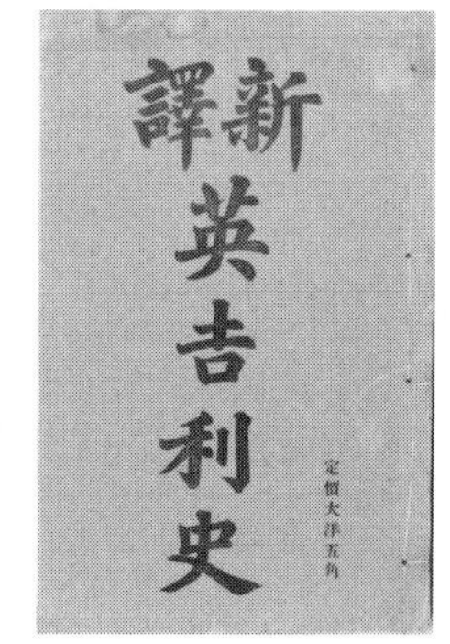

笔者还在孔网购得暗红色封面的类似书籍《侏儒媒》(1909 年）和《新译英吉利史》(1911 年)，均由华美书局排印，别发印书馆发行。《侏儒媒》即英国作家司各特所著的《护身符》(*Talisman*)。在此重点介绍《新译英吉利史》(*A Brief History of England*)。

该书殊为难得的是采取线装、竖排形式发行，是美国在华传教士李佳白（Gilbert Reid，1857—1927 年）专门为中国学生所编著，定价大洋五角。封二和封底则出现了专门为在中国出版的“麦美伦图书公司”书籍设计的商标（见下图)。

封三则有中英文对照的广告（Special Announcement)，中文内容如下：

本公司深知近日中国人士讲求西学者日增月盛，需用各种教科书，各书肆大有应接不暇之势。本公司故特倩欧美名宿编纂各种独宜于中国学界之教科书。兹已出版者，若丁嘉立先生之《英文法程》《亚洲地理》、福开森先生之《华英读本》等书，皆久已脍炙人口，不待本公司之赘言者也。

本公司远在英国，未能与中国士人交接，今特派代表魏迪克君专来中国，遍谒各学堂教习，且与监学诸公接洽，即日首途。到时务祈赐教一切，以辅本公司之不逮，是为至幸。

本公司出版书籍、图画，在中国各新书肆大都经售。光顾诸君可以随地向各肆索购。

本公司伦敦总发行所事务殷繁，时有不暇应接之虞，是以零售事件大多委托环地各书肆代为经理。惟各书肆告乏之书，光顾诸君可将为难情形函告本公司代表魏迪克君，当可为设法。魏迪克君驻扎中国上海。(Mr. F.G. Whittick，Shanghai，China.)

丁嘉立，也作“丁家立”(C.D. Tenney，1857—1930 年)，1903—1906 年任北洋大学总教习，后任美国驻华公使馆汉务参赞。广西师范大学出版社 2015 年 3 月出版了《丁家立档案》。《亚洲地理》(*Geography of Asia*）出版于 1904 年。他还曾出版了《英文教程》等。

值得一提的是，《新译英吉利史》还在书中刊登了一道“版权声明”：

钦命二品衔赏花翎江南分巡苏松太兵备道瑞　为

给示谕禁事案准

英总领事霍　函：据英商别发洋行禀称，本行为乃伦敦马密兰印字厂之代理人。该厂向印学堂各种教科图书，自有专利板权，由本行销售，不准他人翻印。乃有密勒路二百四十五号普兴书局人捷短富，翻印本行《英文法程初集》及各种书。当经本行向其理论，该书局始将印书板片等交与本行。是该书局不知各书为马密兰之板权，情有可原，不须究问。诚恐别项坊局再有翻印之事，并闻禁止翻印、保护板权之事曾经出示

欽命二品銜賞戴花翎江南分巡蘇松太兵備道瑞　爲
給示諭禁事案准
英總領事霍　函據英商別發洋行稟稱本行乃倫敦馬密蘭印字廠之
代理人該廠向印學堂各種教科圖書自有專利板權由本行銷售不准
他人翻印乃有密勒路二百四十五號普興書局人捷短富翻印本行英
文法程初集及各種書當經本行向其理論該書局始將印書板片等交
與本行是該書局不知各書爲馬密蘭之板權情有可原不須究問誠恐
別項坊局再有翻印之事並聞禁止翻印保護板權之事曾經出示曉諭
有案閱時太多難以檢查請移出示再行申禁等情前來據此函道查照
出示通諭各坊局毋得翻印等因到道除函覆外合行給示諭禁爲此示
仰各書坊局人等知悉自示之後毋許將別發洋行出售各書翻印漁利
違干究詗切切特示
光緒三十三年正月二十一日示

晓谕，有案阅时，太多难以检查，请移出示，再行申禁等情，前来据此函道，查照出示通谕各坊局毋得翻印等因，到道除函覆外，合行给示谕禁。为此，示仰各书坊局人等知悉，自示之后，毋许将别发洋行出售各书翻印渔利。违干究罚，切切特示。

光绪三十三年正月二十一日示

该书还刊登了当时别发洋行代理出版的书单：

麥美倫圖書公司新譯中文書籍將出版廣告

別發洋行 香港 上海 新加坡 日本

英國歷史（上海尚賢堂李佳白博士選譯）	現已排印	定價五角
法國歷史（同上）	現已排印	定價七角半
德國歷史（同上）	現已排印	定價一元
美國憲法彙編（同上）	現已出版	定價六角
理化教科書（英國惠恩菁訂）	現已排印	定價一元
化學教科書	現已排印	定價一元
體操教科書	已譯	價未定
仙術述異上	現已出版	定價一角半
仙術述異下	現已出版	定價一角半
伊氏寓言選譯	現已出版	定價一角半
亞蘭亭奇遇記	現已出版	定價一角
希臘稗史選譯	現已出版	定價一角
安氏寓言選譯	現已出版	定價一角
阿里巴巴遇盜記	現已出版	定價一角
華班得航海記	現已出版	定價一角半
金行集	現已出版	定價洋四角

由于年代久远，上述中文书籍目前也是难觅踪影。

四、麦克米伦与伊文思、商务印书馆的初步合作

从目前掌握的史料来看，商务印书馆和麦克米伦公司的合作分为两个时期，合作的内容也不尽相同。这里只提第一阶段，即1917—1928年。

麦克米伦公司和商务印书馆的合作早在1917年即已开始。《张元济日记》主要是涉及1916—1923年的馆事日记。其中与麦克米伦有关的有五条日记记载：

（1）“又交来麦克密伦托本馆代理合同一件。交梅生译汉”（1917.8.23）。

（2）“麦克密伦合同译汉已交翰翁。翰翁转交桂华复”（1917.8.24）。

（3）“麦克密伦代理合同向翰翁索还，交锡三”（1917.8.25）。

（4）“又交周锡三交来麦美伦合同一纸并信”（1918.4.15）。

（5）“叔良言，麦密伦来信，因本馆去年未有报告，属将各书移交伊文思。叔良又言，因锡三来办，暑季报告伊办，冬季业已正月寄出。但该号来信尚未收到，已于前日接信后，即时复信，声明缘由”（1919.5.26）。

其中提到的“麦克密伦”“麦美伦”“麦密伦”均指麦克米伦。从前三条日记记载来看，两者之间的合作是从1917年下半年开始的，即麦克米伦授权商务独家代理其在本国印制的成品图书，也就是原版书的销售业务。但从第五条日记记载来看，由于商务西书部因人员更替造成的工作失误，麦克米伦于1919年5月来信，要求解除与商务的合作关系，转而和商务的长期竞争对手伊文思图书有限公司合作，要商务把未售完的原版书移交给伊文思公司。

伊文思公司由英商爱德华·伊文思（Edward Evans）所创办，因独家经营金恩（Gin & Co.）、麦克米伦、霍顿-米夫林（Houghton Mifflin）等英美大出版社书籍在中国的销售业务，长期与商务相抗衡。等到老爱德华去世后，次子约瑟·伊文思接手，但由于内外之不利因素如罢工、资深员工出走等事件频频出现，导致经营不善，给了商务机会。商务因而在1928年重新获取了麦克米伦公司原版书在华之独家经销权，并于1930年与麦克米伦合作推出麦克米伦版教科书的“中国版”，为世界两大出版社之间的合作添上一段佳话，这也是后话了。✣

清末民初商务印书馆历史类译著出版探析

郭玉春

商务印书馆成立于西学东渐的历史大潮中，以“昌明教育，开启民智”为基本宗旨，在整个清末民初社会起着举足轻重的作用。1897—1914 年是商务印书馆创业的筑基阶段，从印刷工场到中日合资的出版公司，为商务印书馆后面的发展打下了坚实的基础。彼时留学日本及翻译日文书籍成为潮流，商务印书馆编译所主持编译、出版了一系列历史译著，拓宽了中国史学研究的范围，为中国史学从传统走向近代化贡献了力量。

一、“昌明教育平生愿”：商务印书馆的出版宗旨

1897 年 2 月 11 日，上海青浦人夏瑞芳（字粹方）与其妻舅鲍咸恩、鲍咸昌及青浦同乡高凤池（字翰卿）等，一起集资创建了一个小型的印刷工场，以期承接外国商人的印刷业务，起名“商务印书馆”。商务印书馆初创的缘由，“晓得的人不多，当时的动机，又好像细微勿足谈”[①]，最初只是因为年轻的夏瑞芳与鲍咸恩不满于英国人开办的《捷报》(*China Gazette*) 馆总经理轻视华人工友而想自谋出路而已。商务印书馆最初的业务，主要来源于夏瑞芳等人在报馆积累的人脉，兜揽“行家小生意如传单之类”，“还有圣书会、圣经会、广学会的几处印刷品”[②]，但因资金不足而维持艰难。

夏瑞芳为人精勤干练，故被推为商务印书馆首任总经理，主持营业。他有感于中国传统印刷术窳败繁难，不适应形势，故亲自赴日本考察仿行新式印刷术，营业日益精进。彼时的中国，刚刚经历甲午战败之痛，变法维新思潮兴起，维新书报风行一时，推动了印刷业的发展，商务印书馆也适逢其会，收获了丰厚的利润。其时由于通商口岸的开放，学习英语已成潮流，夏瑞芳等应时而起，开始翻印其在教会学校所读的英国人为印度小学生编的英语启蒙教材 *Primar*，取得初步成功。1898 年，夏瑞芳约请鲍咸恩的妻兄基督徒谢洪赉将该书译成中文，与英文本对照排列，取名《华英初阶》，此书多次再版，取得了巨大的成功，是为商务印书馆经营出版事业的开端。

《华英初阶》的成功，让商务印书馆创办者看到了出版事业的广阔前景，促使商务印书馆由印刷工场向出版社转变。夏瑞芳看到维新志士多往日本游学，并竞相翻译日本书籍以出售，便“数数购之”，“然不敢轻于复印，丐通人抉择，其中太草率者，袭诸箧，所费虽不赀，不惜也”。[③]但是，夏瑞芳花费巨资购入的译稿大多粗制滥造，因质量低劣而无人问津，造成了严重的亏损。他因承接业务与主持南洋公学译书院的张元济（号菊生）相识，并委托张元济审查译稿，发现稿件错漏百出，不能使用，这使夏瑞芳意识到创立自己的编译机构的重要性。

1901年，商务印书馆扩大规模，添招新股，改组为股份有限公司，夏瑞芳邀请张元济为股东，相约“以扶助教育为己任”。1902年下半年，商务印书馆筹设编译所，“延张君元济主其事”[④]。1903年，张元济辞去南洋译书院职务，担任商务印书馆编译所所长，为出版事业的发展奠定了基础。张元济的加盟，促使商务印书馆“一改面目，由以印刷业为主者，进而为出版事业”，王云五在回忆中称商务印书馆“成为我国历史最长之大出版家，实始于张君之加入”。[⑤]

商务印书馆从普通的印刷工场发展为集编译与印刷为一体的出版企业，其企业宗旨也由单纯的获取经济利益向发展教育转变，成为张元济等施展教育救国抱负的平台。对于商务印书馆的经营方针，陈叔通在回忆文章中曾说：“初创时期的商务是以印刷为主的，并不是一开头便想做个出版家的。商务后来发展成为出版家，而且成为解放前我国最大的出版家，不能不归功于夏瑞芳和张元济……夏与张结合才为商务成为一个出版企业奠定了基础。”[⑥]1931年，王云五在纪念商务印书馆成立35周年时曾指出商务印书馆的根基及宗旨：“其基业在于印刷与编译，其功用在于文化之促进与教育之普及，而其目的则在中国文明之再造。故其创始与发展，与中国革新运动相因应。”[⑦]王云五将1931年之前的革新运动以1926年为界分为两个阶段：1912—1925年的革新运动主要在于“为中国旧文化之批判”，故商务印书馆编译各科丛书“为介绍新学理，供研究新文化者之参考材料”，汇印《四部丛刊》等“为流通精本或孤本古书，供整理国故者之参考材料”，编印《辞源》等各科词典“为读书治学之工具”，编印语体音符出版物“为文体及文字改革之前驱”；1926年以后的革新运动在于“为中国新文化之发展”，故商务印书馆此后的出版方针为“教育普及”和“学术独立”。[⑧]在商务印书馆人看来，商务印书馆存在的使命就是为中国教育做贡献，因应中国教育的发展需求而与时俱进，故商务印书馆纪念建馆35周年的纪念刊命名为《最近三十五年之中国教育》。王云五随国民党赴台湾后撰写的商务印书馆史，亦命名为《商务印书馆与新教育年谱》，他说：“盖商务创办，实受新教育影响，而其间作述，亦转而影响于新教育；合并撰述，可知其间关系。”[⑨]

蔡元培在为夏瑞芳所作的传记中称：“清之季世，师欧美各国及日本之制，废科举，立学校，始有教科书之名，为教习者，以授课之暇编纂之，限于日力，不能邃密。书肆诎于资而亟于利，以廉值购稿而印之，慰情胜无而已。迈二十年，始有资本较富之书肆，特设编辑所，延热心教育之士，专任其事，于是印刷之业，始影响于普通之教育，其创始之者实为商务印书馆。”蔡元培还于传末赞曰：“君虽殁，而君所创设之事业，方兴未艾，其及于教育之影响，则展转流布而不能穷其所届，虽谓君永永不死可也。”[⑩]蔡氏此言，对商务印书馆的评价很高，指出了商务印书馆立身百余年而不衰的一大宗旨——昌明教育，盛赞其在中国由印刷而转向昌明教育的首创之功和深远影响。

孟森在为夏瑞芳作传时云：“吾国有此国民，乃应后来所必趋之势，而创向来所仅见之局。就一身之发展能力而论，不过施及戚属故旧。与夫风义学业之有系属者，就托庇于此国。而期与一国之民俱跻于世界人格而论，则其风之沾被，足以振起同种之顽懦而廉立之，贫弱而富强之。述其行事，垂之悠久。夫岂为一时相识。怀旧归美之私，实有跻吾国于世界之隐愿，而以斯人为国民之职志焉。若夏君之事，为足传也。”[⑪]孟森认为能够树碑立传的人必须要顺应历史趋势而创传世之业，并以国家跻于世界之林为宏愿，为国为民为志向——夏瑞芳即此类人。张元济在 1943 年为高凤池八十大寿所作贺寿文章中曾称道："君生平所经营者有二：曰商务印书馆，曰五洲大药房。由前所为，则浚瀹人之神智，可以常为新民；由后所为，则搜采吾国未有之药物，可以免人于羸病。"[12]张氏此言，指出了商务印书馆的又一宗旨——开启民智，即疏导国民的文化智识以使民更新，教民向善。何炳松曾总结商务印书馆的四大贡献，即"教育教材之供给，中外名著之印行，实际教育文化事业之举办，国货之提倡"，并指出商务印书馆出版的方针"一方发扬固有文化，一方介绍西洋文化，谋沟通中西以促进整个中国文化之光大"。[13]

商务印书馆也用出版的图书宣传自己的出版理念，如在 1902 年出版的《支那教学史略》书末广告就曾说："谨启者，本馆为开发民智、输入文明起见，爰特敦聘中西通才，编译华英各书，嘉惠后进。书以华英二文并列，师生均得其便，且注释详明，图绘清澈，读之最易进境。故凡中外之书院、学塾，皆以本馆所辑各书课授，诸生奉为秘本，并承海内学人交相称许。乃各省有遍开商埠之说，则日后电报、铁路、矿务、制造诸事，定必逐渐推广，需才孔急。凡在少年，务当及时课习，以备任用。今见国家布行新政，百务更张，而复叠次诏立大中小各学堂，汲汲以振兴实学、作育人才为首务。现各省学堂渐设，惟苦无专书，不足以资课读，爰又新辑各种实学有用诸要书，或由西文，或由日文，均释以华文印行。初学专家，均得裨益，洵为各学堂必备之书，且廉价出售，俾人人易于购读，并非牟利者。"[14]此言将商务印书馆开启民智、服务教育的理念清楚地通告给读者。

商务印书馆服务教育、发扬文化的出版宗旨，也得到社会各界的认可。1928 年，暨南大学商学院的周恕在参观完商务印书馆印刷所后，称商务印书馆"艰难缔造，提挈群众，发扬华夏国粹，介引欧美文化，不特启迪国文智德，抑且彩增邦家光辉，而规模宏大，分馆布全国，尤为我国墨林书肆之冠"[15]。1929 年，商务印书馆参加第一届西湖博览会，媒体报道称："该公司创业之始，即以提倡教育、发扬文化为职志。……该公司不但编印各种教科图书以供全国学校之采用，且从事于实际教育事业，举办尚公各科函授学社等，并设东方图书馆，公开阅览。凡此努力，无非为辅助教育、发达文化计耳。"[16]

二、张元济、高梦旦对西学翻译的提倡

张元济入馆后，开始健全编译所组织，"聘请长乐高梦旦（凤谦）为国文部主任，蒋维乔、庄百俞（俞）等为国文编辑，又依蔡孑民的推荐，聘他的同乡人杜亚泉为理化数学部主任"[17]，奠定了商务印书馆初期编译图书的人才基础。高梦旦不仅做编辑工作，还兼任属于出版方面的事务，如纸张选用、成本计算、斟酌定价、拟定印数等。庄俞曾回忆高梦旦在商务印书馆三十余年的工作称："盖菊生与公情投意合，如左右手，事无巨细，必咨于公，语于公，谋于公；重大问题，公未与议者，虽决不行。如遇数人意见不一致，得公片言立可决。公之于事，欲言则言，无可言则不言，言必尽其意，自初入公司于编译所如是，其后于总公司亦如是，故其在公司名位虽有变更，不啻三十余年之总参谋也。"[18]这是对高梦旦在商务印书馆作用的高度评价。1910 年底，张元济开始以董事身份参与全馆事务，"编译所一般事务实际由高梦旦署理。1918 年，高梦旦任编译所长"[19]。

张元济喜读西书，在总理各国事务衙门章京任上时还为光绪皇帝挑选西学书籍进

呈。1897年，张元济参与创办专门教授西学的通艺学堂，但“进署不过三月，已不能相容”，“因不能再读西书，亦颇有退志矣”。[20]张元济在光绪壬寅年正月（1902年2月）所发表的《答友人问学堂事书》中曾言：“泰西教育之法，莫不就其本国之民质、俗尚、教宗、政体以为之基础，各有其独立之道而不可以强同。一切教授规则皆受成于学部。凡所损益，一以国民精神为主。故学成之辈，无不知爱其国、卫其种。”又言：“吾之意在欲取泰西种种学术，以与吾国之民质、俗尚、教宗、政体相为调剂，扫腐儒之陈说，而振新吾国民之精神耳。”[21]张氏此言，看到了西方学术对其国民精神的提振作用，故希望能用西学来启迪中国人民的智慧，从而促进国家的发展。

高梦旦亦提倡西学。1896年（丙申）春，他代替友人应格致书院之请作《翻译泰西有用书籍议》，并将该文发表于1897年的《时务报》上。他说：“国不一国，则兼通之难也。惟以译书济之，则任其难者，不过数十人，而受其益者，将千万人而未已。泰西有用之书，至蕃至备，大约不出格致、政事两途。格致之学，近人犹知讲求，制造局所译，多半此类；而政事之书，则鲜有留心，译者亦少。盖中国之人，震于格致之难，共推为泰西绝学；而政事之书，则以为吾中国所固有，无待于外求者。不知中国之患，患学在政事之不立。而泰西所以治平者，固不专在格致也。……若夫政事之书，剖析事理，议论时政，苟通汉文者，无不能学。果能悉力考求各国政事之得失，兵力之强弱，邦交之合离，俗尚之同异，何国当亲，何国当疏，何事足以法，何事足以戒，无不了了于胸中，遇有交涉之事，办理较有把握。即欲兴一新法，亦不至事事仰鼻息于人，或反为所愚弄。此翻译政事之书，所以较格致为尤切也。”[22]高氏此言，认为政治、军事、外交、社会等人文科学比物理、化学等自然科学更加需要引进中国。因此，早在1901年他就翻译了日本的《小学校设备准则》《成城学校生徒心得》《中学校编制及设备规则》《发布实业补习学校规程训示》等教育文献，并发表于罗振玉创办的《教育世界》上。[23]

三、清末民初商务印书馆出版的历史译著

自张元济与夏瑞芳相约扶助教育以来，商务印书馆的出版活动就走上了既要追求经济效益又要推动文化发展的道路，因此翻译外国书籍便成为商务印书馆的重要业务。据邹振环统计，1902年至1910年商务印书馆共出版图书865种，其中译作就已达330种。[24]面对列强的坚船利炮，一些有识之士意识到了解世界各国发展历史以资借鉴的重要性和迫切性，时人有论曰“历史一门最切于今日学界”[25]，商务印书馆应时而起，组织出版了60余种历史译著（见表1），约占其时译著总数的19%。这些图书，根据译者主体及图书用途主要分为三类：其一为商务印书馆代其他机构印刷的书籍，其二为商务印书馆组织出版的丛书，其三为商务印书馆组织编译的教科书。

表1　清末民初商务印书馆出版历史类译著统计表（1897—1914）[26]

序号	书　名	作　者	国别	译　者	出版年月
1	万国通史前编			英国李思伦白约翰辑译，蔡尔康笔述	1900年3月初版
2	铁鞭	冈本监辅编	日本		1901年4月初版
3	西学探源	冈本监辅	日本		1901年

（续表）

序号	书　名	作　者	国别	译　者	出版年月
4	明治政党小史	东京日日新闻社纂编	日本	出洋学生编辑所	1902 年 2 月首版
5	各国国民公私权考	井上毅	日本	出洋学生编译所	1902 年 3 月首版
6	埃及近世史	柴四郎	日本	出洋学生编译所	1902 年 4 月首版
7	西洋历史教科书	本多浅治郎	日本	出洋学生编译所	1902 年 6 月首版
8	日本文部省沿革及官制	日本文部省	日本	出洋学生编辑所	1902 年 6 月
9	普通新历史（高等小学堂用）	日本中等学科教授法研究会	日本	普通学书室编辑，周鹏校	1902 年 6 月初版，1910 年 2 月二版
10	普奥战史	羽化生	日本	赵天骥译，王慕陶校	1902 年
11	中国历史问答	富山房[27]	日本	商务印书馆（邵羲）	1902 年
12	新编西洋历史教科书	默尔化	英国	出洋学生编辑所译述、校阅	1902 年 6 月初版，1905 年 7 月四版，1906 年五版
13	飞猎滨独立战史	棒时	菲律宾	中国同是伤心人（日本留学生）	1902 年初版
14	亚美利加洲通史			戴彬编译，王慕陶校阅	1902 年 10 月首版
15	欧洲财政史	小林丑三郎	日本	出洋学生编辑所译、校，胡宗瀛译述	1902 年 10 月再版
16	义大利独立战史			东京留学生译述、校阅	1902 年 11 月首版
17	支那教学史略	狩野良知	日本	商务印书馆	1902 年 11 月初版，1903 年再版
18	世界近世史	松平康国	日本	中国国民丛书社	光绪二十八年十二月（1903 年 1 月）首版
19	法国革命战史	涩江保	日本	中国国民丛书社	1903 年 3 月初版，1911 年 10 月再版，1912 年三版，1913 年四版
20	希腊史	桑原启一纂译	日本	中国国民丛书社重译	1903 年 3 月初版
21	万国史纲（中学堂用）	元良勇次郎、家永丰吉	日本	邵希雍	1903 年 5 月初版
22	埃及近世史	柴四郎	日本	章起渭重译，杨瑜统校	1903 年 6 月首版
23	日本明治法制史	清浦奎吾	日本	商务印书馆编译所译，章起渭校	1903 年 6 月首版

（续表）

序号	书　名	作　者	国别	译　者	出版年月
24	世界文明史	高山林次郎	日本	商务印书馆译，姚槐校	1903年7月初版
25	罗马史	占部百太郎	日本	陈时夏、章起渭、章师濂、胡叙畴	1903年8月初版
26	日本维新人物志	冈本监辅	日本	代金港堂印	1903年
27	希腊史	柴舟桑原等	日本	商务印书馆编译所	1903年
28	美国独立战史	涩江保	日本	商务印书馆编译所编	1903年初版，1911年10月再版，1912年三版
29	东西洋伦理学史	木村鹰太郎	日本	京师大学堂译书局	1903年
30	欧洲最近政治史	森山守次	日本	商务印书馆	1903年
31	日本近世豪杰小史			商务印书馆编译所编辑	1903年
32	纳尔逊传	中村佐美	日本	何震彝、刘张侯重译	1903年
33	中国历史教科书	日本成城学校编	日本		1903年
34	世界历史问答	酒井勉	日本	商务印书馆	1903年、1905年
35	清史揽要	增田贡	日本	商务印书馆译订	出现在1904年《东方杂志》
36	拿破仑传	矢岛元四郎	日本	范枕石	出现在1904年《东方杂志》
37	欧洲新政史上编	米勒尔	德国	日本稻田孝吉、绫部竹之助原译，本馆重译	出现在1904年《东方杂志》
38	克莱武传	麦可利	英国	商务印书馆译，章起渭校	1903年4月首版
39	社会通诠	甄克思	英国	严复	1903年5月初版，1913年6月六版，1929年4月十一版；万有文库1931年4月初版，严译名著丛刊1933年1月国难后第一版，1934年11月国难后第二版
40	日耳曼史	沙安	英国	商务印书馆译述[28]	1903年8月首版
41	政史撮要	金克司	英国	上海广学会	1903年
42	万国商业历史	器宾（基宾斯）	英国	日本林曾登吉原译，商务印书馆重译	1903年
43	俄罗斯史	伊罗瓦基伊	俄国	日本八代六郎原译，商务印书馆重译，金鸣銮校	1903年6月首版

（续表）

序号	书　名	作　者	国别	译　者	出版年月
44	苏格兰独立史	那顿	美国	商务印书馆译述，杨瑜统校订	1903年5月首版
45	尼罗海战史（附温圣脱海战史、哥品杭海战史）	耶特瓦德斯边	美国	日本越山平三郎译述，章起渭校阅	1903年9月首发
46	版权考	美国罗白孙，英国斯克罗敦·普南	美国/英国	周仪君	1903年9月首版
47	英国度支考	司可得开勒	美国	华龙	1903年
48	辟地名人传	爱德华	美国	王汝宇	1903年
49	泰西民族文明史	赛奴巴	法国	武泽野之助原译，沈是中、俞子彝重译	1903年
50	德国工商勃兴史	伯罗德尔	法国	日本文部省原译，商务印书馆重译	1903年
51	法兰西史			商务印书馆编译，张宗弼校阅	1903年5月首版
52	日俄战争写真帖　第一集	日本金港堂编	日本		1904年5月发行
53	日俄战争写真帖　第二集	日本金港堂编	日本		1904年10月发行
54	西洋历史地图	小川银次郎编	日本	张元济校订	1904年12月首版，1905年8月再版，1906年闰四月三版，1914年9月六版
55	东洋历史地图	小川银次郎编	日本	张元济校订	1904年
56	京师大学堂万国史讲义	服部宇之吉	日本		1904年
57	俄罗斯	波留	法国	日本林毅陆译，中岛端重译	1904年
58	日俄战争写真帖　第三集	日本金港堂编	日本		1905年2月发行
59	日俄战纪			商务印书馆编译所编	1907年12月增订初版，1918年再版
60	重译考订东洋史要	桑原骘藏	日本	金为	1908年2月初版，冬月三版
61	日本明治学制沿革史	黑田茂次郎、土馆长言编	日本	商务印书馆编译所	1908年4月初版

（续表）

序号	书　名	作　者	国别	译　者	出版年月
62	最近外交史	丁韪良	美国	綦策鳌、蔡兆熊	光绪末
63	西洋通史	濑川秀雄	日本	章起渭编译，傅运森校	1910年12月初版，1912年二版，1913年7月三版，1916年四版
64	五洲史略	赖白奇著，李提摩太续补	英国	丁雄口译，裴熙琳笔述	1910年
65	世界商业史	和田垣谦三	日本	徐宗稚、周葆銮	1911年11月初版，1916年4月四版
66	孙大总统自述伦敦被难记	孙文	中国	甘永龙编译	1912年4月初版，10月再版
67	中国秘密社会史	平山周	日本		1912年5月初版，1927年7月六版
68	清宫二年记	德菱公主	中国	东方杂志社（陈贻先、陈冷汰）	1914年2月初版，1915年10月再版，1937年7月重排本第一版
69	中外教育史	中岛半次郎编	日本	周焕文、韩定生	1914年3月初版，1916年12月再版

［资料来源：《商务印书馆图书目录（1897—1949）》，商务印书馆1981年版；张晓编著：《近代汉译西学书目提要（明末至1919）》，北京大学出版社2012年版；《东方杂志》第1卷，1904年；等等］

（一）商务印书馆代印历史书籍

商务印书馆编译所成立之前，馆内“无适当人才堪以主持编译，于是零零星星不免接受若干外来书稿，大都由日文翻译而成，庞杂不经，且多由于直译，难免措辞生硬，印刷发行以后，多不能持久，初期之出版物，仅有一部流传至民国时期之日文译本，即所说《日本法规大全》”[29]。除此之外，商务印书馆会为一些学术组织代印图书，历史类如代印日本学者冈本监辅的《铁鞭》《西学探源》，为出洋学生编辑所代印的《日本文部省沿革及官制》等。商务印书馆还为广学会（1887—1957）代印了一些书籍，历史类有英国人李思伦白（Rees J. Lambert）辑译的《万国通史前编》十卷、英国人甄克思（Edward Jenks，时译“金克司”）的《政史撮要》、丁韪良著的《最近外交史》和赖白奇著、李提摩太续补的《五洲史略》等。1903年，商务印书馆与日本金港堂出版会社签订合资经营合同，将商务印书馆改组为股份有限公司，夏瑞芳任总经理。此后，商务印书馆代印了一批金港堂出版的历史书籍，如《日本维新人物志》《日俄战争写真帖》《日本明治学制沿革史》等。此外，商务印书馆还为京师大学堂代印了日本教习服部宇之吉的《京师大学堂万国史讲义》。

（二）商务印书馆丛书中的历史译著

1902年，商务印书馆增设编译所，开始自主编译中小学师范女子学校各科用书，同时刊行其他图书，“正式成为出版家”。王云五曾统计，商务印书馆1902年出版图书15种，其中史地类为7种11册。[30]但据表1，商务印书馆仅历史类译著就至少出版了15种，可知商务印书馆其时出版译著已超出了时人的统计，取得的成绩更大。1902—1903年，商务印书馆出版了一批留日学生的历史类译著，特别是开始组织出版“帝国丛书”“战史丛书”“历史丛书”“传记丛书”“政学丛书”“商业丛书”“财政丛书”等，以丛书的形式建立自己的译著品牌。

“帝国丛书”由留日学生团体出洋学生编辑所主编，可能是商务印书馆最早出版的一套丛书[31]，其中历史类有井上毅著《各国国民公私权考》、柴四郎著《埃及近世史》（版权页署出洋学生编辑所译述、校阅，光绪二十八年四月首版）、东京日日新闻社编《明治政党小史》等。“战史丛书”和“历史丛书”，是商务印书馆最早出版的专门历史丛书，大都由日文翻译而来。“战史丛书”有《义大利独立战史》《普奥战史》《飞猎滨独立战史》《尼罗海战史（附温圣脱海战史、哥品杭海战史）》《法国革命战史》《美国独立战史》六种，商务印书馆在《东方杂志》为该套丛书所做广告指出了编纂缘起：“处此物竞世界，战争为不容已之事，于以卫国，于以保种，舍是盖未有能自存者也。欧人尚武，战术日精，陈迹具在，足资取法。京师大学堂新定章程，高等学堂至第三年即习兵学，专以战史教授。朝廷重武，具有深意，有志之士，异日欲效命疆场，以卫吾国，以保吾种，亦安可不鉴古证今而预为研究耶。”[32]透过此广告语，可知商务印书馆出版“战史丛书”，是适应京师大学堂学习战史的需求而起，更是为学习西方军事提供借鉴，从而达到保国保种的目的。“历史丛书”，商务印书馆从晚清一直出版到民国时期，章起渭[33]译本《埃及近世史》（柴四郎著，版权页署章起渭重译，杨瑜统校勘，光绪二十九年六月首版）序言后所附广告记录了第一集十种：松平康国著《世界近世史》、戴彬编译《亚美利加洲通史》[34]、桑原启一纂译《希腊史》[35]、柴四郎著章起渭重译《埃及近世史》、木村鹰太郎著《东西洋伦理学史》、森山守次《欧洲最近政治史》、商务印书馆编译所编辑《日本近世豪杰小史》、伊罗瓦基伊著《俄罗斯史》、那顿著《苏格兰独立史》、商务印书馆编译《法兰西史》等。此外，还有“历史丛书”第二集四种：高山林次郎《世界文明史》（第二集第一编）、占部百太郎《罗马史》（第二集第二编）沙安《日耳曼史》（第二集第三编）、赛奴巴《泰西民族文明史》（第二集第四编）。“传记丛书”则有《纳尔逊传》《拿破仑传》《克莱武传》《日本近世豪杰小史》《辟地名人传》等，均为影响世界之伟人传记，其中《辟地名人传》今似已不存。仅从《东方杂志》广告语中可推断出主要传主为欧洲通过航海寻找新大陆的先驱：“今日欧洲诸国，几于控驭全球。其始皆由二三豪杰，抗志航海，不避艰险，搜觅新地。风气既开，兴起者众。国家坐享其利，而殖民之地乃愈推愈广矣。是书汇集彼国辟地名人凡二三十辈，各立一传。读之可以增人进取之气。”[36]“政学丛书”中历史类译著则有小林丑三郎所著的《欧洲财政史》、清浦奎吾的《日本明治法制史》，而“商业丛书”的历史译著为英国器宾的《万国商业历史》和法国伯罗德尔的《德国工商勃兴史》。司可得开勒著、华龙译的《英国度支考》，则是“财政丛书”第一集第一编，主要是为了中国创立财政预算政策提供借鉴而译：

"我国财政淆乱已极，非创立岁出岁入之预算不能有济。英为至富之国，管理财政调理精密，实不可及。是书记载详备，足资取法。"[37]

（三）商务印书馆教科书中的历史译著

1901年，清政府开始广设学校，令各省成立大学堂、各州府设立中学堂、各县设立小学堂，并多设蒙养学堂，编译教科书就成为教育新政的当务之急。夏瑞芳敏锐地看到这一商机，"以国民教育，宜先小学，而尤急需有教科书"[38]，故约请张元济组织编译所编辑教科书。商务印书馆重视历史教科书的编译，强调"历史为学堂最要科目"[39]，主持出版了多种历史教科书。商务印书馆自主编辑出版了本馆编《中国历史教科书》(光绪二十九年七月首版)、夏曾佑编《中国历史教科书（中学堂用)》(光绪三十年初版)、姚祖义编《最新中国历史教科书（初等小学用)》(光绪三十年冬月初版)、陈庆年编纂《中国历史教科书（中学堂用)》(学部审定，宣统元年三月初版)、汪荣宝编纂《中国历史教科书（中学堂、师范学堂用)》(学部审定，宣统元年六月初版）等，都是适应学制革新需求的。

除自行编纂教科书外，商务印书馆还出版了可作为教科书的历史译著。其中，中国史有《普通新历史（高等小学堂用)》《支那教学史略》《清史揽要》《中国历史教科书》《重译考订东洋史要》，世界史有《万国史纲》《西洋历史教科书》《新编西洋历史教科书》《西洋通史》《世界商业史》，历史教辅书籍《西洋历史地图》《东洋历史地图》《中国历史问答》《世界历史问答》等。《普通新历史》是由杜亚泉主持的上海普通学书室"以日本中等学科教授法研究会所著《东洋历史》为蓝本，取其序次，明晰记录"，"就原书增删取舍，以合于我国教科之用"。[40]该书原为日本中等学堂教科书，普通学书室编辑则定位为高等小学堂用，商务印书馆评价曰："原书本以我国为枢纽，今悉删其参附者，尤为繁简得宜，且近世之事较详，亦合教育公理，洵善本也。"[41]狩野良知所著《支那教学史略》，是最早的中国教育史专著，也是商务印书馆直接为配合1902年8月颁布的"壬寅学制"而出版的；[42]商务印书馆的评语称："中国教化学术，卓然为世界之先声。是编起自上古，迄于国朝，一切有关教学之事，均能详其沿革，撷其菁华，本本原原，有条不紊。我中国数千年来之文明，读此可以知其崖略。有主张国粹之说者，曷取是编诵之。"[43]增田贡编纂、商务印书馆译订的《清史揽要》，"捃摭国朝二百数十年之大事，提纲挈领，颇得体要"，"学堂之人固宜读是书，即非学堂中人亦宜家置一编也"。[44]《中国历史教科书》，则是由日本成城学校若松节、池田尚编纂的《支那历史纲要》[明治二十一年（1888）二月出版］翻译而来。桑原骘藏著、金为重译《重译考订东洋史要》，封面题"中学堂教科书"，其书根据桑原氏原本，"讹者正之，遗者补之，复者删之，赘者节之，歧者并之，俚者文之，阂者达之，枘凿者圆之，迻译颇慎。复荟萃中外史籍，穿穴融贯，沟而通之。持此以读史，或可稍省检校之劳"[45]。

本多浅治郎《西洋历史教科书》为经清朝学务大臣审定而出版，"条理井然，首尾贯串；每事皆摘举纲要，列为款目，尤便记忆"[46]。元良勇次郎、家永丰吉的《万国史纲》，"皆用新史体于诸国盛衰兴坏之故"，"尤乐称述文明变迁之大势，视他书加详，其自序曰所以备中学校教科之用云尔"。[47]濑川秀雄《西洋通史》，"专以供高等学生、中等教员之参考为主"，"兼述各国殖民政策，以示西力之东渐，而于亚洲，自英俄交涉起，至日俄战争止，更备志其颠末"。[48]和田垣谦三《世界商业史》，商务印书馆专门为做教科书之用而译，并指出商业史作为专门史与普通历史的区别："商业史性质与普通历史迥不相侔，故书中于驾西哥、伊太利共和市府、亨喳同盟市府、中欧同盟市府、英吉利等均为普通历史所略者，特加详焉。"[49]

商务印书馆亦重视历史地图等教辅书籍的出版，特别强调"读史不可无图"，认为"欧美诸国，疆域时有变迁，故读西洋史需图尤急"[50]，故引进小川银次郎的《西洋历史地图》《东洋历史地图》，并由张元济亲自校订出版。商务印书馆还出版了一套问答体图书供教学补充之用，如《普通博物问答》《地文学问答》《生理学问答》《富国学问答》《学校管理法问答》等。其中，历史类有《中国历史问答》和《世界历史问答》两种，"设为问答，俾易明晓"；《中国历史问答》"详载中国历代史事，自上古迄国朝，上下数千年间依次叙述，亇如指掌"，"实史学中最新最善之书"；《世界历史问答》"分上古、中古、近世，一切大事无不备载"。[51]

四、晚清商务印书馆编译历史类著作的原因

晚清时期，商务印书馆开始编辑、翻译历史著作，主要是由商务印书馆编译所主持，编译所在张元济的领导下，一边联系留日学生群体如出洋学生编辑所、国民丛书社编译新书；一边自主编译，提高了历史译著的数量和质量，这是商务印书馆编译历史著作的内因。同时，中国人的留日热潮为通过日文翻译西学及日本著作提供了大量翻译人才。清政府的教育改革及民间学人对通过史学来开启民智的需求，为历史著作提供了广阔的市场——这是商务印书馆编译历史著作的外因。

（一）商务印书馆编译所的设立为自主编译历史著作提供了主持人

商务印书馆的初创，主要以印刷为主业，直到张元济加入并成立编译所，才成为分工明确、机构健全的出版企业。商务印书馆编译所成立之前，由出洋学生编辑所翻译的《西洋历史教科书》、由普通学书室编译的《普通新历史》已于1902年6月出版。但商务印书馆主持者不满足于依赖外力译书，需要成立自己的编译机构。据章锡琛回忆，商务印书馆编译所成立之前，点石斋、同文书局等编校机构，聘请出身翰林的文士主持，故商务印书馆主持者也认为"非有翰林做所长不可"，"但这时的翰林多数是不懂新学的旧派，只有像菊老那样才是理想的人才"[52]，可见编译所成立之初就有中西学兼顾的宏愿，编译所长的人选必须以张元济为标准。但张元济其时主政南洋公学译书院，只能推荐好友蔡元培。蔡元培同意兼任但却仍住在爱国学社内，他先拟定教科书的编辑计划和体例，然后"聘爱国学社之国文史地教员任之，蒋维乔任国文，吴丹初任历史、地理"[53]。但是，直到蔡元培因"苏报案"逃离上海，这套国文、历史、地理等教科书虽完成初稿，却未能出版。

1903年正月，张元济正式入馆担任编译所所长，设立东文(翻译)部，并介绍肄业于南洋公学译书院附属东文学堂的章起渭入编译所东文部工作。金港堂入股商务印书馆后，又聘请日本学者长尾桢太郎、中岛端、太田政德入东文部，加强了日语编译力量。编译所成立后，编译所同人就编译、校订了28种历史译著，其中署"商务印书馆（编译所）"的20种，署章起渭的四种（不包括校阅商务印书馆的)，署张元济的两种，署金为的一种，署中岛端的一种。可见，编译所的设置是商务印书馆出版历史译著的生力军。

（二）留日热潮的兴起为日文著作的翻译提供了大量人才

1896年，清政府派遣首批13名学生赴日学习，由此掀起了中国人留学日本的大

潮。随后，留日学生逐年增加，据日本学者实藤惠秀统计，1897 年 9 人，1898 年 18 人，1899 年 207 人，1901 年 280 人，1902 年约 500 人，1903 年约 1 000 人，1904 年约 1 300 人，1905 年和 1906 年各约 8 000 人，1907 年约 7 000 人，1908 年和 1909 年各约 4 000 人。[54]留学日本人数如此之多，张之洞的《劝学篇》说出了理由："至游学之国，西洋不如东洋：一、路近省费，可多遣；一、去华近，易考察；一、东文近中文，易通晓；一、西书甚繁，凡西学不切要者，东人已删节而酌改之。中东情势风俗相近，易仿行。"[55]张氏之言，反映出大部分留日学人的心声，即日本与中国风俗相近、路程较近、语言相通，赴日学习更加方便。不仅如此，张之洞还倡导学人广译日文西书："各种西学书之要者，日本皆已译之，我取径于东洋，力省效速，则东文之用多。……是惟多译西国有用之书，以教不习西文之人。凡在位之达官、腹省之寒士、深于中学之耆儒、略通华文之工商，无论老壮，皆得取而读之，采而行之矣。……译西书者，功近而效速，为中年已仕者计也。若学东洋文，译东洋书，则速而又速者也。是故从洋师不如通洋文，译西书不如译东书。"[56]此言既反映出翻译日文著作的必要性，一句"速而又速"又反映了晚清有识之士需要学习西方及日本经验来变革中国的迫切心态。

留日学人亦深感翻译西书之重要性及迫切性，不断组成翻译团体，如译书汇编社、教科书译辑社、湖南编译社、闽学会、出洋学生编辑所、作新社等，将大量有关西洋及日本的先进制度、历史、经济、科技著作译介回国。据熊月之统计，1896—1911 年间，中国与留日人员翻译、出版日语书籍的机构至少有 95 个，翻译日语书籍至少 1014 种，其中史地书籍 175 种，占了 18%。[57]商务印书馆也成为翻译日文书籍的机构之一，编译所中有过旅日经历的有 13 人，编译的历史书籍（28 种）至少占史地书籍总数的 16%。

（三）晚清政府和民间对历史学的迫切需求为历史译著提供了市场

晚清时期，随着西学东渐的影响，中国逐渐出现学术分科的趋势，历史学逐渐脱离"二十四姓之家谱"的藩篱，出现了专科史，在新的学制改革中还加入了亚洲史、外国史的课程。光绪二十八年七月（1902 年 8 月），清政府颁布了由张百熙主持的《钦定学堂章程》（即"壬寅学制"）。按照该章程，京师大学堂预备科目分政、艺两科，均须开设中外史学课，前两年二科史学课程同，分别为第一年中外史制度异同，第二年中外史治乱得失，第三年，政科除中外史治乱得失外须修商业史，艺科除中外史治乱得失外，入工农科者授工农业史。预备课卒业后入大学，分为七科——政治科、文学科、格致科、农业科、工艺科、商务科、医术科；其中，文学科中有史学目，商务科有商业史学目。[58]《钦定学堂章程》未及施行便被废止，但已能看出清政府对外国制度及历史的经验教训的重视，并已开始重视农、工、商史的普及。

光绪二十九年十一月二十六日（1904 年 1 月 13 日），清政府施行了张百熙、张之洞、荣庆等奏拟的《奏定学堂章程》（即"癸卯学制"）。在译学馆、进士馆、优级师范学堂、初级师范学堂、实业教员讲习所等章程中，均有历史课程的设置。译学馆分外国文及普通学，其中外国文科除教授外文语法、文学之外，须"兼授各国历史"，普通学科则专设历史科，历史科须习中国史、亚洲各国史、西洋史等课程。[59]进士馆在史学科则须授世界史、泰西近时政治史、日本明治变法史，在教育科须授教育史，商政科须授世界商业史，兵政科须授近世战史等。[60]优级师范学堂则历史科授中国史、亚洲各国史、西洋史，教育学科则授教育理论及应用教育史、教育史。[61]初级师范学堂章程对各科的教授方法做了详细规定，历史方面主要涉及教育史及历史科。对教育史，章程要求：“先讲教育史。当讲明中国、外国教育之源流，及中国教育家之绪论、外国著名纯正教育家之传记，使识其取义立法之要略。但外国历代教育家，立说亦颇不同，如有持论偏谬、易滋流弊者，万万不可涉及。”[62]对历史科教法，章程做出了细致的规定：

先讲中国史。当专举历代帝王之大事，陈述本朝列圣善政德泽，暨中国百年以内之大事。次则讲古今忠良贤哲之事迹，以及学术技艺之隆替，武备之张弛，政治之沿革，农工商业之进境，风俗之变迁等事。

次讲亚洲各国史。先就日本、朝鲜、安南、暹罗、缅甸、印度、波斯、中亚细亚诸小国，讲其事实沿革之大略。宜详于日本及朝鲜、安南、暹罗、缅甸，而略于余国，详于近代而略于远年。五十年以内之事，尤宜加详，说近世事者十之九，说古事者十之一，并示以今日西力东侵东方诸国之危局。

次讲欧洲、美洲史。宜就欧美诸国，讲其古今历史中重要事宜（上古不必多讲）。详于大国而略于小国，详于近代而略于远年。五十年以内之事，尤当加详，说近世事者十之九，说古事者十之一。

次讲为师范者教历史之次序法则。凡教历史者，注意在发明实事之关系，辨文化之由来，使得省悟强弱兴亡之故，以振发国民之志气。[63]

章程对教育史及历史科的教法规定，应适用于前述各学堂，反映出清朝统治者对史学教育的观念。于历史教育而言，此章程可谓循序渐进，由中国而推及亚洲，既而至欧美大国，重视近代史的研究用于统治借鉴，并“振发国民之志气”。实业教员讲习所章程，则注重对商业历史的教育。[64]商务印书馆出版的“战史丛书”系列、《清史揽要》、《万国商业历史》、《亚美利加洲通史》、《重译考订东洋史要》等，无疑是与此章程相合的史书。

除官方设置的学堂章程重视历史教育外，民间有识之士也重视历史。梁启超在1902年发表的《新史学》中曾感慨：“今日欧洲民族主义所以发达，列国所以日进文明，史学之功居其半焉。”[65]1903年印行的《新学书目提要》历史类序曰：

历史一门最切于今日学界，亦莫难于今日学界。旧日乙部充栋盈车，乃者世变相仍，兼以智识日吁，前人窳例、历代破书，语其为体既不足言囊括之功，论其立言亦无当于一映之用，东邻产猫之喻，一姓家谱之讥，取而代之，改弦而更张之，固时哲之用心，亦当世之先急矣。而承学者流抑又不审，或乃下笔不能自修，倜张其辞，鬼神易绘，于新史学各体之中则专传一门其尤泛滥者也，忠诚甫谥便录诏书，岳飞已遥徒钞别史，有欺耳目，无补评论，若使渔仲有灵，子元不昧，笑人已甚，拊掌何时？若此类者，以其现行，姑为存录，并附识于提要。……天演留良之论，非虚委之自身自灭而已，必欲摧陷廓清，亦岂宏奖之意？解人可索，谅符默许者焉。[66]

此言反映了晚清时期新学界对历史的态度：其一，认为当时迫切需要能够顺应世事变迁、达到启发民智作用的新历史；其二，面对传统史书“一姓家谱”的弊端，必须立即改弦更张；其三，史学的进化发展，不能单纯等旧学自己退出历史舞台，而是要由学者主动打破陈规，破而后立。

---

①②高翰卿：《本馆创业史——在发行所学生训练班的演讲》，载于《商务印书馆九十五年（1897—1992）——我和商务印书馆》，北京：商务

印书馆1992年版，第1、2页。

③蔡元培：《商务印书馆总经理夏君传》，载于《商务印书馆九十年（1897—1987）——我和商务印书馆》，北京：商务印书馆，1987年版，第2页。关于商务印书馆编译所第一任所长，大部分记载为蔡元培，张人凤通过阅读大量文献，认为蔡元培没有担任过编译所所长，首任编译所所长当为张元济，详见张人凤：《蔡元培为商务印书馆第一任编译所所长说质疑》，《张元济研究文集·续编》，上海：上海辞书出版社2019年版，第82—94页。

④⑩蔡元培：《商务印书馆总经理夏君传》，载于《商务印书馆九十年（1897—1987）——我和商务印书馆》，第2、1—2页。

⑤⑨㉙㉚王云五：《商务印书馆与新教育年谱》，南昌：江西教育出版社2008年版，第3、2、2、11—12页。

⑥陈叔通：《回忆商务印书馆》，载于《商务印书馆九十年（1897—1987）——我和商务印书馆》，第132页。

⑦⑧庄俞、贺圣鼐编辑：《最近三十五年之中国教育》，上海：商务印书馆1931年版，"导言"第1、5—6页。

⑪㊳孟森：《夏君粹方小传》，载于《商务印书馆九十五年（1897—1992）——我和商务印书馆》，第17—38页。

⑫张元济：《高翰卿先生八十寿序》，《张元济全集》第5卷《诗文》，北京：商务印书馆2008年版，第509页。

⑬何炳松：《商务印书馆被毁纪略》，《东方杂志》第29卷第4号，1932年10月16日。

⑭《上海商务印书馆书目》（书末广告），载于〔日〕狩野良知著，商务印书馆译：《支那教学史略》，上海：商务印书馆1902年版。

⑮周恕：《商务印书馆视察报告》，《国立暨南大学商学院经济研究会经济汇报》第4卷第1期，1928年8月。

⑯《参与西湖博览会各公司工厂纪略》，《商业月报》第9卷第8号，1929年9月30日。

⑰㊷章锡琛：《漫谈商务印书馆》，载于《商务印书馆九十年（1897—1987）——我和商务印书馆》，第108、107页。

⑱庄俞：《悼梦旦高公》，载于《商务印书馆九十五年（1897—1992）——我和商务印书馆》，第59—60页。

⑲汪家熔：《商务印书馆史及其他——汪家熔出版史研究文集》，北京：中国书籍出版社1998年版，第90页。

⑳张元济：《致汪康年》（1898年1月13日），《张元济全集》第2卷《书信》，北京：商务印书馆，2007年，第190页。

㉑张元济：《答友人问学堂事书》，《张元济全集》第5卷《诗文》，第23页。

㉒高凤谦：《翻译泰西有用书籍议》，《时务报》第26册，光绪二十三年四月十一日（1897年5月12日），第123—124页。

㉓参见吕顺长：《清末中日教育文化交流之研究》，北京：商务印书馆2012年版，第86—87页。

㉔㉛邹振环：《20世纪上海翻译出版与文化变迁》，南宁：广西教育出版社2000年版，第47、50页。

㉕㊻沈兆祎：《新学书目提要》卷二《历史类》，载于熊月之编：《晚清新学书目提要》，上海：上海书店出版社2007年版，第449页。

㉖"出版年月"，原书大多以清朝皇帝纪年，现将年份转为公历纪年；至于月份，则用汉数纪农历，阿拉伯数字纪公历。

㉗据邹振环研究，商务印书馆早期出版的"普通学问答书"中包括的《中国历史问答》等，很有可能是根据日本富山房的原本编译而来的。（见邹振环：《上海会文学社与〈普通百科全书〉中的史学译著》，载上海市档案馆编：《上海档案史料研究》第1辑，上海：上海三联书店2006年版，第143页。）

㉘《日耳曼史》，版权页署"译述者商务印书馆"，"历史丛书"第二集第三编，《东方杂志》第1卷第2期广告则云"江宁张铸译"。

㉜《商务印书馆出版战史类》广告，《东方杂志》第1卷第2期，光绪三十年（1904）二月二十五日。

㉝章起渭，《埃及近世史》版权页原署"鄞县章起谓"，据商务馆藏《商务印书馆编译所名录（1903—1930）》稿本，知章起渭字东泉，浙江鄞县（今浙江省宁波市鄞州区）人，故改之。

㉞该书署“桃源戴彬任一氏编译，东湖王慕陶侃叔氏校阅”，知戴彬字任一，桃源县人。晚清桃源县，有江苏省淮安府桃源县（今江苏省泗阳县）和湖南布政使司常德府桃源县（今湖南省桃源县），戴氏籍贯不能确定。顾燮光《译书经眼录》卷一《史志第一》所载桑原启一纂译《希腊史》条后有注：“戴任一译有日本宫川铁次郎著《希腊罗马史》。”（见熊月之编：《晚清新学书目提要》，第232页）

㉟《希腊史》，顾燮光《译书经眼录》卷一《史志第一》记录了两种：“《希腊史》一册，日本桑原启一纂译；《希腊史》一卷（上海商务印书馆本），日本柴舟桑原著，商务印书馆译。”（见熊月之编：《晚清新学书目提要》，第232页）沈兆祎《新学书目提要》卷二《历史类》收录了一种：“《希腊史》(上海商务印书馆本)，日本柴舟桑原原著。”（见熊月之编：《晚清新学书目提要》，第475页）张晓编著《近代汉译西学书目提要（明末至1919）》亦记录了两种：《希腊史》一卷，日本柴舟桑原等著，商务印书馆编译所译，1903年（第357页）；《希腊史》二卷，日本桑原启一纂译，中国国民丛书社重译，1903年，“历史丛书”（第383页）。1904年的《东方杂志》第1卷第2期则仅见桑原启一本广告。“历史丛书”本《希腊史》封面未题作者，扉页亦未题作者，除书名外仅云“历史丛书弟一集弟伍编，上海商务印书馆印行”，版权页署“纂著人日本桑原启一，译述者中国国民丛书社，校阅者商务印书馆，光绪二十九年三月首版”。在日本人小池靖一所撰原序却有“友人柴舟桑原君纂译《希腊史》”，蔡民友（蔡元培早年用名）所撰译序亦云“日本柴舟桑原君所著《希腊史》”，而该书例言落款为“桑原启一识”，则柴舟桑原与桑原启一或许为一人。基于此种猜测，笔者于日本国会图书馆网站检到桑原启一编译《新编希腊历史》(东京：经济杂志社，明治二十六年)，正为该书日文原版，有小池靖一序及嘉纳治五郎序，凡例落款为“柴舟居士桑原启一识”，则知“柴舟”为桑原启一号，顾燮光与沈兆祎对柴舟桑原本内容介绍，与现存国民丛书社译本及日文原本相合，知二者为同一本书。据凡例可知，《希腊史》实为桑原启一据英国辞书编纂家威廉·史密斯（William Smith，1813—1893）的《希腊历史》(*A Smaller History of Greece*) 又参酌诸书译述而成。该书商务编译所译本暂未发现，不知与国民丛书社译本是否相同，笔者推测有三种可能：一为二书实为一书，当时读者根据序言认定作者为柴舟桑原而未加以区分；二为二书实为一书，在1903年多次印刷，其中有署“商务印书馆编译所译”；三为商务编译所确实译有柴舟桑原《希腊史》，但未能意识到与国民丛书社译本为同一本书。本文为严谨起见，暂将柴舟桑原《希腊史》单独列为一个译本。

㊱《商务印书馆出版传记丛书》广告，《东方杂志》第1卷第5期，光绪三十年（1904）五月二十五日。

㊲《商务印书馆出版财政类》广告，《东方杂志》第1卷第4期，光绪三十年（1904）四月二十五日。

㊴《商务印书馆出版历史类教科书》广告，《东方杂志》第2卷第12期，光绪三十一年（1905）十二月二十五日。

㊵《普通新历史凡例》，转引自吴小鸥：《文化拯救：近现代名人与教科书》，北京：商务印书馆2015年版，第154页。

㊶《商务印书馆出版历史类教科书》广告，《东方杂志》第1卷第3期，光绪三十年（1904）三月二十五日。

㊷蔡振生：《中国教育史研究的历史回顾与反思》，《北京师范大学学报》1988年第3期。

㊸《商务印书馆出版历史类》广告，《东方杂志》第1卷第1期，光绪三十年（1904）正月二十五日。

㊹《商务印书馆出版历史类教科书》广告，《东方杂志》第1卷第3期，光绪三十年（1904）三月二十五日。

㊺〔日〕桑原骘藏著，金为重译：《重译考订东洋史要》，上海：商务印书馆，1908年，“凡例”第2页。

㊻《商务印书馆出版历史类教科书》广告，《东方杂志》第1卷第3期，光绪三十年（1904）三月二十五日。

㊼谢无量：《万国史纲序》，载〔日〕元良勇次郎、家永丰吉著，邵希雍译：《万国史纲》，上海：商务印书馆1903年版，“序”第2页。

出版家蒋维乔的出版生活史研究（1903—1913）

胡涛

蒋维乔（1873—1958），字竹庄，自号"因是子"，是我国近代著名的教育家、出版家。他身处于从清代末年到民国时期新旧交替的"过渡时代"[①]，兼具传统文人和新式知识分子的双重特质。从1903年正式进入商务印书馆开始，到1913年离开，蒋维乔在商务印书馆从事了十年的编辑工作，与中国最早的新式教科书有着密不可分的联系，同时也是大型工具书《辞源》的编辑之一。

"出版生活史是指一切与出版生活有关的历史"[②]，通过重点研究出版人的经济、交往、娱乐等方面，从中探寻出版人的职业认知、出版思想以及经营理念。

出版生活史研究是近几年新提出的研究视角。目前，学界对蒋维乔的研究主要集中在教育、哲学领域，还没有专门从出版生活史角度对其进行过研究。因此，通过重点研究出版家蒋维乔在商务印书馆近十年的出版生活史，来了解他对于出版的心理认知，可以在一定程度上拓宽对于蒋维乔的理论研究。同时也可以借此，在一定程度上了解"过渡时代"的编辑出版家们除了编辑出版活动之外的经济生活、社会生活等，为我们更全面地研究和理解历史上的著名出版家提供一定帮助。

一、蒋维乔的经济生活

我国近现代出现了许多成功的出版企业，比如商务印书馆、中华书局、开明书店等。这些出版企业吸引了许多的知识分子，出版业也得以蓬勃发展。中华书局的创办人陆费逵曾经提到，从清朝末年到民国初年，出版业的营业额由四五百万元上升到了一千万元[③]。造就这一盛况的除了知识分子追求精神上的满足之外，出版企业提供的物质上的激励也是一个重要原因，因此研究出版工作者的经济生活具有重要的意义。蒋维乔作为商务印书馆早期的编辑工作者之一，重点研究他在商务印书馆工作时期的经济生活，可作为一斑之窥。

（一）商务印书馆工作时期的薪资

由于薪资具有一定的隐私性，加上传统文人本着"不爱谈钱"

㊽〔日〕濑川秀雄著，章起渭编译：《西洋通史》，上海：商务印书馆1910年版，"凡例"。

㊾〔日〕和田垣谦三著，徐宗稚、周葆銮译：《世界商业史》，上海：商务印书馆1911年版，"例言"。

㊿《商务印书馆新编历史类教科书》广告，《东方杂志》第2卷第1期，光绪三十一年（1905）正月二十五日。

(51)《商务印书馆出版问答书》广告，《东方杂志》第1卷第2期，光绪三十年（1904）二月二十五日。

(53)蒋维乔：《编辑小学教科书之回忆（1897—1905年）》，载《商务印书馆九十年（1897—1987）——我和商务印书馆》，第57页。

的习惯，蒋维乔本人对于薪资情况的记录并不算详细，不过我们仍然可以从零散的记录中了解到一些基本情况。

商务编译所还未发展起来时，蔡元培采用包办的方法聘请同在爱国学社任教过的蒋维乔担任国文教科书的编辑工作，此时是按照课时给报酬，每两课给一元④。

1903 年 11 月 28 日，商务印书馆编译所所长张元济约蒋维乔谈话，请他进商务印书馆的编译所工作，商务印书馆的经理夏瑞芳给出的工资是每月 40 元⑤。于是蒋维乔正式进入了商务印书馆工作。刚刚进入商务印书馆编译所的这一年，蒋维乔的生活比较拮据，他将妻子送回了常州，自己也搬到了编译所中居住，同时他本人在编辑工作之余仍在爱国女校兼职授课，以赚取更多生活费用。

后来，由蒋维乔参与编辑的《国文教科书》出版，“未及五六日而已销完四千部”⑥，可见其畅销。商务印书馆由此获得了进一步的发展，而蒋维乔在商务印书馆的薪资待遇也得到了较大的提升。这两年在编译所工作，蒋维乔在上海的生活得到了改善。1905 年时，他租了一间新房子，还购置了许多新家具，并将亲人也从常州接了过来。

同年夏天，他还将存得的 500 元作为加入商务印书馆的股本。下半年时，他的薪资由每个月 60 元提升到了每个月 100 元。据研究数据统计，近代中国城市工人家庭年收入水平处于 200 至 400 元间⑦，而在上海，银行的一般职员月薪在 40 元到 80 元，中小学教师的月薪则在 41.9 元左右⑦。对比来看，蒋维乔在商务印书馆的薪资水平是比较高的，也从侧面反映出当时出版业的编辑待遇也较为不错。这样的薪资既保障了他们的日常生活，也使得他们能够更好地将身心投入到编辑事业以及教育实践之上。

（二）商务印书馆工作时期的消费

虽然蒋维乔的许多消费活动与出版本身并不直接挂钩，但是作为出版业的从业人员，他的消费活动与出版也有着千丝万缕的关系。比如说，住房消费一定程度上可以反映出版人的社会地位、收入水平等。本文主要从蒋维乔的生存资料消费和发展资料消费两个方面进行论述。

1. 生存资料消费

从住房情况上看，初至商务印书馆编译所的这一年，蒋维乔手上的钱并不能够很好地支持上海的高消费，他在日记中也说自己不名一钱。闰五月时，他先暂住在人演社，之后又和张元济商量借住在编译所中。7 月，蒋维乔在新马路登贤里租了一所房子，将亲人接了过来。这一段时间，蒋维乔的生活被安排得满满当当，除了日常工作之外，他还在不断地提升自己。早上他需要去爱国女校上课，白天要在编译所做事，之后还要去仪器馆，晚上则学习外语。为了减少奔波的路程，他选择搬到居中点爱国女校去居住。后来因为一些原因停止了对外语的学习，他便再次搬回了编译所。

㉞〔日〕实藤惠秀著，谭汝谦、林启彦译：《中国人留学日本史》，北京：生活·读书·新知三联书店 1983 年版，第 451 页。

㉟㊱（清）张之洞著，李忠兴评注：《劝学篇》，郑州：中州古籍出版社 1998 年版，第 117、128 页。

㊲熊月之：《西学东渐与晚清社会》，上海：上海人民出版社 1994 年版，第 640—641 页。

㊳（清）张百熙：《钦定学堂章程》，台北：文海出版社 1986 年版，第 8—21 页。

㊴㊵㊶㊷㊸㊹（清）张之洞：《奏定学堂章程》，台北：文海出版社 1966 年版，第 5—12、42—44、224—232、284、286—287、334 页。

㊺梁启超：《新史学》，《中国历史研究法》，北京：中华书局 2009 年版，第 175 页。✣

1905年，商务印书馆为了编《法规大全》又招了一些新人入所，这也使得蒋维乔很难继续在编译所中居住下去。他先到福安里租了一间房子，但于他而言并不合适，所以之后便和同在商务印书馆工作的奚若合租了一间房间，这不仅节省了一笔开支，也使得他们更加便于进行文化和工作上的交流讨论。很快他便迁到了条件更好的海宁路，生活条件与之前相比改善了很多。

到了1908年时，他已能在地理条件和设备条件更加优越的华安坊租下两幢新的公寓，而曾经租的两个房子则转租给了他人。除了他自身节俭以外，这与商务印书馆给出的较高待遇密不可分，也再次印证了商务印书馆对于编辑人才的重视。

而在穿衣方面，他本人对此并没有太多的需求，很多时候是够穿就行。由此可见他本人对于物欲的要求不算太高，他自己也在日记中讲过“余为今岁到沪之目的，原为社会办事及个人学问，非为谋利”⑨，这一点上很好地体现了蒋维乔传统文人的特质。不过他本人对于新鲜事物的接受度很高，也愿意去做一些尝试，初来编译所几月时他去荣昌祥定制了呢马褂，之后则定制了大衣、雨衣等西服，这里又反映了他新式知识分子的特点。

2. 发展资料消费

蒋维乔作为一名编辑，真正做到了杂家的特质。他在多个领域有所涉猎，也力图做到博中求专。在商务印书馆工作的这几年间，他在教育学、生物学等方面进行了学习和研究，也有过一些消费。

在教育方面，蒋维乔花费了很大的心力。1904年5月22日时，蒋维乔与其他几人一起买了一具风琴，打算回常州时给学生们教授歌曲，一星期后调了音才觉得“价廉而物不美”⑩。为了更好地教授理化课程，他利用休息时间坚持学习理化知识，进行了一些实践，并在同年11月受托去仪器馆置办了理化器具和药料，一共花费了70元。对比蒋维乔当时的月薪来看，这算是较大的一笔开支。

在学习生物学方面，1906年8月，蒋维乔和林森聊起了植物学，得知他一直想要购买但国内很难购得的《植物名实图考》在日本有了翻印，价格在10元左右。借来观看一番后认为“其书颇详备，胜于《本草纲目》”⑪，便立刻托人去买。12月时，他还去仪器馆购买了植物采集器和岩石标本。之后，蒋维乔专门去了博物教材集成馆购买了一些植物标本便于对照学习。此外，他平常会购买一些报纸，如《申报》等，来了解一些社会时事，也会去东亚公司、图书公司购置一些书籍供学习参考。

二、蒋维乔的交往生活

从蒋维乔本人的日记来看，他本人的交往范围比较稳定，社交圈并不大。蒋维乔的社交范围基本还是在同事、同乡以及同学之间，并与其中的许多人形成了良好而持久的关系，这主要与他本身的性格以及编辑的职业特性有关。从他的性格上看，他本人虽然兴趣爱好广泛，但处事却相对温和内敛，这从他较为温和的改革态度中也有所体现。另一方面，与商务经理张元济不同的是，蒋维乔作为一名编辑，将更多的关注重点放到了出版物本身以及学术研究之上，而交往的人员也都与出版和文化有着密切的关系。

（一）与出版从业人员之间的交往

1. 同馆内人员的交往：携手共进

蒋维乔和商务印书馆的同事交往非常密切，他们工作时会进行编辑思想的探讨，而休息时间也会一起聚餐、喝茶、打球等。根据他在1907年时的日常活动统计，除了平常的偶遇和谈天以外，他和同事聚餐28次，其中有2次是商务印书馆宴请；一同游逛公园31次；喝茶饮酒6次；购物2次。除此之外，商务印书馆还在2月时请职员看电影，商务印书馆的做法，应该与现代企业的“员工福利”相似。蒋维乔同同事私下的交往，除了交流工作心得以外，大多数时候是进行情感交流，使得他们之间的关系更加密切，在工作上的合作也有了更多的默契、信任和坚持。

1904年时，清政府颁布了不合理的“癸卯学制”，资本家为了利益，“颇有欲强从之者”，而张元济、高梦旦以及蒋维乔并不愿意听从，依旧坚持按照自己的新式教育理念编辑了新式教科书。从这件事中，我们可以看到商务印书馆编辑之间相互支持、坚持初心的力量。同时也反映了出版物的双重特性，当经济效益和社会效益发生碰撞时，要将社会效益放在首要的位置。

蒋维乔提及所长高梦旦时，说他“性情和易宽厚，语带诙谐，然能断大事，虑无不中，故公司中凡有大问题，皆取决于公”⑫。在编辑教科书时，两人很多时候的编辑观点是一致的，这为他的编辑工作提供了助力。但有一次编辑教科书时，两人因为“釜”“鼎”二字哪个更加通用的问题争论了许久，甚至到了“声色俱厉”的程度，冷静下来才知道这只是因为两人方言的用法习惯不同，本质上是一样的⑬。而从这个有趣的记载中，我们也可以看出编辑的用心程度，以至于一个字是否合适都需要仔细地考虑。

蒋维乔的部分同事，也是他的常州同乡，比如由他介绍进馆的庄俞、陆尔奎等，此外还有严保成、许指严、沈颐等人。他们的关系联结得很紧密，在编辑工作上，由于是同乡，自然避免了上述的方言不通的问题，再加上互相非常熟悉，讨论和合作时也很有默契。常州地区有朴学的传统，而正是这种“朴学”之风，让他们克服了种种困难，完成了《辞源》的编辑工作。在日常交往中更可见其关系之密切，在蒋维乔1907年的交往中，他同严保诚的交往有23次、庄俞有21次、沈颐有11次、许指严有10次⑭。这几人可以说是他关系最好的朋友。

2. 同馆外人员的交往：深情厚谊

蒋维乔同其他出版行业从业人员也有一些密切的交往，比如他在南菁书院的同学丁祖荫和徐念慈，并通过他们二人认识了晚清小说家曾朴。丁祖荫创办《女子世界》，蒋维乔则每个月为其撰写论说一篇，在这里他谈到了对于“女学”的认识，列出了几个“女学”不兴的坏处，其中许多观点在当时看来非常具有进步意义，放在现在看也依然能获得一些启发。

后来，徐、丁和曾三人一同创办了《小说林》，他们邀请蒋维乔来做英语翻译，但蒋维乔已有商务馆的编辑工作，便向他们推荐了其他人。虽然蒋维乔并没有在《小说林》工作，但他有时间便会撰稿，还会为徐、丁等人修改小说的稿件。徐、丁二人和蒋维乔平常的来往也很频繁，他们不在上海时，还会频繁地互通书信。徐念慈也常常会同蒋维乔一起购物、散步、畅谈，等等。但可惜徐念慈英年早逝，蒋维乔伤心不已，帮忙照顾他的妻儿，之后还为他写了《徐念慈传》。

（二）与出版行业外部人员的交往

1. 同教育界的交往：志同道合

蒋维乔是一名出版家，也是一名教育家。可以说，蒋维乔的教育活动和编辑活动是相辅相成、不可分割的。他在教育实践中获得的感悟和经验在编辑教科书和教授法中得到了运用，而教科书和教授法里的理论知识又为后人的探索指明了道路。而蒋维乔同教育界的交往，也给他本人提供了很大的帮助。

蒋维乔与教育家蔡元培有着密切的交往，两人都认为要救国，就要通过办教育来培养国民。那么要教育国民，自然需要新的教科书来传播文化知识。所以最初，蒋维乔便受蔡元培所托开始编辑新式教科书，后又与商务印书馆结缘，开始了长达十几年的出版事业。可以说，蔡元培是他在出版行业的“引路人”。两人也常常就教育相关的事务互访或是互寄书信。私下里，他们也会一起去一品香聚餐。蔡元培有德国之行，还将爱国女校的事情交给了蒋维乔负责。1912 年，民国成立，任教育总长的蔡元培再次邀请蒋维乔到教育部工作。凡此种种，都可以看出蔡元培对于蒋维乔的信任。

后来，蒋维乔结识了民立中学国文教员孙警僧，两人经常相约在青莲阁交谈。有时两人也会互相拜访，交谈甚久，还会留下来吃顿饭。蒋维乔称赞他“经验甚富，人品极高”，认为自己和他非常相投，“有倾盖如故之情”[15]。孙警僧本人桃李满天下，周瘦鹃和陆澹安都是他的学生，可见其教育之成功。蒋维乔大抵也能在和他的交谈中体悟到很多。

2. 同科学界的交往：虚心求教

在蒋维乔的出版活动中可以看到，他和翻译家奚若一同翻译过《高等植物学教科书》，后期的编辑和校对工作也是由蒋维乔来负责完成的，这项工作花费了他两年的时间。此外，在参与《辞源》的编辑工作时，陆尔奎也将《辞源》的动植物相关条目交由蒋维乔来负责。这都和蒋维乔在生物学上进行过深入研究有着很大的关系。他在研究动植物学的过程中，科学界给了他许多的助力和引导。

近现代中国植物学的开拓者钟观光是蒋维乔在南菁书院学习时的老师。钟观光在上海参与创办了科学仪器馆，蒋维乔及其好友也常常过去参观学习。之后，蒋维乔在老师的引导之下开始了对生物学的学习研究。在学习过程中，除了学习相关理论，他也会动手实践。他亲自制作植物标本，动手解剖乌贼、牡蛎等，并尝试用显微镜进行观察。钟观光在其中也给予他帮助，之后蒋维乔还去钟观光公寓里阅读了由钟观光自己写的《动物学参考书》，蒋维乔认为这本书“融贯古今”“精博绝伦”[16]。从记载可知，蒋维乔在生物学的学习应该颇有成效。在测验中，他的植物学、动物学成绩都排在第一。此外，矿物和生理也获得了第二的好成绩。由此可见，蒋维乔学习研究的范围不仅广泛，学习时也非常认真，必要时还会进行实践，力图做到最好。这一点也很好地反映在了他的编辑思想上，编辑时内容要求精，还要多进行实践，将实践所得用于理论知识的构建之上。在研究生物学时，他还认识了凌文之、林涤庵、吴家煦等人，几人或是一起采集植物标本，或是长谈植物研究之事，都使他颇有所得。

三、蒋维乔的休闲娱乐生活

蒋维乔的休闲娱乐活动非常丰富。他既做到了劳逸结合，又在不断地提升自己。从蒋维乔的休闲娱乐活动中，我们既可以看到他所有的新式知识分子的特质，也可以看到他作为传统文人的一面。这种双重特质也在他的编辑活动中有所展现，他一边注重传播从西方引进的知识，关注西方的编辑理念；另一边又非常重视对于传统文化的培养。

（一）蒋维乔的生活作息

蒋维乔不仅是商务印书馆的编辑，还是一名老师。他早上会在七八点多钟去上课，一般两三个小时结束。下课之后，便到商务印书馆的编译所办事。上午没有课程安排的时候，他一般九点多钟就会到编译所。这一段时间的活动安排比较固定，而工作完毕之后的时间安排就灵活许多。若有要紧之事就先处理，若没有，他一般会选择喝酒饮茶、游园观戏等娱乐活动。这些娱乐活动可以使他放松，缓解疲劳。另外，他的很多休闲活动都是与亲友同事一起的，也加强了他们之间的情感交流。除了平常的娱乐之外，他也非常注重提升自己的综合能力。所以到了晚上，他会开始学习，先是学习英语，学了一段时间后又开始学习一些理化知识。有时则是阅读看报，以便学习文化知识、了解社会时事。开始重点学习生物学之后，他则在喝茶饮酒上的次数有所减少，花更多时间在动手实践之上。之后，他学会了打网球，便常常在下午与同事一起进行体育锻炼。

（二）蒋维乔的休闲活动

1. 游园观戏：与时俱进

蒋维乔作为一名编辑、一名知识分子，非常关注社会时事，也紧追世界潮流。对社会动向的了解使他对社会要有怎样的声音、公众需要什么、文化该如何得以传播有着深刻地理解，也很好地运用到了编辑过程中。在意识到要教育救国的时候，他投身于编辑教科书的事业之中，而对世界动向的把握则让他深刻意识到东西方在教育上的差异性，使他能够在编辑教科书的过程中将自己对东西方理念融入其中，最终编成极具影响力的新式教科书。在休闲时间游园观戏则是他了解世界、接受新式思想的途径之一。

园林是山水和人文巧妙结合的成果，观赏园林是许多传统文人的爱好，蒋维乔也喜欢到此放松自己、陶冶情操，同时也是他了解世界的地方之一。张园、辛园、愚园是他去得较多的几个，这类公园是私人所属，但公众也可以前去游览参观。这些公园中张园的名气最大，原主也是按照西式园林的样子设计的此园，园内还设有抛球场、戏院和照相馆等。1903 年，张园被租赁给了西人⑰，西人便在此增添了一些新的设施，还进行一些新式的表演。蒋维乔也紧跟潮流，在这里观看一些魔术表演、焰火表演和科学研究会的实验。在蒋维乔研究植物学时，这些公园成了他进行研究实践的最佳地点。他和好友常常会到此散步和交谈学术，有时来采集植物做成标本，遇到不能确定的植物还会专门带回进行比对。值得一提的是，清朝末年时张园成了上海演说和集会的重要场所，各路人士也会在这里聚集，蒋维乔从这些活动中了解到了世界的很多事情，学到了许多开放的思想。1903 年 4 月，许多士商在张园聚集，蒋维乔从中得知“留学生已结成义勇队赴前敌与法战”，会议开幕和闭幕时众人一起合唱了爱国歌，“人心非常激昂”⑱。蒋维乔参与政治活动时，也会经常上去演讲。

蒋维乔在休闲时间还会看戏看电影，他关注较多的是改良戏剧，这类戏剧具有创新性，且多反映时事。1904 年时，蒋维乔曾去看了汪笑侬改编的戏剧《瓜种兰因》，此剧借波兰的事情来反映中国。两年后，他欣赏了改良新剧《潘烈士蹈海》，认为他们表演得出神入化。之后还特意到丹桂看了几次。编辑陆尔奎的儿子陆镜若是中国早期话剧的奠基人之一，也是蒋维乔的好友，因此蒋维乔对话剧也有一定的关注。1907 年，春阳社在上海公演了《黑奴吁天录》和《双烈殉路》，蒋维乔也前去观看，称“神情栩栩，能令人忽笑忽泣，真妙技也”⑲。除此之外，在同年 2 月时，商务印书馆组织编译所人员去颐园看电影，加上休息时间一共持续了有三个小时，这对蒋维乔而言是一个全新的体验，说电影“颇极生动”。在这之后他也经常和亲友一起去看。

2. 读书看报：增长见识

工作结束之后，蒋维乔会在闲暇时间读书看报，这个习惯锻炼了他的思考能力，也提升了他作为编辑的知识素养。蒋维乔阅读范围非常广，哲学类、心理类、文学类、科学类等书籍都有所涉猎。蒋维乔会对自己阅读的书籍进行简短的评价，也能从中发掘出一些新的思想，每年年末还会对自己的阅读成果进行总结。作为一个传统文人，他阅读了《淮南子》《韩非子》等书，这对他后来编辑《辞源》《吕氏春秋》等书也有一定的帮助。作为新式知识分子，蒋维乔积极接受各方涌来的新思想。他平常会买《新民报》《申报》等了解最新消息，还阅读卢梭的《社会契约论》、达尔文的《物种起源》等等，并校对了孟德斯鸠的《法意》。

1906 年，在编辑教授法、心理学等稿件时，蒋维乔跟着阅读了《单级小学教授管理法》《教师论》《心理学讲义》《心理学》等书籍。在商务印书馆工作的这几年，他还阅读了一些佛教相关的典籍，比如《佛教初学课本》等，并常常与人谈论佛经。虽然他 1917 年时才认真开始研究佛学，并于 1935 年出版《佛学纲要》，不过可以看出他与佛学早在青年时期就已结缘了。

3. 养生运动：强健体魄

身体是革命的本钱，如果没有健康的身体又如何能持续地做研究呢？蒋维乔本人十分注重身体健康。他二十多岁时曾得过肺炎，用了很多方法都没有起色。静坐了一段时间后竟然有了很大好转，因此他一直保持静坐养生的习惯，经常在休息时间静坐一段时间。通过长时间的静坐，他从中获得了很多感悟，总结出了一些关于静坐的经验，他自己编著的《因是子静坐法》也被广泛地流传。

蒋维乔也很注重运动，平常他会做一些体操来活络筋骨。进入商务印书馆六年后，他学会了打网球。在过去，人们并不重视体育运动。到了近代，人们对于体育运动的看法开始发生变化。商务印书馆的同事们就经常一起组织打网球，蒋维乔学习网球的速度很快。7 月时他掌握了发球的要诀，但对于接球还比较陌生。练习了半年之后，他在和同事的网球比赛中未能取胜，但是感觉已经能够和同事里的网球高手邝富灼比一比了。商务印书馆组织的网球会，加强了职员的体育锻炼，也增进了员工之间的感情，对增强企业的凝聚力也大有帮助。

结　语

从对蒋维乔的出版生活史研究中我们可以得知，作为一名编辑，他紧跟时代潮流、了解社会动向，还在不断地提升自己的综合能力。在学习研究的过程中，他不仅仅注重书案上的工作，还会亲身实践以获得更加深刻的体会，真正做到了研、编、修三者合一。他与人交往真诚友善，也收获了许多长久的友谊，成为了他在出版和研究工作中巨大的助力。他热爱生活，爱好广泛。和大多文化工作者一样，不断地去了解这个世界，不断地去宣传这个世界。

---

①梁启超最早在《过渡时代论》中指出“今日之中国，过渡时代之中国也”。蒋维乔在日记中用这个说法指代自己所处的时代。

②范军、欧阳敏：《出版生活史：出版史学研究新视阈》，《现代出版》2017 年第 2 期，第 60—73 页。

③陆费逵：《六十年来中国之出版业与印刷业》，《申报月刊》第 1 卷第 1 期，1932 年 7 月。

④⑬蒋维乔：《编辑小学教科书之回忆》，《商务印书馆出版周刊》，1935 年第 156 期，第 9—11 页。

⑤⑥⑨⑩⑪⑮⑯⑱⑲蒋维乔：《蒋维乔日记》，北京：商务印书馆 2017 年版第 113、136、156、243、462、336、95、297 页。

⑦张东刚：《总需求的变动趋势与近代中国经济发展》，北京：高等教育出版社 1997 年版，第 32 页。

⑧江文君：《近代上海职员生活史》，上海：上

红学家吴恩裕致“文宏叔”短简考释

胡春晖

微信、QQ 时代，书信已成稀罕之物了，鹏城收藏家、寄梅堂主人王鹏倾心收集信札，就所藏整理出版了《寄梅堂珍藏名贤尺牍》《花笺染翰：清与民国著名学人书札集锦》《寄梅堂珍藏书画选集》《南社社友墨迹珍藏集》《寄梅堂藏二百年来藏书家手札作品集》等书。四川师范大学龚明德教授，二十年来致力于中国现当代作家书信的搜集和研究，集得几千封书信手迹原件或复印件，2022 年 10 月，由上海辞书出版社出版《旧笺释读　现代文人书信考》，对徐志摩、叶圣陶、丁玲、巴金、茅盾、张恨水、朱自清、郭沫若、张元济、林语堂等现代文学界名人往来书信的写作时间、相关内容进行考释。《旧笺释读　现代文人书信考》“编后记”中说“看到还有许多老旧的类似书信的字条，虽然只有几句话、几十几百个字，却怎么也弄不明白它说的究竟是啥子，我就着急，就力图设法弄清楚它”，因以上因缘，笔者对寒斋所藏一封“恩裕”写给“文宏叔”的短简产生兴趣。全文七十七字，得此简时，无信封，仅一页，边沿有些许皱褶。现抄录如下：

文宏叔：

三篇全寄上。

范曾正在飞机场画壁画，明晚去找他画，画就即寄上不误。

我还想写三篇的报头字，总题不妨用铅字排“曹雪芹传记故事三篇”，不知您以为如何？

匆颂

近安

恩裕　拜启

六月廿日

写信者恩裕，信中三篇文章与曹雪芹有关，首先考虑的是红学家吴恩裕了。吴恩裕（1909—1979），辽宁沈阳人，满族正黄旗，笔名负生、惠人，政治学家、法学家、红学家，1930 年就读于清华大学哲学系，毕业后到英国伦敦大学公费留学，在该校伦敦政治经济学院研究院从事研究，师从于费边主义理论家拉斯基，获政治学博士学位，1939 年回国，先后任重庆国立中央大学政治系、北京大学政治系教授，1952 年院系调整后，任北京政法学院教授，1978 年任中国社会科学院研究员。1954 年秋起，致力于《红楼梦》作者曹雪芹生平家世研究、搜集、考证，有《曹雪芹佚著浅探》《己卯石头记新探》《曹雪芹丛考》等红学著作，后有六卷本《吴恩裕文集》出版。此七十七字短简主要提及两件事：一是请范曾画画，此时的范曾“正在飞机场画壁画”，二是三篇文章为“曹雪芹

海辞书出版社 2011 年版，第 230 页。

⑫蒋维乔：《高公梦旦传》，《商务印书馆出版周刊》1936 年第 199 期。

⑭叶舟：《“过渡时代”知识分子的日常生活：蒋维乔在上海（1903—1911）》，《史林》2015 年第 1 期，第 11—22、219 页

⑰熊月之：《近代上海公园与社会生活》，《社会科学》2013 年第 5 期，第 129—139。✣

传记故事三篇”。

范曾飞机场画壁画，是什么时间在什么飞机场画壁画？落实了这个时间就解决了此简内容的一大块。清华大学美术学院网站2020年4月29日有一篇文章《回望清华美院前身——原中央工艺美术学院》，其中的经典案例中，有“首都机场壁画”一章，文中说：1979年的首都机场壁画群创作，是改革开放后屹立国门的国家形象工程，可谓改革开放、解放思想的视觉先锋。1978年12月，首都机场总指挥李瑞环亲自到中央工艺美术学院进行动员。此后正式创作的九个多月，在院长张仃的主持、设计下，中央工艺美术学院师生和全国十七个省市的美术工作者，景德镇陶瓷厂、邯郸磁州窑、扬州漆器厂、昌平玻璃厂等地区或单位的工人师傅齐心协力，共同创作，完成了具有历史意义的首都机场壁画群。在首都机场壁画创作、绘制团队与稿酬情况表中，序号二十五的为范曾水墨画《屈子行吟》，尺寸为182厘米×385厘米，稿酬六百三十元，奖金四百元。文尾注明此首都机场壁画创作、绘制团队与稿酬情况，引自郭秋惠发表于2019年第12期《装饰》杂志《改革开放的“艺术先声”：论首都国际机场壁画的创作与价值》一文。范曾飞机场画壁画的时间、地点算是落实了：1979年在首都飞机场。

短信的写信时间落实了，“曹雪芹传记故事三篇”究竟发表在什么刊物上了呢？找出这篇文章很关键。需要知道收信人“文宏叔”是谁？

查众多资料得知，文宏为骆文宏，即骆文，生于1915年12月，江苏句容人，原名骆文宏，1933年参加中国左翼戏剧家联盟，1938年毕业于国立戏剧学校戏剧文学系，1941年与未婚妻王淑耘一起到延安。曾任中央实验剧团导演，延安鲁艺戏剧系助教，冀察热辽文工团团长，冀察热辽鲁迅文学艺术学院教务长、文学系主任，曾亲耳聆听了毛泽东主席在延安文艺座谈会上的讲话。全国解放后曾任湖北省文联主席、书记，中国作家协会武汉分会主席，《长江文艺》主编，《长江》文学丛刊创刊主编，专业作家，2003年10月10日逝世，享年八十八岁。

吴恩裕致信骆文，关于“曹雪芹传记故事三篇”，骆文曾任《长江文艺》主编，《长江》文学丛刊主编，在这两份刊物上找到这篇文章，事情的来龙去脉就清楚了。最后查到1979年9月创刊的第一辑《长江》文学丛刊，第264页“传记故事”栏目有吴恩裕《曹雪芹传记故事》(三篇)，署“范曾插图”。

从发表的文章看，吴恩裕找范曾为《曹雪芹传记故事》(三篇) 绘插图，“画就即寄上不误”，最后刊登了范曾插图一幅，“我还想写三篇的报头字”，标题字确实是手写的，但不是信中所说的“曹雪芹传记故事三篇”，是“曹雪芹传记故事”，删去了“三篇”二字。三篇传记故事分别为《忿辞宗学》《庐结白疃》《宣外巧遇》，每篇文后都有对文中内容长短不一的注释，第一篇文末署写作时间为“一九七八年七月二十三日增改，七九年六月五日改定于沙滩”，第二篇没有署写作时间，第三篇文末署写作时间为“一九七九年六月八日改定于沙滩”。全文标题下有一篇题记，不长，抄录如下：“我的《曹雪芹传记故事》共有三十四篇，已写出的二十多篇，在《长江文艺》上发表几篇，在《十月》上以‘曹雪芹之死’的总题目发表三篇。这里的三篇，在故事的顺序上，并不相连属。好在我的希望是出书之前能够得到读者的指正，先就单篇提出宝贵意见，也无不可。《忿辞宗学》一篇应该在《长江文艺》刊出的《寄居萧寺》之前。《庐结白疃》和《宣外巧遇》是连接着的。接下去的是《瓶湖之会》，本应一并发表，因为赶不及整理，只好等以后再发表了。一九七九年六月五日，作者。”

题记中言及，《曹雪芹传记故事》已写出的二十多篇，曾经在《长江文艺》《十月》上发表过几篇。《十月》刊登的《曹雪芹之死》，共四篇。作家、红学家刘心武《找吴恩裕先生约稿》一文中，详细记叙了约此稿及发表的经过。当时刘心武在北京人民出版社（现北京出版集团）参与《十月》创刊，本是想约到后刊登在创刊号上的，时间上来不及，刊登于 1978 年第 2 期。原来拟的题目是《曹雪芹的传记故事》，编发时改为《曹雪芹之死》。发表前，杂志社美编请范曾绘制了四幅插图。吴对插图很满意。《十月》发表时，也有作者文末附记：本篇是《曹雪芹传记故事》一书中的几篇，原来都各有专题，现经编者建议改为今题。意图是根据已知材料，结合近十几年来发现的实物、文字和传说，写《红楼梦》作者逝世前后的情况。我不想在写他实际上平淡的生活时，加上任何耸人听闻的虚构；但对他的思想却有一些推测性质的描绘——有的通过对话，有的通过叙述。对后者，我力求既描述他的进步思想，又不逾越他的时代局限。我做得很不够，希望批评指正。一九七八年六月末一日　作者于沙滩。从《十月》刊登的文章看，吴在《长江》文学丛刊题记中“在《十月》上以‘曹雪芹之死’的总题目发表三篇”有误，应为四篇，分别为《德荣塑像》《文星猝陨》《遗爱人间》《遗著题句》。

吴恩裕写曹雪芹，茅盾曾经写信鼓励，吴在《文物》杂志披露曹雪芹佚著《废艺斋集稿》后，茅盾信中说：“新材料的发现，或出偶然，但台端考订之精审，却使断简复活，放异光彩，而曹雪芹之叛逆性格、思想转变过程，遂一一信而有征。足下旧作《曹雪芹的故事》，应予补充，再版问世，则有裨于青年，殊非鲜也。”激励着吴一刻也未曾懈怠，坚持补充完善曹雪芹的故事。

此《长江》文学丛刊创刊号，作者阵容强大，除吴恩裕外，还有郭小川、徐迟、叶君健、李可染、鄢国培、管用和、李元洛、吉学沛等的文章，李文俊的译作，封三、封底美术作品分别为程宝泓、李可染的国画，文中插图为范曾、汪国新、陈贻福、方湘侠所绘。

综合所考，此信释读如下：1979 年 6 月 5 日至 10 日，吴恩裕将曹雪芹传记故事三篇“改定”完毕，于当月 20 日写信给《长江》文学丛刊主编骆文，为寄去的《曹雪芹传记故事》（三篇）文字请范曾插图及文章报头字的事。因此前在《十月》发表《曹雪芹之死》时，杂志社请范曾绘制了四幅插图，吴很满意，这次就亲自上门请范曾绘制插图。

信的开头称骆文为“文宏叔”，与一般编者与作者联系时称呼似乎不一样，吴恩裕的爱人、原商务印书馆编辑骆静兰，姓骆，是否与骆文为亲戚关系？网上见到过一封骆静兰写给王淑耘的信，骆静兰称王淑耘为“婶婶”，信尾署的是“侄　静兰”。王淑耘即骆文的老伴，湖北文联原副主席、作家。从这封信可以推定：骆静兰是骆文的侄女，吴恩裕是骆文的侄女婿，因而信的开头称“文宏叔”。

《长江》文学丛刊上文章发表不久，11 月，吴著《曹雪芹佚著浅探》由天津人民出版社出版，这是吴恩裕生前出版的最后一部著作。12 月 12 日下午三点半，刚满七十岁两天后，在北京大学西斋居室里，正在写《我对曹雪芹上舞台或上银幕的看法》一文的他，写到第十八页最后一行，标点都没有来得及点上，心脏病发作，抢救无效，遽尔离世。《曹雪芹传记故事》题记中所言“因为赶不及整理，只好等以后再发表了”的文章，永远也不可能再由他来整理了……✣

张舜徽集外文辑考

张怀东

张舜徽先生是著名的文献学家、历史学家，精于小学，博通四部。先生一生勤奋治学，曾言“舜徽……自少至老，惟从事于读书、教书、著书”①，著述总计超千万字，出版专著二十余种。而在这些专著之外，先生还撰写了不少单篇文章，又与学人、亲友等有大量书信往还，并在多种场合发表了不少讲演，留下讲演记录。所有的这些文字，将先生的学术人生予以全面地勾勒出来。

先生撰述的文字，绝大部分在其生前已经公开发表，其中专著大都因为多次再版、重印，得以流传，易于寻觅，而单篇文章、书信、讲演记录等却散落各处，不易得见全貌。先生晚年也曾说：“独于生平所为单篇文字，不自收取；应酬之作，例不存稿。”②但据先生早年在湖南兑泽中学任教时的学生谭佛雏先生回忆，大概在 20 世纪 40 年代初，先生曾结集油印过《省浮室文录》《省浮室尺牍》以为教学之用，分发给学生阅览③。先生又曾于 1956 年拣选所撰部分历史学相关文章、论学书信，结集为《中国史论文集》出版。但该书仅收论文十篇、书信十通，而先生绝大部分著作又是在该论文集出版之后的数十年间所撰写，因此这本论文集只能算是先生文章的冰山一角。直到去世前两年，先生才将自己平时所作的随笔短文整理汇集为《学林脞录》《艺苑丛谈》两种，总以《爱晚庐随笔》之名出版，但该书并不收录此前已经发表过的单篇文字，且“言论之已见诸其他专著中者，则是编概不之及，所以避重复也”④。在先生去世的前一年，其学生又裒辑先生“多年来在外所作学术报告及平日论学文字，如专篇论著、群书序跋、友朋书札以及论学问答之语，成为一册”⑤，即《讱庵学术讲论集》，并于 1992 年出版。该集共收文 94 篇，近 60 万字，先生重要的学术文章大都集于斯编。然而由于成书时间较为仓促，以及受到当时条件的限制，这部文集仍漏收了不少文章，且这些漏收的文章中不乏具有较高学术价值的篇章。

从 2003 年到 2009 年，华中师范大学出版社将先生的著述结集为《张舜徽集》分批陆续出版，前后四辑，共收录 19 种 20 册，除部分先生生前言明暂不出版的文稿和藏书批注以及书信外，囊括了当时已经发现的先生撰写的绝大部分文字⑥，特别是最后出版的《霜红轩杂著》，收录了先生生前没能结集出版的零散文字数十篇以及部分未刊文稿。但是随着学界对先生研究的不断深入，再加上文献获取变得越来越便利，因此自《张舜徽集》出版以来，人们又陆续发掘出不少先生曾经发表过却为该集漏收的文字，如陈开林的《张舜徽佚作辑补》，就发掘出先生七篇集外文章以及五通书信、四则对联等⑦。另有单晓娜、涂耀威的《读张舜徽的几通信札》(《书品》2011年第6辑),王余光的《张舜徽致刘国钧的一封信》(《图书与情报》2011年第6期),胡新、朱金波的《张舜徽致卞孝萱六通信札考释》(《历史文献研究》2022年总第49辑)等文章考证先生的一通或几通书信。还有一些研究先生学术的文章随文引录先生的书信或者佚文原文,如王同策《一部论著稿 十年关注情——张舜徽先生与〈雪堂学术论著集〉》、王玉德《试述张舜徽对〈周易〉的研究与贡献》(两文均载周国林主编《张舜徽百年诞辰纪念国际学术研讨会论集》,华中师范大学出版社2011年版),刘梦溪《学兼四部的国学大师——张舜徽百年诞辰述感》(董恩林主编《纪念张舜徽百年诞辰国际学术研讨会暨中国历史文献研究会第32届年会论文集》,湖北人民出版社2012年版)等。然总体而言,先生佚作的发掘和辑补工作并不充分,散落集外而未被发现的文章还有不少,特别是先生所撰书信的辑佚和整理工作,至今只有一些零散的考证研究,并无系统性、成规模的先生书信集和书信研究论著面世。

笔者近年来有意收集先生的著述,积累至今,已几尽寻得先生公开出版的所有专著的不同版本(不含外文版),而于先生所撰单篇文字也尽量收集,共辑得《张舜徽集》集外文章和演讲记录40篇,总计20余万字。现分述集外文章和演讲记录基本情况如下,聊备需者参考。

一、论文、评传类

1.《扬州阮氏学记》

原载张舜徽《积石丛稿》,1947年兰州排印本[⑧]。先生认为在清代学术中,“吴学最专,徽学最精,扬州之学最通”,而先生提倡通人之学,主张治学走博通之路,因此推重扬州学派,有意撰写一部研究扬州学派的著作。本篇即为其早年撰写《扬州学记》的未竟之文,文前小序落款时间为“甲申嘉平既望”,亦即1945年1月29日,然全文写定的时间不确。本篇虽不曾再版,但是后来的《清代扬州学记》却是在其基础上改写扩充而成。

2.《乾嘉三通儒传》

原载张舜徽《积石丛稿》,1947年兰州排印本。本篇内容为论述翁方纲、姚鼐、章学诚三位乾嘉时期学者的学术状况,先生认为此三人“论议通达,不役于物,确乎其不可拔,皆丈夫之雄,足以风厉百世”,故特予立传。本篇后来不曾再版,不过其内容与先生所著《清儒学记》略有交集。

3.《研究中国古代史的基本书籍及其读法》

原载《华中师范学院学报》1955年第1期。这是一篇四万多字的长文,主要列举和讲解研究中国古代史的一些基本文献,包括考古材料和历史书籍等,并附带讲解对于这些文献的研读、使用方法。该篇文章的绝大部分内容分别被收入《中国历史要籍介绍》(即《中国古代史籍举要》)第二章、《初学研究甲骨文金文应该注意的几个问题》(载《讱庵学术讲论集》),同时几乎全文引用了《关于研究中国古代史的材料问题》(原载《新建设》1951年第3期,后被纳入《中国史论文集》《讱庵学术讲论集》)一文,不过在文字和内容上存在少量的差异。

4.《论劳动人民表现在谣谚中的憎和爱》

原载张舜徽《中国史论文集》,湖北人民出版社1956年9月版。先生1956年出版的《中国史论文集》所收录的十篇文章和十通书信,绝大部分后来被纳入《讱庵学术讲论集》,但本文未被纳入。本文又被纳入先生所著《中国古代劳动人民创物志》,作为其第十篇“劳动人民创造了文学”第六节

"表现在谣谚中的憎和爱"，但在文字上有所差异。本文运用马克思主义史学观，通过列举和解读历史上的谣谚事例，指出古代民间谣谚与社会现实之间的关系，认为谣谚的产生和流传是人民对于统治者压迫的仇恨与反抗的表现。

5.《古代汉字在构造和运用中相反相成的原则——编写历史系"古文字学"讲义的一章》

原载《华中师范学院学报》1957年第1期。本文通过列举大量字例、词例作为论据，主要论述古代文字创造遵循对立统一、相反相成的原理，认为先辈在造文字时运用了反训法，往往以同声、声近字而表现相反的意义。文章还认为这样相反相成的方法不单单运用在文字的创造上，而是同时使用到各方面，并以古代物类命名为例，对之进行论证。

6.《略论体现在历史教学和编书工作中的所谓"成一家之言"》

原载《历史教学问题》1957年第4期。本文后经过先生较大幅度改写，成为其1962年出版的《中国古代史籍校读法》一书第三编第二章的第一节。先生在本文中认为历史教学与编书之先，必须吃透史料，然后将各种史料融合转化，形成新的有完整体系的见解或书籍。而在这种转化过程中，教学者与编书者也就形成了自己的"一家之言"，这样才能更好地将历史知识传播开去。

7.《从曹操问题谈起——兼论〈悲愤诗〉〈胡笳十八拍〉的真伪》

原载《长江日报》1959年6月29日第3版。本文通过对《悲愤诗》和《胡笳十八拍》真伪的考察，讨论了艺术创作与历史研究之间的区别，提出"艺术的夸大和史实的求真，不完全可以统一起来"，不能把艺术创作与历史研究混为一谈。同时本文也体现了先生的唯物辩证史观，与先生在这一时期学术思想上展现出的转变相吻合。

8.《漫谈读史》

原载《江汉论坛》1962年第1期，后被收入胡道静主编《国学大师论国学》，东方出版中心1998年4月版。另外，2015年9月，国家行政学院出版社出版的梁启超等著《国学大师谈国学》。其中《史鉴篇》节选收录先生此文最后两则"务求文理通顺""几本必读的古籍"内容。本文以读史为中心，通过"读书、学习、思考""有字书和无字书""'耳学'与'眼学'""务求文理通顺""几本必读的古籍"五个小专题，辩证地谈论了读史的方法，强调了读书实践的重要性。

9.《中国校雠学叙论》

原载《华中师院学报（哲学社会科学版）》1979年第1、3、4期，1980年第1、2期。本文篇幅较大，约有十万字，是先生《中国文献学》一书的雏形，除《中国校雠学叙论》的首段综述、第一节"校雠学的名义和范围"以及该篇末总结性论述内容外，其他内容在经先生删改增订后全被纳入《中国文献学》。先生早在其1946年初出版的《广校雠略》首篇中即已申述"目录版本校勘皆校雠之事"的观点。从《广校雠略》到《中国校雠学》再到《中国文献学》，可以看出先生关于校雠学的基本观点并无大的变化，同时又可以看到先生关于文献学观点的发展和完善。

10.《张舜徽自传》(手稿原名为《七十自述》)

原载晋阳学刊编辑部编《中国现代社会科学家传略》第二辑，山西人民出版社1982年10月版，文章落款时间为1980年5月30日。华中师范大学出版社1997年版《张舜徽学术论著选》曾收入此文，但删去了先生罗列自己作品出版情况这一部分内容。而后来出版的《张舜徽集》，或许是因为已经收录了先生的《八十自叙》，故并没有收录本篇。然事实上这两篇文章的差别是明显的：《张舜徽自传》突出父亲对自己学术人生的影响，重在叙述自己的治学之原以及治学的经历，并表现出对自己以后的学术研究工作充满激情；《八十自叙》则突出了妻子对于自己得以专心学术研究的贡献，重在总结自己的治学路径以及治学之所得，并立志完成学术上的未竟之业。这种差别从侧面反映了先生在不同年龄和不同境况下所思所感的异同，因此这两篇文章各具意义，完全可以并存。

11.《怎样进行旧地方志的整理》

原载《湖北方志通讯》1982年第4、5期合刊，又载《德州史志通讯》1983年第1期。本文着重强调旧地方志独特而重要的史料价值，认为地方志“是以社会为中心，举凡风俗习惯，民生利弊，一切不详载于‘正史’的，都借方志保存下来了”。同时认为，若要有计划地全面整理旧地方志，则有必要将地方志所包含的史料分门别类，辑录而成《旧地方志史料类钞》，并拟出了十大门类。此外，先生在文中认为还应该注重方志学，抄录方志学材料而成《方志学论著选编》，以供编写新志借鉴，丰富方志学研究内容。

12.《基础知识与专史研究》

原载《光明日报》1983年11月30日第4版，又载光明日报社史学专刊编《史坛纵论》，重庆出版社1984年8月版。本文以数位古代在学术上有广大造诣的学者为例，强调做学问应走“由博返约”的道路，将基础知识掌握牢固后再进行专门研究，才能得心应手，事半功倍。

13.《何物〈周礼〉——从古籍标题谈到辨析字词原义的重要》

原载《字词天地》1984年第3期。本文以《周礼》书名中“周”字含义的解读为例，来说明阅读古籍时对字词本义解读的重要性，认为阅读古籍，其关键在于辨明字词的含义，这样才能息聚讼，止纷争，才能更好地将古籍承载的价值发掘出来。

14.《从“析之者愈精，逃之者愈巧”所想起的——谈研究社会科学的宽广道路》

原载《湖北社会科学》1987年创刊号。次年先生在原文的基础上进行扩充改写，篇幅增加了一倍，以《研究社会科学的宽广道路》为题，发表在《求索》1988年第3期上。本文主要强调社会科学研究必须先掌握一般性知识，打好广博的基础，然后再从事专门研究，这样才能在社会科学领域取得博大精深的成果，更好地繁荣文化科学事业。

另如《学习杨遇夫先生学不厌教不倦的精神》(原载《湖南师范大学学报》编：《杨树达诞辰百周年纪念集》，湖南教育出版社1985年5月版)，已以《奖掖后学循循善诱的前辈风范——回忆杨树达先生二三事》为篇名收入《讱庵学术讲论集》，故此不录。

二、序跋、书评类

1.《积石丛稿自序》

原载张舜徽《积石丛稿》，1947年兰州排印本。本篇自序的落款时间为“中华民国三十五年十二月朔”，即1946年12月23日。但对比《壮议轩日记》1946年12月23日所录自序与后来出版的《积石丛稿》书前自序可知，出版时自序略有改动，增添了“适所校敦煌古写本《说苑》残卷甫毕，录成校勘记一卷，取以殿焉”这一小段文字。本篇自序曾收入岳麓书社1992年版《讱庵学术讲论集》，但后来华中师范大学出版社整理出版《张舜徽集》，再版《讱庵学术讲论集》时删除了本篇自序。

2.《〈中国史论文集〉序言》

原载张舜徽《中国史论文集》，湖北人民出版社1956年9月版，落款时间为1956

年5月20日。先生在序言中说明了《中国史论文集》一书的成书经过、内容构成以及所突出的重点等，并强调了自己所主张的通人之学、人民史观等学术观点。

3.《〈中国古代劳动人民创物志〉序言》

原载张舜徽《中国古代劳动人民创物志》，华中工学院出版社1984年11月版，文章落款时间为1956年除夕[⑨]。先生在本篇序言中简要阐述了自己的人民史观，认为人类文明是劳动人民集体创造的结晶，劳动人民是历史的主体。先生认为所有的劳动创造都是在集体的条件下实现的，而所谓集体不仅仅指空间上横向的联系，还具有时间上纵向的联系。集体创造除了可以包含同时同地若干人的分工合作，也可以包含异时异地继承前人成果和成果被后人凭借的“分工合作”。另外，该书出版时先生在版权页之上新加了一段话，题为《新题几句话》，简单交代了书稿从撰写到出版前修订的情况。

4.《〈中国古代史学家传记选注〉小引》

原载阙勋吾主编《中国古代史学家传记选注》，岳麓书社1984年9月版，落款时间为1980年12月15日。这篇小引的篇幅很短，以极为简略的文字交代了该书编写的缘起、该书的内容以及该书的编写分工情况等，并在最后指出了编写该书的现实作用。

5.《〈说文古均二十八部声系〉后序》

原载权少文《说文古均二十八部声系》，甘肃人民出版社1987年12月版，落款时间为1981年6月1日。先生在本篇序中不仅叙述了权先生该书的分量，还感叹在当时大的时代背景之下，该书稿得以保存数十年并最终出版实属不易。

6.《〈古籍整理论文集〉题辞》

原载中国历史文献研究会编《古籍整理论文集》，甘肃人民出版社1984年8月版，落款时间为1982年10月18日。先生在题辞中简单交代了该论文集的成书缘由及经过，指明了该论文集出版的意义，并提出了后续出版每届中国历史文献研究会年会论文集的构想。

7.《〈文献学研究班讲演集〉题辞》

原载李国祥、庞子朝编《文献学研究班讲演集》，华中师范大学中国历史文献研究所1985年7月编印，落款时间为1985年5月30日。先生在题辞中言明，1983年秋至1984年夏，华中师范大学中国历史文献研究所受教育部委托，开办中国历史文献学研究班，这本《文献学研究班讲演集》便是当时为研究班学员授课以及临时到研究班作学术报告的专家学者在研究班上的讲演记录合集。

8.《〈国语　战国策〉前言》

原载左丘明、刘向《国语　战国策》，岳麓书社1988年9月版，落款时间为1988年4月15日。先生在本篇前言中对《国语》《战国策》二书的史料价值和文学价值给予了较高的评价，并认为此两书中“有些理论成了后世治国理民的借鉴，影响深远”。同时先生在本篇前言中强调了长沙马王堆汉墓出土文献《战国纵横家书》对于校正今本《战国策》的价值意义，这也正与先生一贯重视出土文献作为史料在史学研究中的重要作用的观点相吻合。

9.《〈文史初学集〉题辞》

原载张三夕《忆舜徽师几件难忘的事》（汤江浩主编《华中学术》2023年第1辑），落款时间为1988年11月8日。张三夕先生《文史初学集》后因故未曾出版，所以先生这篇题辞一直未得公开，直至张三夕先生此文发表，才首次得以公开。先生在本篇题辞中肯定了张三夕先生的学术研究态度和成果，同时先生由“初学”二字展开话题，提出在学术生涯中应秉持谦虚的态度，“惟谦、斯虚，惟虚、斯能多受，能多受，则所得将无涯涘，而所学可底于大成”。

10.《〈古诗文对译注评与图析〉题辞》

原载黄麟生主编《古诗文对译注评与图析：高中上册》，广东教育出版社 1989 年 7 月版，落款时间为 1988 年 9 月 6 日。先生在该篇题辞中首先谈到文字写作能力的重要性，进而谈到学生从小学到高中的学习过程中文字写作能力培养的实际情况，引出编写帮助学生提升文字写作能力的辅助性读物正切合所需。同时在题辞中，先生简要介绍了该书的编写情况、内容结构以及该书的出版对于社会主义文化建设的现实意义。

11.《〈神秘的八卦〉题辞》

原载王玉德、姚伟钧、曾磊光《神秘的八卦》，广西人民出版社 1990 年 2 月版，落款时间为 1989 年 9 月 4 日。[10]先生在本篇题辞中强调易道广大，《周易》难治，而又以为具“所赅县溥”，所以附会者众多；转而言道王、姚、曾三人研究《周易》，“已领会其旨要”，所撰文稿“要言不烦而有条理”。同时，先生指出了本书出版的意义在于引导初学，将有益于《周易》的研究、普及和传播。

12.《武汉市志·文物志评介》

原载《武汉志通讯》1990 年第 4 期。先生在评介中简明扼要地叙述了该书的编写背景以及成书情况，对该书给予了“体例新颖、分类明确、文字简洁”的肯定性评价。先生明确指出该书“是一部高质量的写作”，并对今后武汉市的文物保护、管理、利用等工作也具有积极的指导意义。

13.《〈众妙之门——道教文化之谜探微〉题词》(原题为《中国历史文献学研究会会长张舜徽教授题词》)

原载肖萐父、罗炽主编《众妙之门——道教文化之谜探微》，湖南教育出版社 1991 年 8 月版，落款时间为 1990 年 7 月。本篇题词极简，词曰：“探索幽隐，剖析根原。集思博议，厥道益宣。”题词之下，先生又作了说明：“一九九〇年七月，中外学者将讨论道教文化于襄樊隆中，余以事未克前往参与盛会，因掇斯十六字，书以贻之，用志祝贺之意云。”

14.《〈文史哲资料工具书检索〉题辞》

原载夏南强编著《文史哲资料工具书检索》，华中师范大学出版社 1992 年 5 月版，落款时间为 1991 年 1 月 20 日。先生从该书作者夏先生的学术研究状况入手，简要述评该书的内容情况和其出版的现实意义。

15.《〈神奇的武术〉题辞》

原载郑勤、田云清《神奇的武术》，广西人民出版社 1991 年 11 月版，落款时间为 1991 年 3 月 17 日。先生在题辞中简要叙述了武术的意义，同时简述了本书的价值。

16.《〈山海经〉〈穆天子传〉新合校本题辞》

原载郭璞注，谭承耕、洪颐煊、张耘校点《山海经　穆天子传》，岳麓书社 1992 年 12 月版，落款时间为 1991 年 11 月 5 日。先生在题辞中首先言明两书疑信参半，问题多，不能尽据。接着指出两书的价值，认为两书保存若干史料，对古代史地、民俗、神话、交通等研究都有参考价值。

另如先生所著《说文解字导读》，其引言实质上是该书正文内容的一部分，只是在出版单行本时被出版社拈作书首引言，与一般书首前言殊不相类，故而本文不录其入序跋、书评类。

三、讲演记录类

1.《汉书艺文志讲记》

原载《文艺校刊》1935 年第 2 期。本篇是先生在长沙文艺中学任教时为高中学生讲授《汉书艺文志》的讲稿，内容涉及《易》《书》《诗》《礼》《春秋》《论语》《孝经》等《六艺略》所认定的儒家经典，对每一部经典的来源以及传承情况都进行了考辨，乃先生的一家之言。

2.《关于中国历史文化部分的若干问题——应湖北省中学历史教师暑期讲习会讲演的一部分》

原载《历史教学问题》1957年第6期。本篇第一、二两个问题的论述内容后经过删改被纳入《中国古代史籍校读法》一书，作为该书第三编“分论下——关于读书”第四章“整理史料的一般方法”第四、五节的内容。本篇论述的三个问题大致对应史学研究中史料、方法、观点三个方面，先生通过对这三个问题的论述表达了自己在这三个方面的见解。

3.《迎来了社会科学的春天!》

原载《山东大学》1978年11月3日“山东大学文科理论讨论会专刊”第1期第5版。“文革”结束后，社会科学研究获得新生，在党的十一届三中全会召开前不久，山东大学邀集全国从事社会科学研究的部分学者，召开了文科理论讨论会，先生应邀出席，并在这次会上作了本篇发言。在本篇发言记录中，先生的欢欣喜悦之情溢于言表，展现出对未来的学术研究工作充满激情和憧憬。

4.《中国历史文献研究会第二届年会开幕词》

原载《中国历史文献研究会会务通讯》1981年第6期“第二届年会专刊”。在开幕词中，先生首先向支持本次年会的各方人员致谢，然后谈到本次年会的具体任务：“一、收集各自写好了的科研论文，进行交流、讨论；二、检查过去一年的科研工作；三、讨论审查集体写作的科研成果；四、共同订立今后科研规划；五、商讨如何改进工作和解决一些具体问题。”

5.《中国历史文献研究会第二届年会闭幕词》

原载《中国历史文献研究会会务通讯》1981年第6期“第二届年会专刊”。先生在闭幕词中对本次的年会召开情况进行了总结，认为本次年会“充分发扬民主，各抒己见，畅所欲言”“达到了预期的效果”。在闭幕词的最后，先生提到研究会来年改选事宜，并公布次年将在兰州召开第一次会员代表大会。

6.《张舜徽先生中国历史文献学十一讲》

刘重来记录，1997年11月在张舜徽先生学术研讨会上提交，所记录讲课内容实际时间为1983年9月到1984年4月。本篇讲课记录后经节选，更名为《张舜徽先生文献学讲演录（节选）》，刊载于周国林主编、中国历史文献研究会编《中国历史文献研究》第18辑。本篇正文之前有刘先生所作说明：“1983年9月至1984年7月，当时的华中师院中国历史文献研究所受教育部委托，开办了中国历史文献学研究班，我和全国二十多所大专院校的中青年教师来到华中师院，荣幸地受教于张舜徽、李国祥等先生门下……先生讲课，阐幽发微，辨析精详，深入浅出，语重心长，又常以风趣事例穿插其中……不仅传道授业，指点治学门径，而且时时有治学品行，为人道德之教诲。”

7.《中国历史文献研究会第八届年会开幕词》

原载《中国历史文献研究会会务通讯》1987年12月第16期“第八届年会专辑”。先生在开幕词中首先简述了本届年会的时间背景，并历数每届年会顺利召开所得到的地方、学校等的大力支持，表示感谢。然后谈到本届年会的目的和意义，说：“我们来到这里，就郑和行事和功绩展开学习和讨论，并进行实地访问调查，这对我们进一步开展历史文献研究是有很大意义的。”（本届年会在明代航海家郑和的故乡昆明晋宁召开）他接着肯定中国历史文献研究会成立以来的发展成果，鼓励大家继续努力，搞好研究会的各项工作。

8.《中国历史文献研究会第八届年会闭幕词》

原载《中国历史文献研究会会务通讯》1987年12月第16期“第八届年会专辑”。在闭幕词中，先生首先总结了本次会议取得的成果，认为本次会议“既对会务的改进提出了积极的建议，又对一年来科研成果作出了全面的审核，还进一步拟订了新的科研规划”。先生还宣布了大会理事会讨论决定次年在厦门同安召开第九届年会，以纪念原籍厦门的北宋科学家苏颂创制水运仪象台九百周年。先生鼓励与会者在次年的年会上都要提交论文，说道：“不要因为自己不是专门研究宋史的而有所推卸……学问的事不可分得太细，是文献研究会的会员都有必要通贯全部历史，对我国几千年的重大事件和重要人物都要能全面了解。”

9.《在许慎研究会成立大会上的讲话》(原题为《张舜徽教授的讲话》)

原载《漯河文史资料》1989年第3辑“许慎研究会成立大会专辑”。原刊文后有说明：“根据录音整理，未经本人审阅。整理人：马树奇。”先生在本篇中着重强调了许慎《说文解字》对于学习古文字、研究中国古代史的重要性，认为它是读懂古文字的“一把钥匙”。

10.《张舜徽先生论读书做学问》

陈代兴记录，余元洲整理，原载余元洲著译《老子新编》，新华出版社2007年1月版，其篇题之下注明时间为1990年9月26日。本篇作为附录收入余元洲《老子新编》，文后有说明：“此系根据张舜徽先生生前高足陈代兴君的原始记录，由当时曾旁听过张先生讲《周秦道论发微》课程的华中师范大学科学社会主义研究所博士生余元洲后来利用业余时间整理而成。”

除以上所辑先生讲演文字外，另有王余光教授所撰《听张舜徽先生讲课》一文，原载微信公众号“书声迢递”2022年6月30日，其中录有张先生授课语录三十条。这些授课语录主要是关于文献学、历史学方面的内容，呈现了先生有关文献学、历史学的一些学术观点以及对某些具体问题的看法。至于先生授课中关于考据、文字、训诂等方面的专门内容，王教授言明该文未做收录。

结　语

上面谈及的40篇张先生集外文，内容涵盖文字学、文献学、历史学等多个领域，既在一定程度上补充了《张舜徽集》的遗漏，丰富了先生学术研究的文本材料，又进一步展现了先生深广的学识与博大的气象。其中如《扬州阮氏学记》《乾嘉三通儒传》《古代汉字在构造和运用中相反相成的原则》《从曹操问题谈起——兼论〈悲愤诗〉〈胡笳十八拍〉的真伪》《汉书艺文志讲记》等篇章，都是就具体问题提出了在当时颇有见地、自成一说的观点，即使在今天看来也很有参考价值和借鉴意义。因此，辑录整理这些集外文字，既可以为将来编辑出版先生全集提供参考，又可以为学者研究先生在不同时期、不同环境下学术观点的差异和发展变化情况提供更为全面的原始材料，助力人们对先生的学术成就有更为全面深入的认识。先生一生治学不懈，论著宏富，为现当代学术发展做出了巨大贡献。但目前尚无其全集行世，其部分著作也久未再版或者重印，特别是其所撰单篇文字，仍有不少散落各处。这正有待于对先生学术人生感兴趣的专家学者，将先生的著述做全面的发掘、收集和整理，为学术界提供一份能够极为全面展现先生学术成就的全集。

新见开明书店致程千帆先生信件释读

石亚培

近来，笔者在查阅开明书店相关文献时，于孔夫子旧书网发现一封开明清委会致会昌同志信件①，纸张褶皱，笔迹潦草，但经过仔细考察，确系真品，原信如下：

会昌同志：

五月十七日手教敬悉。

《诗论骈枝》一稿现存上海，拟派人到沪调取后，当再遵办。先此奉闻，请台洽。我店发行工作早已移交中国图书发行公司办理。《六十种曲》有无存书，须向中图公司询问。惟此书自抗战至今迄未重版，想早已无存矣。又王伯祥先生已离开明，现在中国文学研究所工作，特附闻。

致

敬礼！

开明清委会

信件为会昌同志5月17日来信的回复，内容包括《诗论骈枝》一稿的处理情况，开明书店早期出版物《六十种曲》是否有存书，以及王伯祥先生去处等三个问题。其中开明清委会为何种机构，信件撰写时间，会昌同志为谁，其致开明书店原件内容为何，是厘清信件来龙去脉的关键。

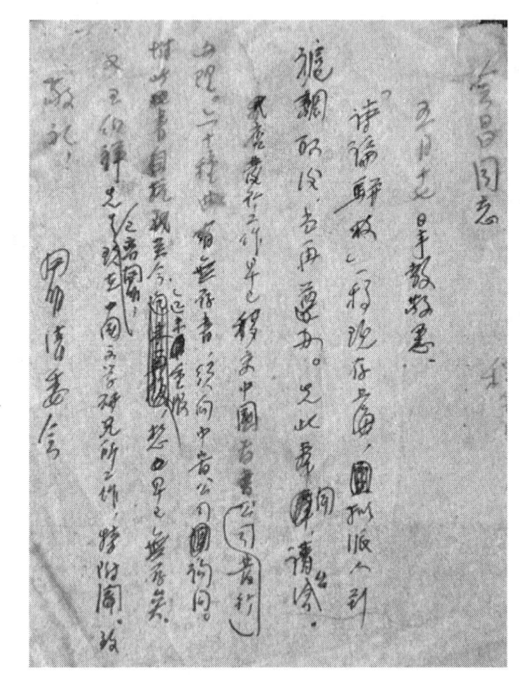

会昌同志

五月十七日手教敬悉。诗论骈枝一稿现存上海，拟派人到沪调取后，当再遵办。先此奉闻，请台洽。我店发行工作早已移交中国图书发行公司办理。六十种曲有无存书，须向中图公司询问。惟此书自抗战至今迄未重版，想早已无存矣。又王伯祥先生已离开明，现在中国文学研究所工作，特附闻。致

敬礼！

开明清委会

---

①张舜徽：《张舜徽自传》，晋阳学刊编辑部：《中国现代社会科学家传略：第二辑》，山西人民出版社1982年版，第202页。

②张舜徽：《卷头语》，《讱庵学术讲论集》，岳麓书社1992年版，第1页。

③谭佛雏：《敬悼张舜徽师》，《张舜徽先生纪念集》编辑委员会：《张舜徽先生纪念集》，华中师范大学出版社1994年版，第50—51页。

④张舜徽：《爱晚庐随笔自序》，《爱晚庐随笔》，湖南教育出版社1991年版，第1页。

⑤张舜徽：《卷头语》，《讱庵学术讲论集》，岳麓书社1992年版，第1页。

⑥先生生前已出版过的《中国古代劳动人民创物志》《说文解字导读》两种著作未被纳入《张舜徽集》。《中国古代劳动人民创物志》，1984年由华中工学院出版社首次出版；《说文解字导读》，1990年由巴蜀书社首次出版。另有先生选编的《文献学论著辑要》一书，1985年由陕西人民出版社增订出版，亦未被纳入《张舜徽集》。

⑦陈开林：《张舜徽佚作辑补》，《唐山师范学院学报》2018年第1期，第78—84页。

开明书店由章锡琛等人 1926 年成立于上海，后以出版教科书闻名，兼及文史。信中提及的《六十种曲》即为开明书店“三大扛鼎”作之一（另两种为《辞通》《二十五史》）。新中国成立后，开明书店逐步参与公私合营。1951 年，与三联书店、中华书局、商务印书馆、联营书店联合成立中国图书发行公司。1953 年，正式同青年出版社合并，成立中国青年出版社。至于二者的合并及善后事宜，据《青年出版社·开明书店结束启事》记载：“本社、店自四月十五日起合并，联合组成‘中国青年出版社’，原机构自即日起结束，关于双方原有一切债权债务以及其他未了事项，另成立‘青年出版社清理委员会’及‘开明书店清理委员会’分别处理。”[②]由此知开明清委会为开明书店清理委员会简称，给会昌同志的信当在 1953 年 5 月 17 日之后，但具体日期已无从考证。

会昌同志，经查系程千帆先生。程千帆（1913—2000），原名逢会，后改名会昌，字伯昊，别号闲堂，另有笔名千帆行于世。据《程千帆沈祖棻年谱长编》，程先生于 1949 年 1 月编成论文集《诗论骈枝》。另检程先生书信集《闲堂书简》，其中有致开明书店书信一封，移录如下：

负责同志[③]：

你店现已结束，我有《诗论骈枝》一书，系将版权卖给你店的（时在四九年春天），稿费老早取了，但书一直未出。此类情况，想也很多，你们有无统一处理办法，乞示。

我有这么一个意见，即希望你们将此稿转送北大余冠英、王瑶两教授处，请他们介绍在棠棣出版社的《古典文学丛刊》印出，如果能出版，则我可以将已领稿费还给你们。（附上一函，请酌办。）

你们店中出的《六十种曲》还有没有？如有，我希望购一部。现在市上买不到，或许你们仓库中还有。如王伯祥先生仍在店中工作，此信希望他能作复。此致

敬礼！

程会昌

五月十七日（一九五三年）

两封信前后呼应，完美契合。开明清委会致会昌同志信件的发现，解决了 1953 年 5 月 17 日程先生致开明书店信件是否有回应的历史疑问，解答了《诗论骈枝》的出版意见，《六十种曲》的购买，王伯祥先生是否仍在开明等问题，为目前学界所未论及。

一、《诗论骈枝》出版始末

《诗论骈枝》的出版为两封信件着重探

⑧《积石丛稿》一书以往记载出版时间为 1946 年底，但据北京大学王余光教授考证，并核对《壮议轩日记》内容，可知书中所收录的《敦煌古写本说苑残卷校勘记》至早当在 1947 年 1 月左右撰写，因此本书实际定稿以及印刷时间至早也当在 1947 年 1 月。参见王余光：《张舜徽先生生平与早年著作述略》，周国林主编：《张舜徽百年诞辰纪念国际学术研讨会论集》，华中师范大学出版社 2011 年版，第 180—182 页；张舜徽：《壮议轩日记》，华中师范大学出版社 2018 年版，第 377—378、387、389—391 页。先生早年的另一部著作《广校雠略》的出版时间也存在类似情况，《广校雠略》壮议轩初刊本以往都记录为 1945 年，但该书扉页题签时间为“乙酉嘉平”，亦即农历乙酉年腊月，而该农历年腊月初一已经是公元 1946 年 1 月 3 日，由此可知该书至早也应该是 1946 年 1 月才交付印刷的。

⑨先生这里所说的 1956 年除夕，实际上为公历 1957 年 1 月 30 日。

⑩关于本篇题辞的原文及解读，另可参看王玉德：《试述张舜徽对〈周易〉的研究与贡献》，周国林：《张舜徽百年诞辰纪念国际学术研讨会论集》，华中师范大学出版社 2011 年版，第 320—321 页。✣

讨的问题，程先生为何特意嘱咐希望由王伯祥先生作复，其出版意见是否得到尊重，《诗论骈枝》最终是否出版，值得一一厘清。

程先生1949年春季将《诗论骈枝》版权售于开明，且已领取稿费。王伯祥先生1949年4月6日日记可为佐证，“十时千帆见过，以所著《诗论骈枝》改售稿嫌所酬不只，请酌加，余乃与同乘赴衍福楼商诸洗、村二公，以一百六十五万元成约，旋辞去，余即留彼午饭”[④]。可见《诗论骈枝》的具体接洽工作由王伯祥先生负责。同年9月3日，王先生答复程先生《诗论骈枝》排印进程的询问，并“允言为次婿属事云”[⑤]。1950年，王先生举家迁往北京，该年11月10日接到由上海转来的程先生信件，并于次日复信。1953年，王先生应时任北京大学文学研究所所长郑振铎先生之邀，离开开明，担任北京大学文学研究所研究员，后又归属中国科学院文学研究所。程先生对此显然不知情，表明此时已失去联系。

《诗论骈枝》自1949年春季交付开明，直至1953年5月未能出版。程先生在给友人夏承焘先生的信中亦有透露。夏先生1951年6月19日日记：“王西彦转来程千帆函，谓尝辑《诗论骈枝》十万言，付开明书店，无法印出。”[⑥]《诗论骈枝》之所以出版进度缓慢，并最终无法在开明印出，是新中国成立后出版大变革时代的一个缩影。开明书店与青年书店合并后，中国青年出版社的基本任务为：“向青年宣传马克思列宁主义、毛泽东思想的基本原理，普及文化科学知识，进行革命理想、革命传统爱国主义和共产主义道德品质教育，帮助青年用革命理论和现代科学文化知识武装起来，成为有理想、有道德、有文化、有纪律的社会主义建设人才。”[⑦]综合诸种因素，程先生对《诗论骈枝》的出版提出了自己的意见。

开明清委会对程先生的意见是否遵照办理，遍览《程千帆全集》，并无《诗论骈枝》一书，似未遵照。但细检《程千帆沈祖棻年谱长编》，1954年7月，程、沈曾合作出版《古典诗歌论丛》，属“中国古典文学研究丛刊”系列丛书之一，由上海文艺联合出版社出版，而上海文艺联合出版社是1953年由棠棣出版社改组而成的。棠棣出版社建国后曾出版系列丛书“中国古典文学研究丛刊”，王瑶、余冠英两位先生分别于1951年、1952年出版《中古文学史论》《汉魏六朝诗论丛》，而两先生亦同程先生颇有渊源。20世纪40年代，余先生曾主编《国文月刊》杂志，程先生在《劳生志略》中曾述及投稿《国文月刊》的经历，“在技专的时候，西南联大开始办《国文月刊》，居然在乐山能够买到，我也就买了看看。那个时候恰好国民党教育部颁布了一个新的课程表，我不大满意。其实那个时候我人还在技专，没有到中文系教书，我就写了一篇叫作《部颁中文系课程表平议》，投给《国文月刊》。余冠英主编这个杂志，他看了很高兴。……他一看到我的文章，就把它发表了。还给我写了封信，希望我给他写点稿子。”[⑧]至于王先生，据程先生《念昭琛》[⑨]一文所载，双方因《中古文学史论》(以下简称《史论》）一书结缘。1948年，程先生于《清华学报》阅读到《史论》的部分章节，被其中精辟又深刻的观点吸引，于是写信联系王先生，二人于20世纪50年代初见面。1951年《史论》出版，程先生通读全书，并给予了极高的评价。王先生逝世后，程先生含泪作《浣溪沙》两首，其中有“忆君今夕倍伤情，无多老泪一纵横”语[⑩]，哀恸之情溢于言表。联系程先生致开明信件，其为何建议由余、王两位先生推荐至棠棣出版，以上可窥一二，而开明清委会当是遵照了程先生意见办理。《诗论骈枝》为程先生1949年（含当年春）以前的论文合集，而《古典诗歌论丛》中除去沈祖棻先生的《阮嗣宗咏怀诗初论》《白石词暗香疏影说》，均为程先生1949年春以前作品，《诗论骈枝》虽未出版，实际上却成为《古典诗歌论丛》的一部分。《古典诗歌论丛》后除却沈先生的部分，1984年又融入《古诗考索》，成为程先生诗学研究的重要著作。

二、《文论要诠》与叶圣陶先生

沿着信件追溯程先生与开明书店的渊源，据王伯祥先生日记记载，其曾于1948年1月15日始校程会昌《文论要诠》，费时十个月正式出版[⑪]。另据《程千帆全集第六卷文论十笺》："本书初稿成于1942年秋，时余方承乏金陵大学讲席，尝以《文学发凡》之名刊布。1948年，叶圣陶先生为易称《文论要诠》，由上海开明书店正式出版。"[⑫]可知早在1948年上海开明书店就曾与程先生合作出版《文论要诠》一书。

程先生1941年8月任乐山武汉大学中文系讲师，1942年8月任成都金陵大学副教授。1943年8月由金陵大学文学院将两校讲义以《文学发凡》之名印出，是为《文论要诠》的前身。程先生《桑榆忆往》中写道："我在武大时编了《文论要诠》的讲义，就是那十篇文章，没有编完，到金陵大学就继续编。后来金陵大学自己出钱，就把这教材印了出来，线装本，书名是《文学发凡》。那时叶圣陶（绍钧）先生也离开了武大，在成都，他的开明书局的编译所恢复了，我去看他，说有一本书，能不能出？他翻了翻，看到第一篇文章就是章太炎的《文学总略》，他说古字太多，印起来不方便。我说十篇文章中就一篇有古字，其余九篇都没有。后来他就同意了，但是认为《文学发凡》的书名不好，太广泛了，所以改成了《文论要诠》。胜利以后，就在上海印出来了。"[⑬]据此得知《文论要诠》在开明书店得以出版的关键人物为开明书店资深编辑叶圣陶先生（1894—1988）。

对于叶先生，程先生曾深情地回忆道："叶先生在武汉大学的时候，我还在技艺学校。后来他到了成都，我也到了金陵大学，就去看他。他待人接物非常谦和，他在武汉大学，教员要填写履历，他老老实实填上'中学毕业'。他任教授，但没有教专业课，教的是大一国文，还有二年级的写作。我在武大的时候，认识了一些金陵中学毕业的学生，他们知道我也是金中毕业的，组织了同学会，我和他们有交往。从他们口中知道一些叶先生的情况。叶先生尽管在本系教的课在当时看来是最一般的课，但是学生非常欢迎他。因为他的教学方法很新，改作文很认真。"[⑭]程先生的记忆存在一定的误差，根据叶先生1940年12月25日的日记，程先生在乐山中央技艺专科学校时就曾拜会过叶先生，"三时，东润偕程千帆君来访。程为技专国文教师，长于校刊目录之学。谈有顷，共出散步，至乐西公路而折回"[⑮]。1937年抗日战争全面爆发，叶先生举家内迁，1938年10月前往乐山武汉大学任教，1940年7月虽赴成都四川教育厅教育科学馆就职，但家仍在乐山，直至1941年1月底全家迁蓉，故在乐山有短暂交集。1942年6月，开明书店编译所成都办事处设立，叶先生辞去科学馆工作，主持开明事务，其后有了更加密切地接触。1942年7月26日，朱光潜先生携程先生为办武大招考事务到访，叶先生对年轻的程先生不吝赞美，"程君颇深于旧学，于大学国文教学认识亦精，而年事尚轻，殆未出四十"[⑯]。1943年10月，《文学发凡》印出后，程先生即赠予叶先生，当月28日，叶先生写信"谢其赠余以所编《文学发凡》二册"[⑰]。1944年7月30日，为探寻朱自清先生居址访叶先生。1944年8月1日，叶先生、程先生夫妇等人于少城公园聚会，“午后，王元楷来，佩弦来，程会昌夫妇来，王与程皆闻余言佩弦今日来，故来晤也。程又偕一殷孟伦君，川大教师。谈有顷，共往少城公园绿荫阁吃茶，佩预约萧公权及某某二位已先至，于是群集围坐。萧与佩皆出诗稿，诸人传观之。如此茶客实为少见，然亦略有酸意矣。余与楷元及程夫人谈。程夫人通词学，所为词甚有佳处，今在金陵大学任课。非苏人而久住苏州，一口吴语。六时散”⑱。1945 年 1 月 19 日，程先生于叶先生处，“坐不久而去”⑲。1947 年 10 月 11 日，程先生自武昌至上海，携友人潘伯鹰访叶先生。1948 年 2 月 20 日，叶先生为《文论要诠》封面题字，称系程先生特嘱，为此“书篆字，久而始就，费时不少”⑳。1948 年 11 月 2 日，程先生访叶先生，双方谈及对中文系的看法，程先生认为中文系宜理解古人之治学途径而不限于此，叶先生则以为“原则自是不错，特实行之发殊难定耳”㉑。两人自 20 世纪 40 年代初起，持续了近十年的往来活动，正是叶圣陶先生对青年程千帆的提携与爱护，使得《文论要诠》得以在开明出版。

《文论要诠》出版后深受学界喜爱，以其强大的学术生命力经受住了时间的考验，后又在开明版的基础上多次再版，成为程先生代表作之一。2023 年为程先生诞辰 110 周年，由开明清委会致会昌同志信而追溯程先生与开明书店交往的历史，对研究程先生 20 世纪 40 年代的学术与交游活动有所助益，可补《程千帆沈祖棻年谱长编》之一二，以示对先生的纪念。

---

① 信件现已由笔者收藏。

② 见《语文学习》1953 年第 5 期封底。

③ 程千帆著，陶芸编：《闲堂书简（增订本）》，上海古籍出版社 2013 年版，第 19—20 页。

④⑤ 王伯祥：《王伯祥日记》，中华书局 2020 年版，第 4249—4250、4324 页。

⑥ 夏承焘：《夏承焘集》第 7 册，浙江古籍出版社、浙江教育出版社 1997 年版，第 176 页。

⑦ 本社编：《新编青年工作手册》，中国青年出版社 1987 年版，第 174 页。

⑧ 程千帆：《程千帆全集 · 第十五卷桑榆忆往》，河北教育出版社 2000 年版，第 18 页。

⑨《王瑶先生纪念集》编辑小组编：《王瑶先生纪念集》，天津人民出版社 1990 年版，第 41—43 页。

⑩ 程千帆：《程千帆全集 · 第十四卷闲堂诗文合抄》，河北教育出版社 2000 年版，第 72 页。

⑪ 王伯祥先生日记具有极高的史料价值（可参见马国栋、张廷银：《〈王伯祥日记〉的学术史料价值》，《文献》2019 年第 3 期。），其中完整再现了《文论要诠》编辑经过，记录如下：1948 年 1 月 15 日，“校《文论要诠》”。（中华书局 2020 年版，第 4041 页，以下仅标出页码。）3 月 2 日，“又校毕《两晋南北朝史》一批并校《文论要诠》两页”。（4060 页）3 月 13 日，“续校《文论要诠》一批”。（4064 页）4 月 14 日，“校《文论要诠》排样一批毕之”。（4077 页）6 月 2 日，“校毕吕稿一批，接校程会昌《文论要诠》”。（4097 页）6 月 3 日，“校毕《文论要诠》一批”。（4097 页）7 月 8 日，“校《文论要诠》一批”。（4112 页）7 月 9 日，“校毕《文论要诠》一大批”。（4112 页）9 月 2 日，“续为程会昌校《文论要诠》，明日或可全毕矣”。（4135 页）9 月 3 日，“校毕《文论要诠》排样”。（4135 页）至此《文论要诠》的编校工作完成，并于 10 月出版。10 月 23 日，王、程两人于上海开明书店首次相会，程先生题赠《文论要诠》。

⑫ 程千帆：《程千帆全集 · 第六卷文论十笺》，河北教育出版社 2000 年版，后记。

⑬⑭ 程千帆述，张伯伟编：《程千帆全集 · 第十五卷桑榆忆往》，河北教育出版社 2000 年版，第 20 页。

⑮ 叶圣陶：《叶圣陶日记》（上），商务印书馆 2018 年版，第 267、430、525、602、673 页。

⑳ 叶圣陶：《叶圣陶日记》（中），商务印书馆 2018 年版，第 1002、1062 页。✣